Juristische

Encyclopädie

von

Ferdinand Walter.

Bonn,
bei Adolph Marcus.
1856.

Vorrede.

Die Wichtigkeit und das Bedürfniß einer encyclopädischen Darstellung der Jurisprudenz wird schon dadurch bezeichnet, daß in der neuesten Zeit Viele, und darunter gereifte Männer der Wissenschaft, sich mit dieser Aufgabe befaßt haben. Die Schwierigkeit derselben ergiebt sich aber daraus, daß diese Werke im Stoffe wie in der Form im höchsten Grade verschieden sind, und zum Theil kaum mehr als den Namen mit einander gemein haben. Diese Verschiedenheit wird allerdings durch das vorliegende Werk vermehrt.

Jener eifrigen Bearbeitung liegt bewußt oder unbewußt das richtige Gefühl zum Grunde, daß die Encyclopädie, wenn sie weiß, was sie sein und leisten soll, zur Aufrechthaltung des wissenschaftlichen Geistes wesentlich beiträgt, ja der eigentliche Repräsentant desselben ist. Darüber, und wie danach die Behandlung der Encyclopädie einzurichten sei, hat sich dieses Buch an den betreffenden Stellen, mit Berücksichtigung der Ansichten Anderer, so bestimmt und ausführlich ausgesprochen, daß eine Wiederholung hier überflüssig ist. Es möge nur Einiges über das Verhältniß desselben zu dem Standpunkt und Bildungsgang des Verfassers hinzuzufügen gestattet sein.

Wer in und mit der Wissenschaft wahrhaft lebt, wird von selbst eine Höhe nach der anderen zu ersteigen angetrieben, bis daß er diejenige erreicht hat, von wo er die Wissenschaft als eine Einheit übersieht. Dieses ist die Bedingung und das Ziel der ächten Gesammtbildung. Zu dieser genügt es aber nicht, daß man sie hat, sondern man muß sich ihrer auch bewußt sein. Dieses Bewußtsein giebt die Encyclopädie, welche der Wissenschaft den Spiegel vorhält, worin sich dieselbe in ihrer Einheit und Totalität erschaut. In so fern können die früheren Werke des Verfassers als die Vorarbeiten zu dem gegenwärtigen angesehen werden. Durch den Blick auf die Wissenschaft in ihrem Zusammenhang und größeren Umfang suchte er sich zunächst gegen die Einseitigkeiten zu schützen, die das juristische Studium allzu leicht mit sich führt. Bei der fortschreitenden Erweiterung seines Gesichtskreises haben sich ihm aber daraus auch die höheren Anschauungen ergeben, welche das Eigenthümliche dieses Werkes ausmachen.

Der größte Gewinn, den dieses Buch bringen kann, wird also allerdings der für den Verfasser selbst sein. Aber auch Anderen, die den gleichen mühsamen Weg mit ihm nicht gehen, wird es, so hofft er, den Nutzen gewähren, dieselben mit dem reichen Inhalt der Rechtswissenschaft in einer den Geist und das Nachdenken fesselnden Weise bekannt zu machen, und sie auf einen Standpunkt der Anschauung zu erheben, der ihnen vor der Bedeutung und Würde dieser Wissenschaft und des sich darauf beziehenden Berufes eine dauernde Achtung einflößt.

Bonn, den 10. October 1856.

Uebersicht.

(Die Ziffern bezeichnen die Paragraphen.)

Einleitung.

Vorläufige Erklärungen.

Erster Theil.

Von dem Recht und der Rechtswissenschaft im Allgemeinen.

Zweiter Theil.

Das Recht in Deutschland.

Erstes Kapitel.

Geist und Bestandtheile des heutigen Rechts.

Zweites Kapitel.

Das Privatrecht.

Drittes Kapitel.

Das Staatsrecht.

Viertes Kapitel.

Das Proceßrecht.

Fünftes Kapitel.

Das Strafrecht.

Dritter Theil.

Das Völkerrecht.

Vierter Theil.

Das Kirchenrecht.

Verbesserungen.

Seite 31.	Zeile 15.	v. u.	statt	spernans	setze sperans.
— 33.	— 1.	v. u.	statt	2.	setze 3.
— 61.	— 16.	v. o.	statt	Bemühungen	setze Berührungen.
— 76.	— 2.	v. u.	statt	re	setze se.
— 103.	— 12.	v. u.	statt	Carorot	setze Carnot.
— 116.	— 5.	v. u.	statt	entschieden	setze von den geistlichen Gerichten entschieden.
— 155.	— 3.	v. u.	statt	Mthiee	setze Miethe.
— 198.	— 9.	v. o.	statt	dieser	setze diese.
— 204.	— 4.	v. o.	statt	Interesse	setze Interessen.
— 247.	— 1.	v. o.	statt	Senkenberg	setze Senckenberg.
— 261.	— 13.	v. u.	statt	December	setze December 1850.
— 281.	— 21.	v. u.	statt	§. 43.	setze §. 45—48.
— 301.	— 4.	v. o.	statt	Linde	setze Linde, Keller,.
— 302.	— 5.	v. o.	statt	Srafgewalt	setze Strafgewalt.

Einleitung.

Vorläufige Erklärungen.

I. Begriff und Urgrund des Rechts.

1. Unter Recht denkt man die Uebereinstimmung einer auf dem freien Willen beruhenden Handlung oder bleibenden Verhältnisses mit einer sittlichen Eigenschaft, welche man die Gerechtigkeit nennt, und wovon der letzte Grund außerhalb des Menschen in dem absoluten Geist, in Gott, ruht[1]). Diese ist also das hier Vorausgesetzte und der Standpunkt, wovon auszugehen ist[2]). Die Möglichkeit dieser Uebereinstimmung des freien Willens mit der Gerechtigkeit ist durch die Erkenntniß des Gerechten bedingt. Diese aber ist dem Menschen durch das ihm von Gott eingepflanzte Rechtsgefühl gegeben, welches ihn bei seinen Handlungen das Gerechte und Ungerechte unterscheiden lehrt. Damit aber diese Erkenntniß in den Handlungen auch zur Wirklichkeit werde, steht ihr ein Zweites zur Seite, das

1) Leibnitz observat. de principio iuris §. 13. Deum esse omnis iuris naturalis auctorem, verissimum est, at non voluntate, sed ipsa essentia sua, qua ratione etiam auctor est veritatis. Auf diesen Satz des tiefen Denkers führt jede Untersuchung über das Recht, als den nothwendigen Ausgangspunkt, zurück.

2) Fragt man nach einem Beweise für diese Voraussetzung, so antworten wir mit Hegel Propädeutik Erster Cursus. Dritter Abschnitt §. 72.: Dies absolute Wesen ist gegenwärtig in unserem reinen Bewußtsein und offenbart sich uns darin. Das Wissen von ihm ist, als durch es in uns vermittelt, für uns unmittelbar, und kann in sofern Glauben genannt werden.

von Gott in den Menschen gelegte Gewissen, welches das Gerechte zu thun, das Ungerechte zu unterlassen gebietet. Das Rechtsgefühl und das Gewissen sind also die vermittelnden Organe zwischen dem Menschen und der ihm ohne sie unnahbaren und fremden sittlichen Weltordnung. Sie sind die Zeugen und Ausleger eines über ihm stehenden höheren Willens, einer Macht, welche die Uebereinstimmung der menschlichen Handlungen und Verhältnisse mit der Gerechtigkeit will [3]). Unter dem bewußten und unbewußten Einflusse dieser Macht entwickeln sich bei jedem Volke über das, was bei ihm nach dem Maße seiner Bildung und Erkenntniß für gerecht gehalten wird, Sitten, Gesetze und eine feste Ordnung, welche durch Zwang und Strafe gegen Verletzung geschützt werden. Dieses zusammen macht das positive Recht eines Volkes aus.

2. Die Römer haben ebenfalls den Begriff des Rechts von der Gerechtigkeit abgeleitet; allein sie definiren diese nur als eine menschliche Eigenschaft, weil ihnen deren letzter Grund nicht klar war [1]). Die Neueren betrachten das Recht als das bewußte und unbewußte Erzeugniß des Volkslebens und Volksgeistes, als den zur Ordnung der menschlichen Verhältnisse unentbehrlichen Ausdruck des Gesammtwillens [2]). Allein damit erfaßt man nur die äußere Erscheinung. Ueber alle tiefer liegenden Fragen, woher in den Volksgeist der Sinn und die Erkenntniß des Rechten und Gerechten, und woher diesem selbst seine

---

3) Aehnlich sagt Hegel §. 71.: Das moralische Gesetz in uns ist das ewige Vernunftgesetz, das wir unwiderstehlich achten müssen und durch das wir uns unauflöslich gebunden fühlen. Wir sehen aber eben so unmittelbar die Unangemessenheit unserer Individualität zu demselben ein, erkennen es als Höheres, als wir, als ein von uns unabhängiges, selbstständiges, absolutes Wesen.

1) Ulpianus in fr. 1. pr. D. de iustitia et iure (1. 1). Iuri operam daturum primo nosse oportet, unde nomen Iuris descendat. Est autem a iustitia appellatum, nam (ut eleganter Celsus definit) Ius est ars boni et aequi. — Fr. 10. pr. D. eod. Iustitia est constans et perpetua voluntas ius suum cuique tribuendi.

2) Man sehe zum Beispiel Savigny System I. §. 7. 8. 12. 52., Bluhme Encyclopädie. Erste Abth. §. 3. 4., Friedländer Encyclopädie. Vierter Abschnitt §. 1—4.

letzte Beglaubigung und Autorität komme, ist damit nichts gesagt. In einem ganz andern Sinne definirt eine neuere Philosophie das Recht als das Dasein des allgemeinen Willens, das heißt des an und für sich seienden Willens, abgezogen von allem Individuum [3]). Allein ein Wille ohne ein Subject, dem er zusteht, läuft entweder auf ein dialectisches Gedankenspiel, oder auf eine pantheistische Vorstellung hinaus [4]).

3. Was der Gerechtigkeit gemäß und dadurch recht sei, kann aber im Allgemeinen nicht definirt werden, sondern läßt

3) Hegel Propädeutik. Erster Cursus. Erster Abschnitt §. 26. „Das Gesetz ist der abstracte Ausdruck des allgemeinen an und für sich seienden Willens." Weitläufiger ausgeführt ist dieses in Dessen Philosophie des Rechts §. 4—29. — Dieser Theil der Hegelschen Philosophie hat den Schülern viel zu schaffen gemacht, um ihn dem Verständniß nahe zu bringen, und es ist sehr zweifelhaft, ob sie selbst die Meinung des Meisters immer richtig wieder gegeben haben. Man sehe zum Beispiel die Zusammenstellung bei Warnkönig Rechtsphilosophie §. 52. Als Kritik dieser Ansicht ist zu empfehlen: Kahle Darstellung und Critik der Hegelschen Rechtsphilosophie S. 21—31., Stahl Philosophie des Rechts Th. I. Buch V. Abschn. II. Kap. 2.

4) Sehr gut sagt darüber Stahl Philosophie des Rechts Th. II. Buch II. §. 7: Die speculative Philosophie hat nun in neuerer Zeit die Auffassung des Rechts als eines objectiven Ethos mit Entschiedenheit herausgestellt, jedoch getrübt durch pantheistische Verschiebung aller Gesichtspunkte. Dahin gehört hauptsächlich der Grundbegriff ihrer Rechtslehre, der des „allgemeinen Willens" in dem Sinne, in welchem ihn zuerst Schelling aufgestellt und dann Hegel im eignen Geiste zu einem System der Rechtsphilosophie durchgeführt hat. Dieser Begriff, durchaus verschieden von der Rousseau-Sieyes'schen volonté générale, bedeutet eine Macht über den einzelnen Menschen, die keineswegs Wille des Volkes (sey es als Zusammensetzung der Individuen oder als Einheit) und eben so wenig Wille Gottes ist, sondern die Macht und Nothwendigkeit des unpersönlichen (logischen) Weltgesetzes (in diesem Stadium seiner Entwickelung des Willensbegriffes), der in pantheistischer Sprachweise die Attribution des Willens beigelegt wird. Abgesehen davon, daß mit der Annahme dieses Begriffes unvermeidlich die Existenz eines persönlichen Willens über den Menschen — also Gottes — geläugnet wird, involvirt dieser „allgemeine Wille", daß, weil er in Wahrheit nicht wollen kann, so auch nicht aus seinem Wollen (dem in seiner schöpferischen Intelligenz gefaßten Weltplane), sondern lediglich aus seinem Begriff und dessen abstracten Momenten (Setzen einer allgemeinen Möglichkeit, eines bestimmten Inhaltes und der Vereinigung beider und dergleichen) der Rechtsinhalt abgeleitet werden muß.

sich nur nach der Beschaffenheit des besonderen Verhältnisses beantworten, wobei der Begriff von Recht zur Sprache kommt [1]). Das Recht in seiner irdischen Erscheinung setzt also dreierlei voraus: ein Verhältniß unter Menschen, worauf die Idee des Gerechten als sittliche Norm anwendbar ist [2]), die Einsicht dessen, was diese Idee dabei von der menschlichen Freiheit fordert oder zuläßt, und die aus dieser Einsicht hervorgehende wirkliche Festsetzung desselben. Der Inbegriff der so geordneten menschlichen Verhältnisse bildet die Rechtsordnung. Diese als Organismus eines bestimmten Volkes bildet einen Staat. Staat und Recht gehören daher wesentlich zusammen; ein Staat ist das in concreter Gestalt organisirte Recht.

II. Von der Rechtswissenschaft.

4. Indem das Recht in den Sitten und Gesetzen als etwas Bleibendes hervortritt, wird es Gegenstand des Nachdenkens, der Vergleichung und Auslegung. Durch diese Aneignung entsteht die Rechtskunde, und als höhere Stufe derselben die wissenschaftliche Erkenntniß des Rechts. Diese, durch Rede und Schrift zum Gegenstande der Erkenntniß für Andere gemacht, bildet die Rechtswissenschaft. Diese ist also das Recht selbst im Lichte der wissenschaftlichen Erkenntniß dargestellt. Durch diesen ihren Inhalt wird auch die Art ihrer Thätigkeit bestimmt. Auf der einen Seite steht sie in der Welt der Wirklichkeit, bei dem Reichthum der Formen und Einrichtungen, die das positive Recht eines Volkes ausmachen. Auf der andern Seite berührt sie das innerste Leben des menschlichen Geistes, indem sie jene äußere Welt mit den sittlichen Ideen und Denkgesetzen, welche

1) Es ist leicht zu sagen, die Gerechtigkeit bestehe darin, daß Jedem das Seinige zu Theil werde. Allein was für Jeden dieses Seinige sei, läßt sich nur nach den concreten Verhältnissen angeben. Es geht mit dem Recht, wie mit dem Begriffe der Schönheit. Auch diese ist etwas Unmittelbares, das sich nur in der besonderen Erscheinung der Form, der Farbe, des Tones näher definiren läßt.

2) Nicht alle Verhältnisse unter Menschen fallen unter die Rechtsidee; zum Beispiel ein Freundschaftsband ist ein sittliches, aber kein Rechtsverhältniß.

der Geist mit der ihm eingeborenen Kraft und Consequenz im Recht zu verwirklichen strebt, in Verbindung zu setzen und daraus zu erklären hat. Diese Mischung des Positiven und Rationellen macht das Eigenthümliche dieser Wissenschaft aus. Eben darin liegt auch ihr geistiger Reiz, indem sie einerseits die Anforderung des scharfsinnigen und consequenten Denkens befriedigt, ohne sich doch andererseits in müßige und unfruchtbare Speculationen zu verirren.

III. Aufgabe der juristischen Encyclopädie.

5. Die Aufgabe der Encyclopädie ist die Darstellung einer Wissenschaft unter dem Gesichtspunkte ihrer Einheit. Auf die Gesammtheit des Wissens und der Wissenschaften angewendet, ist dieses der höchste Standpunkt, wozu sich der menschliche Geist erheben kann [1]). Eine solche Encyclopädie in ihrer vollendeten Ausführung wäre die physische und geistige Welt als Ganzes, im Spiegel der menschlichen Erkenntniß angeschaut. In gleicher Weise hat die juristische Encyclopädie, indem sie aus jenem Gesammtkreise das Rechtsgebiet für sich absondert, die in dasselbe fallenden Erscheinungen zur Einheit allgemeiner Vorstellungen zusammenzufassen und als System oder als einen Organismus zu begreifen. Die Encyclopädie hält also ihrer Wissenschaft den Spiegel vor, läßt dieselbe sich darin beschauen und verleiht ihr so das Bewußtsein ihrer selbst. Sie ist daher nicht die Einleitung in die Wissenschaft, sondern sie ist die potenzirte Wissenschaft selbst, die Wissenschaft der Wissenschaft. Die positive Natur des Rechts führt allerdings vieles Historische und scheinbar Zufällige mit sich, worauf die Encyclopädie ebenfalls bis auf einen gewissen Grad einzugehen hat. Allein ihr Bestreben muß immer dahin gerichtet sein, die vereinzelten Erscheinungen

---

1) Den Blick auf dieses Ziel gerichtet zu haben, gehört zu den unbestreitbaren Verdiensten von Schelling und Hegel. Daß es nur annähernd erreicht werden kann, hängt mit den der menschlichen Kraft gesetzten Schranken zusammen, indem es nicht leicht einem Menschen gegeben sein wird, das ganze Gebiet des Wissens so in sich aufzunehmen und zu beherrschen, daß er sich dessen als einer Einheit und Totalität bewußt sei.

mit den allgemeinen Ideen in Verbindung zu setzen und das Bewußtsein dieser Verbindung lebendig zu erhalten. Sie wird so zur Trägerin des wissenschaftlichen Geistes, der unter den Einzelnheiten eines sehr ausgebreiteten Stoffes nur allzu leicht erliegt. So weit es sich dabei um das positive Recht eines bestimmten Volkes handelt, kommt natürlich hier vor Allem das in Deutschland geltende Recht in Betracht. Daß man die encyclopädische Darstellung darauf beschränke, ist, wenn auch nicht im Begriffe dieser Wissenschaft, doch aber in dem Interesse, worunter wir uns hauptsächlich mit dem Recht beschäftigen, ferner in dem Maße der menschlichen Kräfte, endlich selbst in der mangelhaften Kenntniß begründet, die uns bei vielen Rechten des Alterthums und der fremden Welttheile die Einsicht in deren Geist und inneren Zusammenhang, welche zu einer encyclopädischen Darstellung nothwendig ist, zur Zeit noch nicht gestattet [2]).

6. Die Encyclopädie wird aber auf verschiedene Art behandelt. Einige beschränken sich unter dem Namen der äußeren Encyclopädie blos auf die Angabe des Gegenstandes der einzelnen Disciplinen und deren Quellen. Allein da eine solche dasselbe giebt, was unter demselben Gesichtspunkt [1]) bei den einzelnen Fächern, namentlich beim römischen, deutschen und canonischen Recht gründlicher vorkommt, so führt dieses zu lästigen Wiederholungen und hat für die Wissenschaft gar keinen Werth. Man kann dafür nicht einmal ein propädeutisches Bedürfniß geltend machen, weil gerade dieser Theil rein äußerlich und leicht faßlich ist [2]). Andere verbinden damit unter dem Namen der

---

2) Die Rechte und Einrichtungen der europäischen Staaten haben, namentlich im Privatrechte, eine so große Verwandtschaft, daß das, was von Deutschland zu sagen ist, in der Hauptsache auch bei ihnen zutrifft.

1) Die Encyclopädie trifft allerdings im Material mit den einzelnen Fächern zusammen. Ihre wissenschaftliche Bedeutung liegt aber in der Durchführung ihres eigenthümlichen Gesichtspunktes.

2) Ein Beispiel giebt die zuerst 1821 erschienene Encyclopädie von Falck, die noch eine der besten dieser Art ist. Und was ist sie dennoch anders, als eine Compilation von dem, was man in den Lehrbüchern jedes Faches viel

inneren Encyclopädie einen mehr oder weniger enthaltenden Abriß der Lehrsätze selbst. Allein wenn dieser nur darauf angelegt ist, in der Kürze eine möglichst große Menge der Einzelnheiten zu berühren, die bei den betreffenden Fächern weitläufiger vorkommen, so läuft dieses auf eine Masse von Notizen und trockenen Nomenclaturen hinaus, die für die wahre Wissenschaft wenig förderlich ist, da deren bildende Kraft hauptsächlich in der historischen und rationellen Begründung und Entwicklung der Einzelnheiten beruht [3]). Noch Andere wollen dieser Behandlung dadurch einen selbstständigen Werth geben, daß sie dieselbe auf alle bekannten Rechte des Alterthums und der Neuzeit, auch die des Orients, ausdehnen [4]). Allein dadurch wird die Masse der Einzelnheiten nur vermehrt, deren Bewältigung der Encyclopädie ohnehin genug zu schaffen macht. Eine Universal- oder vergleichende allgemeine Rechtsgeschichte erfordert noch ganz andere Vorarbeiten, ehe daraus für die Geschichte des Geistes, was dabei das Hauptziel sein muß, sichere und wahrhaft fruchtbare Resultate gewonnen werden können [5]).

---

besser antrifft. Selbstständige, tief gehende Untersuchungen würden dort nicht einmal an ihrer Stelle sein.

3) Sehr richtig sagt darüber Friedländer in der Juristischen Encyclopädie Einleitung §. 12. 13.: Die Encyclopädie kann als solche weder in einer blos äußerlichen mechanischen Zusammenstellung verwandter Dinge (sogenannte äußere oder formelle Encyclopädie), noch auch in einem losen Aneinanderreihen einzelner Sätze (sogenannte innere oder materielle Encyclopädie), bestehen. Auch darin liegt nicht ihr wahres Wesen, daß man aus beiden ein Ganzes zu machen strebt (äußere und innere Encyclopädie), denn durch Vereinigung zweier willkührlich getrennter Dinge entsteht nie ein Ganzes. Der Kern einer jeden Encyclopädie ist vielmehr darin zu suchen, daß man den gegebenen Stoff mit der Idee vermittelt und das Zerstreute zur innern Einheit verknüpft. Dies nennt man System, welches nichts Anderes ist, als „der in Begriffe übersetzte Organismus."

4) So thut namentlich Warnkönig in seiner Juristischen Encyclopädie 1853. Durch das oben ausgesprochene Urtheil soll an dem Werthe nichts geschmälert werden, welchen dieses Werk auf seinem Standpunkte, namentlich durch ausgebreitete Kenntniß der Litteratur, hat.

5) Die Skizze einer Weltrechtsgeschichte bildet das Eigenthümliche in der von Pütter 1846 herausgegebenen Juristischen Encyclopädie. Wenn dieselbe

7. Ueber die falsche Behandlung der Encyclopädie spricht sich ein neuerer Schriftsteller sehr gut in folgenden Worten aus [1]. „Man dachte selten an die höhere Bedeutung einer wahrhaft „encyclopädischen Wissenschaft, am allerwenigsten an die noth„wendigste Voraussetzung derselben, die Classifikation aller Wis„senschaften nach einem leitenden Prinzip, weil eben dieses zu „den schwierigsten Aufgaben gehört und mit den Regungen der „Philosophie aufs Innigste verkettet ist. Statt dessen begnügte „man sich mit der leichter zu erfüllenden Aufgabe, das sich in „die Breite ausdehnende Wissen für das Bedürfniß der Anfän„ger mechanisch einzuschachteln. So gab man theils zu Viel, „theils zu Wenig, und somit gar Nichts. Zu viel, indem man „sich in das nie zu realisirende Streben verlor, den Inhalt der „Wissenschaft im Auszuge darzulegen und, eben wegen der Un„möglichkeit eines solchen Versuchs, in den Fehler verfiel, den „Studierenden verdünnt das zu reichen, was ihnen in andern „Schriften und Vorlesungen hinlänglich geboten wurde. Zu „wenig, indem man die unerläßliche Bedingung jeder Wissen„schaft, die innere, beseelende Einheit, preisgab. Deshalb ent„halten die mehrsten Encyclopädien nicht die geistige Quintes„senz der Rechtswissenschaft, sondern zusammengewürfelte, nach „Zahlen und Kapiteln geordnete Theile oder abgezogene Rechts„begriffe; deshalb weist uns die Geschichte der Rechtswissenschaft, „statt systematischer, auf der Höhe ihres Zeitalters stehender Ein„leitungsschriften, entweder magere Schemata oder dickleibige „Bücher auf. Weil somit der angehende Jurist findet, was er „nicht sucht, und sucht, was er nicht findet, wendet er sich mit „einem erklärlichen Widerwillen von einem Zweige des Wissens,

---

auch in den Resultaten aus den oben angeführten Gründen nicht weit führt, so ist doch ein solcher mit Geist und Consequenz durchgeführte Versuch jedenfalls als Erweiterung des wissenschaftlichen Gesichtskreises mit Lob zu begrüßen. Auf einer Verbindung der von Warnkönig und Pütter aufgestellten Gesichtspunkte beruht das Werk von Ahrens Juristische Encyclopädie. Wien 1855.

1) Friedländer Juristische Encyclopädie. Vorrede S. VIII.

„in welchem die Mängel innerer Verknüpfung und die Blößen „des Systems durch Aeußerlichkeiten verdeckt werden. — So „geht der Zweck der Encyclopädie unter der Hand verloren; „Wissenschaft und Leben kommen in gleicher Weise zu kurz, und „jenem heillosen Streben nach praktischer Oberflächlichkeit wird „schon beim Beginne des Studiums Thür und Thor geöffnet.“

Erster Theil.

Von dem Recht und der Rechtswissenschaft im Allgemeinen.

I. Von der Wissenschaft. A) Das Erkennen und Denken.

8. Der menschliche Geist hat die Erkenntniß dessen, was ist, nur durch sich selbst; er erkennt nur das, was sich davon in seinem Bewußtsein abspiegelt. Diese Fähigkeit des Geistes Etwas, was nicht er selbst ist, in sich aufzunehmen und gewissermaßen zu seinem Eigen zu machen, ist in dem Organismus der Schöpfung und in dem Willen des Schöpfers begründet; sie ist eine Thatsache, die der Geist in seinem Bewußtsein vorfindet, was der letzte Grund der Gewißheit seiner selbst und der Welt außer ihm ist. Die Fähigkeit, Gegenstände der Außenwelt in sich aufzunehmen, hat zwar auch das Thier. Allein sie haften in ihm als bloße Empfindungen und Bilder, ohne daß es sich dieser Aneignung weiter bewußt ist. Das eigenthümlich Menschliche ist aber, daß der Mensch mit Bewußtsein denkt und das Gedachte seinem Geiste dauernd einverleiben kann. Dieses ist aber nicht möglich ohne die Sprache, welche das Gedachte durch das Wort fixirt und als Begriff dem Geiste gegenständlich erhält [1]). Das Denken und die Sprache fallen daher zusammen und sind Beide als etwas Ursprüngliches, der Erschaffung des Menschen Gleichzeitiges, anzusehen [2]).

---

1) Das Thier sieht auch die drei Linien, die ein Dreieck bilden. Allein des Begriffes des Dreiecks als Einheit, der Triangularität, ist nur der Mensch fähig, und auch diesen kann er ohne das Wort nicht fixiren.

2) Die Frage nach dem Wesen und dem Ursprung der Sprache ist

B) Das Wissen und die Wissenschaft.

9. Ausgerüstet mit dieser Fähigkeit des Denkens und der Sprache ist der Mensch von Gott in das Universum gestellt, nicht um nur ein Glied, sondern um ein selbstbewußtes, intelligentes Glied desselben zu sein, das heißt um dasselbe zu denken und bis auf einen gewissen Grad zu begreifen. Dazu ist er auch, und er allein, mit den nöthigen physischen und geistigen Organen ausgestattet [1]). Dieses Begreifen heißt Wissen. In dieser Fähigkeit, durch das Denken die Welt sich geistig anzueignen und in sich zu versetzen, die Gedanken Gottes, ja Gott selbst zu denken, liegt die Ebenbildlichkeit des menschlichen Geistes mit Gott. Dieses Denken und Wissen würde jedoch als bloße That des einzelnen Menschen nur ein vereinzeltes und vorübergehendes Dasein haben. Es ist daher dem Geiste die Möglichkeit verliehen, die Resultate seines Denkens durch die Sprache und Schrift

---

augenscheinlich eine solche, welche sich jede Philosophie vor Allem mit Bestimmtheit zu stellen und zu beantworten hat. Dennoch ist davon bei Hegel und anderen Philosophen nicht die Rede. Bonald in einer Dissertation hinter seiner Législation primitive und in seinen Recherches philosophiques formulirt die Frage richtig so: L'homme ne peut parler sa pensée sans penser sa parole. Bonnet, der scharfsinnige und redliche Forscher, der in seinem Essai de Physiologie sich in das falsche Geleise einer Untersuchung über den Zustand des Menschen vor dem Besitz der Sprache verirrt hatte, kommt in seiner Comtemplation de la Nature bei Gelegenheit des Orang-outang auf den richtigen Satz zurück: Il ne pense donc point, car pour penser il faut parler. Selbst Rousseau entschlüpfte die merkwürdige Aeußerung: La parole paraît avoir été fort nécessaire pour établir l'usage de la parole. Mehr über diese Frage findet man bei dem geistreichen und tiefsinnigen Ballanche Institutions sociales chap. 9. (Oeuvres II. 194—242).

1) So sagt der tiefsinnige Bacon († 1626): De augmentis scientiarum lib. I. (Works VII. 46). Quibus verbis haud obscure innuit (Salomon), Deum fabricatum esse animum humanum instar speculi, totius mundi capacem, eiusque non minus sitientem, quam oculum luminis. — In merkwürdiger Uebereinstimmung schreibt Ballanche Instit. social. chap. 9. (Oeuvres II. 243): On a défini l'homme un animal raisonnable. M. de Bonald l'a défini beaucoup mieux une intelligence servie par des organes. Harington l'avait auparavant défini un animal religieux. L'homme c'est le genre homme. Il est le maître de ce qui nous paraît de l'univers, et le seul spectateur de la nature.

bleibend, und dadurch selbst wieder für Andere zum Gegenstande des Denkens zu machen. So wird das Denken und Wissen objectiv, es wird zur Wissenschaft. Diese ist also das aus dem Geiste zurückgestrahlte, in Sprache und Schrift abgefaßte Bild dessen, was ist, soweit der Geist dasselbe weiß und begreift. Als etwas Dauerndes und Aeußerliches wird diese Wissenschaft nun selbst zu einem Theile der wirklichen Welt, den der Geist des einzelnen Menschen sich aneignet und mit seinem eigenen Denken vermehrt wiedergiebt. So entstehen der Fortgang und Ausbau der Wissenschaft und der Wissenschaften, als der Proceß der fortschreitenden Erkenntniß und geistigen Aneignung dessen, was ist.

C) Die Gebiete der Wissenschaft. 1) Die Natur.

10. Da die Wissenschaft das durch Sprache und Schrift fixirte Wissen, das Wissen aber die Erkenntniß des Seienden durch den Geist ist, so giebt es so viele Wissenschaften, als es Gebiete des Seins giebt, deren Erkenntniß dem Geiste nach dem ihm angeborenen Organismus möglich ist. Alles Sein zerfällt aber für die menschliche Betrachtung in drei Hauptgebiete. Das Erste begreift die Natur, das heißt den im Raume und in der Zeit erscheinenden, ohne Bewußtsein, Denken und Wollen, durch die ihm eingepflanzten Gesetze der Nothwendigkeit bestehenden Theil des Seins. Dieses enthält weiter drei Abtheilungen. Erstens die Gesetze des Raumes und der Zahl an sich. Das Organ des Geistes, um diese zu erkennen, ist die Anschauung und Analyse des Angeschauten, und daraus bildet er die Wissenschaft der Mathematik. Zweitens die organische und unorganische Körperwelt nach ihren verschiedenen Abstufungen. Diese erkennt der Geist zunächst durch sinnliche Wahrnehmung, Beobachtung und Erfahrung; er vermag aber auch durch die ihm eigene Fähigkeit der Abstraction den Zusammenhang und die inneren Gesetze der äußeren Erscheinungen zu entdecken. So entstehen die Naturwissenschaften und die Physik als der Inbegriff der den Gegenständen der Körperwelt gemeinschaftlichen Grundgesetze. Drittens gehört in das Gebiet der Natur auch die Erscheinung des

Schönen im Stoffe, in der körperlichen Form, in Farbe und Licht, und im Tone [1]). Das diesem entsprechende Organ des Geistes ist der ihm angeborene Schönheitssinn, welcher nicht blos das Schöne in der Anschauung empfindet, sondern auch in Verbindung mit dem Stoffe selbst Darstellungen des Schönen schaffen kann. Jene drei Gebiete der Natur sind aber in der Wirklichkeit nicht scharf geschieden, sondern greifen mannichfaltig und geheimnißvoll in einander. Die Gesetze der Zahl erscheinen auch in der Anziehung und Bewegung der Körper im Raume, so wie in den Verhältnissen des Tones; und die Schwingungen des Tones bilden sich auch in der festen Körperwelt in regelmäßigen Formen ab.

2) Gott und die sittliche Weltordnung.

11. Das zweite Hauptgebiet des Seins ist die sittliche Weltordnung, die in Gott ihren Ausgangs- und Endpunkt hat. Die Realität dieser unsichtbaren Welt ist im menschlichen Geiste, da er selbst einen Theil derselben bildet, als etwas Unmittelbares vorhanden, dessen er sich von seinem Ursprung an durch die Ueberlieferung der Begriffe und Sprache bewußt geblieben [1]),

---

1) Die Harmonie der Form, der Farbe und des Tones beruht auf physicalischen Grundgesetzen, und gehört daher in die Wissenschaft der Natur, so gut wie die Gesetze des Lichts oder der Electricität. Die Gesetze des Schönen werden vom menschlichen Geiste nicht erfunden, sondern entdeckt. Es ist daher nicht richtig, wenn die Philosophie die Kunst schlechthin zur Wissenschaft des Geistes zieht; so Hegel Propädeutik. Dritter Cursus. Zweite Abtheilung §. 203. Was darüber täuscht ist, daß allerdings der menschliche Geist die Gesetze des Schönen mit großer Freiheit in den mannichfaltigsten Abstufungen anwenden, und in bleibenden Erscheinungen verwirklichen kann.

1) Ob der menschliche Geist blos aus sich den Begriff von Gott finden könnte, ist eben so wenig, wie die Möglichkeit der Erfindung der Sprache, zu ermitteln, weil, wo wir bei Menschen und Völkern jenen Begriff und die Sprache finden, dieses auf Ueberlieferung beruht, deren Anfang nicht zu entdecken ist. Die Beispiele, wo einzelne Menschen durch Verbrechen oder Zufall in völliger Isolirung aufgewachsen sind, sprechen für die Verneinung jener Frage. Wohl aber faßt auch der ganz rohe Mensch jenen Begriff bei dessen Mittheilung verhältnißmäßig leicht auf, ein Beweis, daß in seiner Seele Etwas davon liegt, dessen er sich nur bewußt gemacht zu werden braucht. Es trifft

das durch das Organ des Glaubens zum Gegenstande innerer Anschauung erhoben [2]), und von der reflectirenden Vernunft auch durch Vernunftgründe unterstützt wird [3]). Als Wissenschaft dar-

---

hier der tiefsinnige Ausspruch zu, welchen Platon in der Epinomis dem Athener in den Mund legt: Diese Dinge lernen sich leicht und vollkommen, wenn Einer da ist, der sie uns lehrt; aber Keiner wird sie uns lehren, wenn ihm nicht Gott den Weg zeigt. — Uebereinstimmend sagt Schelling in der achten Vorlesung über die Methode des academischen Studiums: Ich gründe die historische Beziehung der Theologie nicht allein darauf: daß der erste Ursprung der Religion überhaupt, so wie jeder anderen Erkenntniß und Cultur allein aus dem Unterricht höherer Naturen begreiflich ist, alle Religion also in ihrem ersten Daseyn schon Ueberlieferung war. Denn was die sonst gangbaren empirischen Erklärungsarten betrifft, deren einige die erste Idee von Gott oder Göttern aus Furcht, aus Dankbarkeit, oder andern Gemüthsbewegungen, andere durch eine schlaue Erfindung der ersten Gesetzgeber entstehen lassen, so begreifen jene die Idee Gottes überhaupt nur als die psychologische Erscheinung, so wie diese weder erklären, wie nur überhaupt jemand zuerst den Gedanken gefaßt, sich zum Gesetzgeber eines Volkes zu machen, noch wie er Religion insbesondere als Schreckmittel zu brauchen sich einfallen lassen konnte, ohne zuvor die Idee derselben aus einer andern Quelle zu haben.

2) Die Fähigkeit des Glaubens ist das dem menschlichen Geiste angeschaffene Organ für das ihm entsprechende unsichtbare Gebiet. Der Glaube ist das innere Auge des Geistes, welches, gleichwie das äußere Auge das Sinnliche und Irdische, so das Uebersinnliche und Ueberirdische erfaßt und der Betrachtung unterwirft. Wie jedes Organ will aber auch dieses geübt sein, wenn es nicht seine Kraft und Schärfe verlieren soll.

3) Die Vernunft würde diese Beweisführung gar nicht antreten können, wenn sie nicht die Idee Gottes als etwas Unmittelbares in sich trüge, dessen sie sich durch die Sprache und Ueberlieferung bewußt gemacht ist. So sagt selbst Hegel Encyclopädie der philosophischen Wissenschaften §. 2. im Zusatz: Oefters hat der Mißverstand obgewaltet, daß solches Nachdenken als die Bedingung, ja als der einzige Weg behauptet worden, auf welchem wir zur Vorstellung und zum Fürwahrhalten des Ewigen und Wahren gelangten. So sind z. B. die (jetzt mehr vormaligen) metaphysischen Beweise vom Daseyn Gottes dafür ausgegeben worden, daß oder als ob durch ihre Kenntniß und die Ueberzeugung von ihnen der Glaube und die Ueberzeugung vom Daseyn Gottes wesentlich und allein bewirkt werden könne. Dergleichen Behauptung käme mit der überein, daß wir nicht eher essen könnten, als bis wir uns die Kenntniß der chemischen, botanischen oder zoologischen Bestimmungen der Nahrungsmittel erworben, und wir mit der Verdauung warten müßten, bis wir das Studium der Anatomie und Physiologie absolvirt hätten.

gestellt, entsprechen diesem die Metaphysik und speculative Theologie. In jenen Kreis tritt die christliche Offenbarung ein, indem sie, an die ursprüngliche Offenbarung sich anschließend, der Vernunft über das Verhältniß des Menschen und der Welt zu Gott die höchsten Aufschlüsse mittheilt, und so dem Glauben auf positivem Wege an der Hand der historischen Autorität neue Anschauungen zuführt. Die diesem Gebiete entsprechende Wissenschaft hat also zunächst einen positiven historischen Charakter. In so fern aber die christlichen Wahrheiten auch in dem Lichte der durch sie erleuchteten Vernunft und in Verbindung mit den natürlichen, durch sie ergänzten Wahrheiten betrachtet werden können, bilden sie den Stoff einer Wissenschaft, welche die Philosophie des Christenthums genannt werden kann.

3) Der Mensch und die Geschichte.

12. Das dritte Hauptgebiet des Seins ist der Mensch, sowohl als Einzelner wie als Gattung, als Menschheit. Das Eigenthümliche des Menschen besteht in der geheimnißvollen Verbindung eines unsterblichen Geistes mit einem vergänglichen Körper. Durch den Letzteren gehört der Mensch theilweise der Naturwelt an, und auf diesen Zusammenhang gründet sich auch ein doppelter Zweig von Naturwissenschaften. Der Eine begreift diejenigen, die sich auf das Physische des Menschen beziehen, wie die Physiologie, Pathologie, Therapie. Der Andere beruht auf der Beziehung der körperlichen Bedürfnisse zu den Erzeugnissen der Natur, und begreift diejenigen Naturwissenschaften, wo die Gesetze und Kräfte der Natur unter dem Gesichtspunkt ihrer möglichsten Nützlichkeit für den Menschen untersucht und in Anwendung gebracht werden, wie bei der Kunst des Ackerbaues, des Bergbaues, der Technologie. Der Geist kommt aber in der Ordnung des Seins auf eine dreifache Weise in Betracht. Erstens ist er dasjenige, was in dem Menschen denkt, erkennt und empfindet. Dessen ist er sich nicht blos unmittelbar bewußt, sondern er besitzt auch die Fähigkeit, sein inneres Auge auf sich selbst zu wenden, sich selbst in seiner Thätigkeit zu beobachten, und dadurch die ihm eingeborenen Gesetze des Denkens, Erkennens

und Empfindens zu entdecken. Hieraus entstehen als Wissenschaften die Logik, die Psychologie, die Aesthetik nach ihrem ganzen Umfange, in welchen auch, in Verbindung mit den Naturgesetzen des Schönen [1]), die Kunstlehre als Theorie des Schönen nach den verschiedenen Kunstgebieten fällt. Zweitens ist der Mensch durch den in ihm lebenden unsterblichen Geist ein Glied der sittlichen Weltordnung. In diesem Zusammenhang steht er unter den aus der Vernunft und Offenbarung zu erkennenden Gesetzen der Religion und Ethik, zu welchen auch das Recht gehört. Drittens besitzt der Geist die Fähigkeit und Macht, mit freier Selbstbestimmung aus seinem Innern in die Außenwelt durch Handlungen, Rede und Schrift hervorzutreten, und bleibende Aeußerungen seines Daseins zu schaffen. Von diesen Schöpfungen des Geistes lassen sich vier Formen unterscheiden: die Thaten, welche in die Schicksale der Menschen, Völker und Staaten dauernd eingreifen, die Gründung von Rechtsordnungen, der Anbau der Wissenschaften, und das Hervorbringen von Kunstwerken. Die Reihefolge dieser Schöpfungen bildet die Geschichte, welche daher hauptsächlich Geschichte der Völker und Staaten, Rechtsgeschichte, Geschichte der Wissenschaften und Kunstgeschichte ist. Als Aeußerung des Geistes im Gebiete der Freiheit enthält die Geschichte auch vieles scheinbar Willkürliche und Zufällige. Allein das Zufällige kann auf das Bestehende nur so weit dauernd einwirken, als dieses dessen empfänglich ist, so daß immer in den Erscheinungen ein gewisser Zusammenhang bleibt. Die Geschichte bewegt sich daher in der Wechselwirkung zwischen der menschlichen Freiheit und der durch die thatsächlichen Zustände bedingten Nothwendigkeit. Die Erforschung und Darstellung dieses Zusammenhangs bildet die Aufgabe der historischen Wissenschaft, die in mannichfaltiger Abstufung von den engen Kreisen der Specialgeschichte zur Universalgeschichte der Völker, des Rechts, der Wissenschaften und Künste, und endlich, dieses Alles als Einheit zusammenfassend, zur Geschichte der Menschheit aufsteigen kann.

---

1) Man sehe darüber §. 10.

4) Zusammenhang dieser drei Gebiete.

13. Diese drei Gebiete des Seins sind jedoch nicht von einander unabhängig, sondern sie treffen in der dem Menschen nach dem sichtlichen Plane der Schöpfung angewiesenen hohen Stellung und Bestimmung zusammen. Der Erdball ist durch eine Reihe von Veränderungen fähig gemacht worden, die Wohnstätte des Menschen und der Schauplatz der irdischen Entwicklung des menschlichen Geschlechts zu sein. In die Natur, die Elemente, das Pflanzen- und Thierreich ist nicht nur Alles gelegt, dessen der Mensch zu seiner physischen Erhaltung bedarf, sondern auch dasjenige, was die in ihn gelegte Fülle geistiger Kräfte weckt, und durch die Erkenntniß der Gesetze der Natur und der Größe der Schöpfung seinen Geist veredelt und erhöht. Die Geschichte aber hat nicht blos die Entwicklung des Geistes und der Menschheit für das irdische Dasein zum Inhalte, sondern es vollzieht sich auch in ihr die Aufgabe des Menschen, sich nach den Gesetzen der sittlichen Weltordnung zu seinem überirdischen Dasein vorzubereiten. So stehen die Natur, der Mensch und seine Geschichte, und die moralische Weltordnung im innigsten Zusammenhang und zeigen auf einander hin. Dieser Standpunkt der Anschauung, der höchste der überhaupt möglich ist, ist der des Christenthums, und erst durch dieses möglich geworden [1]. Es gehört daher zum Charakter der christlichen Wissenschaft, alle Einzelnheiten in diesem großen Zusammenhang aufzufassen.

---

1) Merkwürdige Aeußerungen thut darüber Schelling über die Methode des academischen Studiums. Achte Vorlesung: Die absolute Beziehung ist, daß in dem Christenthum das Universum überhaupt als Geschichte, als moralisches Reich angeschaut wird, und daß diese allgemeine Anschauung den Grundkarakter desselben ausmacht. — Neunte Vorlesung: Die historische Construction des Christenthums kann wegen dieser Universalität seiner Idee nicht ohne die religiöse Construction der ganzen Geschichte gedacht werden. — Eine solche Construction ist schon an sich selbst nur der höhern Erkenntnißart möglich, welche sich über die empirische Verkettung der Dinge erhebt; sie ist es also nicht ohne Philosophie, welche das wahre Organ der Theologie als Wissenschaft ist, worinn die höchsten Ideen von dem göttlichen Wesen, der Natur als dem Werkzeug und der Geschichte als der Offenbarung Gottes objectiv werden.

5) Die Philosophie.

14. Das höchste Wissen ist dasjenige, welches die Natur, die geistige Welt, den Menschen und seine Geschichte in ihrem vollständigen Zusammenhang als eine Einheit und Nothwendigkeit begreift. Dieses höchste Wissen ist nur bei Gott; dem Menschen ist nur eine annähernde Erkenntniß möglich. Nach dieser Erkenntniß zu streben ist die Aufgabe der Philosophie. Diese ist also nicht eine besondere Wissenschaft, sondern sie ist die Wissenschaft selbst nach ihrer ganzen Höhe und Tiefe. Ein solches Wissen ist aber durch die völlige Beherrschung und Durchdringung des Stoffes einer jeden Wissenschaft bedingt; es geht von Außen nach Innen, und es sind darin mancherlei Abstufungen möglich. Im Gegensatze zu den unteren Stufen kann man daher allerdings von einer Philosophie der Natur, des Geistes, der Geschichte reden. Immer setzt aber das Philosophiren über einen Stoff die genauesten Vorstudien seiner positiven Beschaffenheit voraus, so wie umgekehrt bei den positiven Vorarbeiten der Blick immer auf das Höhere gerichtet sein sollte. In so fern aber der höchste und allgemeinste Standpunkt der Anschauung, der dem Menschen möglich ist, wie oben gezeigt worden, der des Christenthums und der christlichen Wissenschaft ist: so nimmt auch die christliche Philosophie in höchster Instanz alle Resultate der Wissenschaften in sich auf und sendet ihnen ihre Strahlen zurück [1]).

II. Vom positiven Recht. A) Entstehung und Nothwendigkeit der bürgerlichen Gesellschaft.

15. Zu den hohen Auszeichnungen des Menschen gehört, daß er nicht, wie das Thier, an die ihm von der Natur angewiesene Stufe der Entwicklung gebannt, sondern daß er, sowohl als Einzelner wie als Menschheit, durch Erziehung und Mittheilung eines steten geistigen Fortschrittes fähig ist, und darin auch die eigenthümliche Befriedigung seines Wesens findet. Diese Mittheilung ist aber durch zweierlei bedingt: durch die Sprache

---

1) Man sehe die eben angeführte Stelle von Schelling.

und durch das Leben in Gesellschaft. Der Mensch ist daher von der Natur zu einer dauernden Gemeinschaft bestimmt. Die Entwicklung der reichen Gaben und Kräfte seines Geistes, die Ueberlieferung aller menschlichen Sitte und Bildung, die Erfüllung seiner höheren Bestimmung sind nur in der Gesellschaft und durch sie möglich. Nur durch die Sprache und die Gesellschaft haben der Mensch und die Menschheit einen Zusammenhang, eine Geschichte [1]). Die Gesellschaft erfordert aber eine feste Ordnung, also Gesetze, Autorität und Unterwerfung. Diese Ordnung, dargestellt in einem nach Außen unabhängigen Volke, ist das, was man jetzt einen Staat nennt [2]). Der Mensch und der Staat sind daher von einander nicht zu trennen; der Mensch kann sich als Mensch nur im Staate entwickeln und behaupten [3]).

---

1) Sehr gut sagt Aristoteles Politik I. 2.: Dem Menschen allein hat die Natur, die nichts vergebens macht, die Sprache gegeben, die sie allen andern Thieren versagt hat. — Die Sprache setzt den Menschen in den Stand, das was nützlich und das was schädlich ist, anzuzeigen, also auch Recht und Unrecht. Und das ist dem Menschen vor allen andern Thieren eigen, daß er Empfindung für Tugend und Laster, für Recht und Unrecht und dergleichen in seiner Seele hat. Die Gemeinschaft in diesem ist es aber eben, was Familien und Staaten zu dem macht, was sie sind.

2) Man sehe oben §. 3.

3) Daher fährt Aristoteles in der (Note 1) angeführten Stelle so fort: Den Begriffen nach und in dem Systeme der Natur sind die Staaten eher zu denken, als die Familien und als die Menschen selbst. Denn das Ganze muß eher gedacht werden, als seine Theile. — In Uebereinstimmung damit schreibt Ballanche Institutions sociales chap. 9. (Oeuvres II. 194). L'homme est éminemment un être social. Sa longue enfance, pendant laquelle il sert de lien à deux êtres, et qui lui est si nécessaire pour se developper graduellement, cette longue enfance disons nous, annonce déjà l'intention du Créateur. L'homme a besoin de tout apprendre; et ses sens ne serviraient qu'à le tromper s'il n'était pas instruit à en rectifier les erreurs. Il ne peut naitre que dans la famille, et la famille ne peut exister que dans la société. Son intelligence, comme lui même, ne peut naître que dans la famille, et comme lui même encore, ne peut se développer que dans la société. Cette assertion est également vraie pour le sentiment moral. — pag. 244. L'homme n'a point d'instinct; il a une liberté et une volonté. L'absence d'instinct dans l'homme fait qu'il a besoin de tout apprendre. La société est, si l'on peut parler ainsi, un instrument né-

16. Auf dieses große Grundgesetz ist auch der Mensch durch die Ordnung der Schöpfung und durch die Thatsachen der Geschichte mit Nothwendigkeit hingewiesen. Wie nach der Erschaffung des ersten Menschenpaares die Familien sich vervielfältigt, wie aus deren Trennung die Verschiedenheit der Stämme und Sprachen hervorgegangen, wie durch die Macht der Naturkräfte, durch Klima, kümmerliche Lebensweise, Sinnlichkeit und sittliche Entartung die Bildung und mit ihr die Sprache theilweise bis zur Barbarei herabgesunken [1]), alles dieses liegt zwar jenseits der Gränzen der urkundlichen Geschichte. So viel ist aber gewiß, daß der Mensch seit seiner Entstehung nie außerhalb der Gesellschaft gewesen ist, weil er nur in ihr sein Dasein empfangen und erhalten kann. Wo es also Menschen giebt, giebt es auch eine, mehr oder weniger ausgebildete, gesellschaftliche Ordnung.

B) Entstehung des positiven Rechts.

17. Mit der bürgerlichen Gesellschaft entwickelte sich von selbst und mit innerer Nothwendigkeit auch das positive Recht. Schon in der ersten Familie wurden die Begriffe von Recht und Unrecht geweckt und durch das Ansehen des Familienhauptes ge-

---

cessaire à l'homme; et les révélations dont la société est dépositaire sont le seul moyen par lequel l'homme ait pu parvenir à connaitre et à aimer.

1) Sehr gut schreibt Schelling als Fortsetzung der oben (§. 11. Note 1) mitgetheilten Stelle: Unter der Menge falscher und ideenloser Versuche der letzten Zeit stehen die sogenannten Geschichten der Menschheit oben an, welche ihre Vorstellungen von dem ersten Zustande unseres Geschlechts von den aus Reisebeschreibungen compilirten Zügen der Rohheit wilder Völker hernehmen, welche daher auch in ihnen die vornehmste Rolle spielen. Es giebt keinen Zustand der Barbarey, der nicht aus einer untergegangenen Cultur herstammte. Den künftigen Bemühungen der Erdgeschichte ist es vorbehalten zu zeigen, wie auch jene, in einem Zustande der Wildheit lebende Völker nur von dem Zusammenhang mit der übrigen Welt durch Revolutionen losgerissene und zum Theil zersprengte Völkerschaften sind, die der Verbindung und der schon erworbenen Mittel der Cultur beraubt in den gegenwärtigen Zustand zurücksanken. Ich halte den Zustand der Cultur durchaus für den ersten des Menschengeschlechts.

handhabt. In jenen Zeiten, wo der Mensch seinem Ursprunge noch näher stand, wurden, wie die ältesten Traditionen bezeugen, Religion, Recht und Sittlichkeit nicht scharf unterschieden; in Ehrfurcht folgte das Gefühl dem, was die Ueberlieferung und die innere Stimme als den Willen Gottes kund gab [1]). Diese Elemente giengen bei der Erweiterung des Menschengeschlechts in ununterbrochener Folge auf die verschiedenen Stämme über, indem sie bei den Einen durch einsichtsvolle Gesetzgeber und andere günstige Umstände weiter ausgebildet wurden, bei Anderen mit der Bildung und Sprache zur Rohheit ausarteten. Bei jedem Volke, selbst bei dem rohesten, giebt es daher eine Summe von Regeln und Einrichtungen, die zusammen die bei ihm bestehende gesellschaftliche Ordnung ausmachen, und woran es bewußt und unbewußt als an dem ihm überlieferten positiven Recht festhält.

18. Untersucht man den Grund genauer, worauf die Erzeugung und Fortpflanzung dieses positiven Rechts beruht, so ist dieser vor Allem der dem Menschen eingeborene Rechtssinn, welcher ihm eine feste mit den Gesetzen der Gerechtigkeit übereinstimmende Ordnung zum Bedürfniß macht [1]). Dieser Rechtssinn wirkt aber nirgend ganz rein; sondern jedes Volk besitzt mehr oder weniger eine durch seine Abstammung und natürlichen Anlagen, durch die Stufe seiner Bildung, durch seine nationalen Beschäftigungen und Interessen, und durch andere historische Thatsachen begründete eigenthümliche Denkart, welche unbewußt seine Thätigkeit, seine Sitten und Einrichtungen beherrscht. Diese ist daher auch dasjenige, was seine Vorstellungen vom

---

1) Bei der Frage nach der Entstehung des positiven Rechts wird insgemein der Antheil, den die Religion daran hat, gar nicht berührt. Dieses widerspricht aber eben so sehr den beglaubigten Thatsachen der Geschichte aller gebildeten Völker, als dem, was sich bei rohen Völkern noch wirklich vorfindet. Ueberhaupt geht man bei dieser Frage auf den Zusammenhang mit der Urgeschichte des Menschen gar nicht ein, und verfährt also bei allem Prunken mit Historie recht eigentlich unhistorisch und gedankenlos.

1) Man sehe darüber oben §. 1.

Gerechten und dadurch den Character seines positiven Rechts bestimmt.

C) Formen des positiven Rechts. 1) Gewohnheitsrecht [1]).

19. Das positive Recht eines Volkes ist also der Ausdruck dessen, was nach dem Maßstabe des bei ihm unter dem Einfluß der erwähnten Thatsachen ausgebildeten Rechtsgefühls als das Rechte angesehen und daher für allgemein verbindlich gehalten wird. Dieser Ausdruck bedarf aber bestimmter, erkennbarer Formen. Die Eine derselben ist das Gewohnheitsrecht, das heißt wenn ein Rechtssatz sich aus dem Rechtsgefühl blos durch die Sitte und Uebung zu einer festen Rechtsnorm durchgebildet hat. Geht man auf den Ursprung des Rechts zurück, so ist die Sitte der eigentliche Kern eines jeden positiven Rechts. Die Grundzüge des Familienrechts, der Begriff des Eigenthums, die Formen des Verkehrs, die verbindliche Kraft der Verträge, alles dieses entsteht zunächst aus dem Gefühl des Bedürfnisses durch die Sitte, und wird durch die Gesetze nur befestigt und genauer ausgebildet. In gleicher Weise können bei der fortschreitenden Entwicklung des bürgerlichen Lebens neue Gewohnheitsrechte erzeugt werden. Dieses geschieht so allmählig und unvermerkt, daß sich deren Bildungsgang insgemein der Beobachtung entzieht. Doch können nach der Natur der Sache drei Stadien unterschieden werden [2]). Den Anfang müssen vereinzelte Fälle machen, worin sich eine neue, noch unentwickelte Rechtsansicht durch die That selbst ausspricht. Das zweite Stadium ist, wo das gegebene Beispiel auf das Bewußtsein und Rechtsgefühl Anderer bestimmend einwirkt und Nachahmung erzeugt. Das dritte Stadium ist, wenn durch die constante Wiederholung die zum Grunde liegende Ansicht sich im Bewußtsein zur unzweifel-

---

1) Ein besonderes Werk darüber ist: G. F. Puchta das Gewohnheitsrecht. Erlangen 1828. 1837. 2 Thle. Doch kann man dessen Ansichten nicht überall beistimmen.

2) Man kann sich diese an der Ausbildung des Institutes des Wechsels, der Erbverträge, der Erbverzichte der adlichen Töchter vergegenwärtigen.

haften Rechtsansicht durchgebildet, und als solche für alle künftigen gleichartigen Fälle verbindliche Kraft erlangt hat [3]). Uebrigens ist von dem Gewohnheitsrechte der Fall wohl zu unterscheiden, wo ein Rechtssatz von einer bestimmten Autorität festgestellt, jedoch ohne Scriptur blos durch die mündliche Ueberlieferung und Uebung fortgepflanzt worden, und dadurch die Art seiner Entstehung in Vergessenheit gerathen ist. Wie Vieles in den alten Rechten der Völker, namentlich im römischen und deutschen Rechte, diesen Ursprung hat, läßt sich nicht ermitteln.

2) Juristenrecht. a) Begriff und Bedeutung desselben.

20. Die zweite Form, in welcher das Recht eines Volkes ausgeprägt wird, ist durch das Organ der Juristen in der Rechtswissenschaft. Schon bei ganz einfachen Völkern bringt die Natur der Verhältnisse es mit sich, daß sich Einzelne mit dem Recht mehr zu beschäftigen haben, als Andere. Durch Uebung und Nachdenken wird bei ihnen das, was in dem Rechtsgefühl noch unentwickelt liegt, zum bestimmteren Bewußtsein und zur rationellen Anschauung gebracht. Es wird dadurch zunächst für die Anwendung und Auslegung der bestehenden Gesetze, dann aber auch für die Entscheidung der durch die Gesetze nicht vorgesehenen Rechtsfragen eine Sicherheit erworben, welche sich bald im Leben auch für Andere fühlbar macht. Die Aussprüche der Rechtskundigen erhalten nun, als die der Männer vom Fache, eine gewisse Autorität, der die Unkundigen ohne weiteres Nachdenken folgen, und welcher selbst die Richter bei ihren Entscheidungen vertrauen. Es bewährt sich hierin nur das Uebergewicht, welches nach einem in der Natur des Menschen begründeten Gesetze die höhere geistige Bildung in jedem Verhältnisse ausübt [1]).

---

3) Hienach ist die Ansicht von Puchta zu berichtigen, daß die Gewohnheit nie die Ursache, sondern immer nur die Wirkung des Gewohnheitsrechts sei. Dieses ist nur richtig für das dritte Stadium, nicht für die beiden Ersteren.

1) Die Römer haben diese Bedeutung des Juristenrechts mit bemerkenswerther Klarheit erkannt. Sie nennen dasselbe die auctoritas Prudentium und zählen es neben den leges und Senatusconsulten unter den Quellen des ius

Bei jedem nur einigermaßen cultivirten Volke tritt daher auch das Ansehen der Rechtskundigen in irgend einer Form hervor; gewöhnlich so, daß die Rechtskenntniß anfangs bei einem andern ausgezeichneten Stande ruht, bis daß sie bei der fortschreitenden Bildung und Theilung der Beschäftigungen zum bleibenden Berufe eines eigenen Juristenstandes wird [2]).

21. Wo die Rechtswissenschaft zur vollen Ausbildung gelangt ist, wirkt sie auf dreifache Weise. Erstens lehrt sie das geltende Recht verstehen, indem sie die rationellen Gründe desselben nachweist und den Sinn des geschriebenen Rechts auslegt. Zweitens hilft sie das bestehende Recht ergänzen, indem sie aus der Consequenz oder Analogie seiner Bestimmungen Regeln für die darin nicht unmittelbar vorgesehenen Fälle ableitet. Drittens kann sie selbst neues Recht erzeugen, indem sie auf dem Wege des juristischen Denkens Rechtswahrheiten abstrahirt und zur Geltung bringt. Die Gesetze dieses Denkens fließen theils aus dem Verstande theils aus dem Gefühl. Das Gefühl leitet instinctartig auf das Gerechte hin [1]); der Verstand erhebt dieses zum Bewußtsein, verleiht ihm den bestimmten Ausdruck und bildet es nach den Regeln der logischen Consequenz aus. Diese rechtserzeugende Thätigkeit der Jurisprudenz reicht sehr weit. Grade die fundamentalen Rechtswahrheiten, diejenigen, welche sich so von selbst verstehen, daß die Feststellung derselben durch die Gesetzgebung ganz überflüssig erscheint, sind lediglich durch

---

civile auf, Gaius I. 2. 7., fr. 7. pr. D. de iustit. et iure (1. 1), fr. 2. §. 5. D. de orig. iur. (1. 2); ja sie nennen das daraus fließende Recht das proprium ius civile, fr. 2. §. 12. D. de orig. iur. (1. 2). Die Franzosen bezeichnen das Juristenrecht mit dem Namen la jurisprudence des auteurs. Die Deutschen brauchen dafür die Ausdrücke communis doctorum opinio, Autorität der Doctrin, Jurisprudenz. Doch ist ihnen dessen Bedeutung als Rechtsquelle nur langsam zur Klarheit gekommen.

2) Bei den Römern war die Rechtskunde anfangs ein Vorrecht der Patricier, und wurde von ihnen fast wie ein priesterliches Geheimniß gepflegt. Bei den Galliern war sie bei den Druiden. Bei den Germanen war sie vorzüglich bei den freien Grundeigenthümern, weil nur aus diesen die Schöffen genommen wurden.

1) Man sehe oben §. 1.

die Rechtswissenschaft zu Tage gefördert worden [2]). Dieses ist das Gebiet, wo die Rechtsphilosophie und das positive Recht sich berühren, und wo Letzteres aus Jener durch die Vermittlung der Rechtswissenschaft fortwährend bereichert wird [3]). In gleicher Weise ist diese bei der Ausbildung der einzelnen Rechtslehren thätig. Das bürgerliche Leben erzeugt überall neue Verhältnisse, wofür es in dem bestehenden Recht an einer Entscheidungsnorm fehlt, wo daher eine solche auf rationellem Wege geschaffen werden muß. Der juristische Verstand thut dieses, indem er die Natur des vorgelegten Verhältnisses zergliedert, die daraus sich ergebenden Rechtsfragen formulirt, und dieselben in Uebereinstimmung mit den allgemeinen Rechtswahrheiten gerecht entscheiden hilft [4]). So werden durch die Rechtswissenschaft die in dem positiven Recht vorkommenden Lücken ausgefüllt, und dasselbe mit den fortschreitenden Rechtsbedürfnissen in Einklang erhalten. Das Juristenrecht ist daher das wesentliche Stück des positiven Rechts. Es kann, wo es an Gesetzen fehlt, ganz füglich deren Stelle vertreten; es wird aber umgekehrt selbst durch eine ausgebildete Gesetzgebung nicht entbehrlich gemacht [5]).

---

2) Beispiele geben die Sätze: was contra bonos mores ist, ist nichtig; das aus Irrthum Gezahlte kann zurückgefordert werden; in pari causa melior est conditio possidentis; natura aequum est neminem cum alterius detrimento fieri locupletiorem, und viele andere. Auch die Theorie der Condictionen, der culpa, und Anderes, was zu den allgemeinen Rechtslehren gehört, ist bei den Römern blos durch das Juristenrecht construirt worden.

3) Gut spricht darüber Warnkönig Encyclopädie §. 31. 32.

4) Auf diese Weise erzeugte bei den Römern die Jurisprudenz die Theorie des Eigenthums, der Servituten, der einzelnen Verträge. Beispiele im deutschen Recht sind die Theorie des Wechselgeschäfts, der ehelichen Gütergemeinschaft, der Erbverträge, und viele andere.

5) Es ist nach dem Gesagten augenscheinlich irrig, wenn man dem Juristenrecht die rechtserzeugende Kraft abspricht, oder es nicht als Rechtsquelle gelten lassen will. Letzteres thut Stahl Rechtsphilosophie Th. II. Buch II. §. 18 Allein er wird schon durch das römische Recht widerlegt (§. 20. Note 1). Nicht minder irrig ist es, wenn man, wie Bluhme Encyclopädie §. 35. 43., das Juristenrecht nur als eine Form des Gewohnheitsrechts auffaßt. Der Sitz des Gewohnheitsrechts ist im Rechtsgefühl, der des Juristenrechts im Verstande. Jenes entsteht kunstlos, unvermerkt und unbewußt; dieses wird absichtlich durch

b) Einfluß der Billigkeit.

22. Das juristische Denken beruht, wie gezeigt wurde, in einer Mischung von Verstand und Gefühl. In so weit der Verstand dabei betheiligt ist, fällt dasselbe unter das Gesetz der logischen Consequenz. Diese giebt dem juristischen Denken nicht nur seine eigenthümliche Correctheit und Eleganz, sondern bewahrt ihm auch bei der Auflösung der verwickeltsten Rechtsfragen die nöthige Fertigkeit und Sicherheit. Doch ist das Gebiet des Lebens viel zu reichhaltig und mannichfaltig, als daß die formelle Consequenz überall zur Entscheidung ausreichte. Häufig muß sich dem Verstande das Gefühl zur Seite stellen, welches den vorgelegten Fall nicht nach einem einzelnen Momente, sondern nach dem Totaleindruck auffaßt und entscheidet [1]). Hierauf beruht die Unterscheidung zwischen dem strengen Recht und der Billigkeit [2]). Letztere greift besonders in zwei Fällen ein. Erstens wenn zwar in dem positiven Recht eine Entscheidung vorhanden ist, jedoch in der Eigenthümlichkeit des gegebenen Falles Etwas liegt, welches eine Milderung verlangt [3]). Zweitens wenn nach dem Buchstaben des positiven Rechts ein Klagrecht nicht begründet ist, allgemeine Gründe aber doch dafür sprechen [4]). Der Gegensatz von Recht und Billigkeit ist daher nur ein äußerlicher und formeller. Sachlich betrachtet ist die Billigkeit das wahre Recht des gegebenen Falles. Das Bedürfniß, ein solches Billigkeitsrecht zu construiren, wird daher um so größer sein,

---

eine wissenschaftliche Operation geschaffen. Wahr ist nur dieses, daß bei Diesem wie bei Jenem der Geist und die Denkart des Volkes mit thätig sind, so daß Beide mehr oder weniger der Ausdruck davon sind. Dieses ist aber bei den Gesetzen eben so.

1) Die Römer drücken dieses so aus: quod magis intellectu percipi, quam elocutione exprimi possit, fr. 12. §. 2. D. ratam rem haberi (46. 8.) oder si totius rei aequitatem intuemur, fr. 31. §. 1. D. depositi (16. 3).

2) Gut handelt von der Billigkeit Warnkönig Encyclopädie §. 33.

3) Beispiele sind der Gegensatz von subtilitas iuris und bonum et aequum im fr. 17. D. de iniusto rupto (28. 3) — von scripti iuris ratio und bonum et aequum im fr. 16. D. de condit. (35. 1).

4) Beispiele der Art geben fr. 2. §. 5. D. de aqua (39. 3), fr. 1. §. 1. D. si is qui testam. liber (47. 4).

je formeller der Character eines positiven Rechts, oder je unvollkommener und lückenhaft es ist [5]).

c) Formen des Juristenrechts.

23. Was endlich die Formen betrifft, in welchen die Jurisprudenz in jener dreifachen Richtung, als das Recht auslegend, ergänzend und neues Recht erzeugend, thätig ist, so lassen sich dieselben auf zwei Hauptklassen zurückführen, je nachdem die darin enthaltene wissenschaftliche Operation sich auf dem theoretischen oder auf dem praktischen Gebiete des Rechts bewegt. In die erste Klasse fallen drei Formen: Erklärung der gesetzlichen Texte, Monographieen über einzelne Rechtsmaterien, Rechtssysteme. Bei der Erklärung der gesetzlichen Texte ist die auslegende Thätigkeit das Vorherrschende; doch mischt sich bei den Fortschritten der Wissenschaft von selbst eine den Buchstaben erweiternde, ergänzende oder mildernde Richtung mit ein [1]). Monographieen sind für die Ausbildung des Rechts die wichtigste Art von Schriften. Sie fassen das, was über den Gegenstand an positiven Bestimmungen vorliegt, zusammen, dringen in deren rationelle Gründe ein, und entwickeln aus ihnen in Verbindung mit den allgemeinen Rechtswahrheiten alle in den gegebenen Bereich fallenden Rechtsfragen. Sie üben daher auch als Autorität auf die Rechtssprechung den größten Einfluß aus. Rechtssysteme wirken in verwandter Art. Doch können sie nicht leicht so tief auf die Einzelnheiten eingehen, wie exegetische Schriften und Monographieen. Sie müssen sich häufig damit begnügen,

---

5) Hiedurch sind Manche verleitet worden, die Billigkeit eine subsidiaire Rechtsquelle zu nennen; so Falk Encyclopädie §. 10. Sie ist dieses nur in so fern, als das Rechtsgefühl, die juristische Consequenz, die Logik, ja das Denken überhaupt Rechtsquellen sind. Richtiger ist es, wenn Maurenbrecher Deutsches Privatrecht I. §. 42. 42 a. die Billigkeit, so wie das Entwickeln aus der Natur der Sache, eine Form des juristischen Denkens nennt. Das ganz Richtige ist, sie als ein Gesetz der juristischen Anschauung zu bezeichnen.

1) Beispiele geben aus dem römischen Rechte die Bruchstücke, die von den Commentarien zum Edicte oder zu einzelnen Gesetzen in den Pandekten erhalten sind.

deren Ergebnisse in Kürze dem Ganzen einzuverleiben, tragen aber eben dadurch zu deren Befestigung bei.

24. Die in die zweite Hauptklasse fallenden Formen des Juristenrechts sind diejenigen, wo die juristische Thätigkeit unmittelbar auf das Leben, auf die Behandlung von Rechtsfällen gerichtet ist. Auf diesem Wege werden Fragen angeregt, worauf man auf rein theoretischem Wege nicht leicht kommt, und es wird dadurch dem wissenschaftlichen Nachdenken fortwährend ein neuer Stoff zugeführt. Casuistische Werke dieser Art sind daher für die Bereicherung und Erweiterung des Rechtsgebietes von der größten Wichtigkeit [1]). Die Formen dieser praktischen Thätigkeit sind besonders doppelter Art. Die eine ist, wenn ein Rechtsgelehrter oder ein Collegium von Rechtsgelehrten ein Gutachten über eine vorgelegte Rechtsfrage ertheilt. Dieses ist gleichsam eine kleine Monographie, worin der zu ermittelnde Rechtssatz durch die Anwendung auf den gegebenen Fall in ein besonderes Licht gesetzt wird [2]). Die zweite Form sind die Entscheidungen der Gerichtshöfe. Diese sind, insofern sie nicht etwas rein Factisches betreffen, ebenfalls mehr oder minder das Resultat einer wissenschaftlichen Operation, die der Richter unter Beihülfe der beiderseitigen Rechtsausführungen vornimmt, und die er durch sein obrigkeitliches Ansehen bekräftigt. Diese Vereinigung von wissenschaftlicher und öffentlicher Autorität und das Bedürfniß der Stabilität erzeugt von selbst Beachtung und Nach-

---

1) Bemerkenswerth ist, wie klar Leibnitz dieses erkannt und ausgesprochen hat: Methodi novae discendae docendaeque iurisprudentiae Pars II. §. 82. In his auctoribus laudabile est, quod novos emergentes casus perpetuae memoriae consignant, orbemque iuridicum continua auctione locupletant, quod non faciunt auctores exercitationum et commentariorum, semper vetera ruminantes; quapropter et Practico atque in rerum usu versanti, hi parcius legendi, illi diligentissime pervolutandi sunt.

2) Bei den Römern hieß diese Form die responsa prudentium, und es war diese Einrichtung von oben herab mit einem gewissen formellen Charakter bekleidet, Gaius I. 2. 7. Man sehe darüber meine Röm. Rechtsgeschichte §. 409. In Deutschland entsprechen dieser Form die responsa, consilia, consultationes der juristischen Facultäten und einzelner berühmter Juristen, wovon es viele Sammlungen giebt.

ahmung, woraus zuletzt eine fixirte Rechtsansicht hervorgeht [3]). Doch ist das Ansehen des auf diesem Wege erzeugten Rechts, da es doch immer vorherrschend auf rationellen Gründen beruht, niemals, selbst nicht im Verhältniß der Obergerichte zu den Untergerichten, so unbedingt, daß es nicht einer auf bessere Gründe gestützten Ueberzeugung weichen dürfe [4]).

3) Gesetzgebung. a) Natur der Gesetze.

25. Die dritte Form, in welcher das positive Recht eines Volkes dargestellt wird, ist durch Gesetze, das heißt durch Vorschriften, welche die höchste Gewalt im Staate absichtlich zu dem Zwecke erläßt, daß die Unterthanen sich darnach richten und danach vor den Gerichten beurtheilt werden sollen. Bei dieser Art von Rechtsquelle tritt also der Wille und die Macht des Wollenden äußerlich als das entscheidende Moment und als der Grund ihrer verbindenden Kraft hervor. Allein der Sache nach findet doch die engste Wechselwirkung mit den beiden anderen Factoren der Rechtserzeugung Statt. Denn einestheils müssen bei der Abfassung eines Gesetzes, wenn es ins Leben übergehen und wohlthätig wirken soll, die Sitten und Gewohnheiten, der Geist und die Bedürfnisse des Volkslebens sorgfältig berücksichtigt sein [1]). Anderntheils bedarf dieselbe eben darum, um das Richtige zu treffen, einer genauen wissenschaftlichen Vorarbeit, welche nur von Männern vom Fache veranstaltet werden kann. So betrachtet spricht ein Gesetz eigentlich nur aus und befestigt

---

3) Die Römer nennen diese Rechtsquelle die rerum perpetuo similiter iudicatarum auctoritas, fr. 38. D. de legib. (1. 3). Bei den Franzosen heißt sie la jurisprudence des arrêts, bei den Engländern die precedents. Die Deutschen brauchen die Ausdrücke Gerichtsgebrauch, Praxis, Präjudicate.

4) Man sehe über diese Frage mein Deutsches Privatrecht §. 34. Gut äußert sich darüber Warnkönig Encyclopädie §. 31.

1) Nur so weit ist zuzugeben, daß durch das Gesetz „die Rechtsüberzeugung des Volkes“ mittelbar ausgesprochen werde. So sagt mit Puchta, Savigny und Anderen Warnkönig Encyclopädie §. 23. Diese angebliche Rechtsüberzeugung des Volkes ist ein Modeausdruck geworden, der aber nur zu sehr auf Unklarheit und leere Fiction hinausläuft. Man sehe dagegen mein Deutsches Privatrecht §. 18. Note 3. §. 24. Note 4.

dasjenige, was die Jurisprudenz als das unter den gegebenen Umständen Richtige und Nothwendige ermittelt hat. Eben deshalb kann auch bei wenigen Gesetzen der Rechtszustand eines Volkes doch ein gesunder und befriedigender sein, wenn die Sitten und Gewohnheiten und die Wissenschaft ganz in Einklang sind. Ja es ist dieses sogar als der normale und wünschenswerthe Zustand anzusehen, und daher zur Erlassung neuer Gesetze nur dann zu schreiten, wo ein entschiedenes Bedürfniß es verlangt.

26. Das Wesentliche für die Anwendung der Gesetze ist die sichere Erkenntniß dessen, was der Gesetzgeber dabei gedacht und gewollt hat. Bei dem Gewohnheitsrecht ist dieses von selbst klar. Das Juristenrecht trägt die Mittel und Organe seiner Auslegung in sich selbst. Hingegen bei Gesetzen ist derjenige, der sie anzuwenden und auszulegen hat, ein Anderer, als der, wovon sie erlassen sind. Es muß daher dasjenige, was dieser dadurch gewollt hat, unmittelbar aus dem Gesetze selbst hervorgehen, und dieses ist nur dann der Fall, wenn der Ausdruck deutlich und erschöpfend jenem Sinne entspricht. Die richtige Fassung der Gesetze ist daher ein Gegenstand von der höchsten Wichtigkeit. Sie muß so sein, daß sie alle Fälle, welche unter das Gesetz gehören sollen, deutlich umfaßt, diejenigen aber, die nicht darunter gehören sollen, deutlich ausschließt. Es ist daher dabei eine große Umsicht, das richtige Maß zwischen Weitläufigkeit und Kürze, und die möglichste Einfachheit des Ausdrucks nothwendig [1].

---

1) Bemerkenswerth ist, wie klar sich darüber schon der scharfsinnige und erfahrene Kanzler Bacon († 1626) ausgesprochen hat: De augmentis scientiarum lib. VIII (Works VII. 420). Aphor. 65. Descriptio legum obscura oritur, aut ex loquacitate et verbositate earum: aut rursus ex brevitate nimia; aut ex prologo legis cum ipso corpore legis pugnante. — 66. De obscuritate vero legum, quae ex earum descriptione prava oritur, iam dicendum est. Loquacitas, quae in perscribendo leges in usum venit, et prolixitas non placet. Neque enim, quod vult et captat, ullo modo assequitur, sed contrarium potius. Cum enim casus singulos particulares verbis appositis et propriis persequi et exprimere contendat, maiorem inde

b) Publication der Gesetze.

27. Zum Wesen eines Gesetzes gehört, daß es in einer bestimmten Weise als der allgemein verbindliche Wille des Gesetzgebers ausgesprochen sei. Die Form, worin dieses geschieht, wodurch also das Gesetz als solches vollendet und existent wird, hängt von der Verfassung eines jeden Staates ab. Das auf diese Weise zu Stande gekommene Gesetz ist aber dadurch nicht gleich executorisch; sondern die Gerechtigkeit erfordert, daß es dieses erst dann sei, wenn den Unterthanen dessen Existenz zu erfahren wenigstens möglich war, und es liegt sogar in der Billigkeit, ihnen diese Möglichkeit nach Kräften zu erleichtern. Beides ist der Zweck der Publication oder Promulgation, deren Form nach der Verfassung der Länder und Zeiten verschieden ist. Im Reiche Karls des Großen diente dazu die Vervielfältigung durch Abschriften und das Verlesen in den dazu berufenen Volksversammlungen [1]. Im Mittelalter bis in die neuere Zeit hatte man das Ablesen von der Kanzel oder in den Städten vom Rathhause. Jetzt ist insgemein der Abdruck in den officiellen Regierungsblättern an die Stelle getreten. Doch bleibt dieses Mittel immer ein unvollkommenes; namentlich ist, um die nachfolgende Generation in der Kenntniß der Gesetze zu erhalten, wenig gesorgt. Im Mittelalter diente dazu, daß die Rechtsge-

---

spernans certitudinem; e contra quaestiones multiplices parit de verbis; ut difficilius procedat interpretatio secundum sententiam legis (quae sanior est et verior) propter strepitum verborum. — 67. Neque propterea nimis concisa et affectata brevitas, maiestatis gratia, et tanquam magis imperatoria, probanda est. Mediocritas ergo assectanda; et verborum exquirenda generalitas bene terminata; quae licet casus comprehensos non sedulo persequatur, attamen non comprehensos satis perspicue excludat. — 69. Neque nobis prologi legum, qui inepti olim habiti sunt, et leges introducunt disputantes non iubentes, utique placerent, si priscos mores ferre possemus. Sed prologi isti legum plerumque (ut nunc sunt tempora) necessario adhibentur, non tam ad explicationem legis, quam instar suasionis, ad perferendam legem in comitiis, et rursus ad satisfaciendum populo. Quantum fieri potest, tamen prologi evitentur, et lex incipiat a iussione.

1) Man sehe meine Deutsche Rechtsgeschichte §. 150.

wohnheiten, worauf es hauptsächlich ankam, in den jährlichen Volksversammlungen in der Form von Frage und Antwort aus dem Gedächtniß hergesagt oder verlesen wurden. Jetzt rechnet man auf die durch das Leben von selbst sich bildende Ueberlieferung, im Gebiete des Strafrechts besonders auf die Warnung des natürlichen Rechtsgefühls, und auf die nicht unbillige Anforderung, in zweifelhaften Fällen den Rath von Rechtskundigen einzuholen. Dennoch bleiben bei der Masse der Gesetze Fälle möglich, wo man die erwiesene Unkenntniß derselben mit Nachsicht beurtheilen muß.

c) Gesetzsammlungen.

28. Die große Anhäufung der Gesetze macht für deren praktischen Gebrauch Sammlungen zum unerläßlichen Bedürfniß. Solche werden daher, wenn die Obrigkeit nicht dafür sorgt, von Privatpersonen angefertigt werden, und ihrer Nützlichkeit wegen von selbst in Gebrauch kommen. Die roheste Art zu sammeln ist, wo die Gesetze nach der chronologischen Folge ihrer Entstehung an einander gereiht sind. Da dieses aber für den Gebrauch unbequem ist, so kommt man bald auf die systematische Form, indem man die Gesetze materienweise ordnet, so daß man unter einer Rubrik alle dahin einschlagenden Gesetze vor Augen hat [1]). Hiemit kann noch der tiefer eingreifende Zweck verbunden werden, die alten und neuen Gesetze durch Weglassen, Excerpiren, Abändern mit einander in Einklang zu setzen, und so die Gesetzsammlung einem gleichartigen Gesetzbuch nahe zu bringen [2]). Diese Form hat den Vortheil, daß sie dem praktischen Bedürfnisse genügt, ohne doch den historischen Charakter des Rechts ganz zu verwischen [3]).

1) Alles dieses wird durch die Geschichte des römischen, deutschen, langobardischen und canonischen Rechts bestätigt, wie noch näher vorkommen wird.

2) Von dieser Art ist der Constitutionencoder des Justinian.

3) Sehr gut äußert sich darüber der oben erwähnte Kanzler Bacon: De augmentis scientiarum lib. VIII. Aphor. 59. Quod si leges aliae super alias accumulatae, in tam vasta excreverint volumina, aut tanta confusione laboraverint, ut eas de integro retractare, et in corpus sanum et

d) Gesetzbücher.

29. Verschieden von einer solchen Gesetz- oder Rechtssammlung ist die Abfassung eines Gesetzbuches, worin das gesammte Recht eines Landes aus einem Gusse gleichsam wie in einem einzigen großen Gesetze zusammengestellt ist. Dieses ist die umfassendste und am tiefsten eingreifende Art der Gesetzgebung. Die vortheilhaften Wirkungen derselben sind folgende. Erstens wird sich der Gesetzgeber durch eine solche Arbeit bei deren richtigen Durchführung des Rechtszustandes und Rechtsbedürfnisses seiner Zeit bestimmter bewußt und bringt das positive Recht damit in Einklang. Zweitens wird dadurch das Recht für den praktischen Gebrauch vereinfacht und das Veraltete ausgeschieden. Drittens wird durch ein gut redigirtes Gesetzbuch die Popularität des Rechts befördert, was für den Rechtssinn und die Rechtsbildung einer Nation von großer Wichtigkeit ist. Doch haben Gesetzbücher auch ihre Nachtheile. Einmal wird dadurch, wenn nicht mit der nöthigen Umsicht verfahren wird, der historische Zusammenhang des Rechts leicht gewaltsam zerrissen und demselben ein zu moderner Charakter aufgeprägt. Ferner ist bei einem solchen Gesetzbuch eine systematische Form und Eintheilung unentbehrlich. Es nimmt aber dadurch nicht nur allzu leicht einen unpassenden Lehrton an [1], sondern es entsteht nun auch die Gefahr, daß eine irrige theoretische Auffassung eine legislative Sanction erhält, wodurch der Wissenschaft gegen ihre bessere

---

habile redigere ex usu sit: id ante omnia agito, atque opus eiusmodi opus heroicum esto: atque auctores talis operis inter legislatores et instauratores rite et merito numerantur. — 62. Verum in huiusmodi legum regeneratione, atque structura nova, veterum legum atque librorum legis verba prorsus et textum retineto: licet per centones et portiones exiguas eas excerpere necesse fuerit: ea deinde ordine contexito. Etsi enim fortasse commodius, atque etiam, si ad rectam rationem respicias, melius hoc transigi posset per textum novum, quam per huiusmodi consarcinationem; tamen in legibus non tam stylus et descriptio, quam auctoritas, et huius patronus antiquitas spectanda est. Alias videri possit huiusmodi opus scholasticum potius quiddam, et methodus, quam corpus legum imperantium.

1) Sehr richtig nennt daher Bacon ein solches Werk ein opus scholasticum quiddam (§. 28. Note 2).

Ueberzeugung die Hand gebunden wird. Drittens bringt ein Gesetzbuch leicht durch die Meinung, daß in ihm alles für die Rechtskenntniß Nöthige enthalten sei, eine für die Rechtswissenschaft nachtheilige Wirkung hervor, und zwar dieses um so mehr, je mehr es bei seinen Bestimmungen ins Einzelne geht.

30. Um jene Vortheile zu erzielen und die Nachtheile zu vermeiden, ist bei der Abfassung eines Gesetzbuches Folgendes zu beobachten. Erstens müssen diejenigen, welche dazu berufen sind, die Fähigkeit haben, das Recht als einen Organismus, das heißt als ein in allen seinen Theilen lebendig zusammenhängendes Ganzes zu begreifen. Zweitens müssen sie sich den Rechtszustand und das Rechtsbedürfniß ihrer Zeit völlig klar machen, was nur durch die Vereinigung von theoretischer Bildung mit eigener praktischer Anschauung und durch Erkundigung bei gediegenen Praktikern geschehen kann. Drittens ist das Bestehende und durch die Erfahrung Erprobte möglichst beizubehalten, Neues nur einzuführen, wo und so weit ein entschiedenes Bedürfniß dazu vorliegt. Viertens gehört dazu eine gebildete Rechtssprache, die Fertigkeit die Rechtsbestimmungen mit der der juristischen Denkweise eigenthümlichen Einfachheit und Schärfe auszudrükken. Fünftens endlich muß man sich bewußt sein, daß durch ein Gesetzbuch nie die Ergänzung durch die Jurisprudenz und Praxis entbehrlich gemacht werden kann, vielmehr muß darauf in der Fassung des Gesetzbuches wesentlich mit gerechnet sein. Die Vereinigung aller dieser Erfordernisse ist freilich schwierig, und schon dadurch wird ein solches Unternehmen bedenklich. Man darf daher nur dann dazu schreiten, wenn ein unabweisliches und tief gehendes Bedürfniß es verlangt, zum Beispiel wenn in den gesellschaftlichen und politischen Verhältnissen eines Volkes Veränderungen eingetreten sind, welche eine durchgreifende, über alle Theile des Rechts sich verbreitende Reform erfordern [1]), oder wenn das Veraltete neben dem Neuen sich in einem nicht

---

1) Ein Beispiel giebt das Gesetz der zwölf Tafeln, welches in der That ein kleines Gesetzbuch der Art war. Ein anderes Beispiel bietet Frankreich nach der ersten Revolution.

mehr zu entwirrenden Grade angehäuft hat, oder wenn in einem Lande die allzu große Verschiedenheit der Ortsrechte eine Vereinfachung des Rechts unentbehrlich macht.

e) Allgemeine Ansichten über Gesetzgebung.

31. Ueber die Bedeutung der Gesetzgebung für die Fortbildung des Rechts ist ein Zwiespalt der Ansichten bemerkenswerth. Es gab eine Zeit, wo man aus Mangel an historischem Sinn und durch die einseitige Auffassung der Justinianischen Rechtssammlungen als Gesetzbücher irre geleitet, die absichtliche Festsetzung des Rechts durch Gesetze als die alleinige Form der Rechtserzeugung ansah, und wo man den großen Antheil, den das Gewohnheitsrecht und die Rechtswissenschaft daran haben, und die bildende Kraft, die das Volksleben überhaupt auf das Recht ausübt, nicht erkannte. Jetzt ist dafür eine ganz andere Anschauung gewonnen [1]. Doch ist man fast in das andere Extrem gerathen, daß man der Gesetzgebung eine zu geringe Bedeutung und Macht beilegt. Es ist nicht richtig, daß, wie man häufig sagt, das Recht sich im Volke allmählig und unbewußt mit einer inneren Nothwendigkeit erzeuge und verändere. Das, was sich unbewußt und unvermerkt erzeugt und verändert, sind die thatsächlichen Zustände eines Volkes und die daraus hervorgehenden neuen Rechtsbedürfnisse. Das Recht selbst folgt diesen aber mit Absicht und bestimmtem Bewußtsein [2].

1) Hartnäckig bekämpft wurde die falsche Ansicht zuerst von Hugo († 1844) in allen seinen Schriften, besonders in einem 1812 erschienenen Aufsatz in seinem Civil. Magazin IV. 89 — 134. Genauer entwickelt wurde dieses durch Savigny vom Beruf unserer Zeit für Gesetzgebung und Rechtswissenschaft. Heidelberg 1814. 1828. 1840. Eine gute Charakteristik von der auf dieser Grundlage entstandenen Historischen Schule giebt Stahl Rechtsphilosophie Th. I. Buch VII. Abschn. 2.

2) Dieses wird durch die Rechtsgeschichte aller Völker bestätigt, zum Beispiel durch das Gesetz der zwölf Tafeln und die prätorischen Edicte. Das Verdienst derselben bestand eben darin, daß die Gesetzgeber die neuen Rechtsbedürfnisse klar erkannten und mit bestimmtem Bewußtsein befriedigten. Eben so war es bei den Germanen, bei denen doch das Herkommen eine ganz besondere Macht ausübte. Denn die alten Volksrechte waren nicht blos Verzeich-

D) Ethischer Charakter des positiven Rechts.

32. Alles positive Recht ist, in seinem innersten Grunde aufgefaßt, ein Ausdruck des Volksgeistes, der darin die Befriedigung des dem Menschen eingepflanzten Gefühls der Gerechtigkeit findet [1]). Es macht sich darin der sittliche Geist des Volkes objectiv. Der Urgrund des Rechts ist also ein sittlicher und daher auch ein religiöser, weil alles Sittliche sich zuletzt in Religion auflöst. Bei Naturvölkern, wo der Glaube und das Gemüth vorherrschen, tritt die Verbindung von Religion, Sittlichkeit und Recht auch in den äußeren Institutionen sehr bestimmt hervor, und es erhält dadurch das Recht etwas Ernstes und Tiefsinniges [2]). Bei fortschreitender Reflexion entsteht zwar die Nothwendigkeit, diese Gebiete theoretisch und praktisch bestimmter zu unterscheiden. Allein es bleibt doch unter ihnen ein inniger geistiger Zusammenhang, und es ist eine der wichtigsten Aufgaben der Gesetzgebung und Rechtswissenschaft, diese drei Elemente in den richtigen Einklang zu bringen. In dieser Harmonie besteht, wie beim einzelnen Menschen, so auch bei einem Volke, der Typus der vollendeten Bildung. Zu den eigenthümlichen Vorzügen des römischen Rechts gehört eben der feine Tact, womit die Römer, neben der formellen Behandlung der juristischen Begriffe, doch auch das Sittliche, so weit es auf dem Rechtsgebiete zur Sprache kam, zu würdigen verstanden [3]). Sie haben dadurch in ihr Recht zugleich den Ausdruck edler

---

nung des Bestehenden, und die Betrachtung ihrer Revisionen zeigt, daß man, wo die Fortschritte des Lebens es verlangten, mit bewußter Absicht eingriff.

1) Man sehe oben §. 1. 18.

2) Ein Beispiel giebt besonders das Mosaische Recht.

3) Dieses zeigen die Lehren, wo das sittliche Gefühl mit dem Recht in Berührung kommt, die Behandlung des dolus und der bona fides, die Lehre von der Ehre und den Gründen der Infamie, die Beschränkungen der in ius vocatio aus Rücksichten der Pietät. Sehr lesenswerth ist in dieser Hinsicht auch der tit. D. de obseq. parentib. et patron. praestand. (37. 15). Besonders charakteristisch ist aber das Institut des Patronatrechts über Freigelassene. Dieses zeigt, wie ein rein moralischer Begriff, die Pflicht der Dankbarkeit, in seinen juristischen Wirkungen mit bewunderungswürdigem Geschick durchgeführt wurde.

Denkart niedergelegt [4]). In gleichem Geiste kann und muß die Gesetzgebung und Wissenschaft auch jetzt noch thätig sein. Es ist eine der falschen Abstractionen der neueren Rechtsphilosophie, daß jene drei Gebiete ganz getrennt neben einander bestehen sollen.

E) Unvollkommenheit des positiven Rechts.

33. Bei dem Streben des Geistes, die ihm eingeborenen Ideen des Sittlichen und Gerechten in den Einrichtungen eines Volkes zu verwirklichen, hat aber derselbe mit mancherlei Hindernissen zu kämpfen. Das positive Recht steht in einer so engen Wechselwirkung mit den Sitten, der Bildungsstufe und Denkart eines Volkes [1]), daß auch die Gesetzgebung und Wissenschaft unbewußt davon beherrscht werden, oder daß, wenn sie sich auch darüber hinaus zu erheben vermöchten, sie sich doch demselben bis auf einen gewissen Grad anbequemen und mit demjenigen begnügen müssen, was unter den gegebenen Verhältnissen zu erreichen möglich ist. Sehr häufig wird bei einem Volke der Begriff des Rechtmäßigen nicht nach der Gerechtigkeit, sondern durch die Zweckmäßigkeit und Gewöhnung bestimmt [2]). Vieles am positiven Recht ist daher nur relativ gut, provisorisch, national; es schreitet nur stufenweise zum Besseren fort, und es gehört selbst zu den Bedingungen einer gesunden Rechtsentwicklung, daß dieser Fortschritt nicht künstlich übereilt werde.

F) Nationale Verschiedenheit der positiven Rechte.

34. Dieselben Ursachen, wovon die Unvollkommenheit des positiven Rechts abhängt, bringen auch die Verschiedenheiten desselben hervor. So weit die Geschichte des menschlichen Geschlechts zurückgeht, findet man dasselbe in Stämme und Völker geschieden, deren Eigenthümlichkeit durch eine Menge unbekann-

---

4) Auf diese Seite des römischen Rechts ist man gewöhnlich zu wenig aufmerksam.

1) Man sehe oben §. 18.

2) Unter diesem Gesichtspunkt ist das Institut der Sclaverei bei den alten Völkern aufzufassen.

ter Thatsachen bestimmt wird, und welche ihrerseits wieder das ganze geistige Leben des Volkes, seine Denkart, Sprache, Sitten, Gebräuche und sein Recht bestimmt. Jedes positive Recht hat daher einen mehr oder weniger ausgeprägten nationalen Charakter, der dasselbe beherrscht und leitet. Durch diesen engen Zusammenhang mit der Eigenthümlichkeit des Volkes erhält das positive Recht den Charakter eines organischen Ganzen, das heißt es ist nicht ein Aggregat zufälliger Bestimmungen, sondern alle Theile desselben stehen durch ihre gemeinsame Wurzel in einer lebendigen Verbindung, zeigen auf einander hin und ergänzen sich gegenseitig. Das Volk ist sich freilich dieser Einheit seines Rechts nicht vollständig bewußt, allein dessenungeachtet hält es daran instinctartig fest, und die Fortschritte seines Rechts sind nur organische Entwicklungen [1]). Durch die Rechte aller Nationen hindurch geht freilich ein gemeinschaftlicher menschlicher Zug. Allein je eigenthümlicher und derber ein Volk ist, um desto stärker tritt auch in seinem Recht das Nationale gegen das allgemein Menschliche in den Vordergrund, und es kann dieses Mißverhältniß bis zur Rohheit und Barbarei gehen. Die Betrachtung der Geschichte ergiebt jedoch, sowohl im Bildungsgang der einzelnen Völker [2]), wie der Menschheit als Ganzes, das Resultat, daß der Geist, wenn auch unter Kämpfen, in stetem Fortschritt von den nationalen Beschränkungen zum allgemein Menschlichen aufsteigt.

G) Grund der Unterwerfung unter ein positives Recht.

35. Alles positive Recht setzt einen Kreis von Personen voraus, die ihm unter der Autorität einer Obrigkeit mit äußerer Nothwendigkeit unterworfen sind [1]). Vorschriften, die blos

1) Man hat daher häufig das Recht mit der Sprache verglichen, die sich eben so im Volke unbewußt, doch aber als ein wohlgegliederter Organismus ausbilde. Allein diese Vergleichung ist nur bis auf einen gewissen Grad richtig. Man sehe oben §. 31.

2) Das Studium des römischen Rechts ist auch dadurch so lehrreich und anziehend, daß man darin diesen Entwicklungsgang vom nationalen ius civile zum allgemeinen menschlichen ius gentium in den einzelnen Lehren so genau verfolgen kann.

1) Man sehe §. 1. 3. 15. 16.

ermahnen aber nicht befehlen, sind keine Gesetze, sondern nur ein Rath. Vorschriften, die zwar befehlen, aber ohne äußern Zwang, sind Gewissensvorschriften, keine Rechtsgesetze. Die Thatsachen, wodurch jene Unterwerfung vermittelt oder bestimmt wird, können aber verschieden sein. Nach der Natur der menschlichen Verhältnisse, deren geordnete Entwicklung vor Allem feste Wohnsitze und geschlossene Staatsgebiete verlangt, hängt das Recht insgemein an einem bestimmten Territorium. Bei wandernden Völkern ist zwar auch eine blos durch die persönlichen Bande des Stammes und der Familien geknüpfte kräftige Rechtsordnung möglich. Doch sind dieses unvollkommene oder Uebergangszustände, worauf hier nicht weiter Rücksicht zu nehmen ist. Der Grund der Unterwerfung unter ein positives Recht besteht also regelmäßig in dem Zusammenhang der Person mit dem Territorium, wofür dasselbe gilt.

H) Verschiedenheit des positiven Rechts in Einem Territorium.

36. Das positive Recht innerhalb eines gegebenen Staatsgebietes kann eine verschiedene Gestalt haben. Die einfachste ist, wenn für alle Unterthanen des Landes ein und dasselbe Recht gilt. Davon sind jedoch hauptsächlich drei Modificationen möglich. Die Gewöhnlichste ist, daß in einem Staate nach der Verschiedenheit der Landestheile verschiedene Rechte gelten. Dieses entsteht, wenn ein Reich aus verschiedenen Volksstämmen erwachsen ist, oder wenn ein Reich sich fremde Provinzen einverleibt, denselben aber ihre eigenthümlichen Rechte gelassen hat, oder wenn im Laufe der Zeit sich besondere örtliche Rechte gebildet haben. Durch diese Verschiedenheit der Landrechte kann der Rechtszustand eines Landes ein scheinbar verwickeltes und verworrenes Ansehen erhalten, und man wird dadurch leicht auf den Gedanken geführt, durch die Abfassung eines gemeinschaftlichen Landrechts zu helfen. Allein wo sich die Verschiedenheit der örtlichen Rechte ungekünstelt auf historischem Wege entwickelt hat, hängen dieselben mit den Sitten und den Rechtsbedürfnissen enge zusammen; sie bilden grade den populären Theil des Rechts und verdienen daher eine besondere Schonung und Beachtung.

Andererseits ist es aber doch gut, daß neben den besonderen Landrechten ein gemeines Recht stehe, besonders ein solches, welches einen ausgebildeteren wissenschaftlichen Charakter hat. Es werden dadurch die Lücken der Landrechte ergänzt, der Blick auf das Allgemeine gerichtet und dadurch die für jeden Staat wünschenswerthe Rechtseinheit vorbereitet. In dieser Hinsicht hat das römische Recht vortreffliche Dienste geleistet, und leistet solche noch fortwährend. In gleicher Weise ist in den alten Provinzen von Preußen das allgemeine Landrecht neben die besonderen Land- und Stadtrechte gestellt worden. Hierauf beruht die Unterscheidung von gemeinem Recht im Gegensatz der örtlichen Particularrechte, und in so fern Jenes nur zur Anwendung kommen soll, wo die Particularrechte nicht ausreichen, nennt man dasselbe ein subsidiaires Recht [1]).

37. Eine andere Modification ist dadurch möglich, daß unter den Unterthanen eines Landes eine Unterscheidung nach Ständen besteht. Dadurch entstehen particulaire Rechte in dem Sinne als Rechte besonderer Personenclassen. Diese können einen verschiedenen Umfang haben. Entweder beziehen sie sich blos auf die Verhältnisse, die das Eigenthümliche des Standes ausmachen; so die Rechte des Handels-, des Militair- und Beamtenstandes. Oder sie greifen auch in die gewöhnlichen bürgerlichen Verhältnisse ein, in die gemeine Rechtsfähigkeit, in das Ehe-, Eigenthums- und Erbrecht. So ist es bei dem Adels- und Bauernrecht. Im Mittelalter war der Unterschied der Stände so scharf ausgeprägt, daß jeder Stand fast eine abgeschlossene Welt für sich ausmachte und daher sein beinahe vollständiges eigenthümliches Privatrecht hatte [1]). Jetzt hat sich dieses sehr vermindert oder ganz verloren.

---

1) Früher hatte das römische Recht in allen deutschen Territorien diesen Character eines gemeinen subsidiairen Rechts. In Folge der neueren Gesetzbücher ist dieses aber keineswegs mehr überall der Fall. Es giebt jetzt Landestheile, wo nur ein einziges Recht, keine örtlichen Particularrechte gelten, namentlich da, wo das französische Gesetzbuch eingeführt ist. Hier hört also die oben erwähnte Unterscheidung auf.

1) Man denke an die Rechte der hofhörigen Bauern, der Ministerialen, an das Lehnrecht, an die Rechte des Bürgerstandes.

38. Eine dritte Modification kann dadurch entstehen, daß in einem Reiche verschiedene Völkerschaften nach dem Grundsatze verbunden sind, daß der Angehörige einer Nation nicht blos an seinem Heimathorte, sondern überall, wo er sich im Reiche aufhält, vor Gericht nach seinem angeborenen nationalen Rechte beurtheilt werden soll. Das Recht wird dann, ganz anders wie jetzt, nicht als Ausfluß der über ein Territorium gebietenden höchsten Gewalt, sondern als etwas Angeborenes und von der Persönlichkeit Untrennbares angesehen. Dieser Grundsatz galt in der That in den germanischen Reichen nach der Völkerwanderung; zunächst im Verhältniß der römischen Unterthanen und dem germanischen herrschenden Stamme; dann im fränkischen Reiche und in Italien für alle zum Reiche gehörenden Nationen. Derselbe ergab sich von selbst und mit innerer Nothwendigkeit daraus, daß das Recht nach dem Gefühl der germanischen Naturvölker nicht etwas künstlich Gesetztes, sondern wie die Sprache und Sitte etwas von Kindheit an mit der Person innig Verwachsenes war. Die Aufnahme einer Nation in die Reichs- und Rechtsgenossenschaft schloß daher von selbst die Anerkennung des angeborenen Rechts als eines wesentlichen Stückes der Freiheit und Persönlichkeit in sich [1]). Fremde, die in das Reich kamen, waren aber natürlich dieses Vorrechts nicht theilhaftig, sondern standen unter einem ganz andern Gesichtspunkt [2]). Jetzt hat das Recht jenen persönlichen Charakter im Ganzen nicht mehr; doch kommt in einzelnen Anwendungen noch etwas Aehnliches vor. Erstens bei den Rechtsverhältnissen, die unmittelbar mit der religiösen Ueberzeugung zusammenhängen, wie die Form der Eidesleistung, weil die Religion noch als etwas mit der Persönlichkeit innigst Verbundenes gilt, das man nicht nach dem Territorium wechselt. Zweitens wird aus dem ähnlichen Grunde eine persönliche Qualität, wie die Groß- oder Minderjährigkeit,

---

1) Näheres über dieses Verhältniß, welches man mit einem etwas schiefen Kunstausdruck das System der persönlichen Rechte nennt, findet man in meiner Deutschen Rechtsgeschichte §. 137—139.

2) Man sehe darüber meine Deutsche Rechtsgeschichte §. 403.

nicht nach dem Rechte des Ortes, wo man sich eben aufhält, sondern nach dem Recht des Heimathortes beurtheilt; sie ist also etwas Persönliches, das man überall hin mitnimmt. Drittens ist das Recht der Juden, wo es in einem Staate als etwas Besonderes anerkannt ist, in der That noch ein persönliches, nationales [3]).

III. Von der wissenschaftlichen Behandlung des positiven Rechts.

A) Bedürfniß und Aufgabe derselben.

39. Das Recht, als eines der wichtigsten Erzeugnisse des Volksgeistes und des Volkslebens, ist schon an und für sich ein sehr würdiger und anziehender Gegenstand der wissenschaftlichen Betrachtung. Es hängt mit den geistigen und materiellen Zuständen jeder Zeit so enge zusammen, daß ohne dasselbe das vollständige und tiefere Verständniß der Geschichte und Eigenthümlichkeit eines Volkes nicht möglich ist. Zu diesem Zwecke muß der Zusammenhang der rechtlichen Einrichtungen mit den Sitten, dem Charakter, der Denkart, den Bildungszuständen und nationalen Beschäftigungen erforscht, es muß die Grundidee jedes Institutes ermittelt und in ihren Consequenzen verfolgt, es muß überhaupt das Recht als ein organisches Ganzes erfaßt und die Verknüpfung seiner Theile nachgewiesen werden [1]). Diese Aufgabe ist um so anziehender und lehrreicher, je geistig bedeutender ein Volk und je ausgebildeter sein Recht ist. Vor Allem tritt uns hier das römische Recht entgegen, weniger wegen der politischen Bedeutung, welche die Römer in der Geschichte gehabt, als weil sie durch eine eigenthümliche Begabung, unterstützt durch das Zusammentreffen glücklicher Umstände, ihr Recht sowohl durch seinen allgemein menschlichen Typus als durch seine Reichhaltigkeit und technische Ausbildung zu einer Vollkommenheit gebracht haben, die durch die zahlreichen davon übrig

---

3) Auf diese noch vorkommenden Ueberreste der Persönlichkeit des Rechts ist man insgemein zu wenig aufmerksam, wiewohl sie zur Veranschaulichung des alten Zustandes Vieles beitragen.

1) Man vergleiche dazu oben §. 34.

gebliebenen Bruchstücke noch fortwährend den stärksten geistigen Reiz und bildenden Einfluß ausübt [2]).

40. Eine noch größere Bedeutung erlangt die Rechtswissenschaft, wenn sie zugleich auf die Rechtsanwendung, auf ein in praktischer Geltung befindliches Recht gerichtet ist. Sie befriedigt dann nicht ein blos subjectives theoretisches Interesse, sondern sie greift auch in das bürgerliche Leben, in die Behandlung der Rechtsstreitigkeiten entscheidend ein, indem sie das geltende Recht verstehen lehrt, dasselbe ergänzt und selbst neues Recht erzeugt [1]). Ohne eine Rechtswissenschaft ist daher keine Rechtsanwendung möglich, und auch in den rohesten Zuständen eines Volkes finden sich die Anfänge davon. Die Tüchtigkeit der Rechtswissenschaft ist daher für jedes Volk ein Gegenstand von höchster Wichtigkeit; denn auch die besten Gesetze reichen nicht hin, wenn ihnen nicht eine gründliche Wissenschaft auslegend und ergänzend zur Seite steht.

B) Arten der rechtswissenschaftlichen Thätigkeit. 1) Die Systematik.

41. Die hauptsächlichste Aufgabe der Rechtswissenschaft ist der systematische Ausbau des gegebenen Rechtsstoffes. Diese geschieht durch eine dem Rechtsgebiete eigenthümliche, aus Posi-

---

2) Sehr treffend sagt darüber Leibnitz in der Epist. XV. ad Kestnerum: Dixi saepius, post scripta Geometrarum nihil exstare, quod vi ac subtilitate cum Romanorum Iureconsultorum scriptis comparari possit: tantum nervi inest, tantum profunditatis. Et quemadmodum remotis titulis et caeteris operis integri indiciis, demonstrationem lemmatis alicuius geometrici ex Euclide, aut Archimede, aut Apollonio aegre discernas, et ad auctorem suum referas; adeo omnium idem stylus videtur, tanquam ipsa recta ratio per horum virorum ora loqueretur; ita iurisconsulti etiam Romani sibi gemelli sunt, ut sublatis indiciis, quibus sententiae aut argumenta distinguuntur, distinguere stylum aut loquentem vix possis. Nec uspiam iuris naturalis praeclare exculti uberiora vestigia deprehendas. Et ubi ab eo recessum est, sive ob formularum ductus, sive ex maiorum traditis, sive ob leges novas, ipsae consequentiae, ex nova hypothesi aeternis rectae rationis dictaminibus addita, mirabili ingenio, nec minore firmitate deducuntur. Nec tam saepe a ratione abitur, quam vulgo videtur.

1) Unter diesen Gesichtspunkten mußte daher von ihr schon oben §. 21—24. gehandelt werden.

tivem und Rationellem gemischte Operation, kraft welcher der juristische Verstand aus dem Geiste und der inneren Consequenz des auf historischem Wege ermittelten Grundgedankens eines Institutes, und mit Beihülfe der allgemeinen natürlichen Rechtswahrheiten [1]) und praktischen Erfahrungen [2]) eine wissenschaftlich und praktisch erschöpfende Theorie des Institutes zu schaffen sucht. Die Methode ist also vorherrschend die einer dogmatischen Construction. In dieser feinen kunstgerechten Aus- und Durchführung eines gegebenen Grundgedankens innerhalb des von ihm beherrschten Gebietes besteht das, was man die technische Behandlung des Rechts nennt. Aus dieser inneren Systematik ergiebt sich von selbst die äußere, welche darin besteht, daß der Stoff nach den in ihm selbst enthaltenen, nicht künstlich von Außen aufgedrungenen Gesichtspunkten geordnet sei. Das System muß das Recht, nicht als ein Aggregat von Einzelnheiten, sondern als einen lebendigen Organismus auffassen und darstellen; es müssen daher die systematischen Eintheilungen dem inneren Bau desselben folgen und diesen auseinanderlegen. In so fern jedes positive Recht seinen eigenthümlichen nationalen Typus hat, wird sich dieser also auch mehr oder weniger in seinem System abspiegeln müssen. Daraus folgt zweierlei. Einmal, daß das System, was für das Recht des einen Volkes paßt, nicht leicht auf das eines anderen Volkes übertragen werden kann. Zweitens, daß ein Rechtssystem nicht nach rein philosophischen Gesichtspunkten gebildet werden darf, sondern daß zugleich der historische Charakter des gegebenen Rechtsstoffes in Betracht gezogen werden muß [3]).

42. In der Entwicklungsgeschichte der Rechtswissenschaft geht die systematisirende Thätigkeit voran. Sie beginnt damit,

---

1) Man sehe über diese den §. 21.

2) Man sehe über deren Formen den §. 24.

3) Leibnitz ist in der Pars I. §. 8—21. der oben (§. 24. Note 1) genannten Schrift auch auf die Frage der systematischen Anordnung gekommen. Er tadelt die der Justinianischen Institutionen und schlägt eine andere vor. Allein in beiden Beziehungen fühlt man, daß ihm das tiefere Verständniß fehlt, welches nur durch das historische Rechtsstudium gewonnen werden kann.

daß man die Gesetze und Gewohnheitsrechte sammelt, was von selbst dahin führt, daß man das, was sich auf denselben Gegenstand bezieht, zusammenstellt, und so das Material in eine gewisse Ordnung bringt. Das theoretische wie praktische Interesse führt nun dazu, die Texte zu glossiren und zu commentiren; man wird sich dadurch des Sinnes und Geistes derselben bestimmter bewußt; es wächst die Fähigkeit und Neigung, von dem positiv Gegebenen auf das Entferntere zu schließen, Jenes aus der Analogie und dem Rechtsgefühl zu ergänzen und zu erweitern. Als Resultat davon entstehen Abhandlungen über einzelne Rechtsmaterien, was für die systematische Ausbildung des Rechts der wichtigste Schritt ist [1]). Endlich erhebt sich die wissenschaftliche Kraft so hoch, daß sie den gesammten Rechtsstoff übersieht und in einem großen System zusammenfassen kann. Dieser Entwicklungsgang läßt sich besonders genau im römischen Rechte nachweisen, welches durch die Hand seiner Juristen, eben in Absicht auf dogmatische Construction, zu einem wahren Muster erhoben worden ist. Langsamer hat sich diese Kunst in der Behandlung des deutschen Rechts entwickelt. Den Deutschen fehlte dazu von Haus aus jene besondere Anlage und Richtung des Verstandes, die den Römern eigenthümlich ist. Dazu kam aber noch ein anderer erschwerender Umstand. Als man sich nämlich im sechzehnten Jahrhundert mit der Dogmatik des deutschen Rechts zu beschäftigen anfieng, war die Wissenschaft schon seit mehr als drei Jahrhunderten fast ausschließlich vom Studium des römischen Rechts erfüllt. Anstatt nun den deutschen Rechtsstoff von innen heraus nach seinen eigenen Grundideen zu construiren, wurde man fast unwillkührlich verleitet, denselben überall nach römischen Begriffen zu modeln. Auch hinsichtlich der äußern Anordnung hielt man es für unbedenklich, darauf das System der Justinianischen Institutionen anzuwenden. Dadurch wurden nothwendig viele Materien, namentlich im Familienrecht, in eine schiefe Stellung und unter einen falschen Ge-

---

1) Von der Bedeutung der Monographieen ist schon im §. 23. die Rede gewesen.

sichtspunkt gebracht. Selbst noch jetzt hat man sich von diesen Fehlern nicht ganz frei gemacht.

2) Die Rechtsgeschichte.

43. Für die praktische Anwendung kann, zumal bei einem einfachen Rechtszustande, die systematische Kenntniß des geltenden Rechts ausreichen. Wenn jedoch im Laufe der Zeit die Rechtsverhältnisse eines Volkes verwickelter geworden, die Gesetze sich vermehrt, und in den Zuständen und Rechtsquellen Altes und Neues sich gehäuft haben, so wird eine historische Operation aus zwei Gründen unerläßliches Bedürfniß: einmal um das Veraltete mit Sicherheit auszuscheiden, zweitens um das noch Geltende aus der Vergangenheit zu erklären. Aber auch abgesehen von diesem praktischen Interesse gewährt die rechtshistorische Forschung einen so großen Reiz, sie führt so tief in das historische Leben eines Volkes ein [1]), sie trägt selbst zur allgemeinen Geistesbildung so Vieles bei, daß bei Jedem, der für geschichtliche Studien Sinn hat, die Neigung sich offenbart, auch diesen Theil der Vorzeit gründlich kennen zu lernen.

44. Die Aufgabe der Rechtsgeschichte ist eine sehr tiefe und umfassende. Das Recht hängt durch eine Menge unsichtbarer Fäden mit allen geistigen und materiellen Zuständen eines Volkes so enge zusammen, daß sich der historischen Forschung in der Aufsuchung dieser Wechselwirkung das weiteste Feld eröffnet. Jeder neue Gesichtspunkt, der für die Volksgeschichte gewonnen wird, wirft daher auch sein Licht auf die Rechtsgeschichte und umgekehrt. Es genügt jedoch nicht, den Ursprung und Wechsel der Gesetze und Einrichtungen äußerlich zu beschreiben, sondern es müssen auch die Beweggründe und der Zusammenhang mit den gegebenen Rechtsbedürfnissen möglichst genau erforscht und klar gemacht werden. Durch den Mangel an Nachrichten wird dieses zwar oft schwer. Allein der organische Charakter des Rechts macht es dem geübten Blicke möglich, durch wiederholte Betrachtung und scharfsinnige Combinationen aus

1) Man vergleiche oben §. 18. 34. 39.

vereinzelten Bruchstücken das Ganze herzustellen. In diesem Zusammenhang erhält auch das scheinbar Unbedeutende einen Werth, indem es dazu dienen kann, in der Reihe der Erscheinungen ein Glied auszufüllen. Die Rechtsgeschichte muß sich daher wie jede Geschichtsforschung die Aufgabe setzen, auf Grund des aus den Quellen mit größter Vollständigkeit und Treue gewonnenen Materials einen vergangenen Rechtszustand so lebendig und anschaulich darzustellen, daß er dem selbst Erlebten gleichartig gemacht wird. Die Lösung dieser Aufgabe ist, wenn sie auch nur zu einem rein historischen oder antiquarischen Zwecke unternommen wird, schon sehr bildend und lehrreich. Den hauptsächlichen Reiz und Nutzen erhält aber die Rechtsgeschichte dann, wenn sie zugleich den Blick auf die Gegenwart gerichtet hält und die Fäden der Entwicklung bis in die Dogmatik des geltenden Rechts verfolgt. Hierauf beruht die Unterscheidung zwischen der vollständig geschichtlichen und der blos antiquarischen Behandlung des Rechts [1]).

45. Was den näheren Inhalt der Rechtsgeschichte betrifft, so hat dieselbe das ganze Rechtsleben eines Volkes im Fortschritte seiner Entwicklung zu umfassen. Dieses setzt vor Allem die Kenntniß der Quellen und Organe voraus, wodurch das positive Recht bei jenem Volke festgestellt und verändert worden ist. Alle Rechtsgeschichte muß daher mit der Geschichte der Rechtsquellen, der Gesetze und Rechtswissenschaft, beginnen. Dieser Theil wird, weil er nur mit den Formen und Namen der Rechtsquellen zu thun hat, die äußere Rechtsgeschichte genannt. Dann hat sie aber auch auf den Inhalt jener Rechtsquellen, auf die Geschichte der Rechtssätze und Institute, einzugehen. Dieser Theil, der dar-

1) Hiedurch soll gegen die antiquarische Behandlung kein Vorwurf ausgesprochen werden; vielmehr macht der Reichthum des Stoffes eine Theilung der Arbeit nöthig, und wo man die Rechtsgeschichte mit der Dogmatik des praktischen Rechts verbindet, muß man doch Manches zur Seite liegen lassen, was in einer anderen Verbindung wissenschaftlichen Werth hat. Hierauf beruht, daß neben den Werken und Vorträgen über das praktische Recht, die im historischen Geiste angelegt sind, doch noch besondere Werke und Vorträge über die Rechtsgeschichte als solche unentbehrlich sind.

um die innere Rechtsgeschichte heißt, begreift also die Geschichte der Veränderungen der Verfassung, des Privatrechts, der Procedur, des Strafrechts, und was sonst noch herbeizuziehen wichtig ist. Hinsichtlich der Anordnung dieser Materialien muß der Rechtshistoriker, frei von beengenden Schulformen, den Stoff mit Kunst und Geschmack so zu gruppiren suchen, wie die Eigenthümlichkeit oder der Zusammenhang der einzelnen Theile und der Fortgang der Entwicklung es verlangen. Dieses Gesetz hat die Rechtshistorie mit jeder Geschichtschreibung gemein [1].

46. Die Methode für die Behandlung der Rechtsgeschichte hat sich jedoch nur allmählig unter dem ungünstigen Einfluß zufälliger Umstände, und zwar zunächst am römischen Recht, entwickelt. Justinian hatte in seinen Pandekten, da sie auch zum Gebrauche beim Unterricht bestimmt waren, einen Titel über die Geschichte der Rechtsquellen, der Magistrate und berühmten Juristen an die Spitze stellen lassen [1]. Dieser wurde seit dem sechzehnten Jahrhundert zu mehr und weniger weitläufigen Werken über die äußere Rechtsgeschichte ausgebildet. Ferner hatte Justinian in seinen Institutionen vielen Lehren kurze Angaben über deren geschichtliche Entwicklung beigemischt. Hieraus giengen im achtzehnten Jahrhundert besondere Werke über die innere Geschichte des römischen Privatrechts hervor. Endlich wurde Beides mit einander verbunden. Einige legen dabei die Eintheilung nach Perioden zum Grunde, und handeln unter jeder Periode die verschiedenen Lehren nach einer gleichmäßig wiederkehrenden Ordnung ab. Diese Methode, welche man die synchronistische nennt, ist aber aus mehreren Gründen fehlerhaft. Erstens treffen die Hauptveränderungen, welche die verschiedenen Rechtsinstitute und Rechtssätze erleiden, durchaus nicht in denselben Zeiträumen zusammen. Zweitens lassen sich höchstens in der Geschichte der Verfassung und in der damit zusammenhängenden

---

1) In dieser Kunst der Gruppirung ist namentlich Gibbon ein großer Meister.

1) Es ist der Titel: de origine iuris, et omnium magistratuum, et successione prudentium (1. 2).

Geschichte der Rechtsquellen die Veränderungen nach bestimmten Jahreszahlen bezeichnen; die übrigen Theile des Rechts verändern sich allmählig und weniger bemerkbar; auch ist die Frage, ob eine Veränderung vor oder nach einem gewissen Jahre eintrat, für die innere Entwicklungsgeschichte ziemlich gleichgültig, und selbst nach der Beschaffenheit der Quellen häufig gar nicht mit Gewißheit zu beantworten [2]). Drittens macht der stete Hinblick auf den vorgesteckten Zeitabschnitt lästige Verweisungen, Wiederholungen und Unterbrechungen unvermeidlich [3]). Viertens wird dadurch der Stoff in einen monotonen Schematismus und in ein steifes Fachwerk eingezwängt, womit eine lebendige geschmackvolle Behandlung unvereinbar ist [4]). Richtiger ist es daher nach der sogenannten chronologischen Methode den Stoff nach den Materien zu ordnen. Doch kommt es auch dabei hinsichtlich der Gruppirung auf den richtigen Tact an.

3) Die Exegese.

47. Wo die Rechtsanwendung oder die Rechtsgeschichte es mit geschriebenen Rechtsquellen zu thun hat, entsteht auch das Bedürfniß und die Aufgabe der richtigen Auslegung. Diese kann nach der Beschaffenheit der Quellen leicht sein; schwieriger wird

---

2) Daher finden sich auch in den nach dieser Methode gearbeiteten Werken nur zu oft Bemerkungen, wie folgende: „Da wir diejenigen RechtsSätze, „welche schon zu Ende dieses ZeitRaums galten, meist nur durch Nachrichten „aus dem Folgenden kennen, so läßt sich freylich nicht immer genau bestimmen, „Was jetzt schon galt und Was erst nachher aufkam." So Hugo Geschichte des Römischen Rechts S. 431.

3) Die Verlegenheiten, wozu jene Methode führt, zeigen sich in folgenden Aeußerungen: „Die Uebersicht des Römischen Rechts, wie es nun (am Ende „des zweiten Zeitraums) war, setzt begreiflich voraus, daß dasjenige, was in „der am Ende des vorigen ZeitRaums Gegebenen gesagt worden ist, entweder noch bekannt sey, oder doch verglichen werde." So Hugo S. 431.

4) Dieses zeigen die nach jener Methode gearbeiteten Werke von Hugo über die römische, und Eichhorn über die deutsche Rechtsgeschichte. Ohngeachtet des vielen Vortrefflichen, was sich darin über die Einzelnheiten findet, sind sie doch für die zusammenhängende Lectüre, zumal für den, welcher nicht schon den Stoff kennt, wenig anziehend.

sie, wenn die Quellen in einer veralteten Mundart, wie die Rechtsbücher des Mittelalters, oder in einer ganz fremden Sprache, wie die Quellen des römischen Rechts, die des canonischen Rechts, die im ausgearteten Latein verzeichneten germanischen Volksrechte und königlichen Verordnungen, und die französischen Gesetzbücher, abgefaßt sind. Hier genügen selbst die gewöhnlichen Sprachkenntnisse nicht, sondern jedes Recht schafft sich seine eigene Rechtssprache und Kunstausdrücke, deren Sinn nur durch ein besonderes Studium und durch Vergleichung vieler Stellen ausgemittelt werden kann. Dafür sind die juristischen Wörterbücher ein sehr wichtiges Hülfsmittel [1]. Am schwierigsten wird aber die Auslegung, wo nicht blos der Wortsinn, sondern ein feiner juristischer Ideengang zu ermitteln ist, wie es bei vielen Bruchstücken der Pandecten vorkommt. Die unentbehrliche Grundlage jeder Exegese ist ein sicher feststehender Text. Auf dessen

---

1) Für das altdeutsche Recht hat man das ausgezeichnete Werk von Haltaus, Glossarium germanicum praecipue iuris et fori germanici. 1738. fol. Auch dienen dazu die Register hinter der Ausgabe des Sachsenspiegels von Homeyer, und des Schwabenspiegels von Königsthal. — Auf das römische Recht bezieht sich das Werk des Barnabas Brisson, De verborum quae ad ius civile pertinent significatione, welches zuerst zu Frankfurt 1557, dann öfters mit Zusätzen des Verfassers selbst, zuletzt sehr vermehrt und verbessert von Heineccius 1743 in Fol. herauskam. Ferner gehört dahin: Dirksen Manuale latinitatis fontium iuris civilis Romanorum. Berol. 1837. 4. — Auf die Latinität des Mittelalters und der Kirchensprache bezieht sich das vortreffliche Glossarium mediae et infimae latinitatis conditum a Carolo Dufresne Domino Du Cange. Paris. 1678. 3 vol. fol., nachgedruckt zu Frankfurt 1679. Die Benedictiner veranstalteten davon eine sehr vermehrte Ausgabe in 6 Foliobänden, Paris 1733., wovon Nachdrücke zu Venedig 1737 und zu Basel 1762 erschienen. Wichtige Nachträge dazu gab Carpentier zu Paris 1766 in 4 Foliobänden heraus. Einen Auszug aus Beiden mit einigen Zusätzen edirte Adelung zu Halle 1772 in 6 Octavbänden. Alle diese Materialien mit eigenen Zusätzen vermehrt umfaßt die neue Ausgabe, welche Henschel zu Paris 1840 in 7 Quartbänden veranstaltet hat. — Für das ältere französische Recht ist brauchbar: Dictionnaire de droit et de pratique contenant l'explication des termes de droit etc. par Cl. Joseph de Ferrière. Paris 1762. 1771. 2 vol. 4. Toulouse 1779. 1787. 2 vol. 4. — Auf das heutige französische Recht bezieht sich: Le nouveau Ferrière ou Dictionnaire du droit et de pratique par Dagar et de Laporte. Paris 1804. 4 vol. 4.

Ermittlung und Feststellung bezieht sich die Wissenschaft der Kritik. Wo aber bei Feststehung des Textes die sprachliche oder grammatische Worterklärung nicht genügt, sondern der Sinn des Gesetzes dunkel, zweideutig oder anderen Bestimmungen widersprechend erscheint, muß man den richtigen Sinn mit Beihülfe der allgemeinen Denkgesetze aus dem Geiste und den Motiven des Gesetzes, aus dem Zusammenhang und der Consequenz seiner anderweitigen Vorschriften, und aus dem Verhältniß zu dem bisherigen Recht zu bestimmen suchen. Diese Operation wird die logische Interpretation genannt. Man hat diese, vorzüglich nach den in der Behandlung des römischen Rechts gewonnenen Abstractionen, in ein System von Regeln gebracht, und daraus eine eigene Wissenschaft gemacht, welche man die juristische Hermeneutik nennt [2]). Sind die Wissenschaft und Praxis über eine Auslegung einig und constant, so kann dieselbe unter denselben Voraussetzungen, wie überhaupt das Gewohnheits- und Juristenrecht, ein formell bindendes Ansehen erlangen, und wird dann usuelle Interpretation genannt. Endlich kann es in wichtigen Fällen nöthig werden, daß der Gesetzgeber als solcher sich über den Sinn, wie ein Gesetz zu verstehen sei, ausspreche. Dieses heißt eine authentische Interpretation, und hat dieselbe bindende Kraft wie ein Gesetz.

4) Die Philosophie des positiven Rechts.

48. Wenn die rechtshistorische Forschung nicht auf der Oberfläche bleibt, sondern die Erscheinungen und Veränderungen in ihren inneren Gründen und als durch die Wechselwirkung gegebener Thatsachen bedingte Nothwendigkeiten zu verstehen sucht: so ist diese Thätigkeit zugleich eine philosophische, weil alle Philosophie auf die Erkenntniß und Unterscheidung des Nothwen-

2) Das Beste darüber findet man jetzt in Savigny System I. §. 32—51. Auszüge daraus geben Warnkönig Encyclopädie §. 27., Bluhme Encyclopädie §. 67—74. Doch gehört diese Lehre wohl nicht in eine Encyclopädie, weil sie ohne ein gewisses Maas von Ausführlichkeit und Erläuterung durch Beispiele nicht recht klar gemacht werden kann.

digen gerichtet ist. Beide Thätigkeiten, die historische und die philosophische, gehören daher zusammen und ergänzen sich gegenseitig. Eine Trennung zwischen Beiden besteht nur in so fern, als, bevor man über den Grund der Thatsachen und Erscheinungen nachdenken kann, vor Allem die Thatsachen selbst mit historischer Genauigkeit und Treue festgestellt sein müssen. Man kann sich daher und muß sich selbst in die Arbeit theilen, indem die Einen nach Talent und Neigung die positive, die Anderen, auf deren Vorarbeiten sich stützend, die rationelle Seite zur Aufgabe wählen [1]). Bei letzterer sind noch mancherlei Abstufungen möglich, je nachdem man den philosophischen Blick auf das Recht eines Volkes als etwas Abgeschlossenes beschränkt, oder es auf dem höhern Standpunkt der Philosophie der Geschichte als ein Glied in der Geschichte des Geistes auffaßt. Der wissenschaftliche Werth und Erfolg dieses Philosophirens ist aber durch dreierlei bedingt. Erstens darf man über das positive Recht nicht nach dem Maßstabe der absoluten Vollkommenheit aburtheilen, sondern man muß dasjenige als gerechtfertigt, also auch als relativ vernünftig anerkennen, was unter den gegebenen Verhältnissen möglich und nothwendig war [2]). Zweitens muß man sich dem Stoffe mit voller Unbefangenheit hingeben, und nicht ein im Voraus gefaßtes System in denselben hineintragen [3]). Drittens muß man sich bei der Characteristik dessen, was

1) Hieraus ergiebt sich, was von dem angeblichen Gegensatze einer historischen und philosophischen Schule zu halten ist.

2) Man vergleiche dazu oben §. 33.

3) Dieses ist insgemein der Fehler der Hegelschen Schule, wo sie sich auf den Boden der Geschichte verirrt hat. Aus dem an sich ganz richtigen Gedanken, daß alles Dauernde in der Geschichte der Ausdruck einer Idee und in so weit das Erzeugniß einer inneren Nothwendigkeit sei, legt sie sich mit der ihr eigenthümlichen Dialektik erst die Idee zurecht, und construirt danach, so gut es geht, die positiven Erscheinungen. Ein Beispiel davon giebt Sietze Grundbegriff Preußischer Staats- und Rechtsgeschichte. Berlin 1829. — Leider gehört auch dahin, jedoch mit mancherlei Eigenthümlichkeiten, das Buch von Huschke die Verfassung des Königs Servius Tullius. Heidelberg 1838. Meistens sind es nur Jugendarbeiten, die in diesen Fehler gerathen sind; denn in dem dauernden Umgang mit dem Rechtsstudium liegt Etwas, das von selbst von diesen Irrwegen zurückführt.

man den Geist eines Rechts nennt [4]), vor einer zu vagen Allgemeinheit hüten. Das Recht eines Volkes ist, wie ein Volk selbst, aus so vielen geistigen Elementen zusammengesetzt, es herrscht so sehr in seinen Instituten bald das eine bald das andere Element vor, daß ein für Alle gelten sollender Charakterzug, zumal wenn noch die Färbung einer besondern philosophischen Schule hinzukommt, nur zu leicht auf unwahre und unfruchtbare Redensarten hinausläuft. Die Kraft und der bildende Einfluß des juristischen Denkens liegen nun einmal in dem Gewebe der Einzelnheiten, und alle Abstractionen haben nur Werth, wenn sich in ihnen das Einzelne unmittelbar wie in einem getreuen Spiegel reflectirt.

5) Die Rechtsphilosophie.

49. Ueber das Recht kann noch in anderer Weise philosophirt werden. Die Keime der Rechtsordnung liegen in der Ordnung der Schöpfung, welche den Menschen, so wie er ist, geschaffen, und ihm die Bahnen seines Daseins vorgezeichnet hat. Als physisches Wesen von den organischen Gesetzen der Körperwelt vielfach abhängig, bildet er kraft seines vernünftigen unsterblichen Geistes ein Glied der sittlichen Weltordnung, und trägt das Bedürfniß wie die Anlagen in sich, auch die äußeren Formen seines Daseins seinem sittlichen Wesen gemäß zu gestal-

4) Zu dieser Richtung gehören folgende Schriften: Jhering Geist des römischen Rechts. Leipzig 1852. 2 Th., Schmidt der prinzipielle Unterschied zwischen dem römischen und germanischen Recht. Rostock 1853., Esmarch Römisches und Germanisches Recht (Kieler Monatsschrift December 1853), Lenz über die geschichtliche Entstehung des Rechts. Greifswald 1854., Leist Dogmatische Analyse Römischer Rechtsinstitute. Jena 1854., Röder Grundgedanken und Bedeutung des römischen und germanischen Rechts. Leipzig 1855. So vieles Geistreiche über Einzelnes darin vorkommt, so gering sind doch die Resultate für das Ganze. Ja man geräth darüber selbst häufig in Widerspruch. So nennt Jhering als Charakter des römischen Rechts die Subjectivität, die des deutschen Rechts die Objectivität, während bei Schmidt es grade umgekehrt lautet. Andere vermissen im römischen Recht im Gegensatze zum germanischen Recht das Element der Sittlichkeit. Man sehe dagegen oben §. 32. Note 3.

ten [1]). Die Rechtsordnung ist daher aus zwei Bestandtheilen gemischt. Einestheils beruht sie auf thatsächlichen, von der Natur so gewollten Nothwendigkeiten [2]). Anderntheils ist dem Menschen durch die Vernunft und Freiheit des Willens die Möglichkeit beigelegt, diese Nothwendigkeiten bis auf einen gewissen Grad zu beherrschen und in Uebereinstimmung mit seiner sittlichen Natur immer vollkommener zu gestalten [3]). Aus dieser Wechselwirkung zwischen Freiheit und Nothwendigkeit entfalten sich in den mannichfaltigsten Formen und Abstufungen die Institute der bürgerlichen Gesellschaft, der Familie, des Eigenthums, der Verträge, des Erbrechts, die in ihrer Gesammtheit die Rechtsordnung ausmachen. Indem sich die philosophische Betrachtung auf diesen Bildungsproceß richtet, ergiebt sich ein dreifacher Gewinn. Erstens lernt sie die wesentlichen Factoren, die bei der Erzeugung der Rechtsverhältnisse thätig sind, erkennen, und von den zufälligen historischen Einflüssen unterscheiden. Zweitens macht sie sich den Antheil, den die menschliche Freiheit und Vernunft an der Gestaltung der Rechtsverhältnisse hat und haben kann, klar. Drittens erwächst aus dieser zwiefachen Einsicht eine höhere Anschauung, die den Blick über die Eindrücke der Gegenwart hinaus zu dem allgemein Menschlichen und Vernünftigen im Recht erhebt, und dadurch die fortschreitende Entwicklung und Vervollkommnung desselben anbahnt. Die Rechtsphilosophie ist daher, richtig behandelt, eine überaus wichtige und frucht-

---

1) Man vergleiche darüber oben §. 1. 13. 15. 17. 18.

2) Man kann sich dieses besonders an dem Institute der Ehe klar machen. Die Grundlage desselben bildet der Unterschied der Geschlechter mit den sich daran schließenden Folgen. Daran kann der Wille nichts ab- noch zuthun, sondern dieses ist etwas Thatsächliches, das durch die Ordnung der Natur feststeht. Die Römer haben dieses Element des Rechts, welches in der physischen Natur des Menschen wurzelt, das ius naturale genannt, fr. 1. §. 3. D. de iustitia et iure (1. 1).

3) Dieses zeigt sich an dem Institute der Ehe. Die rein natürliche Seite desselben ist eine Vereinigung zwischen Mann und Weib. Allein nicht jede Vereinigung der Art ist eine Ehe, sondern nur diejenige, die gewisse sittliche und rechtliche Eigenschaften an sich trägt, und nach dieser Seite ist auch dieses Institut einer fortschreitenden Vervollkommnung fähig.

bare Wissenschaft. Sie stimmt mit der Naturphilosophie darin überein, daß sie von der Anschauung und Analyse der wirklichen Weltordnung und der dadurch bedingten menschlichen Zustände ausgeht. Sie unterscheidet sich aber dadurch, daß diese Zustände zugleich in das Gebiet der Freiheit fallen, und daher durch fortschreitende Erkenntniß einer steten Vervollkommnung fähig sind, welche Erkenntniß jedoch nur aus jener Anschauung selbst gewonnen werden kann[4]). Die Rechtsphilosophie beruht daher in einer Mischung und Durchdringung des Realen und Idealen, wie bei keiner andern Disciplin vorkommt. Zum positiven Rechte verhält sie sich so, daß sie, indem sie die Gründe und Nothwendigkeiten des Vorhandenen aus ihm selbst erkennen und verstehen lehrt, sie zugleich in dasselbe die Keime zu dessen weiteren Entwicklung hineintreibt.

50. Das Bedürfniß, über das Recht zu philosophiren, hat von jeher die Wissenschaft bewegt, aber auch auf große Abwege geführt. Einige haben sich in Phantasiegemälden über den vollkommensten Staat gefallen, die aber, so sinnig und geistreich sie auch sein mögen, als auf unwahren Voraussetzungen beruhend, für die Wissenschaft und das Leben keinen Werth haben[1]). Andere haben aus einem psychologischen Triebe, wie dem der Geselligkeit[2]), der Furcht[3]), oder aus einem ethischen Princip, wie dem Streben nach Weisheit und vollendeter Glückseligkeit[4]), ein

4) In diesem Satze ist dieser Wissenschaft die allein richtige Methode vorgezeichnet. Es ist falsch, wenn man sich, von der Wirklichkeit abstrahirend, aus vermeintlichen Vernunftsätzen ein System von Rechtsphilosophie construirt, welches man als Maßstab an die Wirklichkeit anlegt. Die Rechtsphilosophie muß vielmehr ihren Standpunkt in der Wirklichkeit selbst nehmen, und aus ihr heraus sie zu begreifen und zu gestalten suchen. In ihr muß die Vernunft der Sache und die eigene Vernunft sich zu fortschreitend höheren Anschauungen verbinden, und diese durch die Macht des Gedankens in die Welt der Wirklichkeit zurückfließen.

1) An der Spitze dieser Richtung steht Platon in seiner Republik.

2) So thaten Grotius 1624, Pufendorf 1682.

3) So that der Engländer Hobbes († 1679).

4) So that Christian Thomasius († 1728).

System des Naturrechts, im Gegensatze zu dem positiven Recht, zu construiren versucht. Allein der Erfolg selbst hat die Unfruchtbarkeit eines solchen einseitigen Verfahrens dargethan. Vergeblich suchte man auch diesem Naturrecht durch die Hinweisung auf einen der bürgerlichen Gesellschaft vorhergegangenen, oder neben ihr noch möglichen Naturzustand, einen näheren Inhalt zu geben [5]), indem es nie einen Naturzustand gegeben hat, noch geben kann [6]). Nicht minder erfolglos mußte das Bemühen sein, auf rein logischem Wege aus der Vernunft ein oberstes Rechtsprincip aufzufinden, und darauf ein System des Vernunftrechts zu gründen [7]). Es ist eben von vorne herein ein nichtiger Standpunkt, das Recht mit dem Reichthum seiner Erscheinungen, von der Wirklichkeit ganz abstrahirend, blos aus logischen Schlüssen aufbauen zu wollen [8]). Im Gegensatz hiezu steht Hegel in so fern, als seine Philosophie die wesentliche Richtung auf die Wirklichkeit hat und mit dieser zusammenfallen soll. Doch geschieht dieses nicht so, daß er ohne vorgefaßtes System sich in die Anschauung der Wirklichkeit versetzte, und aus dieser heraus die Vernunft der Sache zu ergründen trachtete. Die Eigenthümlichkeit seiner Philosophie besteht vielmehr darin, daß er alles Sein als Resultat eines aus dem Urgedanken hervorgehenden dialectischen Processes, wozu nur seine Philosophie den Schlüssel giebt, erfaßt. In diesen dialectischen Proceß, dessen Richtigkeit aber doch auch problematisch und von subjectiver Anschauung abhängig ist, wird nun auch die Idee des Rechts hineingezogen und daraus nach den verschiedenen Seiten ihrer Verwirklichung verfolgt [9]). In Hegels Rechtsphilosophie findet sich

---

5) Dieses findet sich in den meisten Lehrbüchern des Naturrechts, die in Deutschland in der ersten Hälfte des achtzehnten Jahrhunderts erschienen.

6) Man sehe oben §. 15. 16.

7) Der Repräsentant dieses Standpunktes ist die metaphysische Rechtslehre von Kant 1797.

8) Diese leeren Abstractionen der Thomasischen und Kantischen Schule haben die Rechtsphilosophie in den noch zum Theil bestehenden Mißcredit gebracht.

9) Dieses geschah in der Philosophie des Rechts, welche 1820 erschien.

daher nicht minder Subjectives und Objectives, Falsches und Wahres neben einander. Jedenfalls ist das Wahre darin nicht durch die Eigenthümlichkeit jener Philosophie bedingt, sondern grade umgekehrt die Folge davon, daß sich Hegel, abweichend von seinen Vorgängern, in die Anschauungen der wirklichen Welt versetzte, und hinterher, bewußt oder unbewußt, seine dialectischen Formeln danach zurecht legte [10]). Es herrscht überhaupt in dieser Wissenschaft noch eine große Gährung, woraus sich die richtige Ansicht und Methode nur allmählig ausscheiden werden.

C) Vom Rechtsunterricht.

51. Die Kenntniß des Rechts muß, wie andere Kenntnisse, durch Mittheilung und eigenes Nachdenken erworben werden. Die Formen der Mittheilung können aber nach dem Bildungszustande jedes Volkes sehr verschieden sein. Die einfachste Form ist, wenn man unmittelbar durch Uebung und Zusehen bei Gericht lernt, was aber nur bei einem sehr einfachen populären Recht ausreichend ist, und jedenfalls bald eine Nachhülfe durch Formularien und ähnliche praktische Hülfsbücher nöthig macht. So war es beim deutschen Recht bis ins vierzehnte Jahrhundert. Eine etwas künstlichere Form ist, wenn angesehene Geschäftsmänner jüngere Männer bei sich aufnehmen, um bei ihren juristischen Beschäftigungen durch Zuhören und Zusehen und durch gelegentliche Anleitung und Rathschläge zu lernen. So war es in Rom seit dem sechsten Jahrhundert der Stadt [1]). Auf diesem Wege kann man zwar das geltende Recht am lebendigsten und anschaulichsten kennen lernen; allein es bleiben dabei auch

10) Sehr gut sagt darüber Friedländer Encyclopädie Abschn. VII.: Jene Prinzipien, die man aus der saftigen Fülle der Geschichte geschöpft, glaubte man als das allein und ewig Gültige rein „aus sich selbst", aus dem Gedanken zu holen. Was man als ein Geschichtliches, Reales, gelernt hatte, nannte man das Endliche, Zufällige, wollte es an die Gewißheit ewiger Wahrheit knüpfen, und gab es zurück als eine eigene, aus dem Begriff entstandene Schöpfung. So wenig man aber durch das Philosophiren einen Menschen erzeugt, so wenig durch den bloßen Gedanken Recht und Staat.

1) Man sehe die Zeugnisse in meiner Römischen Rechtsgeschichte §. 415.

viele Lücken, und man erlangt keine zusammenhängende wissenschaftliche Bildung [2]). Diese Mängel führen dazu, daß rechtskundige Männer neben ihren praktischen Beschäftigungen Lehrstunden für den theoretischen Rechtsunterricht einrichten. So geschah es in Rom seit den ersten Kaisern [3]). Aber auch dieses reicht auf die Länge nicht aus. Wenn die Rechtswissenschaft in ihrer ganzen Ausdehnung und Tiefe dogmatisch, historisch und philosophisch behandelt werden soll, so genügen die Kräfte eines Einzigen nicht; man muß sich in die Arbeit theilen und einen planmäßig zusammenhängenden Lehrcursus organisiren. So entstehen, mit oder ohne die Mitwirkung der Staatsgewalt, ordentliche Rechtsschulen. Diese Form erhielt der Rechtsunterricht im römischen Reiche unter den späteren Kaisern [4]).

52. Im Mittelalter machten die zu einer großen Masse angeschwollenen Quellen des canonischen Rechts und die zu Ansehen gelangenden Justinianischen Sammlungen des römischen Rechts einen gelehrten Unterricht unentbehrlich. Aus diesem Bedürfniß, verbunden mit einer entsprechenden geistigen Regsamkeit, giengen seit dem zwölften Jahrhundert, zuerst in Italien, dann auch in anderen Ländern, sehr ausgebildete Rechtsschulen hervor. Durch die fortschreitende gelehrte und kunstmäßige Behandlung des Rechts ist deren Bedeutung fortwährend gestiegen, und sie haben unvermerkt in vielen Ländern ein wahres Monopol für den Rechtsunterricht in so fern erlangt, daß Keiner zu öffentlichen Aemtern zugelassen wird, der nicht dort zur Betreibung seiner Rechtsstudien eine gewisse Zeit verweilt hat, weil man annimmt, daß die daselbst angehäuften reichen Hülfsmittel nicht leicht durch Anderes zu ersetzen seien. Durch diese Lehranstalten ist die Rechtserlernung auf rein praktischem Wege dahin beschränkt worden, daß nach Vollendung der theoretischen Studien gewisse Vorbereitungsstufen des Staatsdienstes zur Einfüh-

---

2) So bemerkt mit Recht Hugo Encyclopädie S. 35., der über diesen Gegenstand vieles Lehrreiche und Scharfsinnige sagt.

3) Die Zeugnisse stehen in meiner Römischen Rechtsgeschichte §. 415.

4) Man sehe meine Römische Rechtsgeschichte §. 425. 431.

rung in die Praxis bestimmt sind. Doch ist das tiefere Eingehen in diese Seite der juristischen Ausbildung für das Geschäftsleben, und selbst für den Theoretiker, noch immer unentbehrlich [1]). Das Hülfsmittel dazu ist das Studium von Rechtsgutachten und gerichtlichen Entscheidungen, und es muß daher auf zweckmäßige Sammlungen derselben große Sorgfalt verwendet werden [2]).

D) Vom Stande der Juristen.

53. Vom Augenblicke an, wo das Recht eines Volkes aus dem Stadium der Natürlichkeit, aus dem Zustande als Gewohnheitsrecht heraustritt, wird sich in irgend einer Form ein engerer Kreis von Personen unterscheiden, die mit der Handhabung und Auslegung desselben zu thun haben [1]). Je mehr nun das Recht einen kunstmäßigen Charakter annimmt, je mehr es die ungetheilten Kräfte derer, die sich ihm hingeben, in Anspruch nimmt, um desto schärfer tritt jener Kreis als ein besonderer Stand hervor. Endlich wird dieser Stand bei der vollen Ausbildung der gesellschaftlichen Verhältnisse mit den Staatseinrichtungen in enge Verbindung gebracht, und der Beruf der Juristen an Staatsämter geknüpft. Als Beamten sind die Juristen entweder bei den Gerichtshöfen, oder als Lehrer an den Rechtsschulen thätig. Die schriftstellerische Thätigkeit in ihrem Fache steht Beiden offen, wird jedoch aus nahe liegenden Gründen von Letzteren mehr geübt, als von den Ersteren. Nach jenen beiden Functionen unterscheidet man die Praktiker und die Theoretiker, wiewohl dieser Unterschied nicht so verstanden werden darf, als ob dem Praktiker die Theorie [2]), und dem Theoretiker der Nutzen

---

1) Die Gründe sehe man im §. 24.

2) Leibnitz hat auch dieses in der oben (§. 24. Note 1) genannten Schrift sehr klar erkannt, und daselbst in den §. 78—82. über die Anordnung solcher Sammlungen gute Rathschläge ertheilt, die noch jetzt brauchbar sind.

1) Man sehe oben §. 20. Note 2.

2) Es ist eine Frucht der vielseitigeren wissenschaftlichen Bildung, daß die Theoretiker gegen die Verdienste der Praktiker insgemein weit gerechter und zur Anerkennung geneigt sind, als umgekehrt.

seiner Wissenschaft für das Leben gleichgültig sein dürfte [3]). Für beide Arten von Juristen sind aber zur vollen Erfüllung ihres wichtigen Berufes folgende Eigenschaften erforderlich. Erstens eine eigenthümliche Anlage zum consequenten und scharfsinnigen Denken, indem diese Wissenschaft nach der dialectischen Seite hin eine Aehnlichkeit mit der Mathematik hat, und einem Rechnen mit Begriffen verglichen werden kann [4]). Zweitens gehört dazu ein gebildetes sittliches Gefühl, indem die letzte Quelle der Rechtswahrheiten hauptsächlich darin ruht und daraus ergänzt werden muß [5]). Drittens erfordert diese Wissenschaft auch einen kräftigen selbstständigen Charakter, um sowohl in der Wissenschaft wie im Leben die Anforderungen des Rechts auch unter ungünstigen äußeren Verhältnissen aufrecht zu erhalten [6]). Umgekehrt wirkt der Umgang mit der Rechtswissenschaft auch auf die Ausbildung aller dieser geistigen und sittlichen Eigenschaften vortheilhaft zurück [7]).

---

3) Sehr richtig sagt der Kanzler Bacon: De augmentis scientiarum lib. VIII. cap. II. Doctrinam de negotiis, pro rei momento, tractavit adhuc nemo; cum magna, tam literarum, quam literatorum, existimationis iactura. Ab hac enim radice pullulat illud malum, quod notum eruditis inussit; nimirum, eruditionem et prudentiam civilem raro admodum coniungi.

4) Man sehe oben §. 39. Note 2.

5) Man sehe oben §. 21.

6) In einfacher, aber sehr würdiger Weise spricht dieses Hugo Encyclopädie S. 54. so aus. „Auch für die Sittlichkeit ist unser Stand wohl eine vorzüglich gute Schule, da er so viele ausgezeichnet würdige Männer hervorbringt, „zwar nicht grade Solche, die sich sehr beliebt zu machen wissen, aber desto „mehr Solche, die Ehrfurcht einflößen; wie denn die Gerechtigkeit, diese einheimische Tugend der Rechtswissenschaft, die Grundlage aller Andern ist, und „die Zurückhaltung des Urtheils auf einseitige Angaben, die Achtung für die „Ueberzeugung Anderer, der Muth, Höhern und Untergebenen nicht nachzugeben, wenn sie eine Ungerechtigkeit fodern, die Uneigennützigkeit und die Thätigkeit durchaus zu einem guten juristischen Geschäftsmanne gehören, endlich „das Bewußtsein des Guten, das er gestiftet hat, ihn noch mehr veredlen „muß."

7) Dieses zeigt sich namentlich bei den römischen Juristen unter den Kaisern, in deren Schriften keine Spur von der Entartung jener Zeit sichtbar ist. Man sehe darüber meine Römische Rechtsgeschichte §. 411.

IV. Von dem Gegenstande des positiven Rechts. A) Umfang und Eintheilung des Rechtsgebietes.

54. Das Recht in seiner umfassendsten Bedeutung ist der Organismus des sittlichen menschlichen Daseins [1]). Sein Stoff und Inhalt ist also überhaupt der Mensch nach allen Beziehungen, die einer äußern Organisation bedürftig oder empfänglich sind. Diese Beziehungen sind aber nach der Natur des Menschen auf drei Hauptgebiete zurück zu führen. Erstens gehört der Mensch irgend einem Staate an. Dieser ist die mit Nothwendigkeit gebotene Ordnung und Erscheinungsform der den Menschen zunächst umgebenden Verhältnisse [2]). Doch erschöpft diese Verbindung die Idee und Bestimmung des Menschen nicht. Er fühlt sich auch als Glied einer höheren Einheit, der Menschheit, und in dem Maße, als dieses Gefühl zum Bewußtsein kommt, strebt der menschliche Geist dahin, daß jene Beziehung auch in den Bemühungen der Völker und Staaten unter einander möglichst anerkannt und zu einem Rechtsverhältniß gestaltet werde. Aber auch dieses genügt noch nicht. Der Mensch hat eine über das irdische Staats- und Völkerleben hinausgehende Bestimmung, wozu dieses vergängliche Dasein sich nur als Vorbereitung und Uebergang verhält [3]). Was zur Pflege dieser Bestimmung gehört, kann seiner Natur nach nicht durch Machtgebote der Staatsgewalt festgesetzt werden, sondern fällt dem Glauben und dem Unterricht dazu besonders begabter Naturen anheim. Eine Staatsinstitution kann dieses nur in so fern werden, als ein Staat eine bestimmte Form der Religion und des Cultus als die gesetzliche recipirt. Da aber mit dem Christenthum, als einer positiven für alle Menschen und Zeiten bestimmten, ihre Lehre und Cultus in sich tragenden Offenbarung, wesentlich auch die Nothwendigkeit eines von der Staatenordnung geschiedenen, der Verbreitung über alle Völker fähigen kirchlichen Organismus gesetzt ist, in welchen die Pflege der überirdischen Bestimmung des Menschen fällt:

---

1) Man sehe §. 1. 3.

2) Man sehe §. 15. 16.

3) Man sehe §. 12. 13.

so ist aus dem christlichen Standpunkt, der als der positiv historische auch von der Wissenschaft einzunehmen ist[4]), noch eine dritte eigenthümliche Lebensordnung, die Kirche, zu unterscheiden. Die Ordnungen, innerhalb welcher sich das menschliche Dasein bewegt, sind daher die Rechtssphäre des Staates, das Völkerrecht und das Kirchenrecht. Dieses sind also auch die Hauptzweige, worin die Rechtswissenschaft und deren encyclopädische Darstellung zerfällt. Von dem Recht, so weit es sich auf einen bestimmten Staat bezieht, kommt aber hier nur das in Deutschland geltende Recht in Betracht[5]). Dabei wird dann auch von der Unterabtheilung in Privatrecht und öffentliches Recht die Rede sein.

55. Die Ansichten über diese Classification sind aber verschieden[1]). Der richtigen Meinung am nächsten stehen diejenigen, welche vier Haupttheile unterscheiden: Privatrecht, öffentliches Recht, Völkerrecht, Kirchenrecht[2]). Unrichtig ist dieses nur in so fern, als das Privatrecht und öffentliche Recht nicht Haupttheile, sondern nur Unterabtheilungen eines und desselben Rechtskreises sind, nämlich desjenigen, der unter einen bestimmten Staat fällt. Irriger ist es, wenn man nur die Eintheilung in Privatrecht, öffentliches Recht und Völkerrecht, oder gar nur die in Privat-

---

4) Es ist daher falsch, wenn man diesen Standpunkt zu ignoriren oder möglichst abzuschwächen sucht, um die Kirche dem Staate zu unterwerfen, und das Kirchenrecht blos zu einem Stücke des öffentlichen Rechts zu machen. So Warnkönig Encyclopädie §. 48.

5) Den Grund sehe man im §. 5.

1) Die richtige Ansicht hat Bluhme Encyclopädie §. 29—32. Zu unbestimmt ist nur, wenn er sagt: „Darum muß die Kirche in rein rechtlichen Dingen „unter dem Staate stehen, während sie als geistige Gemeinschaft neben ihm, „ja über ihm steht.“ Jenes ist richtig für die Rechtsfragen, die als bürgerlicher Art in das Gebiet des Staates fallen, nicht aber für diejenigen, die der religiösen und kirchlichen Sphäre angehören. Oder sollte wirklich bei den Fragen, ob Einer würdig und berechtigt sei, das Sacrament der Taufe oder des Abendmahls, oder die Einsegnung der Ehe zu fordern, oder ob er die Entziehung des Kirchenamtes oder eine andere Kirchenstrafe verschuldet habe, die Kirche unter dem Staate stehen?

2) So Savigny System I. §. 9. 11.

recht und öffentliches Recht aufstellt, und im ersten Falle dem Kirchenrecht [3]), im zweiten Falle dem Kirchenrecht und Völkerrecht [4]) die Stelle unter dem öffentlichen Recht anweist. Dieses kann als warnendes Beispiel dienen, wie sehr die Verkennung des nun einmal doch historisch gegebenen christlichen Standpunktes, oder das engherzige Festhalten an der Anschauung der römischen Juristen [5]) den Gesichtskreis einengt [6]). Ja es ist selbst vorgekommen, daß man bei jener zweitheiligen Eintheilung das Kirchenrecht unter das Privatrecht gestellt hat [7]).

B) Von den Rechtsverhältnissen.

56. Jedes jener drei Gebiete ist aus mannichfaltigen Beziehungen der Menschen zu einander zusammengesetzt. Eine solche Beziehung durch eine Rechtsregel geordnet bildet ein Rechtsverhältniß. In den Rechtsverhältnissen kommt die Idee des Rechts zur wirklichen Erscheinung, und nimmt je nach der Eigenthümlichkeit derselben ihre besondere Färbung an. Abgezogen von den Rechtsverhältnissen ist diese Idee nur ein abstracter Begriff [1]). In der Summe der Rechtsinstitute und Rechtsverhältnisse besteht die Welt des wirklichen Rechts. In dem Begriffe eines Rechtsverhältnisses liegt der von Berechtigung oder Recht im subjectiven Sinne, dem in irgend einer Weise eine Pflicht gegenüber stehen muß, sei es die einer bestimmten Person, oder die des Gemeinwesens als solchen, oder unbestimmt die aller zu einem Gemeinwesen gehörenden Personen.

---

3) So thut Warnkönig Encyclopädie §. 48., mit einer Polemik gegen Savigny und Puchta, die nicht eine glückliche genannt werden kann.

4) So thut mit Anderen Hugo Encyclopädie S. 69—74.

5) Fr. 1. §. 2. D. de iustitia et iure (1. 2). Daran hält sich Hugo.

6) Da Jenes, wenn es wahr wäre, in jeder Anwendung wahr bleiben müßte, so würden also auch das Völkerrecht und das Kirchenrecht beziehungsweise unter das öffentliche Recht des Fürstenthums Waldeck oder Lichtenstein zu stellen sein.

7) Dieses thut Falck Encyclopädie §. 21.

1) Man sehe oben §. 3. Note 1.

V. Encyclopädische Behandlung der juristischen Disciplinen.

57. Jene drei Rechtsgebiete mit ihren Unterabtheilungen bilden nun den Gegenstand der juristischen Encyclopädie. Bei jeder der dadurch gegebenen Disciplinen sind aber drei Haupttheile zu unterscheiden. Erstens sind, da es sich um ein positives Recht handelt, die Quellen zu betrachten, aus welchen die Rechtssätze zu schöpfen sind, womit das Nöthige über den geschichtlichen Entwicklungsgang dieser Quellen zu verbinden ist. Zweitens ist der Inhalt dieser Rechtsquellen, das System der Rechtssätze selbst, darzustellen. Drittens muß, als ein von der wissenschaftlichen Darstellung einer juristischen Disciplin unzertrennlicher Gesichtspunkt, auch von der Art und Geschichte ihrer wissenschaftlichen Bearbeitung gehandelt werden. Dieses wird die Litterärgeschichte eines Faches genannt [1]). Solche beschäftigt sich mit zweierlei: einmal mit der Art, wie das Fach schriftlich in Büchern behandelt worden, also mit der Litteraturgeschichte und juristischen Bücherkunde oder Bibliographie [2]); zweitens mit der Weise, wie darüber mündlich gelehrt worden ist. Mit Beidem in Verbindung steht die juristische Biographie [3]), die Kenntniß von den Lebensverhältnissen derer, die sich durch Schriften

---

1) Das in kurzen Andeutungen umfassendste Werk über die ganze juristische Litterärgeschichte ist: Hugo Lehrbuch der Geschichte des Römischen Rechts seit Justinian. Dritte Ausgabe. Berlin 1830. Die älteren Werke der Art nennt und beurtheilt Hugo §. 48. Die Werke über die Litterärgeschichte der einzelnen Fächer sind bei diesen anzuführen.

2) Als Hülfsmittel dafür dienen Verzeichnisse der juristischen Litteratur, worin die Büchertitel nach den Gegenständen oder Fächern und nach dem Alphabet geordnet sind. Diese nennt Hugo §. 46. 47. Ein solches Verzeichniß erschien schon von Ziletti zu Venedig 1566. Das umfassendste ist das von Lipenius 1679, vermehrt herausgegeben von Struve 1720, Jenichen 1737, mehreren Leipziger Gelehrten 1757, und mit Nachträgen von Schott 1775, Senkenberg 1789, und Madihn 1816. 1832. Neue Verzeichnisse giebt es von Ersch 1812, neu herausgegeben von Koppe 1823, Schletter 1840—1843, Engelmann 1840. Sehr brauchbar ist auch das bibliographische Werk des Franzosen Camus, welches zuerst 1772, dann von Dupin 1832 erschien.

3) Die Werke darüber nennt Hugo §. 42—45., Lipenius bibliotheca v. vita. Die wichtigsten neueren Werke der Art sind von Jugler 1773., und drei von Weidlich 1748. 1757 und 1781.

und Unterricht in dem Fache hervorgethan haben, wobei es aber nicht auf persönliche Zufälligkeiten, sondern auf das für die Wissenschaft Belangreiche ankommt, auf den Gang ihrer Geistesbildung, auf die von ihnen ausgegangenen Verbesserungen der Methode, auf die Schulen, die sie gestiftet haben, und dergleichen.

58. Was den genannten zweiten Theil jeder Disciplin, das System der davon geltenden Rechtssätze betrifft, so erfordert die Natur der encyclopädischen Darstellung, daß man dazu seinen Standpunkt in dem Recht der Gegenwart nehme und dieses als eine Einheit auffasse. Wenn also zur Ausbildung eines Rechtsinstitutes das deutsche und das römische Recht zusammengewirkt haben, so ist eben die Art dieses Bildungsprocesses und die daraus hervorgegangene Einheit für unseren Gesichtspunkt das Wesentliche. Falsch ist es daher, wenn man erst das römische, dann das deutsche Recht ganz getrennt von einander abhandelt [1]. Ferner ist gleich bei jedem Institute die demselben zum Grunde liegende rationelle Idee, wie sie sich aus der allgemeinen Anschauung und Natur der menschlichen Verhältnisse ergiebt, in die Darstellung des positiven Rechts zu verflechten. Dieses ist die allein richtige Art, wie die Rechtsphilosophie mit der Encyclopädie in Verbindung zu setzen ist. In anderen Werken geschieht dieses entweder gar nicht, oder nicht in der richtigen Weise [2].

1) Nur Hugo hat in seiner Encyclopädie das Unpassende davon gefühlt, und die beiden Elemente in ihrer Verschmelzung ins Auge zu fassen gesucht. Allein er verliert sich in der Masse von positiven Einzelnheiten.

2) Abegg in seinem 1823 erschienenen, übrigens wohl durchdachten Grundrisse, stellt die Rechtsphilosophie, das römische Recht, das germanische Recht als isolirte Theile neben einander. Aehnlich, nur nicht ganz so zerrissen, ist es bei Warnkönig. Allein eine solche Encyclopädie ist eine Summe von kurzen Compendien über die Specialdisciplinen, und das Encyclopädische besteht fast nur darin, daß diese in einem Bande zusammengebunden sind. Hugo spricht von der Rechtsphilosophie bei jedem Fache nur als von einer Seite seiner wissenschaftlichen Bearbeitung.

VI. Von der Methodologie.

59. Der Anbau einer jeden Wissenschaft ist durch die Richtigkeit der dabei gebrauchten Methode bedingt. Wer mit der erforderlichen Anlage und Bildung ausgerüstet seinen Stoff völlig durchdringt und beherrscht, wird von selbst auch die richtige Form der wissenschaftlichen Darstellung finden. Es lassen sich aber dafür durch Abstraction auch allgemeine Regeln gewinnen, die zusammen einen eigenen Theil unserer Wissenschaft, die Methodologie, ausmachen. Im Allgemeinen ist die Methode durch die richtige Verbindung der systematischen, historischen und philosophischen Thätigkeit bedingt. Die Bearbeitung eines einzelnen Faches oder einer besonderen Seite desselben hat aber wieder ihre eigenen methodologischen Regeln [1]. Für die Auffindung der richtigen Methode ist die Kenntniß der Litterärgeschichte jedes Faches, der Geschichte seiner wissenschaftlichen Bearbeitung, überaus lehrreich; denn grade im Fache der Methode lernt man am meisten durch die Mißgriffe Anderer. Die Grundsätze für die richtige schriftliche Bearbeitung sind auch für die Kunst der Didaktik, der mündlichen Mittheilung, maßgebend; nur kommt hier noch die Rücksicht auf die Zeit und die Fassungskraft der Lernenden hinzu. Früher meinte man auch dem Gedächtniß durch mnemonische Künsteleien zu Hülfe kommen zu müssen [2]. Im Ganzen wird es für den wissenschaftlichen Geist förderlich sein, daß man nicht zu sehr den elementaren Ton anstimme, sondern bald durch Einführung in die Schwierigkeiten zum eigenen

---

1) Bemerkenswerth ist hier die Schrift von Leibnitz: Nova methodus discendae docendaeque iurisprudentiae, welche er 1667, kaum 21 Jahre alt, herausgab. In dieser verbreitet er sich über die Behandlung des Privatrechts nach allen Richtungen dieser Wissenschaft und der darauf bezüglichen Schriftstellerei, indem er über die Fehler der Methode Bemerkungen und Vorschläge macht, die zum Theil noch jetzt zu beherzigen sind. Es wäre ein großes Verdienst, eine ähnliche kritische Ueberschau über den heutigen Zustand der juristischen Litteratur zu halten.

2) Auch diese erwähnt Leibnitz Methodus Part. II. §. 48. Er setzt aber richtig hinzu: Sed tutissimum mnemonicae genus est methodus solida et accurata.

Denken antreibe. Von Seiten der Lernenden wird erfordert, daß die Fächer in der richtigen Ordnung und Verbindung ausgewählt, und mit dem mündlichen Vortrag das Studium der Quellen und gedruckter Bücher verbunden werde. Die Rathschläge dazu ertheilt die Hodegetik, die aber kaum eine Wissenschaft genannt werden kann [3]).

VII. Geschichte der wissenschaftlichen Bearbeitung der Encyclopädie und Methodologie [1]).

60. Wenn die Encyclopädie der Spiegel sein soll, worin sich eine Wissenschaft ihrer selbst in ihrer Einheit und Totalität bewußt wird [2]), so muß sie sich auch in dem Gange ihrer eigenen Ausbildung betrachten. Eine Encyclopädie in jenem Sinne setzt aber eine solche Höhe historischer und rechtsphilosophischer Bildung, und einen so klaren und freien Blick in das eigene Innere voraus, daß die Rechtswissenschaft nur allmählig und nach vielen unvollkommenen Versuchen Werke hervorgebracht hat, die auf jenen Namen Anspruch machen können. Hier kann nur von einigen Hauptformen dieser Versuche die Rede sein. Die ersten Bestrebungen, den gesammten Rechtsstoff in einem System zusammen zu stellen, wurden im Mittelalter durch die damalige Beschaffenheit der Rechtsquellen und der Rechtswissenschaft veranlaßt. Das positive Recht lag in den Sammlungen des canonischen und römischen Rechts, welche Stelle für Stelle durch Glossen erläutert wurden, was zu vielen Wiederholungen und zu einer großen Zerrissenheit führte. Es war daher ein, wenn auch nur geringer Fortschritt, daß der französische Bischof Wilhelm Durantis († 1296) in seinem Speculum iuris über den in jenen Sammlungen zerstreuten Stoff ein großes Hülfsbuch für

3) Gut handelt davon Leibnitz Methodus Part. II. §. 91—99.

1) Eine geistvolle und gelehrte Uebersicht der Geschichte der Encyclopädie giebt Friedländer im ersten Abschnitt seiner Juristischen Encyclopädie. Doch ist seine Charakteristik nicht immer klar, auch nicht immer richtig.

2) Man sehe oben §. 5.

Praktiker in vier Büchern verfaßte [3]). Etwas mehr wissenschaftlich sind die großen Gesammtsysteme des Gregoire von Toulouse († 1597) [4]), des Althusen (geb. 1556) [5]), und des Hunnius († 1636), der dafür den Namen Encyclopädie brauchte [6]). Auch erschienen einige kürzere Rechtssysteme, welche als Vorläufer der Encyclopädie in so fern gelten können, als sie den gesammten positiven Rechtsstoff, so weit er damals Gegenstand der Wissenschaft war, in Verbindung mit den Rechtswahrheiten, die allen Rechten gemeinschaftlich sind, als eine Einheit zusammen zu fassen suchten; so von Coras (geb. um 1513) [7]), der aber blos das römische Recht berücksichtigte, von Lagus [8]), und besonders von Hopper († 1576) [9]). Mittlerweile erschienen schon seit der zweiten Hälfte des fünfzehnten Jahrhunderts in steigender Zahl Schriften, deren Zweck war, in das Studium des weitläufigen Rechtsmaterials einzuleiten, und die richtige Lehr- und Lernmethode anzugeben. Sie handelten in mannichfaltiger Mischung von dem Begriff und den Eintheilungen der Gerechtigkeit, des Rechts und der Rechtswissenschaft nach scholastischer Weise, von der Auslegung der Gesetze, von der Aufstellung eines richtigen Systems, zuweilen auch etwas von der Quellengeschichte, von

---

3) Das Werk ist nach 1271 geschrieben und sehr oft gedruckt worden. Genauer handelt von ihm Savigny Römisches Recht im Mittelalter V. §. 171—175. Es kann jedoch nur sehr uneigentlich als der Anfang der encyclopädischen Werke betrachtet werden. Friedländer und Andere haben es in dieser Beziehung überschätzt.

4) Petri Gregorii Tolosani Syntagma iuris universi atque legum pene omnium gentium et rerum publicarum praecipuarum, in tres partes digestum. Lugduni 1582. fol. und öfter.

5) Iohan. Althusii JC. Dicaeologiae libri tres, totum et universum ius, quo utimur, methodice complectentes. Francof. 1618. 4.

6) Ulr. Hunnii Encyclopaedia iuris universi. Diese erschien erst nach des Verfassers Tode, unter Anderen zu Cöln 1683.

7) Corasii Iureconsulti de iuris arte libellus. Coloniae 1563.

8) Conradi Lagi methodica utriusque iuris traditio. Lovanii 1562. Friedländer giebt von diesem Buche eine ganz irrige Vorstellung.

9) Ioachimi Hopperi Phrysii Iureconsulti de iuris arte libri tres. Lovanii 1555. 4.

den Hülfswissenschaften der Jurisprudenz, von der juristischen Litteratur und besonders empfehlenswerthen Büchern, von Rathschlägen zur Einrichtung des juristischen Studiums [10]). So blieb es im Wesentlichen bis ins achtzehnte Jahrhundert; nur wurde die Behandlung etwas freier. Um eine wahre juristische Encyclopädie zu schaffen, fehlte hauptsächlich dreierlei: die Kenntniß und Würdigung des deutschen Rechts als des einen Bestandtheiles des geltenden Rechtsstoffes, die Höhe der Uebersicht, die nur die volle rechtshistorische Bildung verleiht, und die Einsicht in das richtige Verhältniß der Philosophie zum positiven Rechte.

61. Ein Fortschritt in dieser Richtung gieng von dem erwachenden historischen Studium des deutschen Rechts aus. Dieser zeigt sich in den Werken von Senckenberg († 1768), der eine klare wohlgeordnete Uebersicht aller Theile der Rechtswissenschaft und der Hülfsmittel zu deren Erlernung herausgab [1]), und von Stephan Pütter († 1807), der mit einer solchen Uebersicht die Geschichte der Quellen und die genaue Angabe der Litteratur verband [2]), und für diese Anleitung zuerst den Namen, Encyclopädie, gebrauchte [3]). Einen Schritt weiter gieng Reitemeier, welcher in seine Encyclopädie eine Geschichte aller in Deutschland geltenden Rechte aufnahm, und das Bedürfniß anerkannte, auch in die Geschichte der Rechtssätze einzugehen [4]). Auch wurde ein Anlauf genommen, das gesammte positive Recht aus dem Standpunkt der neueren Philosophie als eine Einheit zusammen zu fassen [5]). Seit dieser Zeit sind noch sehr viele encyclopädische

10) Viele Werke der Art nennt Friedländer. Sie haben keinen wissenschaftlichen Werth mehr.

1) Methodus iurisprudentiae. Francof. 1756. 4.

2) Entwurf einer juristischen Encyclopädie. Göttingen 1757. — Neuer Versuch einer juristischen Encyclopädie und Methodologie. Göttingen 1767.

3) Der Ausdruck war schon früher, aber in einem andern Sinne, gebraucht worden (§. 59. Note 6).

4) Encyclopädie und Geschichte der Rechte in Deutschland. Göttingen 1785.

5) Hummel Einleitung in das gesammte positive Recht. Gießen 1804. 4 Bde.

Werke erschienen, die aber in dem Standpunkte, wie in der Art der Ausführung sehr von einander abweichen. Einige beschränken sich auf eine sogenannte äußere Encyclopädie nach Art der von Pütter [6]). Andere gehen auch auf den Inhalt der Quellen, auf die Darstellung der Rechtssätze ein, bald mit Berücksichtigung der historischen und philosophischen Seite [7]), bald ohne diese, bloß als ein Abriß des jetzt in Deutschland geltenden Rechts [8]). Noch andere Werke der Art sind vorherrschend philosophisch [9]), oder mit auf die Rechte aller bekannten Völker [10]), oder auf eine vergleichende oder Universalrechtsgeschichte [11]) angelegt.

---

6) Der beste Repräsentant dieser Gattung ist: Falck Juristische Encyclopädie. Leipzig 1821. Fünfte Ausgabe 1850. Man vergleiche darüber oben §. 6. Note 2.

7) Dahin gehören: Hugo Lehrbuch der juristischen Encyclopädie. Berlin 1792. Achte Ausgabe 1835., Abegg Encyclopädie und Methodologie der Rechtswissenschaft im Grundrisse. Königsberg 1823., Friedlieb Juristische Encyclopädie. Kiel 1853. — Zur Beurtheilung sehe man oben §. 58. Note 1. 2.

8) Von dieser Art ist das noch unvollendete Werk von Bluhme Encyclopädie der in Deutschland geltenden Rechte. Bonn 1854.

9) Friedländer Juristische Encyclopädie oder System der Wissenschaft. Heidelberg 1847. — Ein Bruchstück ist geblieben: Welcker die Universal- und die juristisch-politische Encyclopädie und Methodologie. I. Band. Stuttgart 1829.

10) Warnkönig Juristische Encyclopädie oder organische Darstellung der Rechtswissenschaft. Erlangen 1853. Man vergleiche oben §. 6. Note 4.

11) K. Th. Pütter der Inbegriff der Rechtswissenschaft oder Juristische Encyclopädie und Methodologie. Berlin 1846., Ahrens Juristische Encyclopädie. Wien 1855. Man vergleiche dazu oben §. 6. Note 5.

Zweiter Theil.

Das Recht in Deutschland.

Erstes Kapitel.

Geist und Bestandtheile des heutigen Rechts [1].

I. Die europäische Bildung.

62. Der Welttheil, welchen wir nach den Griechen Europa nennen, ist wie dunkle Nachrichten und die Vergleichung der Sprachen lehren, durch Einwanderungen aus Asien, der Wiege des Menschengeschlechts, zu verschiedenen Zeiten und auf verschiedenen Punkten bevölkert worden. Wie viel von diesen Urvölkern und von den unter ihnen statt gehabten Mischungen in die heutige europäische Bildung übergegangen ist, läßt sich nicht nachweisen. Für diese kommen nur drei Nationen in Betracht: die Römer, die Griechen und die Germanen. Die Römer haben, nachdem sie das ganze südliche und westliche Europa sich unterworfen, ihre Sprache und ihr Recht zu den allein herrschenden

---

1) Ein Kapitel dieses Inhalts ist für den encyclopädischen Standpunkt unentbehrlich und der Kern, woran sich die weiteren Einzelnheiten anschließen. Merkwürdig ist jedoch, daß ein solches Kapitel in den Werken über Encyclopädie überall fehlt. Sie eröffnen den speciellen Theil mit den Quellen des römischen Rechts, gleichsam als ob die Encyclopädie für Römer, nicht für Deutsche, geschrieben würde. Eine Ausnahme macht nur einigermaßen Hugo, der sich aber dabei nach seiner Weise, ohne allgemeine Blicke, in Aeußerlichkeiten und Specialitäten verliert.

gemacht, und wirken dadurch, durch den Geist ihrer Litteratur und durch das Beispiel ihrer großen Männer auf die heutige Lebens- und Rechtsanschauung noch fortwährend wesentlich ein. Die Griechen aber haben darauf, nicht durch ihre Staatsverfassungen, was uns zu ferne liegt, wohl aber durch ihre Dichter und Geschichtschreiber, durch die Werke der bildenden Kunst, und vor Allem durch ihre Philosophie, theils mittelbar durch das, was darin die Römer von ihnen entlehnt, theils durch das, was wir unmittelbar aus ihnen geschöpft, einen nach den Zeiten wechselnden Einfluß ausgeübt. Die Germanen endlich haben, nachdem sie ihre Reiche auf den Trümmern des weströmischen Reiches gegründet, die dort vorgefundene Cultur allmählig in sich aufgenommen, und daraus, in Verbindung mit ihren eigenthümlichen großen Anlagen und mit dem erneuerten Studium der Geisteswerke des Alterthums, neue Schöpfungen der Rechts- und Staatsverfassung, der Wissenschaften und Künste hervorgehen lassen.

63. Mit dem Orient hängt aber Europa in besonderer Weise durch das wichtigste Element seiner Bildung, durch das Christenthum, zusammen. Ein unscheinbares Volk, die Israeliten oder Juden, hatte dort in den Geschlechtern seiner Stammfürsten die Tradition über den Ursprung und Abfall des Menschen von Gott, aber auch die Verheißung eines besondern auf ihm ruhenden Segens und eines von ihm ausgehenden großen Ereignisses bewahrt. Hierauf und auf die ihm gewordene Offenbarung gestützt, hatte Moses diesem Volke eine tief durchdachte geistliche und bürgerliche Gesetzgebung auferlegt, die in ihm die Verehrung des einigen Gottes rein erhielt, und daraus immer deutlicher die Sehnsucht nach dem verheißenen Erlöser entwickelte. Diese Sehnsucht wurde durch Jesus Christus erfüllt, nicht aber blos für die Juden, sondern für die ganze Menschheit, so daß aus dem Judenthum eine neue Weltreligion hervorgieng. Durch die Einheit und den inneren Verkehr des römischen Reiches begünstigt, verbreitete sich dieselbe sehr rasch, zunächst innerhalb der Gränzen desselben im Orient, im Abendlande und in Afrika, dann aber auch darüber hinaus. Auch die Germanen nahmen das Christenthum an. Nachdem

dann dasselbe seit dem siebenten Jahrhundert durch die Nachfolger Mahomets im Orient sehr eingeschränkt, in Afrika ganz ausgerottet worden, das oströmische Kaiserthum aber immer mehr dahin siechte, so hatte das Christenthum seine hauptsächliche Kraft in den im Abendlande gegründeten germanischen Reichen, und wurde hier der Geist des öffentlichen Lebens und der Keim der fruchtbarsten Entwicklungen.

64. Durch die Vereinigung dieser Elemente, unterstützt durch die Beschaffenheit des Bodens, durch das Klima und günstige geographische Verhältnisse, ist Europa, besonders die westliche Hälfte desselben, zu der eigenthümlichen Cultur gelangt, die es weit über die anderen Welttheile erhebt. Tiefsinn in der Erforschung der schwierigsten Fragen, Interesse für Alles, was in der Natur und Geschichte ist und war, Begeisterung für Kunst und Wissenschaft, Scharfsinn und Beweglichkeit des Geistes auch in der Richtung auf die Erfindungen und Künste des Lebens, kraftvolle Thätigkeit zu Unternehmungen jeder Art, Alles dieses ist dort in der mannichfaltigsten Abstufung und Mischung zu finden. Seine Schiffe beherrschen die Meere und bringen den entlegensten Völkern seine Sprache, seine Religion und sein Recht. Die Bildung Europas steht so hoch, daß die Wissenschaften und Künste, die Sitten und Gesetze der anderen Welttheile für es Gegenstand der Wißbegierde und gelehrtesten Forschung, nirgends aber der Nachahmung geworden sind [1].

---

1) Johannes Müller sagt darüber in der Einleitung seiner Allgemeinen Geschichte Folgendes: „Uebrigens ist dieser südliche und nördliche Schauplatz arbeitender und bearbeiteter Humanität unter dem gemäßigten Erdgürtel zu suchen, jenseit welchem Kälte oder Hitze die Würksamkeit menschlicher Natur unterjocht. Wo sie starret, wo sie zerfließt, wird Cultur nicht leicht hinkommen, oder schwerlich bestehen und würken. Die meisten europäischen Länder sind glücklich gelegen; am glücklichsten wo nahes Meer die Temperatur noch bessert. Daher haben die Europäer, welche alles von anderen bekommen, alles weiter gebracht; besonders weil auch der Nord bei ihnen weit empfänglicher als der asiatische ist. Hieraus ließe sich vermuthen, daß dieser Welttheil zu Vervollkommnung des Resultats aller Arbeiten der Menschheit, und entweder dazu bestimmt ist, die übrigen zu beherrschen, oder vielmehr sie zu erneuern.“

II. Die Elemente der heutigen Rechtsbildung. A) Das ursprüngliche germanische Element.

65. Alle Völker germanischer Abkunft haben in ihrer Gefühlsweise und in ihren Anlagen etwas Eigenthümliches, welches ihre Sitten und rechtlichen Einrichtungen bestimmte, und darin zum Theil noch fortlebt. Ihre religiösen Vorstellungen waren so tiefsinnig, daß sie die Geheimnisse der Gottheit ohne Bild nur mit dem inneren Auge der Ehrfurcht erfaßt wissen wollten [1]), was um so mehr im Christenthum seine Befriedigung fand. Voll unmittelbarer Empfänglichkeit für das Wahre und Falsche war bei ihnen das Gemüth über den Verstand vorherrschend [2]), wovon auch ihr Recht überall mehr nach der natürlichen Billigkeit als nach der formellen Consequenz ausgebildet ist. Ihre übermäßige Freiheitsliebe und die daraus hervorgehende Unfähigkeit sich unterzuordnen [3]), hat dem Reiche von Seiten der Fürsten immer viel zu schaffen gemacht, und liegt noch den Gebrechen der heutigen Verfassung zum Grunde. Die Strenge und Innigkeit ihrer Ehen [4]) bezeugt die Idee, die noch jetzt den Geist unseres Familienrechts bestimmt, und deren Verwirklichung in den Gesetzen wie im Leben wir anstreben. Da sie das Blut als den Sitz der Seele betrachteten, so hielten sie mit einem eigenthümlichen Naturgefühl an der Verbindung fest,

---

1) Tacit. Germ. 9. Ceterum nec cohibere parietibus Deos, neque in ullam humani oris speciem assimilare, ex magnitudine Coelestium arbitrantur. lucos ac nemora consecrant, Deorumque nominibus appellant secretum illud, quod sola reverentia vident.

2) Tacit. 22. Gens non astuta nec callida aperit adhuc secreta pectoris licentia ioci: ergo detecta et nuda omnium mens.

3) Tacit. 11. Illud ex libertate vitium, quod non simul, nec ut iussu conveniunt. — Hist. V. 25. Sibi non tributa sed virtutem et viros indici, proximum id libertati.

4) Tacit. 18. Severa illic matrimonia; nec ullam morum partem magis laudaveris. —. Ne se mulier extra virtutum cogitationes, extraque bellorum casus putet, ipsis incipientis matrimonii auspiciis admonetur, venire se laborum periculorumque sociam, idem in pace, idem in proelio passuram ausuramque.

welche durch die Gemeinschaft des Blutes geknüpft ist; sie legten in dieselbe einen weit reichenden Kreis von Rechten und Pflichten [5]. Davon sind in dem Erbrecht, in der Unterscheidung der Stamm- und Erbgüter, in den Familieneinrichtungen und der Gefühlsweise des Adels und der regierenden Häuser viele Spuren übrig. Aus derselben Grundansicht entsprang die Auszeichnung der edlen Geschlechter, sowohl derer, die es schon waren, als derer, die Einer durch eigenes Verdienst und selbsterworbene edle Eigenschaften gründete [6]. Dieses ist bis zur Stunde, wiewohl man sich des Grundgedankens nicht mehr bewußt ist, in der Einrichtung des Ahnenadels und Verdienstadels, und in der staatsrechtlich wie privatrechtlich so wichtigen Lehre von der Ebenbürtigkeit sichtbar. Die Treue und Heiligkeit des Wortes, welche an den alten Germanen gerühmt wird [7], zeichnet noch jetzt den Geist des deutschen Vertragsrechtes in der Behandlung der Klagbarkeit der Verträge aus. Insbesondere endlich hat ihre Abneigung gegen das Leben in Städten [8], und die Beschäftigung mit dem im Kleinen und im Großen betriebenen Landbau dem Grundeigenthum eine politische Bedeutung, und den Sitten einen eigenthümlichen Typus eingeprägt, der noch in den landständischen Einrichtungen, in den Rechtsverhältnissen und zähen Rechtsgewohnheiten des Landadels und Bauernstandes, namentlich in deren Erbrecht und ehelichem Güterrechte fortlebt.

B) Einfluß des Christenthums.

66. In dem germanischen Gemüthe ist eine eigenthümliche Tiefe des Glaubens und der Sehnsucht; das Christenthum zog

---

5) Zeugnisse giebt meine Deutsche Rechtsgeschichte §. 17. 442—448.

6) Beides umfaßt Tacit. 13. Insignis nobilitas aut magna patrum merita principis dignationem etiam adolescentis assignant. Man sehe dazu meine Deutsche Rechtsgeschichte §. 10. 410.

7) Tacit. 24. Ea est in re prava pervicacia: ipsi fidem vocant.

8) Tacit. 16. Nullas Germanorum populis urbes habitari, satis notum est.

in dieselbe ein, und erfüllte sie mit seinen Geheimnissen und seinen Wundern. Ganz neue Ansichten und Aussichten wurden dadurch eröffnet. Der Gedanke eines einigen Gottes und gemeinschaftlichen Vaters aller Menschen und Völker, die Lehre von der Weltschöpfung und Erlösung, die Einsicht in den Zusammenhang der irdischen Welt mit dem Reiche Gottes, wurden auch für das Recht und die gesellschaftliche Verfassung die Quelle der fruchtbarsten Wahrheiten [1]). Die Wohlfahrt und Erhaltung des Reiches wurden an Tugend und Gottesfurcht geknüpft [2]). Das Königthum erhielt seine besondere Kraft und Weihe, aber auch seine über diese Welt hinaus reichende Verantwortlichkeit [3]). Der bürgerliche Gehorsam wurde, was eine für alle Zeiten gül=

1) Sehr tiefsinnig sagt Johannes Müller in der Schweizergeschichte I. 7. von den alten Germanen: „Sie fühlten, daß nichts größer noch freyer macht, „als Menschenliebe und unendliche Hoffnung.“

2) Caroli Magni Capit. ecclesiast. 789. prolog. Considerans — abundantem in nos nostrumque populum Christi Regis clementiam, et quam necessarium est, non solum toto corde et ore eius pietati agere gratias incessanter, sed etiam continua bonorum operum exercitatione eius insistere laudibus, quatenus qui nostro regno tantos contulit honores, sua protectione nos nostrumque regnum in aeternum conservare dignetur.

3) Sehr schön sind diese Gedanken ausgeführt vom Erzbischof Hinkmar von Rheims († 882) in dessen Buche: De regis persona et regio ministerio. Er schreibt darin cap. 2. Iustitia vero Regis est, neminem iniuste per potentiam opprimere, sine personarum acceptione inter virum et proximum suum iuste iudicare, advenis et pupillis et viduis defensorem esse, furta cohibere, adulteria punire, iniquos non exaltare, impudicos et histriones non nutrire, impios de terra perdere, parricidas et periurantes vivere non sinere, Ecclesias defendere, pauperes eleemosynis alere, iustos super regni negotia constituere, senes et sapientes et sobrios Consiliarios habere, — iracundiam differre, patriam fortiter et iuste contra adversarios defendere, per omnia in Deo confidere, prosperitatibus animum non elevare, cuncta adversaria patienter tolerare, fidem catholicam in Deum habere, filios suos non sinere impie agere, certis horis orationibus insistere, ante horas congruas cibum non gustare. — Attamen sciat Rex, quod sicut in throno hominum primus constitutus est, sic et in poenis, si iustitiam non fecerit, primatum habiturus est. Omnes namque, quoscumque peccatores sub re in praesenti habuit, supra se modo implacabili in illa poena futura habebit.

tige Wahrheit bleibt, vor Allem auf die Ehrfurcht vor der Religion gegründet[4]). Dem Eherecht gab das Christenthum in der Lehre von der Heiligkeit des Ehebandes die Richtung, die es noch hat oder haben soll. Aus der Lehre von der Gleichheit aller Menschen vor Gott, von der Liebe des Nächsten, von der Einheit des Menschengeschlechts erhob sich das Gefühl der ächten Humanität, welche die Milderung und Aufhebung der Leibeigenschaft herbeiführte[5]), und die Ausbildung des Völkerrechts vorbereitete. In der Procedur half das Christenthum den Unsinn der Gottesurtheile durch die Mittel verdrängen, welche Gott in die menschliche Vernunft zur Erforschung der Wahrheit gelegt hat[6]). Der Eid, dieses unentbehrliche Auskunftmittel und Band der Gesellschaft, wurde aus seiner heidnischen Entartung auf die wahre Grundlage zurück geführt[7]). Das äußerst un-

---

4) Zeugnisse giebt meine Deutsche Rechtsgeschichte §. 85.

5) Sehr deutlich zeigt dieses Jonas episc. Aurel. († 844) de instit. laic. II. 22. His et caeterorum divinorum eloquiorum sententiis potentes et divites edocti, agnoscant et servos et pauperes sibi natura aequales. Si igitur servi dominis natura aequales sunt, utique quia sunt, non se putent impune domini laturos, dum turbida indignatione et concitanti animi furore adversus errata servorum inflammati, circa eos aut in saevissimis verberibus caedendo, aut in membrorum amputatione debilitando, nimii existunt, quonam unum Deum habent in coelis. Eos vero, quos in hoc saeculo infirmos abiectosque cultu, et cute, et opibus se impares conspiciunt, natura pares et aequales sibi esse prorsus agnoscant.

6) So verordnete unter Anderen der Papst Stephan V. († 891) bei Gratian im c. 20. c. II. q. 5. Nam ferri candentis vel aquae ferventis examinatione confessionem extorqueri a quolibet sacri non censent canones, et quod sanctorum Patrum documento sancitum non est, superstitiosa adinventione non est praesumendum. Spontanea enim confessione vel testium approbatione publicata delicta, habito prae oculis Dei timore, commissa sunt regimini nostro iudicare.

7) Caroli Magni Capit. ecclesiast. 789. c. 63. Ideo omnino ammonendi sunt omnes diligenter, ut caveant periurium, non solum in evangelio, vel in altare, seu in sanctorum reliquiis, sed et in communi loquella; quia sunt aliqui, qui per caritatem et veritatem iurant, et caveant se a iuramento nominis Dei, et nesciunt, quia idem Deus quod est caritas et veritas. — Ideo qui in veritate et caritate iurat, in Deo iurat. — Sed et nobis honestum videtur, ut qui in sanctis habeat iurare, hoc ieiunus fa-

vollkommene germanische Strafrecht erhielt eine ganz neue Begründung durch die Beziehung zur sittlichen Weltordnung als Vertretung der göttlichen Gerechtigkeit, was noch jetzt die würdigste und tiefsinnigste Rechtfertigung der irdischen Strafgewalt ist [8]. Das Unterrichtswesen und die Armenpflege wurden zur öffentlichen Institution erhoben. Alles was das Heidenthum Wahres und Ausgezeichnetes hinterlassen hatte, fand auf dem Boden des Christenthums, nur geläutert und gehoben, seine Stelle. Durch dessen Alles durchdringenden Geist und Einfluß ist unsere heutige Bildung das geworden, was sie ist.

C) Das Lehnwesen und die Ministerialität.

67. Für die Entwicklung des öffentlichen und Privatrechts wurde auch das Lehnwesen sehr wichtig. Das Wesentliche desselben bestand nach seiner im zwölften Jahrhundert vollendeten Ausbildung in einem durch freien Vertrag geknüpften und durch einen Eid bekräftigten Bande, kraft dessen der Vasall dem Herrn zur Huld und Treue, zur Ehrerbietung, zur Folge bei einer angesagten Heerfahrt, zu Ehrendiensten und anderen Pflichten bei Hofe, und zur Unterwerfung unter dessen Gerichtsbarkeit in Lehnssachen verpflichtet, dafür aber auch dessen Beistandes als eines treuen gütigen Herrn versichert, und des mit dem Dienst auch auf die Nachkommen übergehenden Genusses eines Lehngutes theilhaftig war [1]. Die Keime dieser Einrichtung liegen schon in der uralten Sitte des Comitates oder der Gefolgschaften [2].

---

ciat, cum omni honestate et timore Dei. — Et sciat se rationem redditurum Deo uniuscuiusque iuramenti, ubicumque sit, sive intra aecclesiam, sive extra aecclesiam. Et ut parvuli, qui sine rationabili aetate sunt, non cogantur iurare, sicut Guntbodingi faciunt.

8) Hincmar. Remens. de regis persona et regio ministerio c. 26. Meminerant enim (maiores) a Deo potestates has fuisse concessas, et propter vindictam noxiorum gladium fuisse permissum, et Dei ministrum esse datum in huiusmodi vindicem.

1) Die Beweisstellen findet man in meiner Deutschen Rechtsgeschichte §. 561.

2) Tacit. 13. 14. Man sehe meine Deutsche Rechtsgeschichte §. 22.

Ihre spätere Gestalt erhielt sie in den letzten Zeiten der Merovinger, wo die geistlichen und weltlichen Großen des Reiches zu ihrem Schutze und zur Erhöhung ihrer Macht zahlreiche Vasallen gegen die Verleihung von Beneficien in Dienst nahmen [3]). Ihre staatsrechtliche Bedeutung und Anerkennung bekam sie aber dadurch, daß nun auch die Könige aus eigenem Interesse diese Form des Kriegsdienstes neben dem schwer beweglichen Heerbann begünstigten, und den Dienst unter einem Senior als Aequivalent des Heerbanndienstes behandelten und organisirten [4]). Vollendet wurde die Lehnsverfassung, als seit dem elften Jahrhundert die Beneficien durch Gesetze und Gewohnheit erblich wurden [5]). Die Befriedigung der kriegerischen Neigung in einer gesicherten und geehrten Stellung, die Erhöhung an Glanz und Macht für den Herrn, der in jenen Zeiten überaus wichtige Vortheil eines kräftigen Schutzes für den Vasallen, der für das germanische Gemüth mächtige Reiz einer auf Tapferkeit und Treue gegründeten Genossenschaft, diese Vereinigung der mannichfaltigsten Interessen verschaffte diesem Verhältnisse eine große Ausdehnung und Zuwachs. Selbst freie Grundeigenthümer traten in dasselbe ein, indem sie ihr Eigenthum einem Herrn hingaben, um es aus seiner Hand als Lehn zurückzuempfangen [6]).

68. Die Wirkungen dieser Einrichtung für den Geist und die Verfassung jener Zeit reichten sehr weit. Mit der Erblichkeit der Lehen wurde die Lehnsmannschaft zu einem erblichen Kriegerstande, der nun auch, da das übrige Volk sich dem Kriegsdienste möglichst entzog, sich allein bei den höheren Freiheits- und Ehrenrechten behauptete, welche nach der alten Verfassung mit dem Waffenrecht verbunden waren. So erwuchs aus ihr der Ritterstand als ein erblicher Kriegsadel, und in ihm eine eigenthümliche Mischung der Vorzüge, welche der Geist der Ta-

---

3) Die Zeugnisse giebt meine Deutsche Rechtsgeschichte §. 70—75.

4) Man sehe meine Deutsche Rechtsgeschichte §. 126—128.

5) Deutsche Rechtsgeschichte §. 198.

6) Dieses nannte man ein feudum oblatum. Ein Beispiel giebt meine Deutsche Rechtsgeschichte §. 198. Note 11.

pferkeit und Hingebung für den Adel der Gesinnung erzeugt, aber auch der Nachtheile, welche die kriegerische Beschäftigung, die Einförmigkeit des Landlebens und die an die Erblichkeit eines Berufes sich knüpfenden traditionellen Ansichten und Gewohnheiten allzu leicht mit sich führen. Die Vorstellungen der Zeit waren aber so von diesem Verhältnisse erfüllt, daß, als der Kaiser die zu mächtigen Herzoge und Grafen nicht mehr in der Abhängigkeit als Reichsbeamte zu erhalten vermochte, selbst die Reichsämter in die mehr selbstständige Form von Reichslehen umgewandelt, und die Reichsstände sowohl im Verhältniß zum Kaiser als unter sich in Lehnsverbindungen gebracht wurden [1]. Die Erweiterung des Verhältnisses wurde insbesondere durch die Möglichkeit der Weiterbelehnungen gefördert, wodurch man Vasall seines Herrn blieb, und selbst Herr des weiter Belehnten wurde. So wurde das Lehnwesen zu einer reich gegliederten Ordnung, die, vom Könige bis zur dritten und ferneren Hand niedersteigend, den edleren Theil der Nation an den Banden der Ehre und Treue in sich vereinigte und dadurch eine der Hauptstützen der damaligen Gesellschaft bildete. Die feinen Rechtsfragen, die dasselbe nach vielen Seiten hin anregte, gaben auch die Veranlassung, daß das Lehnrecht zum Gegenstande wissenschaftlicher Abhandlungen gemacht, in ein System gebracht, und dem Landrecht wie die zweite Hälfte des weltlichen Rechts an die Seite gestellt wurde. Seit dem sechzehnten Jahrhundert kam aber mit dem veränderten Kriegswesen der Ritterdienst ab; der Geist, der die Lehnsverbindung geschaffen und belebt hatte, verschwand und hinterließ nur inhaltlose Formen. Eine praktische Bedeutung behielt das Lehnrecht nur noch im Gebiete des Privatrechts durch die Fortdauer der Lehngüter, im öffentlichen Rechte bei der Lehre von der Erbfolge in die Territorien.

69. Dem Lehnwesen verwandt war das Verhältniß der Ministerialen oder Dienstleute. Diese waren im Mittelalter eine Klasse von Personen, welche durch ihre Geburt wie Unfreie dem

1) Näheres über diese Umwandlung giebt meine Deutsche Rechtsgeschichte §. 238—241.

Kaiser oder einem fürstlichen Herrn so angehörten, daß sie ihm zu Kriegs- und Hofdiensten verpflichtet waren, dafür aber die Verpflegung bei Hofe und mancherlei Emolumente, häufig selbst Beneficien nach Art der Vasallen, erhielten. Ihrem Ursprung nach waren sie unfreie Leute, die sich der Herr aus seinen gewöhnlichen Unfreien als seine berittene Dienerschaft und stehende Umgebung heranzog, und die in ihren privatrechtlichen Verhältnissen alle Wirkungen der Unfreiheit an sich trugen. Durch die Gewöhnung an die feineren Hofsitten, durch die nahe Stellung zum Fürsten und den dadurch gegebenen Einfluß auf die Landesangelegenheiten erwuchs aber daraus ein Stand der Ehre, in welchem sich, da er erblich und mit den Interessen des fürstlichen Hauses enge verbunden war, ein eigenthümlicher Geist der Treue und Ergebenheit fortpflanzte. Besonders geehrt waren die oberen Hofämter des Marschalls, Kämmerers, Mundschenks und Truchseß, und wurden später insgemein von Freien bekleidet. Die der Ministerialität anklebenden Wirkungen der Unfreiheit wurden nun allmählig verwischt; der Unterschied zwischen Dienstmannen und Vasallen, zwischen Beneficien nach Hofrecht und Lehngütern verschwand. Endlich verlor sich das Dienstwesen im sechzehnten Jahrhundert auch dem Namen nach, nachdem es Jahrhunderte lang für die Veredlung der Unfreiheit, für Bildung und Sitte, für die Gründung eines würdigen und innigen Unterthanenverhältnisses, und für die Entwicklung einer geordneten Landesverwaltung und Landesverfassung wohlthätig gewirkt hatte [1]. Noch jetzt sind in einzelnen Namen und Formen Spuren davon sichtbar.

D) Die Städte und die Bildung des Bürgerstandes.

70. Mittlerweile entwickelte sich in den Städten und dem Bürgerstande aus unscheinbaren Anfängen ein Element, welches durch die Macht neuer Interessen und einer neuen Gefühlsweise

---

1) Mehr über dieses inhaltreiche Verhältniß ist aus Urkunden zusammengestellt in meiner Deutschen Rechtsgeschichte §. 202—211.

allmählig einen großen Theil der alten gesellschaftlichen Ordnung umwandelte, und vorherrschend die Rechtsanschauung der Neuzeit bestimmt [1]). Dem Ursprung nach sind die Städte theils solche, die schon unter den Römern vorhanden waren, theils solche, die durch allmählige Ansiedlung oder durch absichtliche Gründung entstanden. Lange Zeit in enger Abhängigkeit vom Könige oder dem Territorialherrn, erlangten sie seit dem zwölften Jahrhundert in raschem Fortschritt große Freiheiten und Selbstregierung. Seit dieser Zeit verwischten sich auch allmählig die Gegensätze, welche dort zwischen den freien Grundeigenthümern und den übrigen freien und unfreien Einwohnern, Kaufleuten, Krämern und Handwerkern bestanden. Auf dieser gemeinschaftlichen Grundlage wurden die städtische Verfassung, die Einrichtungen der Gewerbe und was sonst mit den städtischen Interessen zusammenhieng, mit großer Kraft und Freiheit ausgebildet. Die Richtung auf Erwerb und Reichthum trat an die Stelle der alten frugalen Gesinnung, die sich mit der Erhaltung des angestammten Vermögens begnügte. Die Thatkraft, welche früher in der Aufopferung und Hingebung für Andere ihre Befriedigung gefunden, wandte sich hier den eigenen Interessen zu. Die Entfesselung der Persönlichkeit, der Wechsel der Lebensverhältnisse, das Gefühl auf sich selbst angewiesen zu sein, zerriß den Zusammenhang der Familien und verwischte die Bedeutung des Familienschutzes. Der Verkehr suchte freie Bewegung und ein dem entsprechendes System der Eigenthumsverhältnisse. Durch den Handel und Geldreichthum bildete sich eine neue Zusammensetzung der Vermögen, wozu die herkömmlichen, blos auf die ländlichen Zustände berechneten Formen der ehelichen Güterrechte und des Erbrechts nicht mehr paßten. Auch auf das öffentliche Recht wirkte das Städtewesen ein. Die Betheiligung an der städtischen Verwaltung und dem städtischen Haushalt eröffnete einen freieren Blick und beförderte die politische Bildung. Der

---

1) Von der Entwicklung der Städte handelt meine Deutsche Rechtsgeschichte §. 212—224.

Reichthum der Städte machte die Zuziehung von Abgeordneten derselben zu den Landtagen zur Bewilligung von Steuern nothwendig, woraus sich die große Bedeutung des dritten Standes und die Idee der politischen Vertretung entwickelte. Die steigenden städtischen Bedürfnisse und gemeinnützigen Unternehmungen führten zur Erfindung neuer Steuern und zur Ausbildung des Steuerwesens. Das nahe Zusammenwohnen verfeinerte die Sitten und lehrte den germanischen Freiheitsgeist sich den Maaßregeln der gemeinen Wohlfahrt und Sicherheit, welche dadurch nothwendig wurden, unterordnen. Insbesondere aber wurde hier das Bedürfniß eines Proceßverfahrens empfunden, welches, frei von dem barbarischen Gebrauche des gerichtlichen Zweikampfes und anderer Gottesurtheile [2]), nach den Regeln des gesunden Verstandes den Personen und dem Eigenthum Schutz gewährte.

E) Das römische Recht.

71. Der Umschwung der Denkart und Sitten, der persönlichen und Vermögensverhältnisse, welche von den Städten ausgieng, mußte mit der Ausbildung eines neuen bürgerlichen Rechts endigen. Daß die Deutschen fähig gewesen wären, sich ein solches aus eigener Kraft zu schaffen, zeigen die Ausbildung des Lehnrechts und die Anfänge, die sich in den Stadtrechten finden. Der Weg wurde jedoch dadurch abgekürzt, daß man um jene Zeit genauer mit dem römischen Recht bekannt wurde, in welchem man größtentheils dasjenige ausgebildet vorfand, dessen man bedurfte. Es begann nun der Verschmelzungsproceß, der den Charakter unseres Rechts noch jetzt bestimmt.

72. Rom, ursprünglich eine Stadt mit einem kleinen Gebiete, hatte durch Klugheit und durch die Kraft seiner Sitten zuerst die umliegenden Völkerschaften, dann das übrige Italien, endlich einen großen Theil der damals bekannten Erde sich unterworfen und so ein großes Weltreich gegründet. Sein Recht, anfangs voll nationaler Eigenthümlichkeiten, die nur zur Weise

---

2) Die Städte erhielten Privilegien gegen den gerichtlichen Zweikampf. Man sehe meine Deutsche Rechtsgeschichte §. 626. Note 21. 22.

und Denkart der Römer und zu den Verhältnissen eines kleinen Bürgerstaates paßten, hatte in Berücksichtigung der Rechtsbedürfnisse der vielerlei Nationen, die zu seinen Unterthanen gehörten, sich immer mehr dem allgemein Menschlichen genähert und dieses in sich aufgenommen. Unterstützt wurde diese Entwicklung durch die Rechtswissenschaft, welche sich seit Augustus zu einer großen Blüthe erhob, und welche den überlieferten Rechtsstoff in Verbindung mit den aus dem natürlichen Verstande und dem Billigkeitsgefühl fließenden Regeln zu einem wohl zusammenhängenden Ganzen auszubilden verstand [1]. Auch die zahlreichen kaiserlichen Constitutionen wirkten in dieser Richtung, indem sie überall die humanen allgemeineren Ansichten ihrer Zeit in das Recht hineintrugen [2]. Endlich wurde diese Entwicklung des römischen Rechts durch Justinian theils formell theils materiell zu einem Abschluß gebracht. Formell dadurch, daß er die kaiserlichen Constitutionen in eine verbesserte Sammlung brachte, und aus den zahlreichen Schriften der Juristen in den Pandecten einen dem Rechtszustande seiner Zeit entsprechenden großen Auszug verfertigen ließ. Materiell dadurch, daß er mit glücklicher Hand mehrere durchgreifende Abänderungen vornahm, wodurch fast alle Ueberreste und Unterscheidungen des eigenthümlich Quiritischen und allgemein Menschlichen verwischt wurden. So waren seine Sammlungen der wahre Ausdruck ihrer Zeit geworden.

73. Vergleicht man den Geist und Inhalt derselben mit dem, was man im Mittelalter bedurfte und suchte, so traf Beides vielfach zusammen. Das römische Eigenthumsrecht war von jeher auf den Grundsatz freier Verfügung gebaut, und die Zustände von abhängigem oder getheiltem Eigenthum waren seinem Geiste eben so sehr als dem Interesse des städtischen Verkehrs entgegen. Von einer besondern Berücksichtigung des unbewegli-

---

1) Man vergleiche §. 21. Note 2. §. 22. Note 1. 3. 4. §. 39.

2) Den Beweis geben die Constitutionen, besonders die Rescripte. Zuweilen beruft sich der Kaiser darin zur Motivirung seiner Entscheidung ausdrücklich auf die mansuetudo temporis oder die ratio saeculi sui.

chen Vermögens und dessen Erhaltung war in ihm nicht die Rede. Die Ordnung der Erbfolge war den Verhältnissen des Bürgerstandes durch die gleichen Theilungen und die dadurch geförderte Beweglichkeit der Vermögenscirculation angemessen. In der Lehre von den Verträgen fand man für alle dahin einschlagenden Fragen eine reiche Auskunft. Für das gerichtliche Verfahren, namentlich für die Theorie des Beweises, erhielt man eine auf festen rationellen Grundsätzen beruhende Anleitung. Nicht minder als der Inhalt zog die wissenschaftliche Form an. Man wurde von dem Reichthum eines Stoffes gefesselt, der eben so sehr die Anregung zum scharfsinnigen Denken als den Nutzen für das praktische Leben in sich trug. Selbst die in den Justinianischen Sammlungen erhaltenen Namen der alten Juristen und Kaiser halfen die Ehrfurcht vor ihren Aussprüchen vermehren. Freilich hatte dieses Alles auch den Nachtheil, daß man sich von dem Buchstaben des römischen Rechts zu sehr beherrschen ließ, und daß man dasselbe oft auf deutsche Rechtsinstitute anwandte, worauf es nicht paßt. Allein dieses compensirt sich wieder durch die Anregung des Scharfsinnes, der erforderlich war, um den doppelten Rechtsstoff mit einander zu verarbeiten und in das gehörige Verhältniß zu setzen [1].

F) Der heutige Rechtszustand.

74. Die heutige Rechtsbildung ist nun aus allen diesen Elementen gemischt. Die allgemeinen Lehren, Begriffsbestimmungen, Eintheilungen und Abstractionen, die ihrer Natur nach ein Product der Wissenschaft, nicht der Gesetzgebung, sind, die Methode der Construction, Zerlegung und Entfaltung der Rechtsbegriffe, alles dieses ist römisch, und dadurch beherrscht das römische Recht unser juristisches Denken mehr als man sich dessen bewußt ist. Daneben übt jedoch das deutsche Billigkeitsgefühl, und in den Theilen, die das Sittliche berühren, die christliche Bildung ihren Einfluß aus. Fast ganz römisch ist die Theorie

1) Als Beispiele können die Lehre von der Emancipation durch separirte Oeconomie und die von den Erbverträgen angeführt werden.

des Eigenthums und was damit zusammenhängt, und der gewöhnlichen Verträge, und darin ist das römische Recht in der That das gemeine Recht von Europa geworden. Germanisch ist noch der Grundtypus unseres Familienrechtes, dann das Adels- und Bauernrecht. Aus beiden Elementen in feiner Weise gemischt ist das heutige Erbrecht. Ein reiches Material von eigenthümlichen, dem römischen Rechte unbekannten Geschäften hat der moderne Verkehr hervorgebracht, das von unseren Händen seine wissenschaftliche Verarbeitung erwartet, und dadurch die schöpferische Kraft einer deutschen Jurisprudenz in Thätigkeit erhält. Dagegen ist das Lehnrecht seinem Absterben nahe. Das Proceßrecht ist aus canonischem und römischem Recht und aus den Erzeugnissen neuerer Gesetzgebung und Rechtswissenschaft gemischt. Aehnlich verhält es sich mit dem Strafrecht. Das Staatsrecht folgt seinen eigenthümlichen Gesetzen. Es gehört nun zur Aufgabe der Encyclopädie, allen diesen Theilen auch in dem Gang ihrer Mischung zu folgen.

III. Eintheilung des Rechts in Deutschland.

75. Das Recht, welches innerhalb eines Staates gilt, zerfällt in zwei Haupttheile: Privatrecht und öffentliches Recht. Diese Abstraction ist zunächst aus dem römischen Recht entlehnt [1], muß aber nach der jetzigen wissenschaftlichen Ansicht vom Wesen des Staates ausgelegt werden. Im Mittelalter hatte man nur die Eintheilung in Landrecht und Lehnrecht, welche auf einem ganz anderen Gesichtspunkt beruhte, wenn auch Vieles vom öffentlichen Recht in das Lehnrecht fiel. Das Privatrecht ist der Inbegriff der Rechtsverhältnisse, welche den einzelnen Menschen umgeben und vorherrschend durch seinen Willen bestimmt werden. Das öffentliche Recht hat den Staat als Ganzes und die

---

1) Ulpianus in fr. 1. §. 2. D. de iustitia et iure (1. 1). Huius studii duae sunt positiones: publicum et privatum. Publicum ius est, quod ad statum rei Romanae spectat; privatum, quod ad singulorum utilitatem. sunt enim quaedam publice utilia, quaedam privatim. Publicum ius in sacris, in sacerdotibus, in magistratibus consistit.

Staatsanstalten zum Gegenstande. Doch besteht zwischen beiden Gebieten keine unbedingte Trennung, indem im Privatrechte Manches vorkommen kann, was aus höheren allgemeinen Rücksichten angeordnet ist und daher durch den Privatwillen nicht geändert werden darf [2]), und umgekehrt im öffentlichen Recht Vieles lediglich um der Rechte und Interessen der Einzelnen willen da ist.

76. Betrachtet man das Gebiet des öffentlichen Rechts, so ist das Erste beim Staate sein Organismus, der Inbegriff der Personen und Einrichtungen, wodurch die Staatsgewalt gehandhabt und das Ganze regiert wird. Dieses heißt das Staatsrecht. Als die nächste Aufgabe tritt ferner hervor die Handhabung der Gerechtigkeit, um die Einzelnen bei ihren Rechten zu schützen und die unter ihnen entstehenden Streitigkeiten zu entscheiden. Dazu bedarf es geordneter Gerichte mit einem geordneten Verfahren. Dieses bildet das Justiz- oder Proceßrecht. Insofern dasselbe wesentlich die Sicherung der Privatrechte betrifft, und dadurch auch die Rechte selbst modificirt werden können, gränzt es nahe an das Privatrecht. Das Proceßrecht genügt aber zur Aufrechthaltung der Idee der Gerechtigkeit nicht. Es giebt widerrechtliche Handlungen, die mehr als Verweigerung privatrechtlicher Ansprüche sind, und die aus einem höhern Gesichtspunkt geahndet werden müssen. Dieses umfaßt das Strafrecht mit dem Strafproceß. Der Zweck eines gebildeten Staates beschränkt sich aber auf die Handhabung der Gerechtigkeit nicht, sondern er muß auch eine höhere Bestimmung anerkennen. Er muß auch auf das leibliche und geistige Wohl, auf die Erziehung und Veredlung der Unterthanen hinwirken. Diese ausgebreitete Sphäre der öffentlichen Thätigkeit nennt man die Polizei. Eine Grundbedingung der Existenz eines Staates ist aber der Besitz einer disciplinirten Macht, um nach Außen die Selbstständigkeit des Staates aufrecht zu halten, nach Innen Unordnung und Widersetzlichkeiten zu unterdrücken. Darauf bezieht sich das Militairwesen. Zu allen diesen Einrichtungen und Anstalten bedarf

2) Papinianus in fr. 38. D. de pactis (2. 14). Ius Publicum privatorum pactis mutari non potest.

endlich die Staatsgewalt eines geordneten Systems von materiellen Mitteln und einer angemessenen Verwaltung derselben. Dieses heißt das Finanzwesen. Das öffentliche Recht enthält daher sechs Theile: Staatsrecht, Proceßrecht, Strafrecht, Polizeirecht, Militairrecht und Finanzrecht. Die drei Letzteren werden jedoch nicht zur Rechtswissenschaft, sondern zur Staatswissenschaft gezogen, so daß für unsere Darstellung nur die drei Ersteren übrig bleiben.

Zweites Kapitel.

Das Privatrecht.

I. Geschichte der Quellen des heutigen Privatrechts. A) Rechtszustand bei den alten Germanen.

77. Ueber den Zustand des Rechts bei den Germanen vor der Völkerwanderung läßt sich in Ermanglung von Nachrichten nur nach dem Eindrucke der späteren Zeit urtheilen. Die Macht des Herkommens war sehr groß [1]), und hat den Entwicklungsgang des deutschen Rechts wesentlich bestimmt und beherrscht. Das Herkommen wurde durch Sitte und Uebung fortgepflanzt, und vor Gericht durch die Männer aus dem Volke, die das Recht mit finden halfen, bezeugt [2]). Bei den Malstätten, in dem Gedächtniß der dort versammelten freien Männer, war also das Recht aufbewahrt, und wurde in zweifelhaften Fällen durch ein daselbst erhobenes Weisthum ausgelegt. In diesen Weisthümern

---

1) Tacit. 19. Plusque ibi boni mores valent, quam alibi bonae leges.

2) Tacit. 12. Eliguntur in iisdem conciliis et principes, qui iura per pagos vicosque reddunt. Centeni singulis ex plebe comites, consilium simul et authoritas, adsunt.

lag das hauptsächliche Mittel der Feststellung und Ausbildung des Rechts, und aus ihnen giengen auch die ersten schriftlichen Aufzeichnungen desselben hervor [3]). Etwas Künstliches war die Festsetzung der Vermögensbußen, welche nach der Art der Vergehen genau bestimmt waren [4]). Wie diese verzeichnet waren, oder durch welche Mittel sie im Gedächtniß bewahrt wurden, läßt sich nicht sagen.

B) Das römische Recht zur Zeit der Völkerwanderung.

78. Seit dem dritten Jahrhundert wurden die Germanen mit den Römern näher bekannt, und nachdem sie theils in Kriegen theils in Bündnissen und anderen staatsrechtlichen Berührungen die Schwäche des römischen Reiches erprobt hatten, gründeten sie im fünften Jahrhundert auf den Trümmern desselben selbstständige Reiche. Während dieser langen Zeit wurden sie mit den römischen Staatseinrichtungen, der römischen Sprache und Bildung so bekannt, daß die Gründung jener Reiche nicht gewaltsam geschah, sondern daß ein mehrfacher Zusammenhang, namentlich mit dem römischen Rechte blieb [1]). Es ist daher nothwendig, dessen damalige Beschaffenheit zu betrachten.

79. Das älteste römische Recht, aus Gewohnheitsrecht, Gesetzen der Könige und priesterlichen Satzungen gemischt, war

3) Dieses zeigt deutlich der Hergang bei der Abfassung der lex Salica. Der Prolog derselben, nach der Ausgabe des Herold, sagt darüber Folgendes. Dictaverunt Salicam legem proceres ipsius gentis, qui tunc temporis apud eandem erant rectores. Sunt autem electi de pluribus viri quatuor, his nominibus Wisogast, Bodogast, Salogast, et Windogast, in locis quibus nomen Salagheve, Bodogheve, et Vuindogheve. Qui per tres Mallos convenientes omnes causarum origines sollicite discurrendo, tractantes de singulis, iuditium decreverunt hoc modo.

4) Tacit. 12. Levioribus delictis, pro modo poenarum, equorum pecorumque numero convicti mulctantur. — 21. Luitur enim etiam homicidium certo armentorum ac pecorum numero. — Die alten leges zeigen, bis zu welchem Grade die Genauigkeit dieser Bestimmungen gieng.

1) Dieser Zusammenhang ist gründlich nachgewiesen in Savigny Geschichte des römischen Rechts im Mittelalter. Heidelberg 1834. Band I. und II.

durch die staatsrechtliche Bedeutung der Plebejer einer Umbildung und Erweiterung bedürftig geworden. Diese erhielt es im Jahr 303 der Stadt durch die große Gesetzgebung der zwölf Tafeln, welche den Geist und die Richtung des römischen Rechts bis in die spätesten Zeiten bestimmt hat. An sie schlossen sich die Gesetze und Plebiscite an, deren jedoch für das Privatrecht nicht viele erschienen. Das förmliche Wesen, welches die Gesetzgebung und die daran sich buchstäblich haltende Praxis beherrschte, fand jedoch in einer anderen Einrichtung ihr Gegengewicht. Die Prätoren benutzten die in der Amtsgewalt der römischen Magistrate begründete Befugniß zu edicirern dazu, daß sie durch ein Edict beim Antritt ihres Amtes bekannt machten, nach welchen Grundsätzen sie gewisse Rechtsverhältnisse behandeln würden. Dabei verfuhren sie aber nirgends willkührlich, sondern stets mit genauer Rücksicht auf die gangbaren Ansichten und Anforderungen ihrer Zeit und auf das danach schon in der Bildung begriffene Gewohnheitsrecht. Die Nachfolger behielten das, was sich davon erprobt hatte, bei, und so wurden die Edicte das lebendige, mit den Rechtsbedürfnissen der Zeit fortschreitende Organ zur Auslegung, Ergänzung und Milderung des bürgerlichen Rechts [1]). Salvius Julianus unter Hadrian machte durch die Redaction, die er mit dem Edicte vornahm, dasselbe gewissermaßen zu einem geschlossenen Texte, woran sich nun die Juristen mit ihren Commentarien hielten. Eine wichtige Vermehrung zur Ausbildung des neueren Rechts erhielten dann die Rechtsquellen unter den Kaisern durch Senatusconsulte, die darin gewissermaßen an die Stelle der Gesetze traten, dann durch die zahlreichen kaiserlichen Constitutionen, theils Rescripte oder Entscheidungen auf ergangene Anfragen, theils Edicte oder Verordnungen allgemeiner Art.

80. Neben diesen Rechtsquellen hatte schon seit den Zeiten

---

1) Fr. 7. §. 1. D. de iustitia et iure (1. 1). Ius praetorium est, quod Praetores introduxerunt, adiuvandi, vel supplendi, vel corrigendi Iuris Civilis gratia, propter utilitatem publicam: quod et honorarium dicitur, ad honorem Praetorum sic nominatum. — Fr. 8. ibid. Nam et ipsum ius honorarium viva vox est Iuris Civilis.

Ciceros eine juristische Litteratur begonnen, und war unter den Kaisern zu einer großen Blüthe gelangt. Es wurden kleinere und größere Rechtssysteme geschrieben, die Quellen, namentlich das Gesetz der zwölf Tafeln, andere wichtige Gesetze und Senatusconsulte, besonders aber das prätorische Edict weitläufig commentirt, Monographieen verfaßt, die Gutachten und Entscheidungen wichtiger Rechtsfälle gesammelt [1]). Die Jurisprudenz fieng daher auch an, ihre rechtserzeugende Kraft auszuüben und selbst zur Rechtsquelle zu werden [2]). Sie beherrschte selbst die anderen Rechtsquellen in so fern, als man diese nicht mehr unmittelbar, sondern aus den Commentarien der Juristen kennen lernte und deren Auslegung folgte. Diese Autorität der Jurisprudenz erhielt sogar eine öffentliche Anerkennung dadurch, daß das Recht, juristische Gutachten zu ertheilen, vom Kaiser nachgesucht wurde, und die vom Princeps bestallten Juristen allein als diejenigen galten, deren Sentenzen und Meinungen zur Begründung einer Rechtsansicht angeführt werden konnten. Ergab sich aus diesen Anführungen eine völlige Uebereinstimmung, so sollte der Richter daran wie an ein Gesetz gebunden sein, im entgegengesetzten Falle aber nach seinem Gutdünken eine Meinung wählen können [3]). Eben dieses Letztere wurde aber bei den sinkenden Kräften des Zeitalters immer schwieriger; daher suchten die Kaiser dem Richteramt in der Entscheidung von Controversen durch künstliche Mittel zu Hülfe zu kommen. Darauf bezog sich eine merkwürdige Verordnung von Theodosius II. und Valentinian III. (426), die man jetzt das Citirgesetz nennt [4]). Durch

1) Ueber diese Formen findet man die Nachweisungen in meiner Römischen Rechtsgeschichte §. 412.

2) Man sehe oben §. 20. Note 1. §. 24. Note 2. 3.

3) Gaius I. 7. Responsa prudentium sunt sententiae et opiniones eorum quibus permissum est iura condere. quorum omnium si in unum sententiae concurrant, id quod ita sentiunt, legis vicem optinet; si vero dissentiunt, iudici licet quam velit sententiam sequi: idque rescripto divi Hadriani significatur. Ueber die Auslegung dieser Stelle besteht jedoch eine Meinungsverschiedenheit, Römische Rechtsgeschichte §. 409. Note 9.

4) C. 3. C. Th. de respons. prudent. (1. 4).

diese wurden von den in der Praxis recipirten Juristen Papinian, Paullus, Gajus, Ulpian und Modestinus als diejenigen hervorgehoben, deren Meinungen aus den Originalwerken als Autorität anzuführen wären, dann auch alle diejenigen, deren Tractate und Meinungen in den Werken jener Fünfe allegirt wären, jedoch nur dann, wenn das auf sie lautende Citat durch die Vergleichung des Originalwerkes unterstützt würde. Im Falle einer Meinungsverschiedenheit sollte die Mehrheit der Autoren entscheiden, bei Stimmengleichheit aber Papinian den Ausschlag geben, und erst, wenn dieser schwiege, der Richter seinem Gutdünken folgen. So künstlich dieses Auskunftmittel war, so war es doch weit besser, als wenn man ein neues Gesetzbuch versucht hätte; in jener gesunkenen Zeit hätte nur etwas sehr Unvollkommenes zu Stande kommen können.

81. Die neueren Rechtsquellen, die kaiserlichen Constitutionen, waren leichter zu gebrauchen, da sie in Sprache und Inhalt der Zeit ganz nahe standen. Die einzige Schwierigkeit bei ihnen lag in ihrer großen Zahl, die es schwer machte, sie alle zu kennen und zu übersehen. Dieser konnte jedoch leicht durch geordnete Sammlungen abgeholfen werden. Solche entstanden zuerst für die Rescripte, wofür sie auch am meisten Bedürfniß waren, durch die Juristen Gregorian und Hermogenian im vierten und fünften Jahrhundert [1]). Dann wurde auch für die Edicte von Theodosius II. im Orient (438) eine große Sammlung in sechzehn Büchern publicirt, und in demselben Jahre ebenfalls im Occident recipirt [2]). Dieser wurden die späteren Constitutionen oder Novellen als Nachträge in kleinen Sammlungen angehängt [3]). Im Jahre 476, als der abendländische

---

1) Von diesen beiden Sammlungen sind nur Bruchstücke erhalten. Diese finden sich in den neueren Sammlungen des Vorjustinianischen Rechts, namentlich von Hänel 1837 in der seit 1830 zu Bonn erscheinenden Sammlung.

2) Von dem Theodosischen Codex ist eine neue sehr sorgfältige Ausgabe von Hänel 1842 als Theil der erwähnten Bonner Sammlung erschienen. Einen vortrefflichen Commentar verfaßte dazu Jacob Gothofredus 1665, wovon Ritter 1736 eine neue Ausgabe in sechs Foliobänden besorgt hat.

3) Diese Novellen hat ebenfalls Hänel 1844 neu edirt.

Kaiserthron gestürzt wurde, beruhte also das bürgerliche Recht auf den Schriften der autorisirten Juristen, und auf den drei Constitutionensammlungen von Gregorian, Hermogenian und Theodosius II. und den dazu gekommenen Novellen. Hieran schließt sich nun dasjenige an, was in den neuen germanischen Reichen geschah. Doch wurden für das Abendland auch die Arbeiten wichtig, welche Justinian im oströmischen Reiche vornahm.

82. Justinian begann hier seine Verbesserungen damit, daß er die in den drei Constitutionensammlungen und den angehängten Novellen zerstreuten Rescripte und Edicte, mit Weglassung der veralteten und widersprechenden Bestimmungen und mit andern zu seinem Zwecke nöthigen Abänderungen in eine einzige in sich harmonirende Gesetzsammlung bringen ließ, welche im Jahr 529 publicirt wurde. Dann richtete er sein Augenmerk auch auf die Schriften der Juristen. Er baute allerdings auf dem Gedanken fort, daß Diese positive Rechtsquellen sein sollten. Allein er hob die durch das Citirgesetz angeordnete Beschränkung auf gewisse Juristen auf. Er ließ durch eine im Jahr 530 niedergesetzte Commission von Rechtsgelehrten aus den Werken von 39 Juristen eine große Excerptensammlung in fünfzig Büchern anfertigen, so jedoch, daß Alles in einen Guß gebracht und daher die einzelnen Stellen, so weit es dazu nöthig wäre, abgeändert werden sollten. Diese Sammlung wurde unter dem Namen Digesten oder Pandekten (533) publicirt [1]. Gleichzeitig war auf seinen Auftrag ein kurzes Rechtssystem, gleichsam als Einleitung zu der großen Sammlung, ausgearbeitet worden,

---

1) Eine Anschauung der Form, in welcher die Pandekten aus der Commission hervorgiengen, giebt nur eine einzige im siebenten Jahrhundert, wohl in Italien, nicht in Constantinopel, verfertigte Handschrift. Diese befand sich im Mittelalter in Pisa, man weiß nicht woher, und kam bei der Unterwerfung der Pisaner 1406 nach Florenz, wo sie noch aufbewahrt wird. Mehr darüber findet man bei Savigny Röm. Recht im Mittelalter III. §. 35—38. Eine neue Beschreibung der Handschrift giebt Zachariä Reise in den Orient S. 49—57. Ein ganz getreuer Abdruck derselben ist: Digestorvm sev Pandectarvm libri qvinqvaginta ex Florentinis Pandectis repraesentati. Florentiae in off. Laurentii Torrentini Dvcalis Typogr. MDLIII. fol. 3 Bde.

und wurde unter dem Namen der Institutionen einige Wochen vor den Pandekten mit Gesetzeskraft bekannt gemacht. Bald darauf wurde auch eine Revision und Vermehrung des Constitutionencodex vorgenommen und im Jahr 534 veröffentlicht. Von da an erließ Justinian noch mancherlei zum Theil tief eingreifende Novellen bis 565, wo er starb.

C) Rechtsquellen in den germanischen Reichen im südlichen Europa [1]).

83. Im Occident waren mittlerweile dauernde germanische Reiche, mit einer gemischten Bevölkerung von Römern und Germanen, entstanden. Da die Könige sich in Beziehung auf die Römer gewissermaßen als in die Stelle der römischen Kaiser eintretend betrachteten, so wurden dieselben auch bei ihren bisherigen Rechten gelassen. Es gab daher in den südlichen europäischen Reichen ein doppeltes Recht: ein römisches für die römischen Unterthanen, ein germanisches für die Germanen. Beide Elemente bestanden eine Zeitlang scharf getrennt neben einander, bis sie sich allmählig vermischten. Dieser für die Bildungsgeschichte des späteren Rechts überaus wichtige Hergang war in den einzelnen Reichen folgender.

84. In Spanien und im südwestlichen Gallien war während des fünften Jahrhunderts das Reich der Westgothen entstanden. Die für die Römer hier geltenden Quellen des römischen Rechts waren die Schriften der Juristen nach den Regeln des Citirgesetzes, die Rescriptensammlungen des Gregorian und Hermogenian, und die Edictensammlung des Theodosius II. mit den angehängten Novellen. Da aber diese Quellen weit über die Kräfte der Zeit hinausgiengen, so ließ Alarich II. (506) einen dürftigen Auszug verfertigen, worin er nur einige leicht

1) Man findet die Belege zu der folgenden Darstellung in meiner Deutschen Rechtsgeschichte §. 28—46. Von den zu erwähnenden Rechtsquellen, soweit sie sich auf das germanische Recht beziehen, giebt es auch mehrere Sammlungen. Die neuesten sind von Georgisch 1738, Canciani 1781, und von mir 1824. Die ausgedehntesten Vorarbeiten sind aber zu der Ausgabe gemacht, die in den Monumenta Germaniae von Pertz erscheinen soll.

faßliche Werke der Juristen und viele Constitutionen aufnahm, auch die einzelnen Stellen mit einer Interpretation über deren Anwendung versehen ließ. Dieser Auszug ist für die Fortpflanzung des römischen Rechts sehr wichtig geworden [1]. Für die westgothischen Unterthanen war schon um die Mitte des fünften Jahrhunderts eine Aufzeichnung der Gewohnheitsrechte geschehen, die von den nachfolgenden Königen vermehrt und verbessert wurde. Davon ist aber nur ein Bruchstück übrig. Nachdem dann durch viele Gesetze der Könige das Recht immer mehr ausgebildet und dem römischen Recht näher gebracht worden war, so wurde in der Mitte des siebenten Jahrhunderts eine neue große Rechts- und Gesetzsammlung bekannt gemacht, welche für beiderlei Unterthanen dienen sollte. Dadurch kam das Recht hier zur Einheit.

85. Im südöstlichen Gallien war im fünften Jahrhundert das Reich der Burgundier gegründet worden. Für die Burgundier wurde hier von Gundebald (470 — 516), oder wie Einige meinen, von Sigismund (517 — 524), eine aus Gewohnheitsrechten und Constitutionen gemischte Rechtssammlung veranstaltet. Um dieselbe Zeit erschien für die Römer eine andere Sammlung, die aus den gangbaren Quellen des römischen Rechts gezogen ist, welche aber bis zur Unkenntlichkeit verarbeitet sind [1]. Im Jahr 534 fiel zwar das Reich der Burgundier an die Franken; doch blieb die Rechtssammlung der Burgundier im Gebrauch. Hingegen die Sammlung für die burgundischen Römer wurde durch den weit reichhaltigeren Auszug von Alarich II. verdrängt, und gerieth in Vergessenheit.

86. In Italien entstand nach den Herulern seit 493 das Reich der Ostgothen unter eigenthümlichen Verhältnissen. Ihr König Theoderich erhielt das Land dem Namen nach als ein, freilich

---

1) Es gab davon nur eine Ausgabe von Sichard 1528. Eine neue vortreffliche Ausgabe ist jetzt: Lex Romana Visigothorum — recognovit — Gustavus Haenel. Lipsiae 1849. fol. min.

1) Die neueste Ausgabe ist: Lex Romana Burgundionum — illustravit A. F. Barkow. Gryphisw. 1826.

sehr unabhängiger, byzantinischer Statthalter. Seine Gothen waren daher keine besondere Nation, sondern bildeten mit den Römern ein Volk, nur so, daß das Kriegswesen blos auf den Gothen ruhte. Es gab daher für Beide auch nur ein einziges Recht, das römische. Um aber dessen Gebrauch zu erleichtern, ließ Theoderich über die am häufigsten vorkommenden Gegenstände einen Auszug anfertigen, den er um 500, oder wie Einige meinen nach 506, in der Form eines Edictum von 154 kurzen Sätzen für die Barbaren und Romanen bekannt machte [1]. Nach den Ostgothen folgte (554) die wiederhergestellte Herrschaft Justinians, mit welcher alsbald hier auch seine Sammlungen und Novellen in Gültigkeit kamen, so als ob Italien immer zu seinem Reiche gehört hätte [2]. Nach Justinian seit 568 drangen die Langobarden ein. Diese änderten an dem römischen Recht nichts, so daß die Justinianischen Sammlungen im Gebrauche blieben. Für das langobardische Recht sorgte aber der König Rothar durch eine Aufzeichnung der Gewohnheitsrechte, die er (643) in einem großen Edicte bekannt machte, welchem dann die Edicte der nachfolgenden Könige bis Aistulf (748) beigefügt wurden. So entstand eine langobardische Edictensammlung nach der chronologischen Folge der Könige [3].

D) Zustand der Rechtsquellen im fränkischen Reiche [1].

87. In dem nördlichen Theil von Gallien und im Innern von Deutschland geschah für das römische Recht nichts, weil hier keine Römer wohnten. Die germanischen Völkerschaften aber

1) Die neueste Bearbeitung ist: C. F. Rhon Commentatio ad edictum Theoderici. Halae 1816. 4.

2) So verordnete Justinian in der Sanctio pragmatica pro petitione Vigilii a. 554. c. 11.

3) Die neueste Ausgabe derselben ist: Edicta regum Langobardorum ed. C. Baudius a Vesme. Augustae Taurinorum 1846. fol. Einen Abdruck des darin gegebenen Textes besorgte Neigebaur zu München 1855.

1) Die näheren Nachweisungen giebt meine Deutsche Rechtsgeschichte §. 136—152.

hatten ihre alten angestammten Gewohnheitsrechte, die nun vor und nach aufgezeichnet, revidirt und vermehrt wurden. Besonders hat Karl der Große auf diesen Gegenstand seine Aufmerksamkeit gerichtet. Unter ihm galten in seinem Reiche folgende Rechtsquellen. Die Franken, die im nördlichen Gallien, am Rheine und in Deutschland im östlichen Francien ihre Hauptsitze hatten, lebten nach der Lex Salica, die schon zur Zeit, wo die Franken noch heidnisch waren, niedergeschrieben[2]), dann aber mehrmals emendirt worden war[3]); ferner nach der Lex Ripuaria, abgefaßt zwischen 511 und 534, revidirt um 622 und 638. Auch hatte ein fränkischer Stamm am Niederrhein seine besondere Lex[4]). Ferner galten die Lex der Alamannen, abgefaßt zwischen 613 und 622, dann öfters revidirt[5]); die Lex der Bayern, angeblich zu derselben Zeit wie die Lex Ripuaria niedergeschrieben, aber öfters vermehrt; dann die Lex der Friesen[6]), die der Sachsen[7]), und die der Anglier und Weriner[8]), wahrscheinlich alle drei erst aus dem achten Jahrhundert. In der südlichen Hälfte von Gallien, welche schon 508 den Westgothen von den Franken, mit Ausnahme von Septimanien und der Provence, entrissen worden war, lebten die Nachkommen der römischen Bevölkerung noch nach dem römischen Recht, welches man aus dem Auszug von Alarich II. schöpfte. Eben so machten es die Ueberreste der dichten römischen Bevölkerung in Churrätien, bis daß hier gegen das zehnte Jahrhundert von jenem Auszug eine Umarbeitung veranstaltet wurde[9]). In Septimanien, welches 759

2) Man sehe oben §. 77. Note 3.

3) Die beste Ausgabe ist von Merkel 1850.

4) Davon handelt Gaupp Lex Francorum Chamavorum oder das vermeintliche Xantener Gaurecht. Breslau 1855.

5) Die neueste Ausgabe ist von Merkel für die Monumenta Germaniae 1851 erschienen.

6) Die neueste Ausgabe ist von Gaupp 1832.

7) Die neueste Ausgabe ist von Merkel 1853.

8) Die neueste Ausgabe ist von Merkel 1851.

9) Diese ist der sogenannte Codex Utinensis. Die neueste Ausgabe erschien von Hänel 1849 (§. 84. Note 1).

erobert worden, dauerte für die dort ansäßigen Westgothen das westgothische Gesetzbuch fort. Endlich im Reiche der Langobarden, welches (774) an das fränkische Reich gekommen war, blieb die bisherige Edictensammlung im Gebrauch, und wurde durch die Gesetze vermehrt, welche von den fränkischen Königen und ihren Nachfolgern bis ins elfte Jahrhundert für die Lombardei erlassen und jener Sammlung beigefügt wurden. Eine wichtige, für das ganze Reich verbindliche Rechtsquelle waren die Capitularien, die häufig auch unter Mitwirkung des Reichstags erlassenen königlichen Verordnungen. Doch bezogen diese sich selten auf das Privatrecht, sondern meistens auf öffentliche Einrichtungen [10]. Eine Sammlung derselben veranstaltete der Abt Ansegisus (827) in vier Büchern, welche fast ein officielles Ansehen erhielt und auf den Reichstagen citirt wurde.

E) Einwirkung der Kirche auf die Rechtsquellen [1]. 1) Das canonische Recht.

88. Die Kirche war durch ihr Episcopat und durch den Zusammenhang desselben mit dem römischen Stuhl so fest gegründet, daß der durch die Auflösung des römischen Reiches eingetretene politische Wechsel sie nicht berührte, sondern sie bestand unverändert fort. Sie wurde so das verbindende Glied zwischen der untergehenden römischen und der jungen germanischen Welt. Ihre Bischöfe waren auch darauf bedacht, in den neuen germanischen Reichen Concilien zu halten, worin sie in der alten Weise über die kirchliche Disciplin Canonen festsetzten, und die Fortdauer der bisherigen Ordnung durch die That selbst aussprachen. Solches geschah namentlich im Reiche der Westgothen unter dem Arianischen Könige Alarich II. auf dem Concilium zu

---

10) Die neueste und beste Ausgabe ist jetzt in den Monumenta Germaniae. Legum Tom. I. 1835. Tom. II. 1837.

1) Es ist auffallend, daß dieser wichtige Punkt entweder gar nicht oder nur sehr dürftig berührt wird. Man erwähnt etwa nur das, was davon in Savigny's Werk vorkommt, der aber diesen Gegenstand blos in Beziehung auf das römische Recht behandelt.

Agde (506) [2], im Reiche der Burgundier unter dem eben vom Arianismus zur katholischen Lehre bekehrten Könige Sigismund auf dem Concilium zu Epauna (517) [3], im fränkischen Reiche auf dem durch Chlodwich selbst veranstalteten Concilium zu Orleans (511) [4]. Diese Verordnungen bezogen sich zwar zunächst nur auf das Innere der Kirche und auf die Disciplin des Klerus. Allein durch den nahen Zusammenhang und durch die Unterstützung von Seiten des weltlichen Armes [5]) griffen sie doch auch in die bürgerliche Ordnung mehrfach ein. Die Bischöfe, ausgezeichnet durch ihr Amt, ihre Bildung, durch Muth und Hingebung, und durch großen Güterbesitz, waren für die romanische Bevölkerung, der sie selbst angehörten, die natürlichen Beschützer und Vertreter, so daß in ihrer Stadt nichts ohne sie geschah. Für die neu bekehrten Franken stieg ihre Würde und ihr Ansehen noch höher. Sie wurden die Rathgeber des Königs,

---

2) Conc. Agath. a. 506. Prolog. Cum in nomine domini ex permissu domini nostri gloriosissimi, magnificentissimi piissimique regis in civitate Agathensi sancta synodus convenisset, ibique flexis in terram genibus pro regno eius, pro longaevitate, pro populo dominum deprecaremur —: in sancti Andreae basilica consedimus de disciplina et ordinationibus clericorum atque pontificum vel de ecclesiarum utilitatibus tractaturi.

3) Conc. Epaonense a. 517. Prolog. Deo propitio ad Epaonensem ecclesiam congregati, quid vel de antiquis regulis vel de novis ambiguitatibus senserimus expressis singillatimque discretis constitutionibus praesentibus titulis credidimus annotandum.

4) Conc. Aurelian. I. a. 511. Praefatio. Cum autore deo ex evocatione gloriosissimi regis Chlodovechi, in Aurelianensi urbe fuisset concilium summorum antistitum congregatum, communi omnibus collatione complacuit, ut hoc quod verbis statuerunt, etiam scripturae testimonio roborarent.

5) Conc. Aurelian. I. in epistola ad Clodoveum regem. Secundum voluntatis vestrae consultationem et titulos quos dedistis ea quae nobis visum est diffinitione respondimus; ita ut si ea quae nos statuimus etiam vestro recta esse iudicio comprobantur, tanti consensus regis ac domini maiori autoritate servandam tantorum firmet sententiam sacerdotum. — Ein Beispiel, wie die Beschlüsse eines Conciliums durch eine königliche Verordnung bestätigt werden, giebt Chlothacharii II. edict. a. 614.

die Gehülfen bei der bürgerlichen Verwaltung, die thätigsten und einflußreichsten Glieder der Reichsversammlungen. Sie übertrugen so den Geist der Kirche in das Reichsrecht, und halfen die kirchlichen Vorschriften durch die weltlichen Gesetze kräftigen[6]. So wuchs Beides immer mehr in einander, was sich besonders im Eherecht zeigte.

89. Die Formen, worin die Kirche ihre Recht festsetzte, waren die Canonen der allgemeinen und örtlichen Concilien. Seit dem vierten Jahrhundert kamen die Decretalen, das heißt die Verordnungen und Entscheidungen der Päpste, hinzu. Beide Arten von Quellen wurden seit dem fünften Jahrhundert in den verschiedenen Ländern, und so auch im fränkischen Reiche, in Sammlungen gebracht[1]. Besonders wichtig wurden zwei Sammlungen, eine der Canonen, die andere der Decretalen, welche Dionysius, wahrscheinlich in Rom, am Schlusse des fünften Jahrhunderts anfertigte. Diese verbreiteten sich auch in das fränkische Reich, und nachdem der Papst Hadrian I. Karl dem Großen (774) einen Codex der beiden vereinigten Sammlungen zum Geschenk gemacht, so wurde dieser die officielle Sammlung, deren man sich am Hofe und auf den Reichstagen bediente. Für die bürgerliche Kraft der kirchlichen Satzungen waren aber die Capitularien von großer Bedeutung, so weit sich diese auf das Kirchliche bezogen. Diese waren von Ansegisus in dem ersten und zweiten Buche seiner Sammlung zusammengestellt[2]. Die fortschreitende Verschmelzung des kirchlichen und bürgerlichen Rechts spiegelt sich in der Sammlung ab, die der Mainzer Levite Benedictus (845) in drei Büchern anfertigte. Diese enthält in bunter Mischung Stellen aus den Capitularien, Volksrechten, römischen Rechtsquellen, aus den heiligen Schriften, Canonen, Decretalen und Kirchenvätern[3].

---

6) Ein Beispiel giebt Caroli Magni Capit. ecclesiast. a. 789.

1) Einen liber canonum erwähnt Gregor. Turon. V. 19. Man sehe darüber mein Kirchenrecht §. 90.

2) Man sehe oben §. 87.

3) Die neueste Ausgabe ist in den Monum. Germaniae. Legum. T. II. P. II. p. 17.

2) Das Mosaische Recht.

90. Den Kern der kirchlichen Disciplin bildet das Evangelium Christi. Auf dieses, wie es in den Schriften des neuen Bundes und durch die Ueberlieferung bezeugt wird, wies daher die Kirche vor Allem als das göttliche Recht zurück. Hieran schloß sich von selbst die Autorität der Schriften des alten Bundes. Denn indem das Christenthum die Geschichte der Menschheit als eine Einheit, als das Reich Gottes, auffaßte, welches mit dem ersten Menschenpaare begann, im jüdischen Volke in den demselben gemachten Verheißungen und Offenbarungen sich fortsetzte, und in Christus seinen Mittelpunkt erhielt [1]: so war das alte mit dem neuen Testament in eine unzertrennliche Verbindung gebracht. Diese Anschauung wurde auch den Germanen bei der Bekehrung mitgetheilt, und dadurch der Zusammenhang mit ihrer heidnischen Vorzeit spurlos verwischt. Das alte Testament mit seinen tiefsinnigen Lebensregeln und Gesetzen, mit seinen lehrreichen Beispielen und Warnungen, wurde der historische Hintergrund, woran man unmittelbar anknüpfte, und worauf man sich als eine verpflichtende Autorität bezog [2]. So wurde das Mosaische Recht in den Capitularien als Gesetz des Herrn angeführt [3], in die Sammlungen aufgenommen [4], und in den geeigneten Bestimmungen zu einem Theile des bürgerlichen Rechts gemacht.

91. Dadurch wurden nun auch die Ansichten von dem Ursprung des Rechts bestimmt. Man unterschied das göttliche und menschliche Recht. Zu dem göttlichen Recht zählte man, außer

---

1) Diese Anschauung war besonders in dem Werke des h. Augustinus de civitate Dei entwickelt, welches sehr viel gelesen und angeführt wurde.

2) Dieses zeigt sich unter Anderen in der oben (§. 66. Note 3) angeführten Schrift von Hinkmar de regis persona et regis ministerio. Ferner in der Schrift des Erzbischofs Agobard von Lyon († 840) gegen die Gottesurtheile.

3) Ein Beispiel ist Caroli M. Capit. 789. c. 60. 63. 64. 68.

4) Dieses zeigt Benedict. Levita Capit. II. 1—53. Hier ist, als capitula legis divinae, eine Reihe mosaischer Satzungen aufgenommen.

demjenigen, welches von Gott, dem Urheber der sittlichen Weltordnung, als unveränderliches Gesetz in die Natur der Dinge gelegt ist [1]), dasjenige, welches von Gott in den Schriften des alten und neuen Bundes offenbart worden [2]). Als das sicherste, vollkommenste und über allem menschlichen Belieben erhabene Recht wurde dieses im Mittelalter das natürliche Recht genannt [3]). Alles dieses ist auch aus dem christlichen Standpunkt vollkommen richtig. Die Frage war nur, was namentlich im Mosaischen Gesetz als absolut und unveränderlich, und was als blos national und vorübergehend anzusehen sei. Man unterschied zwar davon in der Wissenschaft ganz richtig drei Bestandtheile: die unveränderlichen moralischen Vorschriften, die Cäremonial- und die bürgerlichen Gesetze [4]). Allein man wurde so sehr von der Autorität des Buchstabens beherrscht, daß man auch von den Letzteren Vieles festhielt und ins bürgerliche Recht der Zeit übertrug [5]). Erst seit dem siebzehnten Jahrhundert ist man zu einer freieren Ansicht durchgedrungen.

3) Das römische Recht.

92. Eine besondere Wichtigkeit erhielt die Kirche auch für die Fortdauer des römischen Rechts. Als eine geschlossene, über die verschiedenen Reiche sich verbreitende Körperschaft, die in

---

1) Dieses ist der Sinn von Isidor (630) im c. 1. D. I. Omnes leges aut divinae sunt aut humanae. Divinae natura, humanae moribus constant; idcirco hae discrepant, quoniam aliae aliis gentibus placent.

2) So sagt der h. Augustinus (412) im c. 1. D. VIII. Divinum ius in scripturis habemus, humanum ius in legibus regum.

3) Gratianus in D. I. Humanum genus duobus regitur, naturali videlicet iure et moribus. Ius naturale est, quod in lege et evangelio continetur. Näher ausgeführt ist dieses von ihm im Zusatz zu c. 11. D. IX. — Glossa ad pr. J. de iure natur. (1. 2). Secundum cano. ius naturale dicitur, quod in lege Mosaica vel in Evangelio continetur, ut in princ. Decreto.

4) So thut namentlich Thomas von Aquin (1250) in der Summa I. 2. Q. 99. art. 5. Q. 100. art. 1. 8.

5) Ein deutliches Beispiel giebt der Schwabensp. Art. 201. Laßberg, worin ein großer Auszug aus dem V. Buch Moses steht, und den Richtern zur Nachachtung eingeschärft wird.

Rom ihren Mittelpunkt hatte, behauptete sich die Kirche beim Gebrauche desselben. Zunächst wirkte dieses allerdings nur für ihre innere Verwaltung und für die geistlichen Gerichte. Allein bald wurde es auch von Seiten des weltlichen Armes als Grundsatz anerkannt, und zwar sowohl für die Kirche als Ganzes wie für den Klerus als Stand in seinen persönlichen Beziehungen [1]). Wichtig war dieses bei Fragen des Eigenthums, der Verjährung, der kirchlichen Emphyteusen, der Freilassung, des Erwerbes durch Testamente und des Rechts zu testiren. Das römische Recht hatte so an der Kirche seine Hauptstütze [2]). Die Geistlichkeit schöpfte dasselbe hauptsächlich aus dem vielgebrauchten westgothischen Auszug von Alarich II. [3]), aus welchem daher auch bis ins zehnte Jahrhundert, zum Theil von Geistlichen, Auszüge verfertigt wurden [4]). Außerdem brauchte dieselbe aber auch den Theodosischen Coder und die Sammlungen und Novellen Justinians, die von Italien her im übrigen Abendlande bekannt wurden [5]).

F) Ausbildung der Rechtsquellen in Deutschland und in der Lombardei.

93. Nachdem Deutschland im neunten Jahrhundert ein für sich bestehendes Reich geworden war, entwickelten sich die Rechtsquellen auf folgende Art. Für die Verfassung und Reichsregierung reichten eine Zeitlang die Capitularien aus; dann aber

---

1) L. Ripuar. LVIII. 1. Secundum legem Romanam, qua ecclesia vivit.

2) Ivo Carorot. († 1115) epist. n. 280. Instituta legum Novellarum quas commendat et servat Romana ecclesia.

3) Man sehe darüber oben §. 84. Viele Nachweisungen über diesen Gebrauch des westgothischen Breviarium sind in den beiden Registern zu Savigny Röm. Recht im Mittelalter Band II. Anhang II. gegeben. Stark benutzt ist dasselbe auch in den im neunten Jahrhundert verfertigten falschen Decretalen und Angilramnischen Kapiteln, wovon mein Kirchenrecht §. 95—99. handelt. Savigny hat dieses übersehen.

4) Genau behandelt und abgedruckt sind auch diese Auszüge in dem Werke von Hänel (§. 84. Note 1).

5) Die Nachweisungen darüber findet man auch in dem genannten Anhang von Savigny.

wurden Weisthümer des Reichshofes und Gesetze der Reichstage Bedürfniß [1]). Ferner lebten die verschiedenen Volksstämme nach ihren angeborenen Nationalrechten fort. Allein die dafür vorhandenen Aufzeichnungen reichten nicht mehr aus. Sie waren an sich sehr dürftig und bedurften überall einer Ergänzung durch Weisthümer der Schöffen oder des Volkes; es bildeten sich im Fortschritte der Verhältnisse neue Ansichten und Rechtsgewohnheiten; das Lateinische, worin sie abgefaßt waren, war hier nicht Volkssprache. Sie kamen daher außer Gebrauch, und es wurde insgemein nach dem Herkommen und Rechtsgefühl das Recht gewiesen. Der bis zur Willkühr gehenden Unsicherheit dieses Zustandes suchte man nun aber durch die schriftliche Aufzeichnung des Rechts entgegen zu wirken. Zu diesem Zwecke verfaßte Eike von Repgow, ein Landgerichtsschöffe in Thüringen, im zweiten Viertel des dreizehnten Jahrhunderts, nach dem ihm bekannten Rechte, den Sachsenspiegel. Dieser entsprach so sehr dem Bedürfnisse der Zeit, daß er weithin, besonders im nördlichen Deutschland, in Gebrauch kam, von rechtskundigen Schöffen glossirt wurde, und die Autorität einer Rechtsquelle erlangte [2]). Durch denselben wurde auch der Gedanke zu einer anderen Sammlung von allgemeiner Geltung angeregt, die sich das Landrechtbuch nennt, aber von neueren Herausgebern der Schwabenspiegel genannt worden ist. Sie ist im südlichen Deutschland zwischen 1276 und 1281 verfaßt, und hat ebenfalls eine große Verbreitung, und dabei mancherlei Umänderungen erhalten [3]).

94. Dieselben Ursachen wie bei diesen Rechtsspiegeln waren bei der Aufzeichnung der Stadtrechte thätig. Einen Anfang hatte man insgemein schon an dem kaiserlichen oder landesherrlichen Privilegium, welches der Stadt ihre vom platten Lande

1) Zeugnisse giebt meine Deutsche Rechtsgeschichte §. 290. 308.

2) Die vollständigste Ausgabe ist die von Homeyer 1835. Von Werth ist auch die von Sachße 1848. Handausgaben erschienen von Weiske 1853, Göschen 1853.

3) Die neuesten und besten Ausgaben sind von Wackernagel 1840, Laßberg 1840. Eine Handausgabe besorgte Gengler 1853.

gesonderte Verfassung gab. Hieran schloß sich die Ausbildung eigenthümlicher Rechtsgewohnheiten, welche durch die Urtheile und Weisthümer des städtischen Schöffengerichts, und durch die Verordnungen des Rathes befestigt und vervollständigt wurden. Endlich wurden im Auftrag des Rathes die in der Stadt geltenden Rechte von den derselben kundigen Männern in einem Stadtrechte zusammengeschrieben. Beispiele sind das Stadtrecht von Augsburg von 1276, von Goßlar aus der Mitte des vierzehnten Jahrhunderts, von Bamberg aus derselben Zeit. Zuweilen wurden auch Artikel des Sachsenspiegels aufgenommen; so in den Statuten von Hamburg und Lübeck aus dem dreizehnten Jahrhundert. In gleicher Weise wurden nun die örtlichen Landesgewohnheiten unter dem Namen, Landweisthum oder Landrecht, aufgezeichnet, oder auch einer der Rechtsspiegel zu einem Landrecht umgearbeitet [1].

95. Neben diesen Land- und Stadtrechten entstanden besondere Rechtsquellen für eigenthümliche Verhältnisse. Dahin gehört zunächst das Lehnrecht, welches eine sehr umfassende und inhaltreiche Verbindung geworden war [1]. Darüber waren schon von den fränkischen Königen Gesetze erschienen, welche durch die Verordnungen der deutschen Kaiser, durch die Rechtssprüche und Weisthümer des Reichshofes und der Lehnhöfe, und durch die Lehnsgewohnheiten weiter ausgebildet wurden. Hieraus wurde im dreizehnten Jahrhundert eine Abhandlung über das Lehnrecht in lateinischen Reimen verfaßt [2], welche dann ins Deutsche übertragen und mit dem Landrecht des Sachsenspiegels als Lehnrecht verbunden wurde [3]. Nach diesem Vorbild erhielt auch der sogenannte Schwabenspiegel als zweiter Theil ein Lehnrecht, welches nach der Ordnung jenes Sächsischen angelegt ist [4]. Eine

1) Nachweisungen findet man in meiner Deutschen Rechtsgeschichte §. 305.

1) Man sehe oben §. 68.

2) Gedruckt ist dieser sogenannte auctor vetus de beneficiis in Homeyer Sachsenspiegel II. 2, 75—158.

3) Gedruckt ist dieses Lehnrecht am besten in Homeyer II. 1, 141—315.

4) Die neueste Ausgabe ist in dem Schwabenspiegel von Laßberg 1840.

verwandte, jedoch weniger wissenschaftlich ausgebildete Rechtsquelle waren die Dienstrechte für die Ministerialen [5]. Ferner gehören hieher die Hofrechte. Nach dem alten Recht standen nämlich die Unfreien oder eigenen Leute nicht in der Genossenschaft des Volksrechts, sondern wie Eigenthum schlechthin unter dem Willen des Herrn und unter dem Recht des Hauses. Dieser setzte daher auch für die zu seinen Haupthöfen gehörenden Unfreien das Hofrecht fest, wodurch das Maß ihrer Dienste und Abgaben, das Recht an den ihnen etwa verliehenen Nebenhöfen, ihr Recht zu erwerben und zu veräußern, das Erbrecht ihrer Kinder, die Versorgung der Wittwen und dergleichen in angemessener Weise bestimmt wurden [6]. Diese Hofrechte wurden seit dem zehnten Jahrhundert häufig schriftlich erlassen, oder nachträglich in der Form von Weisthümern niedergeschrieben. In den großen Besitzungen der Stifte und Abteien wurden zuweilen die Rechte der unfreien und freien Grundholden in einem Hofrecht zusammengefaßt, welches dann eine Art von Landrecht war. Ein Beispiel sind die Leges et statuta familiae S. Petri des Bischofs Burchard von Worms vom Jahr 1024 [7].

96. In der Lombardei, welche seit 961 ein Nebenland des deutschen Reiches war, blieb die chronologische Edictensammlung [1] im Gebrauch, wurde auch glossirt und mit Klagformeln versehen. Am Ende des elften Jahrhunderts wurde aber deren Material zu einer systematischen Sammlung in drei Büchern umgeschmolzen, die als liber longobardae oder lombardae auch bei der Schule zu Bologna für die Vorlesungen in Aufnahme kam und glossirt wurde. Seit dem fünfzehnten Jahrhundert gerieth sie aber allmählig in Vergessenheit, weil nun, wie in Deutschland, Stadt- und Landrechte abgefaßt wurden, worin das, was vom langobardischen Recht noch brauchbar war, über-

5) Man sehe oben §. 69.

6) Mehr über diese Hofrechte giebt meine Deutsche Rechtsgeschichte §. 279. 309. 398. 514. 557. 558. 723.

7) Sie stehen unter Anderen in meinem Corpus iur. Germ. III. 775.

1) Man sehe oben §. 86. Note 3.

gieng. Einen bleibenden Erfolg hatte das, was hier für das Lehnrecht geschah. Nachdem hier wie in Deutschland das Lehnwesen seit dem elften Jahrhundert durch Constitutionen der Kaiser, durch Sentenzen des Lehnhofes zu Mailand und durch Gewohnheitsrechte befestigt worden, wurden im zwölften Jahrhundert von einem unbekannten Juristen eine Abhandlung über das Lehnrecht, und von dem mailändischen Consul Obertus ab Orto zwei andere Abhandlungen verfaßt, die alle drei, mit Zusätzen vermehrt, im zwölften Jahrhundert unter dem Namen consuetudines oder liber feudorum in eine Sammlung so vereinigt wurden, daß die Erste das erste Buch, die beiden Anderen das zweite Buch bilden. Von der Bedeutung, die diese Sammlung durch die Schule von Bologna erhielt, wird unten bei dieser die Rede sein.

G) Die Rechtsschulen des Mittelalters und das römische Recht.

97. Während dieses Alles für das deutsche Recht geschah, traten Verhältnisse ein, die dem römischen Recht Eingang und allmählig ein überwiegendes Ansehen in Deutschland verschafften. Dasselbe war im fränkischen Reiche, in Italien und beim Klerus ununterbrochen im Gebrauche geblieben [1]). Für den Klerus war dasselbe besonders wichtig, weshalb auch hin und wieder in den Dom- und Klosterschulen darüber gelehrt wurde [2]). Es erhielt sich selbst eine förmliche Rechtsschule in Rom, dann in Ravenna, am Sitze des Exarchen, von wo, nachdem sie verfallen war, das Studium nach Bologna [3]), und zwar wohl an die dortige Dom- und Klosterschule [4]), kam. Hieraus erhob sich seit Irnerius im zwölften Jahrhundert eine blühende Rechts-

---

1) Man sehe oben §. 83—86. 92.

2) Die Zeugnisse darüber sind gesammelt bei Savigny Röm. Recht im Mittelalter Band I. Kap. 6.

3) Die Zeugnisse sind gesammelt bei Savigny Band IV. Kap. 26, Böcking Pandekten I. §. 24. h. i.

4) So meint auch der gründliche Sarti Archigymnas. Bonon. Tom. I. Prooem. §. 7. Savigny hat sich darüber nicht ausgesprochen.

schule, die durch die Zahl und Gediegenheit ihrer Lehrer, durch die Menge der Studierenden, die dort aus dem ganzen Abendlande zusammenströmten, und durch die geistige Regsamkeit der Zeit ein so hohes Ansehen erlangte, daß sie, insbesondere für das Recht, der Mittelpunkt des geistigen Lebens und zur entscheidenden Autorität wurde. Dieses zeigt sich namentlich darin, daß selbst die Kaiser Gesetze, woran ihnen besonders gelegen war, den Doctoren zuschickten, um sie in ihre Sammlungen aufzunehmen und darüber zu lesen [5]). Da nun hier außer dem canonischen Rechte auch über das römische Recht gelehrt wurde, welches die Kaiser, als das alte römische Reich fortsetzend, geradezu wie das Recht ihrer Vorfahren betrachteten [6]), so erhielt dasselbe an der Schule von Bologna eine neue Stütze, und wurde von hier aus in einer ganz andern und allgemeineren Bedeutung, als worin es bisher gegolten hatte, im Abendlande verbreitet. Doch würden alle diese blos äußerlichen Umstände zu dem Erfolge, der ihm zu Theil wurde, nicht hingereicht haben, wenn nicht die schon erwähnten inneren Gründe mitgewirkt hätten [7]). Uebrigens brauchten aber die Rechtslehrer zu Bologna zur Erklärung des römischen Rechts nicht alle Stücke, die davon noch vorhanden waren [8]); man hielt sich nur an die Justinianischen Sammlungen und Novellen. Diese allein sind dadurch zu einer gemeinen Rechtsquelle im Occident geworden, und zwar erhielten sie dabei unter den Händen der Schule gewisse Eigenthümlichkeiten und Veränderungen, die zum Theil selbst für deren praktischen Gebrauch von Wichtigkeit sind.

---

5) Dieses zeigen Friderici II. litterae a. 1220 ad universitatem Bononiensem (Pertz Leg. II. 245).

6) Ein deutliches Zeugniß giebt die neu gefundene Const. Friderici I. de bonis clericor. a. 1165 (Pertz Leg. II. 138). Nos igitur, praedecessorum nostrorum divorum imperatorum, magni Constantini videlicet et Iustiniani et Valentiniani, nec non Karoli et Ludovici, vestigiis inherentes, et sacras leges eorum tanquam divina oracula venerantes, imitari non erubescimus Constantinum de sacrosanctis ecclesiis etc.

7) Man sehe oben §. 71—73.

8) Man hatte noch den Theodosischen Codex, und den Auszug von Alarich II.

H) Einfluß der Rechtsschule zu Bologna auf die Rechtsquellen.

98. Die Pandekten, wie sie aus der Commission Justinians hervorgiengen, waren in fünfzig Bücher, und diese mit Beziehung auf den damaligen Rechtsunterricht unter sieben partes vertheilt. Diese sieben partes waren im Mittelalter ganz vergessen; dafür gab es eine merkwürdige Eintheilung in Digestum vetus, infortiatum und novum. Das vetus gieng vom ersten Buche bis zum zweiten Titel des vier und zwanzigsten Buches; das infortiatum vom dritten Titel dieses Buches bis ans Ende des acht und dreißigsten Buches; das novum vom neun und dreißigsten Buche bis zum Ende. Außerdem gab es gegen das Ende des infortiatum ein Stück, welches den besonderen Namen tres partes führte, nach den Worten, die mitten in einer Stelle des Ulpian vorkommen [1]). Wiewohl mit diesen Worten nicht einmal ein Hauptsatz anfängt, so beginnt doch mit denselben in den meisten Handschriften eine neue Rubrik, zuweilen selbst ein neues Blatt, ein Beweis, daß hier eine Abtheilung bestand. Nach dem Zeugniß des Odofredus († 1265) entstand diese Eintheilung auf folgende Art. Als man sich in Bologna gelegentlich mit dem römischen Recht zu beschäftigen anfieng, hatte man nur eine Handschrift des Digestum vetus; dann erhielt man auch eine mangelhafte Handschrift von den tres partes an bis zum Ende; endlich erhielt man auch das fehlende Mittelstück, und verband mit diesem den Theil von den tres partes bis zum Ende des acht und dreißigsten Buches, wo grade die Materie vom Erbrecht schließt [2]). Jene Eintheilung liegt noch allen Ausgaben des fünfzehnten, und den meisten des sechzehnten Jahrhunderts zum Grunde.

99. Wichtiger ist der Einfluß, den die Schule von Bologna

---

1) Ulpian. in fr. 82. D. ad l. Falcid. (35. 2). Centum, quae praestari possunt, in quatuor partes dividantur: tres partes ferant legatarii: haeres viginti quinque habeat.

2) Mehr findet man darüber bei Savigny Röm. Recht im Mittelalter III. §. 156—162. Dort ist auch die Meinung von Hugo widerlegt, der eine künstliche absichtliche Eintheilung dabei annimmt.

auf die Bildung des Textes ausgeübt hat. Als die dortigen Lehrer sich mit dessen Erklärung gründlicher zu beschäftigen anfiengen, hatten sie alte Handschriften, auf deren Lesarten sie sich auch als littera vetus oder communis bezichen. Daneben kannten sie auch die Florentinische Handschrift, die sich damals noch in Pisa befand [1]), und nahmen darauf als die littera Pisana Bezug. Da aber unter den Handschriften begreiflicherweise mancherlei Abweichungen vorkamen, das Bedürfniß der Schule aber vor Allem einen gleichförmigen Text erforderte, so bildete sich durch das Ansehen der Lehrer aus der Vergleichung der Handschriften eine vulgata als die vorherrschend recipirte Lesart, und es wurde nun auch durch eine besondere Veranstaltung und Aufsicht Sorge getragen, daß die Handschriften fortan nur nach dieser Form angefertigt wurden. Aus diesem Hergang erklärt sich die große und absichtliche Uebereinstimmung, welche diese Handschriften an sich tragen. Aus der Benutzung der Pisanischen Handschrift, worin die letzten Blätter lose geworden und in einer verkehrten Ordnung eingeklebt worden waren, erklärt sich, daß auch in allen jenen Handschriften die Stellen im letzten Titel in einer verworrenen Reihefolge stehen. Endlich aus der Benutzung noch anderer alter Handschriften außer der Pisanischen erklärt sich, daß in den Bolognischen Handschriften die Lücken, welche die Pisanische hat, ausgefüllt sind. Durch diese Handschriften der Bologneser Form wurden natürlich die Urmanuscripte verdrängt und giengen, mit Ausnahme der Pisanischen oder Florentinischen Handschrift, zu Grunde. Diese steht daher als eine eigenthümliche Form da. Sie ist in zwei Bände, wovon der zweite mit dem ein und dreißigsten Buche beginnt, getheilt, während alle andern Handschriften die Eintheilung in Digestum vetus, infortiatum und novum haben; sie enthält die griechischen Stellen im Original, während die Anderen davon eine schlechte lateinische Uebersetzung haben; sie enthält die Inscriptionen der einzelnen Stellen vollständig, während die Anderen nur den Namen des Juristen, nicht auch des

1) Man sehe oben §. 82. Note 1.

Werkes desselben, angeben [2]). Die Florentina bildet daher für die Kritik des Textes das wichtigste Hülfsmittel, und Alles, was dafür seit dem Ende des fünfzehnten Jahrhunderts geschehen ist, schließt sich an die Benutzung und Vergleichung derselben an.

100. Von dem Justinianischen Coder hatte Irnerius anfangs nur neun Bücher; später erhielt er auch die drei Letzten, und es wurde auch darüber gelehrt; doch wurden sie nicht mit Jenen vereinigt, sondern mit anderen Stücken in einen besonderen Band gestellt, den man das volumen oder das volumen parvum nannte. Für die Bildung des Textes befolgten die Lehrer zu Bologna dasselbe Verfahren, wie bei den Digesten; nur machten die große Verschiedenheit und Unvollständigkeit der Handschriften es schwieriger, eine gewisse Gleichförmigkeit zu erreichen. Die griechischen Constitutionen wurden weggelassen, und die Inscriptionen und Subscriptionen meistens vernachläßigt [1]). Erst seit dem sechzehnten Jahrhundert ist der Coder aus vorbononiensischen Handschriften und anderen Hülfsmitteln vollständiger restituirt worden [2]). Die Vereinigung der zwölf Bücher geschah zuerst in der Ausgabe des Haloander 1530. Hinsichtlich der Behandlung der Institutionen ist nichts zu bemerken, als daß auch für sie aus Handschriften Varianten gesammelt, und daß sie in das volumen parvum gestellt wurden.

101. Von den Novellen [1]), wovon die Meisten in griechischer Sprache erlassen waren, hatte Justinian keine officielle Sammlung veranstaltet, sondern sie circulirten einzeln. Doch

---

2) Ausführlicher behandelt dieses Alles Savigny Röm. Recht im Mittelalter III. §. 164—177.

1) Man sehe Savigny Röm. Recht im Mittelalter III. §. 178. 179.

2) Sehr genau handeln davon: F. A. Biener und C. G. Heimbach Beiträge zur Revision des Justinianischen Coder. Berlin 1833. Auch gehört dahin: Witte die leges restitutae des Justinianischen Coder. Breslau 1830.

1) Ueber diesen verwickelten Gegenstand ist durch das folgende meisterhafte Werk Licht verbreitet: Biener Geschichte der Novellen Justinians. Berlin 1824. Zu vergleichen ist ferner Savigny Röm. Recht im Mittelalter III. §. 181—184.

wurden schon bei seinen Lebzeiten mehrere Privatsammlungen gemacht, darunter eine, welche 134 Novellen enthielt. Diese wurde schon im frühen Mittelalter, man weiß nicht wann und wo, genau wörtlich ins Lateinische übersetzt. Eine solche Sammlung kam unter dem Namen liber authenticorum dem Irnerius in die Hände, wurde von ihm nach einigem Bedenken als ächt anerkannt, glossirt und kam so in Bologna in Gebrauch[2]). Hier wurde sie bereits um die Mitte des zwölften Jahrhunderts durch Weglassung der unpraktischen Novellen auf 97 Novellen reducirt, in neun Collationen und 98 Titel eingetheilt, indem man aus der achten Novelle zwei Titel bildete, und in das volumen parvum gestellt. Diese Sammlung wurde nun fortwährend das authenticum, und die einzelnen Novellen die authenticae genannt. Als das neueste Recht enthaltend wurden häufig, hauptsächlich von Irnerius, Auszüge daraus als Parallelstellen zur Seite der betreffenden Stellen des Codex, besonders in den neun ersten Büchern, der Institutionen und Novellen bemerkt, und diese bei der Anfertigung der Handschriften mit abgeschrieben oder gar in den Text selbst eingerückt. Später als Accursius im dreizehnten Jahrhundert durch seine Glossensammlung die Gestalt der Justinianischen Werke fixirte, behielt er nur die in den neun ersten Büchern des Codex vorkommenden Auszüge aus den Authentiken, und unter diesen, mit wenigen Ausnahmen, nur die des Irnerius bei. Zuletzt ist diesen Auszügen aus den authenticae allein der Name authenticae geblieben[3]). Uebrigens hat jene Novellensammlung die ihr zu Bologna gegebene Form nicht behalten. Seit dem sechzehnten Jahrhundert wurden aus den im Orient und anderwärts erhaltenen Hülfsmitteln die Novellen vollständiger, auch in der griechischen Ursprache, herausgegeben, und von dem griechischen Texte, statt jener alten versio vulgata,

---

2) Eine Ausgabe dieser Sammlung ist: Authenticum. Novellarum Constitutionum Iustiniani Versio Vulgata — instr. G. E. Heimbach. Lips. 1846. 2 vol.

3) Man vergleiche dazu Savigny III. §. 195. 208. IV. §. 14—22.

neue Uebersetzungen gemacht. So hat man bis jetzt von Justinian 166 Novellen zusammengebracht [4]).

102. Der Gesichtspunkt, unter welchem die Doctoren zu Bologna die Justinianischen Werke behandelten, war vorherrschend der praktische. Sie brachten dieselben mit den Rechtsbedürfnissen ihrer Gegenwart in unmittelbare Verbindung, und bestimmten danach die Richtung ihrer Auslegung. Selbst den Stellen, die sich auf eigenthümlich römische Verhältnisse beziehen, wußten sie oft sehr scharfsinnig eine Anwendbarkeit abzugewinnen. Wo sie aber eine Stelle gar nicht praktisch oder dem Geiste ihrer Zeit durchaus widersprechend fanden, glossirten sie dieselbe nicht, und dieses genügte, um derselben jede praktische Beachtung zu entziehen (quod non agnoscit glossa, nec agnoscit curia). So stellte sich die Wissenschaft durch das Organ dieser Schule zwischen das römische Recht und das Leben in die Mitte, und indem sie dem Richteramt einen neuen überaus reichhaltigen Stoff zuführte, half sie ihm die Schwierigkeiten bei dessen Anwendung überwinden, und den Abstand ausgleichen, der zwischen der Gegenwart und den in so entfernter Vorzeit und unter ganz anderen Verhältnissen gebildeten Rechtsquellen bestand.

103. Jene praktische Richtung führte nothwendig dazu, daß die Doctoren zu Bologna auch die unter ihren Augen geltenden germanischen Rechtsquellen in ihren Vorlesungen und schriftstellerischen Arbeiten berücksichtigten. Dahin gehört zuerst der oben erwähnte [1]) liber lombardae [2]), dessen Ansehen aber immer nur auf Italien beschränkt blieb. Ferner gehört dahin die Sammlung für das Langobardische Lehnrecht [3]). Diese wurde schon im zwölften Jahrhundert in den Lehrunterricht aufgenommen, und

4) Die Resultate aller dieser Nachforschungen finden sich in der Ausgabe der Novellen von Osenbrüggen in Kriegel Corpus iuris civilis. Lips. 1833. 4.

1) Man sehe §. 96.

2) Nach Savigny III. §. 187. wäre darüber nicht gelesen worden; Merkel Langobardenrecht S. 23. behauptet aber das Gegentheil.

3) Man sehe oben §. 96.

von Hugolinus Presbyteri († 1233) im volumen parvum den neun Collationen des authenticum angehängt, wovon sie den Namen decima collatio erhielt [4]). Endlich war es bei der Stellung, welche die Schule von Bologna einnahm, natürlich, daß sie auch die erscheinenden kaiserlichen Constitutionen von allgemein eingreifender Wichtigkeit berücksichtigte. Zu diesem Zwecke wurden zwei Gesetze von Friedrich I. und elf Stücke aus einem Gesetze Friedrich des II. von 1220 [5]) in den Codex an den geeigneten Stellen eingerückt und in den Vorlesungen erklärt. Friedrich I. hatte dieses bei einem Gesetze [6]), und Friedrich II. bei seinem Gesetze ausdrücklich so verordnet [7]). Hugolinus Presbyteri stellte dann diese Constitutionen in der zehnten Collation des authenticum hinter dem Lehnrechtsbuch zusammen. Zwar fand dieses wenig Nachahmung; doch ist ihnen davon der Name authenticae geblieben [8]).

104. Die äußere Einrichtung der Quellen war also nun folgende: Digestum velus, infortiatum, novum, Codex, das heißt die ersten neun Bücher mit den eingerückten Authentiken, und Volumen. Letzteres enthielt die Institutionen, das Authenticum oder die Novellen in neun Collationen, das Lehnrechtsbuch in der zehnten Collation, und die drei letzten Bücher des Codex. Durch Accursius, der zum Ganzen seit 1220 eine große Glosse compilirte, die nun immer mit abgeschrieben wurde, erhielt dasselbe eine fixirte Gestalt [1]).

J) Autorität des canonischen Rechts für das weltliche Forum.

105. Die Schule von Bologna wurde auch für das cano-

---

4) Man sehe Savigny III. §. 194.

5) Das Gesetz steht in seiner ursprünglichen Gestalt bei Pertz Leg. II. 243—245.

6) Dieses steht bei Pertz Leg. II. 114.

7) Diese Verordnung steht oben §. 97. Note 5.

8) Man sehe Savigny III. §. 188. 193. 194. 196.

1) Die Darstellung war etwas ausführlich, weil hier auf eine klare zusammenhängende Anschauung Vieles ankommt.

nische Recht sehr wichtig. Angeregt durch das Studium des römischen Rechts, wurde seit der zweiten Hälfte des zwölften Jahrhunderts eine daselbst von Gratian angefertigte reichhaltige Sammlung der canonischen Rechtsquellen zum Gegenstand von Vorlesungen gemacht. Dadurch entstand, neben den Doctoren des römischen Rechts oder Legisten und von diesen getrennt, eine Schule der Doctoren des canonischen Rechts, der Canonisten oder Decretisten, deren Vorlesungen von den Scholaren gleichmäßig besucht wurden [1]). Diese Canonisten erhoben sich auch zu solchem Ansehen, daß die Päpste, in ähnlicher Art wie die Kaiser, denselben die von ihnen veranstalteten Sammlungen der seit Gratian erlassenen Decretalen zum Gebrauch bei den Vorlesungen und bei den Gerichten zuschickten [2]). So wurden die Sammlung des Gratian und drei Decretalensammlungen, wovon noch beim Kirchenrecht die Rede sein wird, von der Schule recipirt, mit einer stehenden Glosse versehen und von Bologna aus im ganzen Abendlande verbreitet.

106. Der durch die Schule von Bologna hervorgebrachte Umschwung der wissenschaftlichen Bildung wirkte sichtbar auch auf die kirchliche Gesetzgebung zurück, indem die Geschäftsmänner des päpstlichen Hofes und die Päpste selbst dort gebildet oder gar Lehrer daselbst gewesen waren [1]). Die Höhe, worauf das Papstthum stand, die Einwirkung auf alle Theile der kirchlichen Verwaltung, die Anfragen, die aus allen Ländern an den päpstlichen Stuhl gerichtet wurden, alles Dieses vereinigte sich, um in den zahlreichen Decretalen ein überaus feines und reichhaltiges Material hervorzubringen. Allerdings bezog sich dieses zunächst nur auf die Sphäre der geistlichen Verwaltung und der

---

1) Savigny Röm. Recht im Mittelalter III. §. 190.

2) Zuerst that dieses Innocenz III. 1210 mit seiner Sammlung. Man sehe mein Kirchenrecht §. 105. Nr. 10.

1) Raymundus de Pennafort, der die Decretalensammlung Gregors IX. anfertigte, hatte dort studirt und gelehrt, Sarti Archigymnasium Bonon. T. I. p. 331. Innocenz III. und Innocenz IV. hatten dort studirt; ersterer wahrscheinlich, letzterer gewiß auch dort gelehrt, Sarti T. I. p. 312. 344.

geistlichen Gerichte. Allein die durch den christlichen Standpunkt gegebene Anschauung, daß der Geist der Kirche als des Organes des göttlichen Rechts[2]) auch die Richtung der weltlichen Gesetzgebung bestimmen und beherrschen müsse, war so tief eingedrungen[3]), das Geistliche und das Weltliche war so innig in einander verwachsen, daß man dem canonischen Recht in Allem, was das Religiöse und Sittliche nur entfernt berührte, auch im weltlichen Forum folgte, und ihm vor dem römischen Recht den Vorzug gab. Die Schule war auch mit großer Aufmerksamkeit darauf bedacht, diesen Vorzug hervorzuheben und zu befestigen. Auf diese Weise wurde den recipirten Sammlungen des canonischen Rechts auch in den weltlichen Gerichten die Autorität einer Rechtsquelle zu Theil. Dadurch hat die Gesetzgebung der Kirche auf viele Materien des öffentlichen und Privatrechts einen noch jetzt fortdauernden Einfluß ausgeübt, und mit dazu beigetragen, das römische Recht dem Geiste unserer Zustände anzupassen. In der neueren Zeit ist zwar den Sammlungen des canonischen Rechts in vielen Ländern das Ansehen als Quelle des bürgerlichen Rechts wieder entzogen worden; allein das in ihnen enthaltene Recht wirkt so nachhaltig fort, daß die Wissenschaft das Zurückgehen auf sie nicht entbehren kann.

K) Eingang der fremden Rechte in Deutschland.

107. Die Sammlung des Gratian war durch das Ansehen der Schule, die drei Decretalensammlungen durch die Autorität des Papstes so unterstützt, daß dieselben in Deutschland wie anderwärts von der Geistlichkeit als Richtschnur der geistlichen Gerichte alsbald angenommen wurden. Dieses wirkte auch für das weltliche Forum in so fern, daß die Sachen, die in jenen Sammlungen als geistliche Sachen erklärt und nach deren Grundsätzen entschieden waren, auch von dem weltlichen Gericht als entschieden anerkannt werden mußten[1]). Zu dem Ansehen des

2) Ueber die Bedeutung desselben sehe man oben §. 91. Note 1—3.

3) Man vergleiche darüber Gratian in seiner Sammlung Dist. X.

1) So ist der Schwabensp. 1 b. Laßb. zu verstehen.

canonischen Rechts trugen die **Universitäten bei, die nun in Deutschland gegründet** wurden: Prag 1348, **Wien 1365, Heidelberg 1386, Cöln** 1388, **Erfurt** 1392, **Leipzig 1408, Rostock 1415, Löwen 1426, Mainz 1441, Greifswald 1456, Basel 1459, Freiburg 1460**, Trier und Ingolstadt 1472, Tübingen 1477, Wittenberg 1502, Frankfurt an der Oder 1506. Auf diesen wurde bis ins fünfzehnte Jahrhundert fast nur das canonische Recht gelehrt, und auf die Erlaubniß dazu bezog sich das päpstliche Privilegium, das zur Gründung gehörte. Auf das Recht vor den weltlichen Gerichten hatte von den fremden Rechten zuerst das canonische Recht in den mit seinem Geiste zusammenhängenden Lehren Einfluß, wie hinsichtlich der Gültigkeit der Testamente, der allgemeinen Klagbarkeit der Verträge, der Gültigkeit eines eidlich bestärkten Erbverzichts. Langsamer gieng es mit dem römischen Recht. Zwar war es durch die Deutschen, die in großer Zahl in Bologna studierten, bekannt geworden, und es wurde auch hin und wieder in Urkunden und Stadtrechten darauf Bezug genommen. Allein dieses blieben vereinzelte Anführungen [2]). Auf den deutschen Universitäten wurde erst im Laufe des fünfzehnten Jahrhunderts regelmäßig darüber gelehrt. Diese gelehrten Doctoren kamen nun als Räthe in das kaiserliche Kammergericht, als Kanzler in den Rath der Landesherren, als Stadtschreiber oder Syndici in den Stadtrath oder das Stadtgericht, und brachten hier die neue Wissenschaft zur Anwendung. Besonders trugen dazu die darnach gearbeiteten Formularien und andere practischen Hülfsbücher bei. Befestigt wurde dieses Alles endlich durch die Kammergerichtsordnung von 1495, welche die Hälfte des Gerichts mit Doctoren der Rechte zu besetzen, und die Beisitzer auf des Reichs gemeine Rechte zu vereiden vorschrieb [3]). Ganz ohne Kampf war freilich dieser Uebergang nicht, indem die ungeschickte Anwendung eines fremdartigen Rechts durch büchergelehrte Juristen, denen das ein-

---

2) Diese sind gesammelt von Riccius Spicilegium quo usus iuris Romani in aulis Germaniae principum eruitur. Francof. 1738. 4.

3) Kammergerichtsordnung von 1495. §. 1. (Koch Reichsabsch. II. 6).

heimische Gewohnheitsrecht unbekannt und selbst zuwider war, bei der Ritterschaft und dem Landvolk an manchen Orten Widerspruch erregte [4]). Mit den Justinianischen Rechtsbüchern erhielt auch das langobardische Lehnrechtsbuch, welches hinter den Novellen die zehnte Collation bildete, das Ansehen eines gemeinen Rechts [5]).

L) Einwirkung des römischen Rechts auf die Stadt- und Landrechte.

108. Das Eindringen des römischen Rechts hatte auf das einheimische Recht eine doppelte Wirkung. Einmal erkannte man das Unzureichende der alten in roher Form aufgezeichneten Stadt- und Landrechte. Zweitens fühlte man das Bedürfniß, das einheimische Recht mit dem fremden Rechte in den am häufigsten vorkommenden Materien zu einem Ganzen zu verarbeiten. Zuerst geschah dieses in den Städten, wo unter der Mitwirkung des Syndicus, oder durch die vom Rathe aus seiner Mitte beauftragten Doctoren, Reformationen der Stadtrechte in jener Richtung vorgenommen wurden. Von dieser Art sind die Nürnberger Reformation von 1479 revidirt 1564, die Statuten von Freiburg von 1520, die Reformation von Frankfurt von 1578, das Stadtrecht von Lübeck von 1586, die Hamburger Statuta von 1605 (nicht 1603). Dasselbe geschah auf Betreiben der Landesherren mit den Landrechten. Beispiele sind die Statuten der Markgrafschaft Baden von 1511, die Reformation der bayrischen Landrechte von 1518, das Landrecht von Würtemberg von 1554 revidirt 1567 und 1610, das Solmser Landrecht von 1571, die sächsischen Constitutionen von 1572, das Landrecht der Churpfalz von 1582 [1]). Durch diese Stadt- und Landrechte ist vieles ächt Deutsche im Recht gegen die ankämpfende fremde

4) Ein Beispiel ist abgedruckt in meiner Deutschen Rechtsgesch. §. 354. Note 17.

5) Gute Nachweisungen giebt darüber Eichhorn Deutsche Rechtsgesch. III. §. 441. Anmerk.

1) Eine gute Beleuchtung dieser Stadt- und Landrechte giebt Gerber das wissenschaftliche Princip des gemeinen deutschen Privatrechts. S. 158—236.

Jurisprudenz gerettet [2]), freilich aber auch die Einwirkung der fremden Rechte durch die in dieser Schule gebildeten Redactoren vielfach befestigt worden. Auch blieben die fremden Rechte neben diesen Particularrechten als das gemeine subsidiäre Recht bestehen, und übten so durch ihre Reichhaltigkeit und Ausbildung fortwährend einen überwiegenden Einfluß aus.

M) Heutiger Rechtszustand in Deutschland.

109. Mit den Fortschritten der Rechtswissenschaft, besonders durch tiefer eingehende historische Studien, wurde man sich der Eigenthümlichkeit des deutschen Rechts klarer bewußt. Man erlangte die Fähigkeit, die Anwendbarkeit des römischen Rechts auf die deutschen Verhältnisse genauer zu bestimmen, und dadurch die praktische Jurisprudenz von vielen überlieferten Irrthümern zu reinigen. Die Doctrin wäre dazu hinreichend gewesen; allein in mehreren Ländern wurde der Weg der Gesetzgebung für sicherer und bequemer gehalten. Dazu trugen noch zwei andere Ursachen bei. Einmal die in der Theorie wie bei den Geschäftsmännern gangbare Ueberschätzung des Antheils, den die Gesetzgebung an der Bildung des positiven Rechtes hat. Dann der Umstand, daß in der That vielerlei praktisch wichtige Controversen aufgekommen waren, die man auf dem Wege der Gesetzgebung schlichten zu müssen glaubte. So kam man auf die Anfertigung großer Gesetzbücher.

110. Das erste Gesetzbuch dieser Art war der Codex Maximilianeus bavaricus civilis für das damalige Bayern vom Jahr 1756, von Kreittmayr verfaßt. Ueber den Zweck desselben sagt das Genehmigungspatent: „es sei darin eben nicht viel Neues enthalten, sondern nur das ältere, sowohl gemeine als statutarische Recht, wie solches in hiesigen Kurlanden bisher meistentheils gangbar gewesen, aus seiner fast unübersehbaren Weitschweifigkeit und höchst beschwerlichen Unordnung in solche Gestalt und Enge gebracht worden, — daß es auch jeder, welcher

2) Ausgezeichnet und wahrhaft musterhaft ist in dieser Hinsicht das Geldernsche Landrecht von 1619.

selbes entweder von Amts- oder eigener Angelegenheiten wegen zu wissen bedarf, desto leichter begreifen, behalten und befolgen kann." Zugleich wurde verordnet, daß das im Gesetzbuche etwa dem Sinn oder den Worten nach Zweifelhafte „aus denen gemein-geschrieben-natürlich- und andern ehemahligen Rechts-Principiis" ohne weitere Rückfrage von den Obrigkeiten gefunden und entschieden werden solle. Das Gesetzbuch wurde also des bequemeren Gebrauches wegen an die Stelle aller bisherigen gemeinen und statutarischen Rechte gesetzt, und diesen nur noch die Bedeutung eines wissenschaftlichen Hülfsmittels gelassen [1]. Das Material darin ist überwiegend auf das römische Recht gebaut. In Preußen wurde die Abfassung eines Gesetzbuches schon von Friedrich II. 1746 angeregt, worauf das vom Großkanzler Cocceji ausgearbeitete „Project des Corporis iuris Fridericiani" 1749 erschien. Nach langer Unterbrechung verordnete der König 1780 aufs Neue die Ausführung, in Folge dessen der vom Großkanzler Carmer mit der Beihülfe von Suarez seit 1784 ausgearbeitete Entwurf 1788 vorgelegt, und 1794 als das Allgemeine Landrecht für die preußischen Staaten publicirt wurde. Dasselbe sollte jedoch nur an die Stelle der fremden subsidiären Rechte treten, die besonderen Provinzialrechte und Statuten aber bestehen bleiben. In Oesterreich begannen die Vorarbeiten zu einem Gesetzbuch schon 1753, rückten aber langsamer vor, so daß dasselbe nach mancherlei Wechsel erst 1811 zur Vollendung kam. Dadurch wurden aber nicht blos die gemeinen Rechte, sondern auch alle auf die Gegenstände des neuen Gesetzbuches sich beziehenden Gesetze und Gewohnheiten außer Wirksamkeit gesetzt. Man kann daher jetzt in Deutschland eine dreifache Klasse von Ländern unterscheiden: solche, wo die fremden Rechte noch das gemeine Recht sind und die Particularrechte neben sich haben;

---

1) Es ist ein Irrthum, wenn Einige dieses so verstehen, daß die bisherigen Rechtsquellen als solche fortgegolten hätten. So thut Beseler Deutsches Privatrecht I. 208., Bluhme Encyclopädie §. 140. Dawider ist, daß sie ausdrücklich als „ehemalige" bezeichnet werden. Die richtige Ansicht hat Mittermaier Deutsches Privatrecht I. §. 18.

solche, wo ein neues Gesetzbuch an die Stelle der fremden subsidiären Rechte getreten ist, die Particularrechte aber fortbestehen; endlich solche, wo durch ein neues Gesetzbuch sowohl die gemeinen fremden, als die einheimischen Particularrechte verdrängt worden sind. Ueber den Werth der neuen Gesetzbücher können die Ansichten verschieden sein. Jedenfalls haben sie den Vortheil gebracht, daß man sich der Rechtsbedürfnisse der Gegenwart und der germanischen Elemente in unserem Rechte bestimmter bewußt geworden, und daß man sich vom römischen Recht mehr zu emancipiren gelernt hat. Doch dürfen sie nicht als etwas Selbstständiges und Abgeschlossenes betrachtet werden, sondern es bleibt zu ihrem Verständniß und zu ihrer Ergänzung immer Bedürfniß, auf ihre Elemente zurückzugehen.

N) Die französischen Gesetzbücher.

111. Zu den Rechtsquellen sind in der neuesten Zeit in einigen deutschen Territorien noch die französischen Gesetzbücher gekommen. Dieses macht einen Rückblick auf die Entwicklungsgeschichte des französischen Rechts nöthig [1]). Vom zehnten Jahrhundert an gestalteten sich hier die Rechtsquellen auf dieselbe Weise wie in Deutschland. Das Recht wurde nicht mehr nach den Volksrechten, sondern nach dem Herkommen gewiesen; es entstanden daher in den Städten und auf dem Lande örtliche Gewohnheitsrechte, worin der Inhalt der Volksrechte zum Theil fortlebte. Etwas Eigenthümliches war nur, daß hier, besonders in den Städten, häufig die Angehörigen verschiedener Nationen neben einander lebten, deren Jede ihr eigenes Recht hatte [2]). Das örtliche Gewohnheitsrecht, das sich hier bildete, war daher aus verschiedenen Elementen gemischt. Aus diesem Grunde blieb aber in der südlichen Hälfte von Frankreich, wo die römische Bevölkerung die große Mehrzahl ausmachte, das römische Recht herrschend, und die Justinianischen Werke fanden hier eine will-

---

1) Die neuesten Werke über die französische Rechtsgeschichte sind von Schaeffner 1846, Warnkönig 1846, Laferriere 1853.

2) Man sehe oben §. 38.

kommene Aufnahme. Daher wurden diese Länder die pays du droit écrit genannt. In der nördlichen Hälfte dagegen schlossen sich die örtlichen Gewohnheitsrechte an die alten Volksrechte an, und waren in Geist und Inhalt den deutschen Statutarrechten ganz ähnlich. Diese Länder hießen daher die pays du droit coutumier. Als eine Aufzeichnung der Gewohnheitsrechte aus gleichen Gründen wie in Deutschland Bedürfniß wurde, verfaßte Beaumanoir 1283 „li livres des Coustumes et des Usages de Biauvoizins“ in 70 Kapiteln. Das Werk entspricht ganz dem Sachsenspiegel, und fand wie dieser eine weite Verbreitung; jedoch ist es weit mehr zusammenhängend und wissenschaftlich ausgebildet [3]). Als dann das römische Recht immer mehr in die Praxis eindrang, entstanden Hülfsbücher, die den Zweck hatten, das römische und einheimische Recht für die praktische Anwendung zu einem Ganzen zu verarbeiten. Von dieser Art sind der sogenannte grand coutumier de Charles VI. [4]) und die Somme rurale von Bouteiller [5]), Beide aus dem vierzehnten Jahrhundert. Diese Werke entsprechen dem Laienspiegel des Ulrich Tengler, sind aber viel wissenschaftlicher gearbeitet. Seit der Mitte des fünfzehnten Jahrhunderts geschahen wie in Deutschland, aber auf Betreiben der Könige, officielle Redactionen der örtlichen Gewohnheitsrechte. Auch griffen die Könige, besonders Ludwig XIV. und Ludwig XV., in das Privatrecht durch die mit Geschick und praktischem Sinn gearbeiteten Ordonnanzen tief ein, welche sie über einzelne wichtige Materien erließen, und wodurch sie darin das Recht für ganz Frankreich gleich machten. Daneben behauptete die Jurisprudenz der Gerichtshöfe ein durch Gediegenheit und Geschmack wohlverdientes Ansehen.

---

3) Herausgegeben wurde es von Thaumassière 1690, und nach bessern Handschriften von Beugnot 1842.

4) Es giebt davon sehr selten gewordene Ausgaben, die ältesten ohne Angabe des Jahres, dann von 1515, 1539 und 1598. Eine neue Ausgabe von Laboulaye soll unter der Presse sein.

5) Die erste Ausgabe erschien 1479. Dann folgten die Ausgaben von 1486, 1488, 1491, 1494, 1531, 1537, 1603, 1611, 1612, 1621. Man sieht, wie sehr dieses Buch gebraucht wurde.

112. Die durch die französische Revolution eingetretene Zerstörung fast aller bisherigen Verhältnisse machte die Abfassung eines neuen Gesetzbuches unerläßlich. Nach einigen vergeblichen Versuchen wurde auf Betreiben des ersten Consuls 1800 ein Entwurf ausgearbeitet und nach sorgfältiger verfassungsmäßiger Discussion 1804 als Gesetzbuch publicirt. Diese Publication erstreckte sich auch auf das ganze deutsche linke Rheinufer, welches schon seit 1801 an Frankreich abgetreten war, und hier ist auch nach der 1814 geschehenen Wiedervereinigung mit Deutschland das Gesetzbuch gelassen worden. Dasselbe wurde aber nachmals auf Betreiben der französischen Politik noch in mehreren Gebieten auf dem rechten Rheinufer eingeführt, jedoch nach dem Sturze der französischen Herrschaft meistens wieder abgeschafft. Nur in zwei Staaten ist es geblieben: im Großherzogthum Baden, wo es 1809 als Badisches Landrecht mit einer Reihe von Zusatzartikeln, und im Großherzogthum Berg, wo es 1810 ohne alle Aenderung eingeführt worden war. Wo es gilt, sind alle älteren, sowohl gemeinen als statutarischen Rechte, aufgehoben.

113. Was den Werth und Inhalt dieses Gesetzbuches betrifft, so muß man in ihm dreierlei Bestandtheile unterscheiden. Einiges ist aus den französischen Statutarrechten genommen, namentlich aus der coutume de Paris, die durch ihre trefflichen Bearbeitungen ein großes Ansehen genoß. Dieses ist ganz germanischer Art und Abkunft, und uns seinem Geiste nach nicht fremd. So das Familienrecht, die Vermögensverhältnisse unter Ehegatten, ein Theil des Erbrechts. Anderes ist ganz aus dem römischen Recht, oder vielmehr aus den Bearbeitungen desselben von Pothier, genommen. Noch Anderes ist nach den Bedürfnissen unserer fortgeschrittenen bürgerlichen Verhältnisse neu gebildet. Darin ist zwar Manches irrig, was mit falschen Zeitideen zusammenhängt, Manches aber gut und zweckmäßig. Besonders zu loben ist an dem Gesetzbuch die präcise Fassung und Kürze, wodurch man der Ergänzung durch die Wissenschaft und Praxis Raum gelassen hat. Durch diese Vorzüge hat sich das Gesetzbuch eingebürgert, und allmählig selbst die Anerkennung der-

jenigen erlangt, die sich früher aus einseitiger ungenügender Bekanntschaft gegen dasselbe erklärt hatten.

O) Das jüdische Recht [1]).

114. Von allen diesen Quellen unabhängig hat sich bei der in den deutschen Ländern lebenden jüdischen Bevölkerung ein eigenthümliches Recht erhalten. Die Geschichte dieses merkwürdigen von Gott auserwählten Volkes beginnt in Chaldäa, von wo die Juden zweitausend Jahre vor Christi Geburt durch ihren Stammfürsten Abraham nach Canaan geführt wurden. Zur Zeit Josephs seines Urenkels erhielten sie Aufnahme und feste Wohnsitze in Aegypten, wurden aber etwa 1500 Jahre vor Christi wegen großer Bedrückungen von Moses wieder ausgeführt, und erhielten von ihm, dem Vertrauten Gottes, während der langen Wanderung durch die Wüste die demselben geoffenbarten Grundgesetze ihres Rechts und ihrer Verfassung. Von Josua um 1440 v. Chr. in das ihnen verheißene Stammland Canaan wieder zurückgeführt, lebten sie hier zuerst unter Richtern, dann unter Königen. Nach Salomon 975 v. Chr. theilte sich aber das Reich in zwei, Juda und Israel, die sich durch Fehden unter einander schwächten. Dadurch wurden die Juden den großen Monarchieen unterthan, die nach einander in Asien aufkamen, der babylonischen seit 600 v. Chr., der persischen seit 530, der Alexander des Großen seit 332, der des Ptolemäus in Aegypten seit 320, und der syrischen Herrschaft des Antiochus seit 197. Von dieser machten sie sich 167 v. Chr. dreißig Jahre lang frei, kamen aber dann unter dem Namen von Bundesgenossen in die Abhängigkeit von den Römern, standen nun theilweise unter ihren eigenen Königen, theilweise und zuletzt ganz unter römischen Procuratoren, wodurch sie zu Empörungen gereizt wurden, die 70 Jahre nach Christus mit der Zerstörung Jerusalems, der Zerstreuung der Juden und der Verödung Judäas endigten.

115. Auch nach der Zerstreuung hatten aber die Juden im

---

1) Man findet die Litteratur sowohl über die Geschichte der Juden als die des jüdischen Rechts in Warnkönig Encyclopädie §. 72—74.

römischen Reiche in dem, was ihr Religionsgesetz angieng, eine wenig beschränkte Freiheit und eigene Verfassung. In den Städten hatten sie ihre Synagogen mit den entsprechenden Lehrern und Vorstehern. Ueber Diesen standen nach Provinzen Primaten, und über Diesen der Patriarch, bis diese Würde im Jahr 429 aufhörte. Vom Patriarchen, und später von den Primaten, wurden an alle Synagogen Apostel zur Erhebung der alten Abgabe an den Tempel umher gesandt. Die Juden waren unter den christlichen Kaisern selbst zu dem Decurionate und zur Advocatur, nur nicht zu den Staats- und Kriegsdiensten zugelassen [1]). In diesem Zustande fanden die Germanen die Juden in den römischen Provinzen vor, und behandelten sie wie die Römer als ihre Unterthanen. Der Gegensatz der Religion und die von den Juden selbst festgehaltene nationale Absonderung brachte zwar in ihrer bürgerlichen Stellung manche Ungleichheiten hervor. Doch aber behaupteten sie mit ihrer zähen Anhänglichkeit an den Glauben ihrer Väter auch das mit demselben innigst verwachsene eigenthümliche Recht, und sie wußten dieses auch so durchzuführen, daß sie die Berührung mit Nichtjuden möglichst vermieden, ihre Rechtshändel unter sich aber durch ihre Rabbinen als Schiedsrichter nach ihrem eigenen Rechte entscheiden ließen. Dieses wurde selbst von Seiten der christlichen Obrigkeiten mehr oder weniger anerkannt [2]).

116. Die Grundlage ihres Rechts bildete das Mosaische Gesetz, über dessen Handhabung und Auslegung aber in den Schulen uralte Ueberlieferungen bewahrt wurden. Den Inbegriff derselben nannte man die Mischnah, das heißt das zweite Gesetz. Als nun im dritten Jahrhundert die jüdischen Schulen in Palästina und am Euphrat wieder aufblühten, wo die Auslegung des Mosaischen Gesetzes die Hauptbeschäftigung war: so gab dieses den Lehrern Veranlassung, die überlieferten Lehren und Meinungen der früheren Zeiten aufzuzeichnen. Eine geordnete Sammlung solcher Tractate veranstaltete um das

---

1) Man sehe meine Römische Rechtsgeschichte §. 398.

2) Man sehe meine Deutsche Rechtsgeschichte §. 406. 407.

Jahr 220 Jehuda Hakkadosch, ein angesehener Lehrer in Tiberias. Seine Arbeit gelangte zu allgemeinem Ansehen, und behielt nun allein den Namen Mischnah. Spätere jüdische Lehrer erläuterten und ergänzten dieselbe, und diese Erklärungen wurden unter dem Namen Gemarah, das heißt die Lehre, wahrscheinlich am Ende des vierten Jahrhunderts zu Jerusalem, und um das Jahr 521 im Lande Babylon gesammelt. Es gab demnach eine hierosolymitische und eine babylonische Gemarah. Die Mischnah, in Verbindung mit einer der Gemarahs, bildet den Talmud, das heißt das Buch der Lehre, und es giebt danach einen Talmud von Jerusalem und einen von Babylon [1]. Alle diese Nachträge erhielten kanonisches Ansehen, nur so, daß bei einem Widerspruch die babylonische Gemarah, als die weit ausführlichere, vorgeht. So ist es wenigstens bei den Juden, die zur Secte der Rabbaniten gehören. Die Secte der Karaiten dagegen hat den Talmud verworfen und erkennt blos das alte Testament an. Eine Fortbildung erhielt der Talmud unter Andern durch Moses Maimonides († 1205), der in arabischer Sprache die jüdische Religions- und Rechtslehre philosophisch zu behandeln versuchte. Eine Bearbeitung derselben für den praktischen Gebrauch verfaßte im sechzehnten Jahrhundert der Rabbi Joseph ben Ephraim unter dem Namen Schulchan Aruch, das heißt der gedeckte Tisch, welches Werk zu großem Ansehen gelangte [2]. Einen Auszug daraus verfaßte Moses Mendelssohn 1798 [3], der viel gebraucht wird und in Holstein selbst Gesetzeskraft erhalten hat [4]. Die

1) Die vollständigste Ausgabe des Talmud, hebräisch und lateinisch, erschien von Surenhus zu Amsterdam 1698 in sechs Foliobänden. Eine neue Ausgabe mit deutscher Uebersetzung hat Pinner in Berlin 1842 begonnen. Deutsch erschien die Mischnah von Rabe 1760 in sechs Quartbänden.

2) Es erschien zuerst zu Venedig 1567, dann öfters. Eine deutsche Uebersetzung erschien von Loewe zu Hamburg 1837.

3) Ritualgesetze der Juden, betreffend Erbschaften, Vormundschaftssachen, Testamente und Ehesachen, in soweit sie das Mein und Dein angehen. Fünfte Auflage. Berlin 1826.

4) Die neuesten Werke über das jüdische Recht sind: Saalschütz das mosaische Recht nebst den vervollständigten thalmudisch-rabbinischen Bestimmun-

Fälle, wo die Landesgerichte das jüdische Recht zu berücksichtigen haben, werden aber immer mehr eingeengt.

II. System des heutigen Privatrechts. A) Uebersicht desselben.

117. Das Privatrecht ist die Summe der unter Menschen als Privaten wirklichen oder möglichen Rechtsverhältnisse [1]. In dem Begriff eines Rechtsverhältnisses liegen aber wesentlich drei Momente: ein Subject, dem das Rechtsverhältniß zusteht; ein Object, wodurch sein Inhalt bestimmt wird; und ein Grund, wodurch es sein Dasein erhalten hat. Solcher Gründe giebt es drei: ein Gesetz und was diesem gleich steht, ein Rechtsgeschäft, und die Verjährung. Diese Gründe werden aber besser mit den einzelnen Rechtsverhältnissen verbunden, nicht als ein Haupttheil für sich zusammengestellt. Es bleiben daher für das System aus dem Standpunkt der heutigen wissenschaftlichen Anschauung zwei freilich sehr ungleiche Haupttheile übrig: die Lehre von dem Subjecte, und die von den Objecten der Rechtsverhältnisse [2]. Als solche Objecte ist nur zweierlei denkbar: Personen oder Sachen. Dieses entspricht der durch die Ordnung der Natur gesetzten Eigenthümlichkeit des Menschen, die ihn einerseits zu mancherlei Verbindungen und Verhältnissen mit anderen Menschen hinführt, andererseits ihn aber auch durch mannichfaltige Bedürfnisse und Interessen an den Erwerb und Verkehr mit Sachen fesselt. Die Classification der Rechtsverhältnisse an Personen wird unten entwickelt werden. Die Beziehung einer Person zu dem Gebiete der Sachen kann aber eine doppelte sein: entweder findet ein unmittelbares Verhältniß einer Person an einer Sache statt, so daß ein Dritter dabei gar nichts zu thun hat; oder man hat Etwas nur mittelbar in seinem Vermögen dadurch, daß

gen. Zweite Ausgabe. Berlin 1853., 2 Bde., Hirsch B. Fassel das mosaische rabbinische Civilrecht. Wien 1852. 2 Thle.

1) Man sehe oben §. 56.

2) Durch die richtige Auffassung und Durchführung dieser Grundeintheilung ist die Schärfe und Correctheit des Systems bedingt. Doch wird dieses keineswegs allgemein erkannt. Eine Kritik würde hier zu weit führen.

man von einer andern Person eine Sache oder Vermögensleistung zu fordern hat. Die Rechtsverhältnisse, die sich auf Sachen beziehen, zerfallen also in das eigentliche Sachenrecht und in das Recht der Forderungen oder das Obligationenrecht. In dem Einen wie dem Andern kommt die Sache oder die Forderung zunächst nur als eine Einzelnheit in Betracht. Es liegt aber in der Natur der menschlichen Verhältnisse, daß die an einer Person hängenden Sachen, Forderungen und Schulden als eine Gesammtheit, als ein Vermögen angesehen, und in den geeigneten Fällen auch juristisch als ein solches behandelt werden. Solcher Fälle giebt es regelmäßig zwei. Einmal üben die Familienverhältnisse, die Ehe und das elterliche Verhältniß, auf das Vermögen häufig einen wichtigen Einfluß aus. Zweitens kommt das Vermögen als Gesammtheit bei dem Tode eines Menschen, bei der Beerbung, in Betracht. Die Rechtsverhältnisse, die sich auf Sachen beziehen, zerfallen also in vier Klassen. Etwas Künstliches und Eigenthümliches waren und sind zum Theil noch jetzt die Rechtsverhältnisse besonderer Stände, des Adels- und Bauernstandes. Diese äußern sich in den Verhältnissen der Personen, des Vermögens, der Familie und der Beerbung. Sie könnten daher unter jene Rubriken vertheilt werden. Sie werden jedoch wegen ihres eigenthümlichen Geistes und Zusammenhanges besser hinter den Rechtsverhältnissen an Personen und an Sachen als eine dritte aus Beiden gemischte Kategorie zusammengestellt.

118. Die römischen Juristen haben in ihrem uns bekannten System eine andere Anschauung. Sie sagen: alles Recht beziehe sich entweder auf Personen, oder auf Sachen oder auf Actionen [1]). In dem ersten Theile, der weder besonders tief noch erschöpfend angelegt ist, wird die Lehre von dem Subjecte der Rechtsverhältnisse als solche gar nicht, und die Lehre von den Rechtsverhältnissen an Personen nur in so weit berührt, als sie mit den dort aufgestellten Eintheilungen der Personen zusammen-

---

1) Gaius I. 11. De iuris divisione. Omne autem ius quo utimur, vel ad personas pertinet, vel ad res, vel ad actiones. Diesem folgen auch die Institutionen Justinians.

hängt [2]). In dem zweiten Theile wird bei der Lehre von dem Erwerbe und der Veräußerung der Sachen die Einwirkung der Vormundschaft und der Gewaltverhältnisse erwähnt, was einigermaßen der Einwirkung der Familienverhältnisse auf das Vermögen nach dem heutigen System entspricht; dann folgt die Lehre von dem Erwerbe eines Vermögens als Gesammtheit, namentlich durch Beerbung; endlich die Lehre von den Obligationen als noch zum Gebiete der Sachen gehörend [3]). Der dritte Theil handelt von den Formen und Eigenthümlichkeiten, welche die Rechte dadurch annehmen, daß sie vor Gericht verfolgt werden. Es kommt aber darin auch vieles rein Aeußerliche und Processualische vor. Jetzt treten diese Eigenthümlichkeiten nicht mehr so scharf hervor, und es wird das, was darüber zu sagen wäre, besser mit der Darstellung der Rechtsverhältnisse verbunden oder in das Proceßrecht verwiesen. Wir sind daher in der Kunst der Systematik weiter als die Römer. Zu einem besondern Theile für das Ständerecht fehlte es ihnen an Stoff.

B) Von den Subjecten der Rechtsverhältnisse. 1) Physische Personen.
a) Von der Rechtsfähigkeit.

119. Um Subject von Rechtsverhältnissen zu sein, muß man Rechtsfähigkeit haben. Diese ist immer das Erzeugniß einer Staatsverbindung und des positiven Rechtes, weil es außerhalb des Staates Rechte und einen Schutz derselben nicht giebt. Die in einem Staate einem Menschen zuerkannte Rechtsfähigkeit kann sich auf einen dreifachen Grund stützen: entweder darauf, daß Einer vom positiven Recht als Person anerkannt ist, oder daß er auch Bürger ist, oder daß er auch Mitglied eines in rechtlicher Beziehung wichtigen Standes oder einer Genossenschaft ist. Die Römer nannten die von ihrem Recht einer Person zuerkannte Rechtsfähigkeit und die Summe der dadurch gegebenen

---

2) Das Nähere wird unten vorkommen (§. 128).

3) Daß die Obligationen noch zum zweiten, nicht wie Hugo meinte, zum dritten Theile gerechnet wurden, kann wohl nicht bezweifelt werden. Man sehe darüber Böcking Pandekten I. Anhang VI. Note 15.

Rechte ihr caput [1]). Die Deutschen nannten sie ihr ius, legalitas [2]), ihr Echt und Recht [3]).

120. Jenem dreifachen Grunde entspricht auch ein dreifacher Kreis von Rechten. Die Anerkennung eines Menschen als Person schließt in sich die Anerkennung der Freiheit oder des Rechts des eigenen Willens, weil dieses eine Person von einer Sache unterscheidet; ferner den Schutz an Leib und Leben, als des Trägers der Persönlichkeit, endlich den Schutz der Gerichte für alle rechtlichen Beziehungen, die allgemein menschlicher Art sind. Nach dem heutigen europäischen Recht sind alle in einem Staate lebenden Menschen auch Personen in jenem Sinne. Bei den Römern bestand hierin der Unterschied zwischen Freien und Unfreien. Der Unfreie hatte keinen eigenen Willen, sondern war Gegenstand des Willens des Herrn; er war daher im juristischen Sinne keine Person, sondern dem Herrn gegenüber rechtlos wie eine Sache [1]). Später wurde dieses zwar darin geändert, daß wegen Tödtung und grausamer Behandlung gegen den Herrn eine Klage gestattet, also in so weit die Persönlichkeit anerkannt war; allein in privatrechtlicher Beziehung, selbst für das Eherecht, ist jener Grundsatz geblieben. Im alten deutschen Recht war es eben so. Der Unfreie war dem Volksrecht fremd, und stand nur unter dem Hofrecht, welches lediglich nach dem Willen und Belieben des Herrn gebildet war [2]). Allmählig wurde

---

1) §. 4. J. de capit. deminut. (1. 16). Servus autem manumissus capite non minuitur: quia nullum caput habuit. — Fr. 2. pr. D. de capite minutis (4. 5).

2) Frider. I. const. contra incendiarios a. 1187. Universo iure et honore et legalitate sua privatus habeatur.

3) Sachsensp. III. 28. §. 1.

1) Fr. 3. §. 1. D. de capite minutis (4. 5). Servile caput nullum ius habet; ideo nec minui potest. — Fr. 32. D. de regul. iur. (50. 17). Quod attinet ad ius civile, servi pro nullis habentur: non tamen et iure naturali: quia quod ad ius naturale attinet, omnes homines aequales sunt.

2) Es ist ein Irrthum, wenn man zwischen dem alten römischen und dem alten deutschen Rechte hinsichtlich der Unfreien einen principiellen Unterschied behauptet; so Bluhme Encyclopädie II. §. 24. Man sehe dagegen meine Deutsche Rechtsgeschichte §. 360. 362. 363. 364. 366. 368.

dieses aber durchbrochen, und die Unfreien im Eherecht, in dem Schutz an Leib und Leben, im Klagrecht vor Gericht unter das Landrecht gestellt, so daß nun die Leibeigenen im Ganzen der gemeinen Rechtsfähigkeit theilhaftig, und nur in einzelnen Stükken an den Herrn gebunden waren.

121. Was die durch die Eigenschaft als Bürger bedingten Rechte betrifft, so liegt es in der Natur der Sache, daß die politischen Rechte, die Wahlrechte und der Zutritt zu den öffentlichen Aemtern nur einem Bürger zustehen können. Hinsichtlich der Privatrechte machten die Römer ebenfalls einen scharfen Unterschied zwischen den Bürgern und Nichtbürgern, indem sie den Letzteren nicht das Connubium und Commercium, die Fähigkeit zur vollbürgerlichen Ehe und zum quiritischen Eigenthum, sondern nur den Genuß dessen, was in diesen Verhältnissen allgemein menschlicher Art ist, zugestanden. Im Fortschritte der Zeit wurde aber diese Unterscheidung dadurch verwischt, daß durch den Einfluß des Christenthums und durch die Rücksicht auf die vielen Nichtbürger, die zum Reiche als Unterthanen gehörten, im Ehe- und Eigenthumsrecht das besondere Quiritische abgestreift, und das allgemein Menschliche zur alleinigen Geltung erhoben wurde. Bei den Germanen bestand ursprünglich derselbe Gegensatz; die Fremden waren, als nicht zur Rechtsgenossenschaft gehörend, fast wie rechtlos angesehen. Dieses änderte sich aber bei zunehmendem Verkehr. Durch des Königs Schutz wurden sie der Sicherheit der Person und des Eigenthums und des Klagrechts vor Gericht theilhaftig; durch das Christenthum erhielten sie das gleiche Eherecht wie die Einheimischen; und die Verbreitung des römischen Rechts trug ebenfalls zur Hebung und Ausgleichung ihres Rechts wesentlich bei. So war zwischen Einheimischen und Fremden im Privatrecht fast kein Unterschied mehr. Es blieb vom alten Recht nur der Unterschied, daß beim Tode eines Fremden das an seinem Aufenthaltsorte hinterbliebene Vermögen als herrenlos dem Fiscus gehörte, so daß weder das darüber errichtete Testament noch das Intestaterbrecht seiner Blutsfreunde dafür in Betracht kam. Aber auch dieses wurde, als dem Geiste der Humanität widersprechend,

von Friedrich II. 1220 für sein Reich aufgehoben [1]), was freilich nicht überall Nachahmung fand. Hiemit verwandt ist der Grundsatz, daß ein Fremder einen Inländer nicht beerben und nicht durch Schenkungen von ihm erwerben kann, oder daß er doch von dem ins Ausland gehenden Vermögen eine Abgabe entrichten muß. Auf diese beiden Sätze reducirt sich jetzt hauptsächlich die Ungleichheit der Ausländer gegen die Inländer. Aber auch diese Ungleichheit haben sich verschiedene Staaten erboten, bei sich unter Voraussetzung der Reciprocität aufzuheben [2]), und in Folge davon sind zwischen den meisten Staaten Staatsverträge in diesem Sinne geschlossen worden.

122. Welchen Einfluß die Theilnahme an einer engern Genossenschaft auf die Rechtsfähigkeit hat, hängt von den künstlichen Einrichtungen jedes Staates ab. Bei den Römern galt die Familienverbindung als eine solche, die selbst auf die allgemeine Rechtsfähigkeit einwirkte. Diese Ansicht besteht jetzt nicht mehr. Die Genossenschaften, die jetzt vorkommen, berühren die Rechtsfähigkeit nur partiell, das heißt nur in Beziehung auf die besonderen für diese Genossenschaft gegebenen Rechte. Diese fallen auch meistens nur ins öffentliche Recht. Die wichtigsten sind die Vorrechte des hohen Adels, namentlich dessen Connubium mit den regierenden Häusern.

b) Von der Verminderung der Rechtsfähigkeit.

123. Jenem dreifachen Kreise von Rechten entsprechend ist auch eine dreifache Verminderung der Rechtsfähigkeit denkbar. Die stärkste ist, wenn Einer ganz und gar rechtlos gemacht wird. Die Römer nannten dieses die capitis diminutio maxima, welche mit dem völligen Verlust der Freiheit verbunden war [1]). Bei

---

1) Frider. II. constit. in basilica Petri a. 1220. c. 8. Daraus entstand die Auth. Omnes peregrini. ad c. 10. C. communia de success. (6. 59).

2) So that das Preuß. Landrecht II. 17. §. 172. 173. Nachgeahmt hat dieses das Französ. Gesetzbuch Art. 11., dem also nicht die Ehre der ersten Erfindung gebührt.

1) Gaius I. §. 160., §. 1. J. de capit. deminut. (1. 16).

den Deutschen entspricht diesem die Friedlosigkeit, oder im Mittelalter die Echt- und Rechtlosigkeit. Der Unterschied ist jedoch der, daß der Friedlose der ungestraften Tödtung Preis gegeben war, also außer Landes gedrängt werden sollte [2]). Jetzt kommt weder das Eine noch das Andere mehr vor. Nur das französische Recht hat etwas Aehnliches in dem bürgerlichen Tod erfunden, der an gewisse Strafarten geknüpft sein soll [3]). Man hat sich aber dessen Natur nicht klar gedacht [4]). Ein geringerer Grad der Verminderung der Rechtsfähigkeit ist, wenn Einer blos der bürgerlichen Rechte beraubt wird, die natürlichen aber behält. Im römischen Recht entsprach diesem die capitis diminutio media [5]). Im deutschen Recht findet sich nicht etwas genau Entsprechendes, weil der scharfe Unterschied zwischen natürlichen und bürgerlichen Rechten, wie oben bemerkt, nicht zur Durchbildung gekommen ist. Endlich als capitis diminutio minima betrachteten die Römer die Veränderung der Familie im römischen Sinne [6]). Davon ist jetzt nicht mehr die Rede. Hingegen der bloße Verlust ausgezeichneter Standesrechte wurde von den Römern nicht als capitis diminutio angesehen [7]). Auch bei uns wird man darauf den Ausdruck, Verminderung der Rechtsfähigkeit, nicht leicht anwenden, wiewohl der Sache nach eine solche darin liegt.

---

2) Man sehe meine Deutsche Rechtsgeschichte §. 678. 679.

3) Französ. Gesetzbuch Art. 22—33.

4) Er ist weniger als die volle Rechtlosigkeit, weil die Freiheit und Sicherheit der Person bestehen bleibt. Er ist mehr als bürgerlicher Tod, weil auch die Ehe, also etwas allgemein Menschliches, dadurch zerstört wird. Dazu kommt die Inconsequenz, daß nach dem französ. Strafgesetzbuch Art. 18. der bürgerliche Tod auch an die Deportation geknüpft ist, während der Deportirte an dem andern Orte doch Mitglied der Gesellschaft bleiben soll, also doch die allgemein menschlichen Rechte behalten müßte.

5) Gaius I. §. 161., §. 2. J. de capit. deminut. (1. 16).

6) Gaius I. §. 162. 163., §. 3—6. J. de capit. deminut. (1. 16), fr. 11. D. de capite minut. (4. 5).

7) Fr. 3. D. de senator. (1. 9), §. 5. J. de capit. deminut. (1. 16).

c) Verhältniß der bürgerlichen Ehre zur Rechtsfähigkeit.

124. Es liegt in der sittlichen Natur eines jeden Staates, daß bei dem Genuß der Rechte und Vorzüge, welche die staatliche Verbindung gewährt, der Besitz der moralischen Würdigkeit vorausgesetzt wird. Dieser Besitz der ungeschmälerten moralischen Würde bildet die moralische Ehre, und der dadurch bedingte Genuß der vollen Rechtsfähigkeit in einem Staate bildet die bürgerliche Ehre. Daraus folgt weiter, daß derjenige, welcher durch schlechte Handlungen seine moralische Würde und Ehre vermindert hat, auch eine Verminderung seiner bürgerlichen Ehre und Rechtsfähigkeit zu erleiden hat. Nur muß, damit darin weder zu viel noch zu wenig geschehe, das positive Recht selbst aussprechen, welche schlechte Handlungen und bis zu welchem Grade solche eine Verminderung der Rechtsfähigkeit zur Folge haben sollen. Geht dieselbe so weit, daß dadurch die bürgerliche Ehre und Rechtsfähigkeit ganz zerstört wird, so fällt dieselbe mit der capitis diminutio media, mit dem Verluste der bürgerlichen Rechte zusammen. Es ist jedoch möglich, daß die gemeinen bürgerlichen Rechte bleiben, und nur diejenigen zerstört werden, welche ein besonderes Vertrauen und moralische Würdigkeit voraussetzen, wie die Fähigkeit zu öffentlichen Aemtern, das politische Wahlrecht, die Fähigkeit Anwalt, Testamentsexecutor, Zeuge bei feierlichen Geschäften zu sein. Im alten deutschen Recht nannte man dieses die Rechtlosigkeit, und in einigen besonderen Fällen die Ehrlosigkeit [1]; jetzt nennt man es gewöhnlich den Verlust der bürgerlichen Ehre. Im römischen Recht hieß dieses die infamia. Doch unterscheidet sich dieselbe durch zwei Eigenthümlichkeiten. Einmal darin, daß sie auch an die Verurtheilung in gewissen Civilklagen geknüpft war, bei der actio pro socio, tutelae, mandati, depositi [2], was ein feines Sittlichkeitsgefühl beweist, aber zu unseren Ansichten nicht mehr paßt. Zweitens darin, daß die infamia unmittelbar ohne Rich-

---

1) Man sehe darüber meine Deutsche Rechtsgeschichte §. 681—683.

2) Fr. 1. pr. fr. 6. D. de his qui notantur infam. (3. 2).

terspruch an gewisse Gewerbe oder unmoralische Handlungen geknüpft war, während nach den jetzigen Ansichten dazu immer ein richterliches Urtheil verlangt wird. Die Lehre von der infamia ist daher jetzt nur noch mit Unterscheidung anzuwenden. Uebrigens enthält die infamia in Wahrheit auch eine capitis diminutio, und es hängt nur mit den Zufälligkeiten subjectiver Auffassung zusammen, daß sie nicht auch als eine Art derselben aufgezählt worden ist [3]).

2) Juristische Personen.

125. Die Entwicklung des bürgerlichen Lebens führt zu Verbindungen und Anstalten, die einen dauernden Zweck und daher ein selbstständiges von den Individuen unabhängiges Dasein haben sollen. Juristisch aufgefaßt liegt darin die Idee einer künstlichen Person, deren Seele der vorgesetzte Zweck, deren Leib die Verbindung oder Anstalt ist, und deren Wille durch diese in der ihrer Verfassung gemäßen Weise gebildet und vollzogen wird. Dieses nennt man daher eine moralische, mystische, besser eine juristische Person. Besteht dieselbe aus einer Zahl von Individuen, so heißt sie eine Corporation. Besteht sie aus einem zu einem dauernden Zwecke bestimmten und verwalteten Vermögen, so heißt sie eine Stiftung. Der Grundgedanke dabei ist, daß dieselbe eine Person, also eine Einheit für sich sei, völlig unterschieden von den einzelnen dazu concurrirenden Individuen, so daß diese mit ihr wie mit einem Fremden in Rechtsverhältnissen stehen können. Eine solche künstliche Person kann aber der Privatwille nicht schaffen, sondern es bedarf dazu immer eines Gesetzes. Dieses nahmen auch die Römer an, die ganz richtig den Staat selbst als eine juristische Person auffaßten, und diese Analogie auch in den anderen Anwendungen festhielten [1]). Eine wichtige Erweiterung kam durch die Kirche hinzu, die selbst eine

3) Man erkannte in der That an, daß eine causa existimationis an das caput gehe, Cicero pro Quint. 8. 9., pro Roscio Com. 6., fr. 103. D. de verb. sign. (50. 16).

1) Fr. 1. pr. §. 1. D. quod cuiuscunque universit. (3. 4).

große Corporation bildete, auf deren Boden viele kleinere Corporationen entstanden, die stillschweigend als solche anerkannt wurden. Das deutsche Recht hat besonders durch die Ausbildung der Städte und Zünfte diese Lehre bereichert. In der neueren Zeit sind die Gemeinden, viele religiöse und gemeinnützige Anstalten, und die Associationen zu merkantilischen und industriellen Unternehmungen, in so fern sie Corporationsrechte erhalten haben, hinzugekommen.

C) Von den Rechtsverhältnissen nach ihrem Objecte. 1) Rechtsverhältnisse, die sich auf Personen beziehen. a) Uebersicht.

126. Die Natur selbst kettet die Menschen durch die Bande der Zuneigung, des Bedürfnisses und des Interesses so sehr an einander, daß daraus bei allen Völkern Rechtsverhältnisse hervorgehen, deren Object eine Person ist. Diese lassen sich auf drei Gesichtspunkte zurückführen: Familienverhältnisse, Schutzverhältnisse, Gewaltverhältnisse. Die Ersteren ruhen am unmittelbarsten auf der physischen und geistigen Natur des Menschen, also auf der Ordnung der Schöpfung; das Recht kann sie nicht schaffen, sondern nur sie befestigen und ausbilden; in ihnen herrscht das Ethische, allgemein Menschliche, unbedingt vor, und das Juristische ist demselben durchaus untergeordnet. Die Schutzverhältnisse beruhen auf einer mehr künstlichen juristischen Anordnung; doch ist auch in ihnen das Element des Wohlwollens und die Rücksicht auf das Interesse des Schützlings der leitende Gedanke. Die Gewaltverhältnisse sind am meisten künstlicher Art; in ihnen ist das Interesse des Gewalthabers der herrschende Gesichtspunkt, das des Untergebenen macht sich daneben nur aus Rücksichten der Menschlichkeit, nicht nach dem Princip des Verhältnisses geltend. Alle drei haben das Gemeinschaftliche, daß dabei eine Unterordnung des Willens unter einen fremden Willen vorkommt. Allein bei den Ersten geschieht diese Unterordnung für das Interesse des Hauses, worin beide Theile aufgehen; im zweiten Falle für das Interesse des Schützlings selbst; im dritten Falle blos für das Interesse des Gewalthabers.

127. Was insbesondere die Gewaltverhältnisse betrifft, so

besteht deren Kennzeichen darin, daß auf der einen Seite das Recht zu befehlen, auf der andern Seite die Pflicht zu gehorchen ist, und daß dem Befehle das Recht den Ungehorsam zu bestrafen, also eine gewisse Selbsthülfe, zur Seite steht. Diese Selbsthülfe kann allerdings verschiedene Stufen haben. Im Alterthum, wo das Recht überhaupt nur als der Ausfluß des Staates, also einer rein menschlichen Autorität galt, konnte das positive Recht auch Verhältnisse schaffen, wo Einer ganz der Gewalt eines Andern bis auf Leben und Tod unterworfen war. So bei der römischen potestas über die servi und über die Kinder. Durch die Ausbildung der gesellschaftlichen Verfassung und durch den Einfluß des Christenthums ist diese Strafgewalt auf eine körperliche Züchtigung oder gar nur auf eine Bestrafung durch Worte eingeschränkt worden. In dieser gemilderten Gestalt kommen die Gewaltverhältnisse theils in Verbindung mit den Familienverhältnissen, theils selbstständig in dem Gesindeverhältniß vor [1].

128. Die Römer haben ihre Lehre von den Personen nach etwas anderen Gesichtspunkten abgehandelt. Sie heben zuerst wegen seiner juristischen und praktischen Wichtigkeit den Unterschied der liberi und servi, und den damit zusammenhängenden Unterschied von ingenui und libertini und die verschiedenen Arten der libertini hervor [1]. Dann erwähnen sie als eine andere Eintheilung, die von sui oder alieni iuris esse, und handeln bei Letzterer die drei Gewaltverhältnisse, potestas, sowohl über Sclaven als Kinder, manus und mancipium ab [2]. Hierauf folgt für die, welche sui iuris sind, die Eintheilung in solche, die unter einer Vormundschaft stehen, und solche, die dieses nicht thun [3]. In diesen Eintheilungen sind also die Gewalt- und Schutzverhält-

---

1) Daß dieses im System doch noch zu den Gewaltverhältnissen zu stellen sei, wird unten gezeigt werden. Die neueren Systematiker, selbst Savigny, sind sich darüber nicht klar. Man sehe mein Deutsches Privatrecht §. 90.

1) Gaius I. §. 9—12.

2) Gaius I. §. 48—51.

3) Gaius I. §. 142. 143.

nisse enthalten; hingegen die Familienverhältnisse als solche nicht. Wahrscheinlich dachte man, daß sie als vorherrschend moralischer Art nicht in ein Rechtssystem gehörten, was aber doch zu einseitig ist[4]). Auch das Patronatrecht als solches hat darin keine Stelle, aus gleichem Grunde und eben so einseitig[5]). Jene Classification ist daher unvollständig, und am wenigsten für ein System des heutigen Rechts als Anhaltpunkt zu gebrauchen[6]). In dem alten deutschen Recht ist der Gegensatz von Freien und Unfreien, und das Mundium als ein schützendes Gewaltverhältniß über die Ehefrau, Kinder, Unmündige und Freigelassene scharf ausgebildet; allein zu einer systematischen Eintheilung war man damals noch nicht gekommen.

b) Familienverhältnisse. α) Die Familie.

129. Was die Menschheit von der Thierheit unterscheidet, ist die Sprache und die dadurch möglich gemachte Ueberlieferung der menschlichen Bildung[1]). Diese Ueberlieferung erfordert aber eine den Menschen schon beim Anfang seiner geistigen Entwicklung empfangende Erziehung, und diese ist nur durch die Familie möglich. Die Natur, welche den Menschen als Menschen gewollt hat, hat daher auch für die Gründung der Familie gesorgt; sie hat dem Menschen in dem Gefühl zwischen Mann und Frau, zwischen den Eltern und Kindern Etwas ins Herz gelegt, was mit Nothwendigkeit auf die Gründung und Erhaltung der

---

4) Dieses zeigen auch die Titel in den Pandekten de agnoscendis et alendis liberis vel parentibus vel patronis seu libertis (25. 3), und de obsequiis parentibus et patronis praestandis (37. 15).

5) Dieses zeigen die angeführten Pandektentitel.

6) Savigny System I. §. 59. hat das System des Gajus nicht richtig aufgefaßt; man muß darin Böcking Pandekten I. Anhang VI. gegen Savigny Recht geben. Aber auch Böcking legt in jenes System mehr, als darin liegt. Namentlich seine Behauptung (Note 6), vom Patronate habe im ersten Commentar des Gajus gar nicht die Rede sein können, weil er nur noch aus ad res und ad actiones gehörigen Rechten bestanden habe, wird durch oben Note 4, 5. widerlegt.

1) Man sehe oben §. 15.

Familie hinführt. In ihr empfängt der Mensch durch Lehre und Beispiel die ersten Eindrücke von Religion, von Recht und Unrecht, den Sinn für Ordnung, die Ehrfurcht vor der Autorität, die Uebung des Gehorsams, überhaupt Alles, was die Grundlage der Gesellschaft und des Staates ausmacht. Die Familie muß daher von Seiten des Staates als das wichtigste Institut und die Grundbedingung der öffentlichen Ordnung aufgefaßt, gepflegt und unterstützt werden. Aber auch für den Einzelnen hat sie ein über die Zeit der Pflege und Erziehung hinaus reichendes Interesse durch das Gefühl der Bande des Blutes, welches in den Gliedern einer Familie zurückbleibt, und sich auch auf die von ihnen gegründeten Familien fortpflanzt. Hieraus entsteht die auf gegenseitigem Wohlwollen und Interesse beruhende Verbindung der Blutsfreunde. Bei Naturvölkern, wo das Familiengefühl überhaupt stärker und die staatliche Ordnung weniger ausgebildet ist, erhält die Blutsfreundschaft insgemein noch eine erhöhte Bedeutung. So namentlich bei den alten Germanen, wo die Macht und Ehre des Geschlechts für Alle das Erste, und der Einzelne diesem so untergeordnet war, daß selbst zur Veräußerung von Grundstücken die Zustimmung der Blutsfreunde erfordert wurde. Dieses hat sich so nur beim Adel, und besonders in den fürstlichen Häusern erhalten. Doch kommen Rechtsverhältnisse vor, wo auch bei den anderen Ständen die Blutsfreundschaft noch berücksichtigt wird, so bei der Vormundschaft, beim Zeugniß, bei den Ehehindernissen wegen Verwandtschaft und besonders bei der Erbfolge. Besondere Rücksichten können bei einem Volke bewirken, daß unter den Blutsfreunden die von der väterlichen Seite und blos durch Männer verwandten vorzüglich berücksichtigt werden. Darauf beruht im alten deutschen Recht der Unterschied von Schwertmagen und Spillmagen, bei den Römern der Unterschied von Agnaten und Cognaten, und sie rechneten nur die Agnaten zur Familie im strengeren juristischen Sinne [2].

---

2) Fr. 195. §. 2. D. de verbor. signif. (50. 16), fr. 7. pr. D. de capite minut. (4. 5).

β) Die Ehe.

130. Die Ehe als Institut ist eine Ordnung der Natur, also eine Anordnung Gottes, woran das positive Recht in den Hauptmomenten nichts ändern kann, sondern welche es, so wie sie ist, in sich aufnehmen, befestigen und gegen Ausartungen schützen muß. Die Grundlage bildet die Verschiedenheit der Geschlechter, in welche die Natur den Trieb der Vereinigung gelegt, und daran die Erhaltung und Fortpflanzung des menschlichen Geschlechts geknüpft hat. Hierin stimmt der Mensch mit dem Thiere überein. Das eigenthümlich Menschliche ist aber, daß die Natur mit der physischen Fortpflanzung auch die Ueberlieferung der menschlichen Bildung, also die Gründung einer dauernden Vereinigung, einer Familie, will. Sie hat daher jenem Triebe die Fähigkeit einer dauernden Liebe zwischen Mann und Weib zur Seite gestellt, wodurch derselbe veredelt und auf die Erfüllung jenes Willens hingelenkt wird. Indem so das natürliche Verhältniß zwischen Mann und Frau nach seiner höheren Bestimmung zur Gründung einer Familie eingegangen wird, wird es zugleich ein sittliches, eine Ehe. Diese schließt also den Begriff der Familie, das heißt einer auf Zuneigung gegründeten, vollständigen und daher dauernden und ausschließlichen Lebensgemeinschaft in sich. Diese drei Momente, Vollständigkeit, Dauer und Ausschließlichkeit werden in dem Begriff der ehelichen Liebe und Treue zusammengefaßt. Schon das römische Recht hat jenen Begriff der Ehe mit großer Klarheit erkannt [1]. Auch das alte germanische Eherecht ist auf dieses Gefühl gebaut [2]. Aber erst durch das Licht des Christenthums ist die Bedeutung dieses Instituts als einer Ordnung Gottes klar gemacht [3], und dessen natürliche Würde für Christen durch eine besondere Hei-

1) Fr. 1. D. de ritu nuptiar. (23. 2). Nuptiae sunt coniunctio maris et foeminae, et consortium omnes vitae; divini et humani iuris communicatio.

2) Man sehe oben §. 65. Note 4.

3) Matth. XIX. 3—9., Marc. X. 2—12.

ligung erhöht worden [4]). Im graden Gegensatz damit steht die flache Auffassung moderner Rechtsphilosophie, welche die Ehe zu einem bloßen Contrakts- und Obligationsverhältniß herabwürdigen wollte, und aus diesem Standpunkte bestimmte Zwecke und Kriterien für sie aufzufinden sich abmühte.

131. Das Wesentliche beim ehelichen Verhältnisse liegt in dem Gefühl und in der Gesinnung; wo dieses fehlt, kann das positive Recht es nicht ersetzen. Dieses kann nur bei einer Störung des normalen Verhältnisses so weit eingreifen, als die aus dieser Störung hervorgehenden Streitigkeiten in den Bereich des durch den richterlichen Arm Erzwingbaren fallen. Dieses Juristische läßt sich auf fünf Gesichtspunkte zurückführen: auf die Einheit des Hauswesens und Zusammenwohnens, die Pflicht der gegenseitigen Beihülfe, die Pflicht des Mannes vorzugsweise für den Unterhalt der Frau und der Kinder zu sorgen, die Pflicht und das Recht des Mannes die Frau zu beschützen, und die Pflicht der Frau in den Angelegenheiten des Hauses ihren Willen dem des Mannes unterzuordnen. Alles dieses liegt in der Natur der Ehe und ist allgemein menschlicher Art [1]). Das positive Recht kann aber daneben noch besondere Rechtsformen schaffen. Nach dem alten römischen Recht konnte zur Ehe ein eigenthümliches Gewaltverhältniß, die Manus, hinzukommen. Durch diese trat die Frau außer der durch die Natur der Ehe gegebenen Gemeinschaft juristisch in die Familie [2]) des Mannes ein und aus ihrer eigenen Familie heraus; sie wurde wie dessen leibliche Tochter und Agnatin seiner Agnaten. In dem Justinianischen Recht ist aber dieses Verhältniß verschwunden, und Alles auf die natürliche Grundlage gestellt. Im germanischen Recht hatte der Ehemann über die Frau das Mundium, eine vormundschaftliche Gewalt. Diese hat sich noch in

---

4) Ephes. V. 32.

1) Dieses macht sich so von selbst durch die Sitte, und davon sagt daher das römische und alte deutsche Recht wenig. In den neuen Gesetzbüchern ist es aber ausdrücklich ausgesprochen.

2) Man sehe über diesen Begriff oben §. 129. Note 2.

manchen heutigen Rechten erhalten, und äußert sich darin, daß die Frau ohne die Zustimmung des Mannes keine Rechtsgeschäfte eingehen und keine Processe führen darf [3].

132. Was die Eingehung der Ehe betrifft, so kann im Sinne der Natur eine Ehe als geschlossen angesehen werden, sobald sich Mann und Frau einander als Ehegatten erklärt haben. Zeugen und Feierlichkeiten können die Würde dieser Handlung erhöhen oder zur Beglaubigung der geschlossenen Ehe wünschenswerth sein; allein als etwas Wesentliches sind sie an sich nicht anzusehen. So hat auch das römische Recht diese Frage aufgefaßt (solus consensus facit nuptias) [1], und erst Justinian hat wegen mehrerer aus jener Formlosigkeit hervorgegangenen Uebelstände bei höheren Ständen gewisse Förmlichkeiten zur Bedingung gemacht [2]. Die Kirche hatte zwar bestimmte Formen wegen der Heiligkeit der Handlung vorgeschrieben, jedoch wegen deren Unterlassung die Ehe nicht für ungültig erklärt, bis daß das Concilium von Trient aus Gründen der Disciplin die Erklärung vor dem Pfarrer und zwei Zeugen zu einem wesentlichen Erforderniß erhob [3]. Bei den Protestanten wird insgemein die priesterliche Trauung in gleichem Sinne angesehen. Auf diese Formen verweist auch das heutige bürgerliche Recht, wenn nicht statt derselben die bürgerliche Trauung eingeführt und die Beobachtung der kirchlichen Form blos dem Gewissen überlassen worden ist.

133. Außer der Form müssen natürlich auch die anderen Bedingungen vorhanden sein, die zur Eingehung einer gültigen Ehe gehören. Diese beruhen theils auf der Natur der Sache, wie das angemessene Alter, theils auf positiver Festsetzung, wie wenn das Recht dazu die Einwilligung der Eltern verlangt. Ferner dürfen nicht solche besondere Umstände vorhanden sein,

---

3) So namentlich im heutigen französischen Recht.

1) Fr. 11. D. de sponsal. (23. 1), fr. 30. D. de regul. iuris (50. 17).

2) Nov. 74. c. 4. 5., nov. 117. c. 4.

3) Man sehe mein Kirchenrecht §. 298. 299.

die nach der Natur der Sache oder nach positiver Festsetzung der Eingehung einer Ehe hindernd entgegentreten. In dieses System der Ehehindernisse fallen vorzüglich die Einzelnheiten der Gesetzgebung über das Eherecht. Die Eheverbote des römischen Rechts beruhten theils auf sittlichen Gründen, wie das wegen einer schon bestehenden Ehe, wegen naher Verwandtschaft, wegen Ehebruchs; theils auf religiösen, nationalen, conventionellen und Standesrücksichten, wie das Verbot der Ehe zwischen Christen und Juden, zwischen Römern und Barbaren, zwischen Freien und Unfreien, zwischen der Patronin und ihrem Freigelassenen; theils auch auf Rücksichten der individuellen Freiheit, wie bei der Ehe des Vormundes mit seiner Mündel. Die Kirche hat davon das, was mit dem Geiste des Christenthums übereinstimmte, in sich aufgenommen, Neues hinzugefügt, das rein Conventionelle aber abgestreift. Diese Vorschriften des canonischen Rechts wurden in den germanischen Reichen theilweile durch die weltlichen Gesetze bestätigt, theilweise aber neue eigenthümliche Ehehindernisse hinzugefügt. Zuletzt erhielt aber das kirchliche Eherecht unbedingt die Oberhand dadurch, daß die Entscheidung über die Gültigkeit einer Ehe, der Natur eines christlichen Staates entsprechend, vom weltlichen Arm ganz den geistlichen Gerichten überlassen wurde [1]). Hieran wurde auch bei den Protestanten im Principe anfangs nichts geändert. In der neueren Zeit hat aber die weltliche Gesetzgebung in einigen Ländern das Eherecht unter sich gezogen. Das protestantische Kirchenrecht hat sich demselben gefügt; das katholische Kirchenrecht hat aber seine Selbstständigkeit so behauptet, daß es die von Katholiken, im Widerspruch mit seinen Satzungen geschlossenen Ehen, nicht celebriren hilft und nicht als Ehen anerkennt.

134. Der wichtigste Punkt aber, worum sich die Disciplin des Eherechts dreht, ist die Frage nach der Zuläßigkeit der Ehescheidung. Wenn das Institut der Ehe nach der Tiefe, welche Gott durch die Ordnung der Natur in dasselbe gelegt hat, ge-

1) Die Nachweisung dieses Entwicklungsganges findet man in meiner Deutschen Rechtsgeschichte §. 456.

messen und verstanden wird, so ist eine durch den Willen der Ehegatten herbeigeführte Scheidung ein Frevel gegen das Gesetz der Natur, welche die Familie als eine durch sie geheiligte unauflösliche Verbindung will, eine Treulosigkeit gegen die Gesinnung, welche die Ehegatten bei der Eingehung der Ehe einander gelobt haben, eine Auflehnung der menschlichen Schwäche gegen die Pflichten, die sie sich selbst, dem Andern und den Kindern schuldig geworden sind. Selbst schwere Verschuldungen des Einen können zwar für den Anderen die Pflicht des gemeinschaftlichen Lebens, nicht aber das Band der Ehe selbst aufheben, weil dieses um des Institutes der Ehe willen als über jeden Wechsel der menschlichen Zustände erhaben betrachtet werden muß, und unter Ehegatten, die sich einander die Nächsten gewesen sind, die Möglichkeit der durch Reue erwirkten Verzeihung und Versöhnung nicht ausgeschlossen werden darf. Um diese hohe Auffassung bei einem Volke in der Gesetzgebung durchzuführen, ist allerdings Einfachheit der Sitten, Kraft der Selbstbeherrschung und vor Allem das Ansehen der Religion erforderlich. Daher waren bei den Römern in den Zeiten alter guten Sitten Ehescheidungen fast unerhört, später aber, selbst unter den christlichen Kaisern, als Alles in Weichlichkeit verfiel, aus den mannichfaltigsten Gründen gestattet [1]). Selbst die Germanen wurden von diesem Verderbniß etwas angesteckt [2]). Aber die Kirche, welche die Strenge und Reinheit des Princips immer bewahrt hatte, setzte nach beharrlichem Kampfe dieses durch, so daß seit Karl dem Großen die unbedingte Unauflösbarkeit des Ehebandes auch in der weltlichen Ordnung anerkannt wurde. Dabei ist es auch in den meisten katholischen Ländern geblieben. Das protestantische Kirchenrecht gestattete anfangs nur einige Ausnahmen. Die bürgerliche Gesetzgebung in den protestantischen Ländern gieng aber allmählig viel weiter, und diesem hat sich auch die protestantische Geistlichkeit gefügt. Jetzt sucht man zu strengeren Grundsätzen zurückzukehren; allein dieses ist schwer,

1) Man sehe meine Römische Rechtsgeschichte §. 495—497.

2) Man sehe meine Deutsche Rechtsgeschichte §. 458.

nachdem die Sitte und die Religion in diesem Punkte dort ihre Macht verloren haben. Jedenfalls sollte die bürgerliche Gesetzgebung sich in diese Frage, als Patron der menschlichen Schwächen, nicht einmischen. Die allein richtige Behandlung derselben aus dem Standpunkt eines christlich sein wollenden Staates ist, daß jeder Confession die Festsetzung des Ehescheidungsrechts nach ihrer christlichen Auffassung überlassen bleibe, und daß vor dem weltlichen Gericht darin der Katholik nach dem katholischen Kirchenrechte, der Protestant nach dem protestantischen, beurtheilt werde.

γ) Das elterliche Verhältniß.

135. Die volle Bedeutung der Ehe für die Individuen, die gesellschaftliche Ordnung und die Menschheit zeigt sich erst, wenn darin Kinder geboren sind. Erstens wird dadurch die Abstammung eines Kindes von einem bestimmten Elternpaare gewiß; in Beziehung auf die Mutter durch den Beweis der Geburt; in Beziehung auf den Vater durch eine aus der Ausschließlichkeit des ehelichen Umganges fließende juristische Präsumtion [1]). Hieran schließt sich die Verwandtschaft mit ihren gesetzlichen Folgen. Zweitens wird dadurch die Stellung des Kindes in der bürgerlichen Gesellschaft bestimmt, insbesondere der Stand desselben, wobei die Regel ist, daß es dem Geburtsstande des Vaters folgt. Da aber der Stand überhaupt etwas Conventionelles ist, so greift hier häufig die künstliche Rücksicht auf die Ebenbürtigkeit der Ehegatten ein, so daß eine unebenbürtige Ehe zwar an sich eine wahre ist, allein das Kind der schlechteren Hand folgt. Drittens wird durch das Kind die Familie vollständig, und es entwickelt sich dann der bildende Einfluß, den sie durch die Eltern auf die Zucht, Sitte, den Geist und das Gemüth der neu eintretenden Generation ausübt. Hierin liegt die Bedeutung des elterlichen Verhältnisses, wovon nun zu handeln ist.

136. Das Verhältniß zwischen Eltern und Kindern ent-

---

1) Fr. 5. D. de in ius vocando (2. 4). (Mater) semper certa est, etiam si vulgo conceperit. Pater vero is est, quem nuptiae demonstrant.

hält seiner Natur nach drei Bestandtheile: das Recht auf Ehrerbietung und Pietät, die Rechte und Pflichten der elterlichen Pflege und Erziehung, und die Abhängigkeit des Kindes von der Autorität der Eltern, so lange es deren Beistandes, Rathes und Vertretung bedarf. Das erste ist vorherrschend moralischer Art; das positive Recht hat dabei nur einzuschreiten, um die Verletzung der Pietät zu ahnden. Das zweite kommt vor dem Richter nur zur Sprache, wo die häuslichen Zuchtmittel unzureichend, oder umgekehrt die Gränzen der Züchtigung überschritten sind. Das dritte Recht ist der Mutter ebenfalls zuzuerkennen, jedoch so, daß der Wille des Vaters vorgeht, also während der Ehe juristisch allein in Betracht kommt. Die positiven Rechte fassen dieses aber häufig in eigenthümlicher Weise auf. Das germanische Recht giebt dem Vater über die Kinder das Mundium. Dieses begriff hauptsächlich den Schutz und die Vertretung vor Gericht, und stand daher der Mutter nicht zu. Das römische Recht gab dem Vater die potestas, eine den Römern eigenthümliche Gewalt, die das Kind dem Vater gegenüber nur zu dessen Werkzeug und fast wie eine Sache machte. Im neueren römischen Recht ist zwar diese Gewalt sehr abgeschwächt, jedoch der Grundgedanke nicht aufgehoben. Daß der Vater das Kind beschützen werde, setzte man schon seines eigenen Interesses wegen voraus. Allein im Principe hatte diese potestas mit dem Begriffe des Schutzes nichts zu thun, und war daher dem Geiste des deutschen Rechtes durchaus entgegen. Man hätte sie daher in der Doctrin gar nicht recipiren sollen; allein dazu war diese nicht selbstständig genug. Man half sich damit, daß man die potestas so deutete und drehte, daß sie sich dem Begriff einer Schutzgewalt näherte. Endlich, da nach unseren Sitten und Einrichtungen ein Schutz auch durch die Mutter gehandhabt werden kann, so ist die römische so abgeschwächte potestas und das deutsche Mundium im Begriff der elterlichen Autorität oder Gewalt, nur mit dem bemerkten Uebergewicht des Vaters verschmolzen, und dadurch das Verhältniß in die seiner Natur und den heutigen Sitten angemessene Form gebracht worden [1]).

---

1) So im französischen und badischen Gesetzbuche. Materiell auch schon

137. Nach der Ordnung der Natur können alle diese Verhältnisse nur durch eine wirkliche Ehe begründet werden. Das positive Recht kann aber auch noch andere Formen zulassen, woran jene Wirkungen ganz oder theilweise geknüpft sind. Die Eine ist die Adoption oder Annahme an Kindes Statt. Nach der heutigen Gefühlsweise denkt man sich dabei ein rein persönliches durch Affection begründetes Verhältniß zwischen dem Adoptirenden und dem Adoptivkinde, wodurch Jener sich einen Ersatz für den Mangel leiblicher Kinder verschaffen will. Nach dieser Voraussetzung muß das Kind zu ihm ganz, auch in Beziehung auf sein Erbrecht, in das Verhältniß eines leiblichen Kindes kommen. Weiter aber darf die Adoption weder in Beziehung auf die Familie des Adoptirenden, noch in Beziehung auf die des Adoptivkindes Wirkungen erzeugen, weil es unseren Ansichten widerstrebt, daß ein künstliches Verhältniß so weit in die natürlichen Familienbande eingreifen könne. Uebrigens kann aber innerhalb jener Gränzen eine Adoption auch durch eine Frau kein Bedenken haben. Das römische Recht hat aber darüber künstlichere Bestimmungen. Es unterscheidet die Adoption und die Arrogation, je nachdem der zu Adoptirende in der väterlichen Gewalt steht oder nicht. Im ersten Fall rechnete man, daß der Vater selbst das Interesse des Kindes wahren würde, und es war eine solche Adoption auch neben leiblichen Kindern gestattet. Eine Arrogation war es dann regelmäßig nicht, und es waren dabei noch mancherlei andere Vorsichtsmaßregeln auferlegt. In beiden Fällen trat aber der zu Adoptirende aus seiner Familie und Agnation heraus und in die Familie des Adoptirenden ein. Erst Justinian hat dieses (530) bei der Adoption modificirt. Das alte Recht ließ er bestehen, wenn ein Vater sein Kind einem leiblichen Ascendenten, zum Beispiel dem mütterlichen Großvater, in Adoption giebt. In allen anderen Fällen aber sollte das Kind in der Gewalt seines leiblichen Vaters bleiben

---

im preußischen Landrecht. Dieses unterwirft zwar die Kinder vorzüglich der väterlichen Gewalt; allein praktisch reducirt sich diese nur auf das Uebergewicht bei der gemeinschaftlichen Autorität.

und nur ein Erbrecht gegen den Adoptivvater erhalten [1]. Weiber konnten aber gar nicht adoptiren außer kraft eines kaiserlichen Gnadenactes zum Troste für den Verlust von Kindern [2]. Dieses Recht hat aber bei den Deutschen nie recht Wurzel fassen wollen; die Statutarrechte haben es modificirt, und die neuen Gesetzbücher sind ganz auf die natürlichen Grundsätze gebaut.

138. Ein anderes künstliches Ersatzmittel der Ehe ist bei unehelichen Kindern die Legitimation. Bei Solchen ist das eine Moment, die physische Abstammung, vorhanden; es ist nur der Mangel der Ehe zu ergänzen. Am vollständigsten geschieht dieses durch die nachfolgende Ehe der Eltern. Das ältere römische Recht hat dieses jedoch nicht gekannt; der Vater konnte sich durch eine Arrogation helfen, und für die Mutter reichte das Band der Cognation hin. Auch im neuen römischen Recht ist die Legitimation durch die nachfolgende Ehe nur in beschränkter Weise zugelassen. Das canonische Recht und nach ihm die heutigen Rechte haben sie aber erweitert. Als Ersatz der Ehe ist auch im neuen römischen Recht die Legitimation durch ein kaiserliches Rescript aufgekommen. Dieses Mittel ist jedoch weit künstlicher, und man kann demselben nicht die vollen Wirkungen wie Jenem, namentlich nicht in Beziehung auf die Blutsfreunde des Vaters oder der Mutter, beilegen.

139. Hinsichtlich der Beendigung des elterlichen Verhältnisses ist zu unterscheiden. Die Rechte und Pflichten der Ehrerbietung und Pietät dauern so lange die Eltern leben. Die Erziehungsgewalt schwindet mit vollendeter Erziehung. Die elterliche Autorität muß dauern, so lange die Eltern für die Existenz des Kindes zu sorgen haben, also bei Söhnen bis sie sich selbstständig ernähren können, bei Töchtern bis sie sich verheirathen. Die Großjährigkeit allein kann dazu nicht hinreichen. So war es auch mit dem germanischen Mundium. Hingegen die römische potestas dauerte an sich, so lange der Vater lebte; eine frühere Beendigung setzte eine künstliche Emancipation vor-

1) §. 2. J. de adopt. (1. 11).

2) §. 10. J. de adopt. (1. 11).

aus. Mit dem römischen Recht wurde nun auch dieses System recipirt, wiewohl es zu unseren Sitten durchaus nicht paßt. Um es damit in Einklang zu bringen, erfanden die Praktiker den Ausweg, daß sie neben die römische Regel eine neue Art von Emancipation stellten, die durch separirte Oeconomie, welche stillschweigend und von selbst eintrete, bei Söhnen durch Ergreifung eines selbstständigen Nahrungszweiges, bei Töchtern durch ihre Verheirathung. Durch diese Ausnahme ist die römische Regel indirect aufgehoben und die Dauer der potestas auf die des Mundiums reducirt worden. Die neuen Gesetzbücher haben daher mit Recht das römische Princip ganz aufgegeben und sich zum deutschen Recht gewendet. Doch ist es ein Mißgriff, wenn das französische und österreichische Gesetzbuch blos die Großjährigkeit zum Maßstabe nehmen, und schon dadurch die elterliche Gewalt, selbst bei Töchtern, ein Ende nehmen lassen. Richtiger verbindet das preußische Landrecht damit auch die Bedingung der selbstständigen Ernährung, oder bei Töchtern der Verheirathung. Durch diese Wendung bezieht sich die künstliche Emancipation nur noch auf den Fall, wo ein Kind vor erreichter Großjährigkeit, oder eine Tochter ohne Verheirathung, aus der Gewalt zu entlassen ist.

c) Schutzverhältnisse. α) Aus Rücksicht auf das Alter.

140. Die ausgebildete Rechtsordnung muß eine Aushülfe für den Fall haben, wo einem Kinde in unreifem Alter der Vater durch den Tod entrissen wird. Es muß ihm dann so weit wie möglich in einem Vormund ein künstlicher Ersatz gegeben werden. Dieser tritt also in die Stelle der väterlichen Fürsorge ein, und der Mündel ist ihm daher auch Ehrerbietung und Folgsamkeit schuldig. Mit der Erziehung kann sich freilich der Vormund regelmäßig nicht unmittelbar befassen, sondern er hat den Mündel dazu nur bei geeigneten Personen unter seiner allgemeinen Aufsicht unterzubringen. Den nächsten Anspruch darauf behält die Mutter, auch wenn sie nicht Vormünderin ist. Die Rechte des Vormundes beziehen sich also hauptsächlich auf die Vertretung des Mündels bei Rechtsgeschäften und auf die Verwal-

tung seines Vermögens. Die Bande der väterlichen Affection lassen sich freilich bei allem diesem nicht ersetzen, sondern man muß sich mit der Anforderung der Gewissenhaftigkeit und Rechtschaffenheit begnügen. Eben deshalb fehlen aber auch die Garantien, die das elterliche Verhältniß in sich trägt, und diese müssen durch Eid, Cautionen und eine äußere Controle ersetzt werden. Dieses sind die Grundgedanken, die das positive Recht in verschiedenen Formen ausbilden kann.

141. Das römische Recht hielt sich hinsichtlich der Person des Vormundes vor Allem an das Testament des Vaters. Eine solche Vormundschaft galt als Ausfluß der väterlichen Gewalt und der Wille des Vaters war dabei das entscheidende Moment. In Ermanglung eines testamentarischen Tutors kam die Tutel an die nächsten Agnaten. Hier war das Recht und das Interesse der Familie der leitende Gedanke. In Ermanglung von Agnaten griff die Obrigkeit durch Ernennung eines Vormundes ein. Hierin herrschte also die öffentliche Fürsorge für den Mündel. So bestanden drei ihrem Geiste nach verschiedene Systeme neben einander. Auch darin war das römische Recht unvollkommen, daß die Tutel ursprünglich bei Knaben nur bis zum vierzehnten, bei Mädchen bis zum zwölften Jahre dauerte. Später wurde zwar eine Curatel von da bis zum fünf und zwanzigsten Jahre eingeführt. Doch blieben zwischen Tutel und Curatel einige formalistische Unterschiede. Bei den Germanen war die Beschützung und Vertretung des Mündels ursprünglich Sache der Familie; doch wurde das ganze Institut schon frühe unter die besondere Aufsicht des Königs und der königlichen Beamten gezogen [1]). Dieses Princip wurde dann auch auf das römische Recht bei dessen Reception übertragen. Man behielt die Rücksicht auf die testamentarische Ernennung des Vaters bei, weil man vor Allem dessen Einsicht vertraut; eben so die gesetzliche Vormundschaft der Blutsfreunde, weil man bei diesen ein besonderes Interesse am Mündel voraussetzen kann; allein in Allem ist nun die Obrigkeit an die Spitze gestellt, und diese ist

1) Man sehe meine Deutsche Rechtsgeschichte §. 482.

es, welche in die Verwaltung einführt. Ferner ist der Unterschied zwischen der Tutel der Unmündigen und der Curatel der Minderjährigen aufgehoben und Beides in einer bis zur Großjährigkeit dauernden Vormundschaft verschmolzen worden. Ferner hat man die Sicherungsmittel für die redliche Verwaltung verstärkt, und die richterliche Obervormundschaft schärfer und gleichmäßiger, als im römischen Recht der Fall ist, ausgebildet [2]. Hinsichtlich der Verwaltung des Vormundes hält man sich aber an dessen reichhaltige und fein entwickelte Grundsätze. Eine eigenthümliche Form hat die Obervormundschaft im französischen Recht, indem sie durch einen Familienrath unter dem Vorsitz des Friedensrichters gehandhabt wird.

β) Vormundschaft über Weiber.

142. Nach den Zeiten und Sitten können drei Gründe zusammen wirken, um Weiber, auch nach erreichter Großjährigkeit, einer Vormundschaft zu unterwerfen: das Bedürfniß eines persönlichen Schutzes, ihre Unerfahrenheit in Rechtsgeschäften und in der Verwaltung ihres Vermögens, endlich ihr minder starkes Gefühl für das Familieninteresse und daher die Gefahr, daß sie ihr Vermögen aus der Familie herausbringen. Aus diesen Gründen hat das alte römische Recht eine sehr beengende Tutel der Weiber vorgeschrieben, welche grade so wie bei Unmündigen, entweder dem testamentarischen, oder dem gesetzlichen, oder dem von der Obrigkeit gegebenen Tutor zustand. Zur Zeit des Gajus war aber diese gesetzliche Tutel der Agnaten schon aufgehoben, und die anderen Arten von Tutoren wirkten in den meisten Fällen ohne reelle Autorität nur noch zum Scheine mit. Im Justinianischen Recht ist das ganze Institut verschwunden [1]. Nach dem alten germanischen Rechte standen Weiber für ihre Person und ihr Vermögen unter dem Mundium ihrer Blutsfreunde. Im Mittelalter bezog sich dieses aber hauptsächlich nur

---

2) Die Grundlage dieses Systems bilden die Reichspolizeiordnung von 1548. Tit. 31., von 1577. Tit. 32.

1) Näheres giebt meine Römische Rechtsgeschichte §. 526. 527.

noch auf gerichtliche Klagen [2]). Endlich hat sich die Vormundschaft der Blutsfreunde ganz verloren, und das Institut ist dahin abgeschwächt, daß die Frau zu wichtigen Rechtsgeschäften, um sich vor Schaden zu hüten, einen Beistand, den sie aber jederzeit wechseln kann, zur Seite haben soll. Aber auch dieses ist in der neuesten Zeit in den meisten Ländern aufgehoben worden.

γ) Vormundschaft über Abwesende.

143. Wenn Jemand wider seinen Willen von seiner Heimath entfernt gehalten und dadurch sein Vermögen zu besorgen gehindert ist, so erfordert die Humanität, daß seine Obrigkeit sich seiner annehme. In diesem Geiste hat schon das römische Recht eine Curatel der Abwesenden gekannt. Genauer ist aber dieses Verhältniß durch die neuere Doctrin und Praxis ausgebildet worden. Zuerst ist durch öffentliche Aufforderungen festzustellen, daß der Abwesende wider seinen Willen abwesend sei, weil man erst dann zu einer Einmischung in sein Vermögen berechtigt ist. Wie früh nach dem Verschwinden eines Menschen das Ortsgericht zu solchen Aufforderungen schreiten könne, ist in Ermanglung gesetzlicher Vorschriften nach den Umständen zu beurtheilen. Sind die Aufforderungen fruchtlos, so tritt das Stadium der factischen Abwesenheit in das Stadium der juristischen Verschollenheit, und es wird das Vermögen, etwa gegen einen Theil der Früchte für die Mühe der Verwaltung, einer Curatel übergeben. Während dieses Stadiums ist der Abwesende juristisch weder als lebend noch als todt anzusehen, sondern Beides ist ungewiß, und wer das Eine oder das Andere behauptet, muß es beweisen. Dauert aber die Abwesenheit so lange, daß man mit Fug den Tod präsumiren kann, was man insgemein nach zurückgelegtem siebzigsten Lebensjahre annimmt, so kann der Abwesende gerichtlich für todt erklärt werden, und es geht nun das zweite Stadium in das dritte über. Die Curatel wird aufgelöst und das Vermögen den nächsten Erben wie die Erbschaft eines Verstorbenen übergeben.

---

2) Man sehe meine Deutsche Rechtsgeschichte §. 450—452.

d) Das Gesindeverhältniß.

144. Die Abhängigkeit des Menschen von dem physischen Stoffe zeigt sich am unmittelbarsten in den täglichen häuslichen Verrichtungen, deren man zur seiner Nahrung, Reinlichkeit und Bequemlichkeit unumgänglich bedarf. Sollte Jeder sich dieselben selbst leisten, so würden für die Beschäftigungen höherer Art keine Zeit und Kräfte übrig bleiben, und dadurch die Gesellschaft der Möglichkeit einer höheren Entwicklung beraubt sein. Hier kommt nun die Natur selbst durch die mannichfaltigen Thatsachen zu Hülfe, welche mit Nothwendigkeit auf die Ungleichheiten des Vermögens, auf Reichthum und Armuth hinwirken, so daß es immer eine entsprechende Zahl von Bedürftigen giebt, welche bei den Vermögenderen in häuslichen Dienst treten und dafür von diesen unterhalten werden. In so weit ist dieses Verhältniß gewissermaßen in den Gesetzen der Natur begründet. Die juristische Ausbildung desselben kann aber verschieden sein. In den Staaten des Alterthums und bei den Germanen hatte es durch das Zusammenwirken mehrerer Ursachen die Form einer erblichen Knechtschaft. Jetzt beruht dasselbe auf einem freien Vertrage, so daß ein Wechsel der Herrschaft oder die Wahl eines anderen Nahrungszweiges möglich ist. Allein man darf es darum nicht für ein gewöhnliches Obligationsverhältniß halten, sondern es unterscheidet sich davon durch zwei Eigenthümlichkeiten. Erstens hat das Gesinde nach der Natur des Verhältnisses die Verpflichtung, die Dienste augenblicklich, so wie sie von ihm verlangt werden, zu leisten, und sich im Falle des Ungehorsams oder der Ungeschicklichkeit eine Züchtigung in Worten gefallen zu lassen. Es ist also auf der einen Seite das Recht zu befehlen verbunden mit einer gewissen Selbsthülfe, auf der andern Seite die Pflicht zu gehorchen, also dasjenige, was den Charakter eines Gewaltverhältnisses ausmacht [1]), wie auch schon der Ausdruck Dienstbote und Herrschaft bezeugt. Zweitens ist das Verhältniß ein häusliches. Gleichwie demnach die Herrschaft

---

1) Man vergleiche dazu oben §. 127.

von dem Dienstboten eine Theilnahme an den Schicksalen der Familie und unter Umständen eine besondere Kraftanstrengung fordert, so ist sie auch verpflichtet, demselben in Nothfällen ihre Theilnahme zuzuwenden. Durch die Aufnahme in den häuslichen Verband erweist auch die Herrschaft dem Dienstboten ein besonderes Vertrauen, welchem dieser durch Treue und Aufrichtigkeit entsprechen muß. Die Herrschaft hat daher auch das Recht, über die Moralität des Dienstboten zu wachen und ihn zu seinen religiösen und sittlichen Pflichten anzuhalten. Auf diese Gesichtspunkte müssen die Gesindeordnungen, und in deren Ermanglung die richterliche Beurtheilung gestützt sein. Die Disciplin des Gesindewesens ist selbst für die bürgerliche Gesellschaft sehr wichtig, weil sich aus ihm vorzugsweise der niedere Bürgerstand recrutirt, und daher durch dasselbe die guten wie die schlechten Sitten der höheren Stände in diesen verpflanzt werden [2]).

2) Rechtsverhältnisse, die sich auf das Vermögen beziehen. a) Eigentliches Sachenrecht. α) Uebersicht.

145. Der Mensch bedarf nach den Gesetzen der Natur der Sachen zur Erhaltung und Verschönerung seines Daseins. In der näheren und entfernteren Beziehung einer Sache zu diesem Zwecke besteht der Werth, den sie für den Menschen hat. Eine Sache kann aber zu jenem Zwecke auf eine zwiefache Art beitragen: entweder indem sie Früchte erzeugt, die für die menschliche Existenz nothwendig oder nützlich sind, oder indem sie durch ihren unmittelbaren Gebrauch Nutzen gewährt. Auf diesen beiden Gesichtspunkten beruht das nächste Interesse, welches Einer an der Unterwerfung von Sachen unter seine Herrschaft hat. Hieran schließt sich als entfernteres Interesse dieses, daß wenn Einer eine Sache hat, die für ihn individuell werthlos ist, weil deren Gebrauch oder Früchte für ihn ohne Interesse sind, er diese gegen andere Sachen oder Leistungen, die für ihn Werth haben, aus-

2) Es ist merkwürdig, wie irrig und oberflächlich dieses wichtige Verhältniß sowohl in den Encyclopädieen, wie in größeren Werken behandelt wird. Man sehe dawider mein Deutsches Privatrecht §. 110—114.

tauschen kann. Aus diesen combinirten Interessen entspringt das Streben nach Vermögen, der Werth des Reichthums.

146. Das menschliche Dasein im Zusammenhange mit dem Gebiete der Sachen betrachtet beruht also auf deren Gebrauche, auf deren Benutzung durch Erzeugung von Früchten, und auf dem Verkehr mit denselben. Alles dieses ist aber ohne eine Ordnung, das heißt ohne die durch das positive Recht geschützte Scheidung und Begränzung des eine Person umgebenden Inbegriffes ihrer Sachen oder ihres Vermögens nicht möglich. Diese Begränzung, durch das positive Recht als Rechtsordnung ausgeprägt, bildet daher neben der Familie die zweite Grundbedingung der bürgerlichen Gesellschaft [1]). Durch die vollständige Begränzung und Unterwerfung einer Sache unter eine Person entsteht das Rechtsverhältniß des Eigenthums, welches also das regelmäßige und umfassendste Verhältniß des Sachenrechts und die Grundlage desselben ist. Es ist jedoch nicht die einzige Rechtsform, wie eine Person zu einer Sache in einer unmittelbaren Beziehung stehen kann, sondern dieses ist auch zwischen einer Person und einer fremden Sache, und zwar zu mannichfaltigen Zwecken, denkbar. Diese Formen lassen sich nicht nach einem logischen Gesetze in eine geschlossene Zahl bringen, sondern es hängt vom positiven Rechte eines jeden Volkes ab, ob die Beziehung einer Person zu einer fremden Sache als ein Rechtsverhältniß betrachtet wird, welches wie die Miethe blos zwischen den Personen besteht, oder als Eines, welches unmittelbar an der Sache selbst haften und dadurch gegen jeden Erwerber der Sache wirken solle [2]). Im letzten Falle nennt man das Recht ein dingliches, ein ius in re aliena. Diese Grundbegriffe sind im römischen Recht mit besonderer Klarheit und Schärfe aus-

1) Sehr richtig sagt daher Hermogenianus im fr. 5. D. de iustitia et iure (1. 1). Ex hoc iure gentium — dominia distincta, agris termini positi, aedificia collocata, commercium, emtiones, venditiones, locationes, conductiones, obligationes institutae.

2) Selbst der Mthiee ist in den neuen Gesetzbüchern ein dinglicher Charakter beigelegt, wenn der Miethvertrag in das Hypothekenbuch eingetragen oder mit einem authentisch documentirten Datum versehen ist.

gebildet und aus ihm überall in das heutige Recht aufgenommen worden. Die Zahl seiner dinglichen Rechte an einer fremden Sache ist jedoch durch einige Formen des deutschen Rechts vermehrt worden, so daß man dieselben jetzt auf vier Klassen zurückführen kann: Servituten, dingliche Benutzungsrechte, Pfandrechte und Reallasten.

β) Vom Eigenthum und Besitz.

147. Das Eigenthum ist, wie gezeigt worden, die vom Recht anerkannte und geschützte vollständige Unterwerfung einer Sache unter den Willen einer Person. Etwas Juristisches ist eine solche Unterwerfung an und für sich nicht, indem zwischen einem Menschen und einer Sache, diese rein für sich betrachtet, nicht von Rechten und Pflichten die Rede sein kann. Es wird dazu erst dadurch, daß dritte Personen dasselbe zu respectiren rechtlich verbunden sind. In dem Begriffe des Eigenthums liegen also zwei Momente: der Sache gegenüber die Macht mit derselben zu thun, was man will; dritten Personen gegenüber das Recht, dieselben von der Einwirkung auf die Sache auszuschließen. Dieses Ausschließen geschieht, wenn man noch im Besitze seiner Sache ist, durch Klagen auf Schutz und Abwehr; wenn man aber den Besitz verloren hat, durch eine Klage auf Zurückgabe. Diese gegen jeden Inhaber zuläßige Vindication ist die stärkste Wirkung, die das positive Recht dem Eigenthum beilegen kann. Die alten Römer haben dieses ganz richtig als die Auszeichnung ihres quiritischen Eigenthums erkannt, dem ein genau abgemessenes System von quiritischen Erwerbarten entsprach. Durch den Verkehr mit den Peregrinen und durch die Berücksichtigung der Rechtsbedürfnisse ihrer Unterthanen in den Provinzen kamen sie aber zuletzt dazu, auch dem in rechtmäßiger Weise erworbenen natürlichen Eigenthum jenen Vorzug beizulegen. Mit dem römischen Recht ist dieses auch im Ganzen in die allgemeinen Rechtsbegriffe übergegangen. Die Germanen sind, wenigstens beim Grundeigenthum, aus einem praktischen Bedürfniß derselben Ansicht gefolgt, wenn ihnen auch der Begriff des Eigenthums als eines dinglichen Rechts nicht mit vol-

ler Klarheit vorschwebte [1]. Hingegen die Verfolgung einer beweglichen Sache gegen den dritten Erwerber war lediglich nach Rücksichten der Billigkeit eingerichtet. Man unterschied, ob die Sache dem Eigenthümer unfreiwillig durch Diebstahl entkommen, oder ob sie von ihm selbst in eine zweite Hand gelegt und von dieser untreuer Weise veräußert worden war. Im ersten Falle gestattete man die Klage gegen den dritten Erwerber, weil die größere Unvorsichtigkeit auf seiner Seite war. Im zweiten Falle gestattete man sie nicht, weil der Eigenthümer sich zunächst selbst die größere Unvorsichtigkeit vorzuwerfen hätte. „Hand muß Hand wahren" [2]. In neueren Statutarrechten und Gesetzbüchern hat auch die Rücksicht auf den Handelsverkehr eingewirkt, für den allerdings das Vindicationsrecht nachtheilig ist. Man hat daher die Vindication gegen den dritten redlichen Erwerber gar nicht oder nur gegen Ersatz des Kaufpreises zugelassen [3].

148. Die Einzelnheiten der Eigenthumslehre betreffen hauptsächlich die Erwerbarten. Das factisch Gewöhnliche ist, daß die Sachen bereits einen Eigenthümer haben. In diesem Falle können sie von einem Andern nur mit dem Willen des bisherigen Eigenthümers erworben werden. Die Concurrenz der beiden Willen spricht sich hier in dem Veräußerungsvertrage aus. Denkbar ist die Annahme, daß schon durch diesen Vertrag das Eigenthum auf den Andern übergehe, und so ist es wirklich nach dem französischen Recht [1]. Für die praktische Behandlung ist es jedoch besser, daß der Uebergang des Eigenthums, vom Vertrage unterschieden, durch eine besondere äußere Handlung bezeichnet werde. Das neue römische Recht verlangt daher dazu die Tradition [2]. Im alten römischen Recht war dazu bei res mancipi,

1) Man sehe darüber meine Deutsche Rechtsgeschichte §. 501. 641. 643. 644.

2) Die nähere Begründung dieser Auffassung giebt meine Deutsche Rechtsgeschichte §. 502—506.

3) Man sehe mein Deutsches Privatrecht §. 125.

1) Französ. Gesetzbuch Art. 938. 1583.

2) C. 2. C. de pactis (2. 3). Traditionibus et usucapionibus dominia rerum non nudis pactis transferuntur.

wozu namentlich Grundstücke gehörten, eine noch förmlichere Handlung, eine mancipatio oder in iure cessio, nothwendig, worauf dann zur Erlangung des Besitzes die Tradition folgte. In gleicher Weise war bei den Germanen zur Uebertragung von Grundstücken eine doppelte Handlung erforderlich: eine feierliche Entäußerung oder Auflassung des Eigenthums an den Erwerber, die entweder vor Gericht oder doch vor Zeugen geschah; und die Vestitur, die Uebergabe an Ort und Stelle als Einweisung in den Besitz. So war es auch im Mittelalter, nur mit dem Unterschied, daß die Auflassung nun immer vor Gericht geschah, und daß nun die Eintragung des Actes in ein Gerichtsbuch aufkam [3]). Hieraus entstand das wichtige Institut der gerichtlichen Transscription, und dieses ist durch die neuere Gesetzgebung als Bedingung des Eigenthumsüberganges noch genauer ausgebildet worden.

149. Anders ist es bei den Sachen, die keinen Eigenthümer haben. An diesen wird das Eigenthum schon durch den einseitigen Willen erworben, weil nichts da ist, was dieses hindern könnte. Wilde Thiere gehören also dem, der sie erlegt oder einfängt, in so fern dieses nicht durch die positiven Vorschriften über das Jagdrecht modificirt wird. Früchte gehören dem, der sie erzeugt, ein durch Kunst hervorgebrachter neuer Gegenstand demjenigen, der ihn geschaffen hat, wobei aber natürlich, wenn dazu der Stoff eines Andern gebraucht wurde, persönliche Ent-

3) Die Beweise aus den Quellen über diese insgemein irrig aufgefaßten Verhältnisse giebt meine Deutsche Rechtsgeschichte §. 509—512. Es kamen dabei zwei symbolische Handlungen vor: die Eine bei der Auflassung als Verzichtleistung auf das Eigenthumsrecht, die Andere bei der Vestitur als Einweisung in den Besitz. Dieses zeigen auf das Klarste die dort §. 509. Note 5. §. 510. Note 1. citirten Stellen. Dadurch widerlegt sich der Tadel, den Warnkönig Encyclopädie S. 424. Note 9. gegen mich ausspricht. Auch bei Bluhme Encyclopädie II. §. 190. finden sich drei fehlerhafte Angaben. Erstens ist es irrig, daß das alte deutsche Recht nur eine „gerichtliche" Auflassung gehabt habe; dieses ist nur wahr vom Recht des Mittelalters. Zweitens ist es irrig, daß die Auflassung den Besitz übertragen habe; sie übertrug nur das Eigenthum. Drittens ist es irrig, daß vestitura die Auflassung bezeichnet habe; sie bezeichnet die nachfolgende Einweisung in den Besitz.

schädigungsansprüche zu berücksichtigen sind. Alles dieses liegt so in der Natur der Sache, daß es sich bei allen Völkern findet [1]. Nur bei dem Fruchterwerb hat das alte deutsche Recht einige Eigenthümlichkeiten [2]. Später hat das römische Recht wegen seiner reicheren Ausbildung in dieser Lehre vollen Eingang gefunden. Doch kommen auch noch in den neuen Gesetzbüchern kleine Modificationen vor.

150. Endlich giebt es in jedem positiven Rechte Fälle, wo eine Sache, die einen Eigenthümer hat, ohne dessen Willen, also unmittelbar durch den Willen des Gesetzes oder durch den Zuspruch des Richters, Eigenthum eines Andern wird. Das wichtigste Beispiel dieser Art ist die Usucapion oder Ersitzung. Diese beruht im neuen römischen Recht auf dem Gedanken, daß derjenige, welcher eine Sache zwar von dem Nichteigenthümer, allein in gutem Glauben und durch einen rechtmäßigen Titel erworben, und eine gewisse Zahl von Jahren besessen hat, dadurch Eigenthümer geworden sein soll. Die Zahl der Jahre sind bei einer beweglichen Sache drei, bei einer unbeweglichen zehn oder zwanzig, letzteres wenn der Andere abwesend ist. Das Institut ist durchaus künstlicher Art und beruht nur auf Rücksichten der Billigkeit und Nützlichkeit; wegen dieser ist es jedoch überall recipirt worden. Das alte deutsche Recht kannte zwei verwandte Vorschriften. Erstens daß nach dreißig Jahren der Eigenthümer sein Recht verschwiegen habe. Zweitens daß, wenn eine gerichtliche Auflassung vorhergegangen, der Erwerber sich nach Jahr und Tag durch seinen bloßen Eid gegen den alten Eigenthümer vertheidigen konnte [1]. Hieraus hat man, jedoch immer nur unter jener Voraussetzung, in mehreren Statutarrechten eine Ersitzung von Jahr und Tag gemacht.

151. Das Eigenthum schließt das Recht zum Besitze we-

---

1) Die Römer haben daher diese Fälle als aus dem ius gentium fließende naturale Erwerbarten bezeichnet, Gaius II. §. 66—73., §. 11—39. J. de rer. divis. (2. 1).

2) Man sehe meine Deutsche Rechtsgeschichte §. 507. 508.

1) Man sehe meine Deutsche Rechtsgeschichte §. 513.

sentlich in sich, und wer dasselbe haben will, muß es vom Eigenthümer ableiten. Ein unrechtmäßiger Besitz ist kein Rechtsverhältniß, sondern nur eine Thatsache. Dennoch müssen an jeden Besitz, selbst an den unrechtmäßigen, durch das positive Recht gewisse rechtliche Wirkungen geknüpft sein. Um nämlich Ruhe und Ordnung im bürgerlichen Leben aufrecht zu erhalten, ist es Bedürfniß, denjenigen, der im Besitz gestört oder daraus mit Gewalt entsetzt worden ist, blos auf den Grund des gehabten Besitzes, vor Allem zu schützen oder zu restituiren, und den Andern, der ein besseres Recht zu haben behauptet, damit in den ordentlichen Rechtsweg zu verweisen. Zu jenem Zwecke hat das römische Recht eigenthümliche Klagen, die possessorischen Interdicte. Durch diese giebt es also Rechte des Besitzes selbst in dem Falle, wo man ein Recht zum Besitze nicht hat. Im deutschen Recht nannte man den Besitz einer Sache die Gewere, und man war auf dem Wege, daraus ein ähnliches System zu entwickeln[1]). Durch die Bekanntschaft mit dem weit mehr ausgebildeten römischen Recht wurde dieses aber unnöthig; man nahm die römische Besitztheorie an, und man begnügte sich dieselbe, besonders mit Beihülfe des canonischen Rechts, in der Lehre von den Besitzklagen noch etwas zu vervollständigen.

γ) Von den Servituten.

152. Das örtliche Verhältniß zweier Grundstücke zu einander kann es wünschenswerth machen, daß dem Einen zum Vortheil des Andern eine dauernde Beschränkung auferlegt sei. Dieses nennt man eine Servitut oder Dienstbarkeit. Der Grundbegriff dabei ist, daß sie eine Beschränkung des Eigenthums sein soll. Sie kann sich also nur in zwei den beiden Richtungen des Eigenthums[1]) entgegengesetzten Richtungen äußern: also nur darin, daß der Herr des dienenden Grundstückes Etwas nicht thun darf, oder darin, daß er von dem Herrn des herrschenden Grundstückes Etwas leiden muß. Die Verbindlichkeit, etwas

1) Dieses zeigt meine Deutsche Rechtsgeschichte §. 493. 494.

1) Man sehe darüber oben §. 147.

Positives zu thun, geht also über den Begriff einer Servitut hinaus und fällt unter eine andere Kategorie der Rechtsbegriffe [2]). Die Quellen des alten deutschen Rechts enthalten über dieses Verhältniß nichts. Das römische Recht hat daher hierin mit seinem reichen und fein ausgebildeten Material eine unbedingte Geltung erlangt. Etwas Neues ist nur, daß jetzt häufig Servituten, wenn die Last mit dem Grundstück auf den dritten Erwerber übergehen soll, in das Hypothekenbuch eingetragen sein müssen. Nutzungsrechte, die einer Person an einer fremden Sache in dinglicher Weise zustehen, können jenem Begriffe gemäß auch Servituten genannt werden [3]); allein damit ist für deren Theorie nichts gewonnen [4]).

δ) Dingliche Benutzungsrechte.

153. Der Gebrauch oder Fruchtgenuß einer Sache, welcher regelmäßig den Werth des Eigenthums ausmacht [1]), braucht nicht in der Hand des Eigenthümers selbst zu sein, sondern kann von ihm gegen eine Gegenleistung oder unentgeltlich aus bloßem Interesse der Affection einem Andern überlassen werden. Hieraus entstehen, besonders in der Anwendung auf Grundstücke, mancherlei wichtige Rechtsformen. Eine derselben ist, wenn eine Sache einem Andern vermiethet oder verpachtet wird. Hier herrscht aber theils wegen der jährlichen Entrichtung des Pachtgeldes, theils wegen der bestimmt begränzten Benutzungsrechte und kürzeren Dauer der Begriff eines zwischen dem Miether und Vermiether bestehenden obligatorischen Verhältnisses vor. Anders ist es, wenn eine Sache gegen eine ein für allemal gemachte

---

2) Fr. 15. §. 1. D. de servit. (8. 1). Servitutum non ea natura est, ut aliquid faciat quis —: sed ut aliquid patiatur aut non faciat.

3) Die Römer nennen sie servitutes personarum oder hominum, fr. 1. 15. pr. D. de servit. (8. 1).

4) Unter servitus wurden daher von den Römern selbst gewöhnlich nur die iura praediorum verstanden, Gaius II. §. 14., §. 3. J. de reb. incorpor. (2. 2).

1) Man sehe darüber oben §. 145.

Gegenleistung oder unentgeltlich zum dauernden Fruchtgenuß oder Gebrauch überlassen wird. Hier hat es selbst praktische Gründe für sich, das eingeräumte Recht als ein dingliches mit einer selbstständigen Klage gegen Dritte versehenes Recht zu behandeln. So ist es bei dem römischen Usus fructus und Usus [2]. Jener kam am häufigsten in Folge eines testamentarischen Vermächtnisses oder unmittelbar kraft des Gesetzes in gewissen Familienverhältnissen vor, wie zu Gunsten des Vaters am eigenen Vermögen der Kinder. Im deutschen Recht findet sich etwas ganz Aehnliches im Institute der Leibzucht oder des Leibgedinges. Es wird daher darauf im Ganzen die römische Theorie angewendet.

154. Unter besonderen Umständen kann das Bedürfniß entstehen, auch Pachtverhältnissen einen dinglichen Charakter beizulegen. Dieses nimmt das römische Recht an bei den agri vectigales, das heißt den Grundstücken städtischer Communen, die gegen einen jährlichen Zins auf unbestimmte Zeit oder erblich in Pacht gegeben sind. Hier hat der Pächter selbst eine dingliche Klage gegen jeden Besitzer, weil dieses den Werth des Besitzes erhöht und weil es für den practischen Gebrauch bequemer ist, als wenn die Commüne zur Vertretung angerufen werden muß. Wo ein solches Verhältniß erblich ist, kommt noch der Grund hinzu, daß es in der That dem Eigenthum sehr nahe steht. Alle diese Gründe vereinigten sich auch bei dem Verhältnisse der Emphyteuse oder Erbpacht, welches aus Jenem hervorgegangen und im späteren römischen Recht genau regulirt worden ist [1]. Auffallend könnte es scheinen, daß die Römer ein solches erbliches Pachtverhältniß zuließen, einen erblichen Usus fructus aber nicht. Dieses erklärt sich aber daher, daß dort eine jährliche Abgabe zu entrichten ist, hier nicht, also hier im Falle der Erblichkeit für den Eigenthümer so gut wie nichts übrig

---

2) Die Lehrbücher des römischen Rechts behandeln den persönlichen Charakter der Pacht, den dinglichen des Usus fructus als etwas positiv Gegebenes; nach den innern Gründen fragen sie nicht.

1) §. 3. J. de locat. (3. 24) verglichen mit Gaius III. 145.

bleibt [2]). Der Emphyteuse verwandt ist im römischen Recht das Verhältniß der Superficies, wo Einer gegen Entrichtung eines Solariums auf lange Zeit oder erblich das Recht an einem auf fremdem Boden errichteten Gebäude hat.

155. In den germanischen Reichen, wo der Reichthum vorzüglich in Grundstücken bestand, führte dieses zu mancherlei Formen der bäuerlichen Verleihung, deren Einige sehr fest oder selbst mit Erblichkeit und dem Recht der Veräußerung verbunden wurden [1]). Wenn die Bauern und ihre Güter, wie gewöhnlich, unter dem Hofrecht und dem Gericht des Herrn standen, so konnten sie auch vor diesem gegen Hofgenossen das Gut vertheidigen [2]); gegen Auswärtige hatte der Herr sie zu schützen und zu vertreten. Nach der Auflösung des Hofverbandes wurde den meisten Formen der bäuerlichen Benutzungsverhältnisse von der Praxis nach Art der Emphyteuse ein dinglicher Charakter und ein Klagrecht gegen Dritte beigelegt; so den Colonaten auf Zeit oder mit Erbrecht, die unter verschiedenen Namen als Landsiedel- Meier- Hobs- Laßgüter vorkommen [3]). Eine andere Form dinglichen erblichen Benutzungsrechts entstand bei den Lehngütern [4]), und diese wurde von der Theorie unter den Begriff von getheiltem Eigenthum, dominium directum und utile, gebracht. Dieser Begriff wurde dann noch auf einige andere Arten von verliehenen Gütern, auf die Erbzinsgüter und die Zinslehen, angewendet, und man hat ihn irrigerweise selbst schon den Emphyteusen des römischen Rechts untergelegt [5]). Daneben ist auch die Rechtsform der Emphyteuse, jedoch mit diesem Mißverständniß, in

2) Die Lehrbücher des römischen Rechts berühren zwar den Unterschied als etwas positiv Gegebenes; aber Gründe geben sie nicht an. So Arndts Pandekten §. 195.

1) Davon handelt meine Deutsche Rechtsgeschichte §. 486. 490.

2) Man sehe meine Deutsche Rechtsgeschichte §. 514. 557. 558. 606.

3) Ueber diese, häufig irrig und unklar dargestellten Verhältnisse sehe man mein Deutsches Privatrecht §. 510 – 514.

4) Man sehe oben §. 67.

5) Man sehe mein Deutsches Privatrecht §. 132. 515. 517.

Aufnahme gekommen und Erbpacht, Erbleihe, Erbbestand genannt worden [6]). So giebt es im heutigen Recht dingliche Benutzungsrechte römischen Ursprungs, deutschen Ursprungs, und römischen Ursprungs mit einer falschen doctrinellen Beimischung. Durch die neueste Gesetzgebung sind aber in mehrern Ländern, namentlich in Preußen, diese Formen verschwunden. Das erbliche Benutzungsrecht oder nutzbare Eigenthum ist zum vollen Eigenthum erhoben, und die jährlichen Leistungen bleiben als Reallasten diesem Eigenthum auferlegt.

ε) Das Pfandrecht.

156. Ein Recht an einer fremden Sache kann auch in der Art bestellt werden, daß dieselbe zum Unterpfand für eine Schuld gegeben wird. Hier ist also nicht der Gebrauch oder Fruchtgenuß, sondern der Vermögenswerth, den die Sache an sich hat [1]), Gegenstand des dinglichen Rechts; dieser ist dem Gläubiger für seine Forderung obligirt. Aus diesem Vermögenswerthe muß also die Schuld, wenn der Schuldner nicht anderweitig zahlt, bezahlt werden, was nicht anders geschehen kann, als dadurch, daß die Sache durch Verkauf zu Geld gemacht wird. Dieses Recht des Gläubigers ist daher in der Verpfändung wesentlich enthalten. Auf der andern Seite erfordert es jedoch die Billigkeit und Menschlichkeit, daß das Pfand beim Verkauf zum möglichst hohen Werth verkauft werde, und der Schuldner den Ueberschuß herauserhalte. Daher ist dazu jetzt insgemein die Form der öffentlichen oder gar gerichtlichen Versteigerung vorgeschrieben [2]), und die Clausel, daß das Pfand am Verfalltage dem Gläubiger ohne Verkauf zufallen solle (lex commissoria), ist sowohl nach dem römischen Recht als nach allen heutigen Rechten ohne Kraft.

---

6) Das preußische Landrecht nennt sie aber Erbzinsgüter, und versteht unter Erbpacht die erblichen Colonate.

1) Man sehe darüber oben §. 145.

2) Dieses findet sich schon im älteren deutschen Recht. Man sehe meine Deutsche Rechtsgeschichte §. 532. 533.

157. Die roheste Form der Verpfändung ist, wenn das Pfand für die Schuld nur so lange haftet, als es sich in dem Besitz des Gläubigers befindet, gegen den dritten Erwerber aber nicht wirkt. So war es im alten deutschen und im alten römischen Recht [1]). Später ist aber bei den Römern mit dem Faustpfand auch eine Klage gegen Dritte verbunden, und dadurch erst das Pfandverhältniß zu einem dinglichen Rechte gemacht worden. In den heutigen Rechten ist jedoch bei Mobilien die Pfandverfolgung gegen Dritte aus denselben Gründen wie die Vindication der Mobilien [2]) häufig ausgeschlossen. Möglich ist, daß dem Gläubiger außer dem Rechte am Vermögenswerthe der Sache auch das Recht an deren Früchten eingeräumt wird. Dieses kommt im alten deutschen wie im römischen Rechte vor, im Letzteren unter dem Namen der Antichrese [3]).

158. Die feinste Art der Verpfändung ist diejenige, wobei der Schuldner im Besitz der verpfändeten Sache gelassen wird. Dieses heißt eine Hypothek im Gegensatze des Faustpfandes. Für den praktischen Gebrauch ist dieselbe besonders bequem, weil dadurch die Umständlichkeiten vermieden werden, welche die Uebertragung der Sache in den Besitz des Gläubigers, namentlich bei Grundstücken, veranlaßt. Daher haben die Römer diese Rechtsform, man weiß nicht genau wann, aufgenommen, anfangs so, daß die Hypothek nur so lange wirkte, als die Sache sich im Eigenthum des Schuldners befand, später aber so, daß sie auch gegen den dritten Erwerber wirksam war [1]). Bei den Deutschen findet sich dieses Institut erst im Mittelalter, wobei es ungewiß ist, ob durch eigene Erfindung oder durch Einwirkung des römischen Rechts [2]). Dasselbe hat jedoch eine wichtige praktische Bedenklichkeit darin, daß derjenige, welcher auf eine Sache Geld

---

1) Deutsche Rechtsgeschichte §. 532., Römische Rechtsgeschichte §. 588.

2) Man sehe oben §. 147.

3) Man sehe meine Deutsche Rechtsgeschichte §. 533., Deutsches Privatrecht §. 138.

1) Man sehe meine Römische Rechtsgeschichte §. 588.

2) Deutsche Rechtsgeschichte §. 534.

herleihen oder dieselbe kaufen will, kein Mittel hat die Existenz einer darauf ruhenden Hypothek zu erfahren, als das sehr unsichere Wort des Schuldners. Die Römer haben hier keine durchgreifende Hülfe gekannt. Das deutsche Recht hat aber das richtige Mittel darin gefunden, daß jede Hypothek, wenn sie gegen Dritte wirken soll, in das Hypothekenbuch eingetragen sein muß, woraus Jeder deren Existenz erfahren kann. Dieser Grundsatz ist jedoch nur bei Grundstücken ausführbar; daher ist jetzt häufig an beweglichen Sachen keine Hypothek, sondern nur ein Faustpfand gestattet.

159. Jede Verpfändung absorbirt eventuell einen Theil des Vermögenswerthes der Sache. Eine zweite Verpfändung kann daher nur den Werth ergreifen, den die erste übrig läßt. Daraus folgt, daß bei der Collision mehrerer Pfandrechte an derselben Sache die ältere vorgeht. Nach dem deutschen System wird natürlich dieses Alter nach der Eintragung ins Hypothekenbuch bestimmt. Von jener Regel kann es aber Ausnahmen geben, wo eine Hypothek, wiewohl jünger, den älteren vorgeht. Ein solches Privilegium beruht entweder auf der Natur der Sache oder auf einer besondern Begünstigung. Ein Beispiel des Ersteren ist das Vorrecht für die Auslagen, die Einer auf die Erhaltung einer Sache verwendet hat [1]). Ein Beispiel des Zweiten ist das Privilegium des Fiscus wegen rückständiger Abgaben.

ζ) Von den Reallasten.

160. Eine Reallast ist die Verpflichtung zu einer periodischen Leistung in Naturalien, Geld oder Diensten, welche auf einem als Eigenthum besessenen Grundstücke dergestalt ruht, daß sie auf jeden Erwerber desselben übergeht. Die Römer haben diese Rechtsform, von den Grundsteuern abgesehen, nicht gekannt. Bei den Deutschen findet sie sich aber aus mancherlei historischen Veranlassungen besonders bei den Bauerngütern sehr häufig. Was die Theorie derselben betrifft, so ist es klar, daß die

1) Fr. 6. D. qui potiores in pignore (20. 4). Huius enim pecunia salvam fecit totius pignoris causam.

Verpflichtung zu der einzelnen fälligen Leistung eine reine Obligatio des jedesmaligen Inhabers ist. Hingegen die Last als Ganzes ist eigenthümlicher Natur. Sie ist keine Servitut, weil sie sich in einem positiven Thun äußert, was der Natur der Servituten absolut widerspricht [1]). Sie kann auch nicht unter den Begriff von Gebrauch oder Fruchtgenuß an einer fremden Sache gestellt werden, weil die Leistung von Geld oder Diensten dazu nicht paßt. Endlich ist sie auch keine gewöhnliche Obligatio, weil sie nicht auf einer Person, sondern auf einem Grundstücke ruht. Offenbar stimmt sie aber, davon abgesehen, mit einer Obligatio überein, und ist daher als eine Obligatio, wozu das Grundstück das verpflichtete Subject ist, aufzufassen [2]). Andere betrachten sie als die Obligatio einer Person, die durch den Besitz des Grundstückes bedingt sei. Allein dieses läuft, genau betrachtet, auf dasselbe hinaus. Denn sie kann nicht durch den Besitz des Grundstückes bedingt sein, wenn sie nicht auf dem Grundstück ruht. Uebrigens ist mit solchen Reallasten nicht, wie oft geschieht, der Fall zu verwechseln, wo der Eigenthümer eines Gutes, das ein Anderer in Emphyteuse oder Erbpacht hat, kraft dieser Verleihung eine jährliche Abgabe oder Dienste zu fordern hat. Hier ist die Verbindlichkeit zu der Abgabe nicht eine Last des Gutes, sondern sie ist wie jede Miethe oder Pacht eine persönliche Verbindlichkeit des Erbpächters.

161. Was die Reallasten thatsächlich von andern Obligationen unterscheidet, ist, daß dabei beständig geleistet wird, ohne daß doch eine Befreiung eintritt. Daher verbindet sich mit ihnen der Schein einer persönlichen Unfreiheit, welcher sie, zumal wenn ihr historischer Ursprung verdunkelt ist, gehässig macht. Dieses, verbunden mit anderen theils wahren theils eingebildeten staats-

---

1) Früher, wo es in der Behandlung des deutschen Rechts noch an der Schärfe der juristischen Begriffe fehlte, hat man die Reallasten Servituten des deutschen Rechts genannt. Dieses ist aber veraltet und aufgegeben. Doch hält Bluhme Encyclopädie II. §. 212. 214. noch daran fest. Man sehe dagegen mein Deutsches Privatrecht §. 148. 149. 493.

2) Damit stimmt auch der Sprachgebrauch überein, der von einem zehnt-, zins- oder frohnpflichtigen Grundstücke redet.

wirthschaftlichen und politischen Rücksichten, hat seit der ersten französischen Revolution die Gesetzgebung zur Aufhebung der Reallasten geführt, bald unentgeltlich, was jedenfalls ein schreiender Eingriff in das Privateigenthum ist, bald durch Ablösung, die entweder geboten, oder blos freigestellt wurde.

η) Vom Einflusse der Regalien auf das Sachenrecht [1]).

162. Es giebt Sachen, an deren Gebrauch und Erhaltung ihrer Natur nach ein allgemeines oder öffentliches Interesse besteht, weshalb auch in jedem nur einigermaßen ausgebildeten Staate eine besondere Einwirkung der Staatsgewalt darauf Statt hat. Diese Sachen lassen sich auf drei Klassen reduciren. Die Erste begreift Solche, welche wesentlich zum gemeinen Gebrauche bestimmt sind, entweder durch die Natur selbst, wie die großen Flüsse, oder durch ihre Anlage, wie die öffentlichen Wege. Hier gehört es zu der Aufgabe der Staatsgewalt, deren Benutzung im gemeinen Interesse zu regeln und zu beaufsichtigen. Zweitens giebt es Sachen, die im Privateigenthum stehen, deren Erhaltung jedoch für das Ganze von so dringender Wichtigkeit ist, daß daraus für die Staatsgewalt ebenfalls das Recht entspringt, deren Gebrauch zum Zwecke ihrer Erhaltung zu ordnen und in so weit das Eigenthumsrecht zu beschränken. Dieses ist der Fall bei Privatwaldungen. Drittens giebt es herrenlose Sachen, die für das Allgemeine von solchem Belang sind, daß das Occupationsrecht daran durch Gesetze geregelt werden muß. Dieses ist der Fall bei den wilden Thieren und Mineralien. An sich gehört das Occupationsrecht derselben dem Eigenthümer des Bodens, wo sie sich befinden. Allein bei wilden Thieren machen viele äußere Gründe es rathsam, daß das Jagdrecht nicht von jedem Grundeigenthümer, auch nicht zu jeder Zeit, und nur in größeren zusammenhängenden Distrikten ausgeübt werde; und bei Mineralien ist es von großer Wichtigkeit, daß die Nachsuchung und das Occupationsrecht derselben Jedem gestattet und

---

1) Dieser Gegenstand ist nach schärferen Unterscheidungen als bisher bearbeitet in meinem Deutschen Privatrecht §. 156—185.

das Grundeigenthum in so weit beschränkt werde. In allen diesen Fällen können die nöthigen Anordnungen von der Staatsgewalt schon kraft ihrer Sorgfalt für die gemeine Wohlfahrt und Sicherheit getroffen werden. In einigen Fällen hat man jedoch unter dem Namen von Regal eine Rechtsform erfunden, wodurch man jene Einwirkung der Staatsgewalt zu erleichtern und auf eine privatrechtliche Grundlage zurückzuführen gesucht hat. Unter dem Namen Wasserregal hat man nämlich dem Fiscus das Eigenthum oder das ausschließliche Benutzungsrecht der großen Flüsse beigelegt, dessen Ausübung durch Fischen, Schiffen, Flößen oder Anlegung von Mühlen er unter bestimmten Bedingungen Privatpersonen überläßt. Unter den Namen Jagd- und Bergregal wird dem Fiscus das über alle Grundstücke des Staatsgebietes sich erstreckende ausschließliche Occupationsrecht der wilden Thiere und Mineralien zugeschrieben, dessen Ausübung er durch Verleihung an Privaten übertragen kann, die dann darin auch auf fremdem Grundeigenthum freie Hand haben. Unter Regalien wurden im Mittelalter die königlichen Gerechtsame jeder Art verstanden. Jetzt wird dieses Wort auf jene nutzbaren Regalien beschränkt; die anderen, die einen öffentlichen Charakter haben, werden nun Hoheitsrechte genannt.

b) Obligationenrecht. α) Allgemeine Grundsätze.

163. Das Obligationenrecht hat die Rechtsverhältnisse zum Gegenstande, welche durch die unter zwei oder mehreren Personen eingegangenen Forderungen und Schulden entstehen. Die Veranlassung dazu liegt in der von der Natur gegebenen Thatsache, daß die Menschen einander für ihre Vermögensinteressen bedürfen, und nicht blos Sachen und Leistungen wirklich austauschen, sondern sich auch solche unter einander versprechen oder auf andere Art schuldig werden. Das Interesse bei einer jeden Obligation liegt aber nicht darin, daß sie besteht, sondern vielmehr darin, daß sie aufhört, das heißt daß sie erfüllt wird. Diese Erfüllung wird schon durch das Gesetz der Wahrhaftigkeit und Treue, welches aus der sittlichen Natur des Menschen fließt, geboten, und dieses Gesetz kündigt sich auch in dem Gewissen

eines jeden Menschen mehr oder minder deutlich an. Doch kann dieses nicht blos dem Gewissen überlassen bleiben, sondern die Erfüllung muß auch durch eine äußere Autorität geboten und ein Zwang darauf möglich sein. Ein solcher Zwang kann aber hier augenscheinlich nicht dem Berechtigten selbst überlassen sein, sondern muß von den Gerichten ausgehen. Diese aber sind nicht eher thätig, als bis sie darum angerufen werden, was durch die gerichtliche Klage geschieht. Natürlich kann aber eine solche Klage nur dann wirksamen Erfolg haben, wenn die Forderung als eine begründete anzuerkennen, das heißt nach dem positiven Recht mit einem Klagrecht versehen ist.

164. In einem Obligationsverhältnisse liegen also vier unterscheidende Momente. Erstens ist es ein Band zwischen zwei oder mehreren bestimmten Personen. Dadurch unterscheidet es sich von den dinglichen Verhältnissen, die nur zwischen einer Person und einer Sache Statt finden, durch diese aber gegen jeden Dritten wirken. Das Interesse des Verkehrs kann es freilich wünschenswerth machen, daß die Person des Gläubigers wechseln und dessen Recht auf einen Dritten übertragen werden könne. Allein dieses setzt immer den Willen der ursprünglich Betheiligten voraus, entweder den Willen des Gläubigers allein, wie bei einer Cession, oder eine dazu vom Schuldner bei Eingehung der Schuld ertheilte Ermächtigung, wie bei den auf jeden Inhaber lautenden Verschreibungen [1]). Zweitens ist die Obligation auf einen Gegenstand gerichtet, der einen Vermögenswerth hat [2]). Dadurch unterscheidet sie sich von den Familienverhältnissen, deren Interesse ganz anderer Art ist. Wo daher ein Verhältniß einen Zweck hat, der keine Vermögensschätzung zuläßt, fällt es aus der Kategorie der Obligationen heraus, zum Beispiel ein Verlöbniß. Drittens muß jeder Obligation eine Solution und Liberation entsprechen. Darin liegt ein zweiter Un-

1) Von diesen feinen Verhältnissen handelt mein Deutsches Privatrecht §. 256. 257.

2) Fr. 9. §. 2. D. de statuliber. (40. 7). Ea enim in obligatione consistere, quae pecunia lui praestarique possunt.

terschied von den Familienverhältnissen, wobei ein Hauptinteresse die Dauer, und die Auflösung ein Unglück ist. Auch unterscheidet sich dadurch eine Obligation von einem Gewalt- und Dienstverhältniß, wobei man immer leistet, ohne befreit zu werden. Viertens endlich gehört zu einer Obligation die Möglichkeit der wirksamen Anrufung des richterlichen Zwanges, das heißt ein Klagrecht (actio). In der Möglichkeit des Zwanges stimmt die Obligation mit einem Gewaltverhältnisse überein. Der Unterschied liegt aber darin, daß bei Letzterem das Recht des Zwanges, wenigstens bis auf einen gewissen Grad, dem Gewalthaber selbst zusteht. In jener Möglichkeit des Zwanges und in dem Klagrecht besteht aber überhaupt das, was eine Obligation zu einem juristischen Verhältnisse macht. Dadurch unterscheidet sie sich von der bloßen Gewissens- oder Ehrenschuld, die nur innerhalb des Gebietes der Moral oder des Ehrgefühls wirkt, wenn nicht das positive Recht auch daran einige juristische Wirkung knüpft, zum Beispiel die, daß nach einer aus freiem Willen gemachten Erfüllung das Gezahlte doch nicht zurückgefordert werden darf. Alle diese Begriffe sind im römischen Rechte mit besonderer Schärfe aufgefaßt [3]) und bis ins Kleinste durchgeführt. Dieses ist daher in dieser Lehre zu einer fast unbedingten Herrschaft gelangt.

165. Was die Entstehung der Obligationsverhältnisse betrifft, so ist es klar, daß wenn ein freier Mensch zu einer Leistung zum Vortheil eines Andern verbunden sein soll, dieses sich regelmäßig auf seinen eigenen Willen gründen muß. Sie entstehen also regelmäßig aus einem zu diesem Zwecke geschlossenen Vertrage. Möglich ist jedoch, daß das positive Recht auch noch an andere Thatsachen eine Obligation und Klage gegen eine Person, kraft deren präsumtiven Willens oder selbst gegen deren Willen, knüpft. Die wichtigsten Fälle dieser Art sind die Vergehen, nämlich in so fern daraus schon nach allgemeinen Grund-

---

3) Dieses zeigt schon die genaue Definition im pr. J. de obligat. (2. 13). Obligatio est iuris vinculum, quo necessitate adstringimur, alicuius solvendae rei, secundum nostrae civitatis iura.

sätzen die Verbindlichkeit zum Ersatz des dadurch zugefügten Vermögensschadens, oder nach dem positiven Strafrecht auch die Verbindlichkeit zu einer an den Andern zu leistenden Vermögensstrafe entsteht. Solche Privatstrafen kommen aber jetzt weit seltener vor, wie im römischen Recht, weil es jetzt unserem Gefühle widerspricht, daß Einer aus dem Delict eines Andern einen Vermögensvortheil ziehe. Abgesehen von den Verträgen sind aber die Entstehungsgründe der Obligationen positive Einzelnheiten, die nicht in eine encyclopädische Darstellung gehören.

β) Von den Verträgen im Allgemeinen.

166. Das Gebiet der Verträge reicht so weit als die menschliche Freiheit und die menschlichen Interessen. Es können daher auch Familienverhältnisse, die Einsetzung zum Erben, die Aufhebung einer Schuld, selbst Verhältnisse des öffentlichen Rechts Gegenstand der Verträge sein. Hier ist nur von den Verträgen die Rede, wodurch Obligationen erzeugt werden, was bei weitem die Mehrzahl bildet. In diesen Verträgen zeigt sich hauptsächlich die Mannichfaltigkeit des Verkehrs und der Interessen, von den einfachsten Formen bis zu den verwickeltesten Verhältnissen. Das römische Recht enthält davon einen sehr reichen und ausgebildeten Stoff. Doch ist dadurch dieses Gebiet nicht erschöpft, sondern das Leben hat noch viele neue wichtige Formen erzeugt. Es gehört daher zur Aufgabe der Encyclopädie, von diesem vereinigten Material eine Uebersicht aus dem wissenschaftlichen Standpunkte der Gegenwart zu geben. Zu diesem Zwecke müssen an diesen Verträgen folgende vier Momente unterschieden werden.

167. Das Erste, was bei einem Vertrage in Betracht kommt, ist dessen Zweck und Inhalt. Dieser kann sehr mannichfaltig sein; Alles, was ein erlaubtes und realisirbares Vermögensinteresse hat, kann auch den Gegenstand und Inhalt eines Vertrages bilden. Dieses läßt sich auf vier Hauptgegenstände zurückführen: Sachen, persönliche Leistungen, Zufälle woran ein Vermögensinteresse hängt, und die Gewährung einer Sicherheit für eine Schuld. Sachen können aber als Gegenstände der Ver-

träge in so mannichfaltigen, juristisch von einander völlig verschiedenen Richtungen vorkommen, daß die Verträge, die sich auf Sachen beziehen, drei besondere Klassen ausmachen: Verträge, welche die völlige Entäußerung, Verträge, welche den Gebrauch oder die Benutzung, Verträge, welche die Aufbewahrung einer Sache zum Gegenstande haben, und Verträge, welche das Gelöbniß einer zu leistenden Zahlung enthalten. Die Verträge, welche sich auf persönliche Leistungen beziehen, können noch mannichfaltiger sein, wie sich unten zeigen wird. Ferner sind die Gesellschaftsverträge als eine eigenthümliche Kategorie abzusondern, weil sie aus Sachen und Leistungen gemischt sind. Es ist schon durch diese Aufzählung einleuchtend, daß die Eigenthümlichkeiten eines jeden Vertrages, die praktischen Einzelnheiten der daraus fließenden Rechte und Pflichten, vorzüglich durch dessen Zweck und Inhalt bestimmt werden [1], und daß daher diese Classification an die Spitze gestellt werden muß [2].

168. Ein zweiter Gesichtspunkt ist, ob bei einem Vertrag nur von einer Seite oder von beiden Seiten eine Leistung vor-

---

1) So drehen sich die Einzelnheiten des Kaufes hauptsächlich um die Eigenschaften, die Ablieferung und Gefahr der verkauften Sache; bei dem Mandat und der locatio operarum um die Natur der Dienste. Das Mutuum erhält seine Eigenthümlichkeit vorherrschend durch den Zweck und die Natur des Gegenstandes, des Geldes. Am schärfsten tritt es bei den gewagten Geschäften hervor.

2) Man thut dieses gewöhnlich nicht, sondern classificirt nach anderen untergeordneten Gesichtspunkten. Die Folge davon ist, daß der Theilungsgrund nicht in das Herz der Sache, sondern auf einen Nebenfleck trifft, und daher nicht alles, was zum Vertrage gehört, umfaßt. Als ein Beispiel von vielen dienen Arndts Pandekten §. 284—290., Bluhme Encyclopädie II. §. 329. Diese stellen die Eintheilung in einseitige und zweiseitige Geschäftsobligationen an die Spitze. Eine Unterabtheilung der Ersteren bilden die Obligationen auf Rückgabe bestimmter Sachen, und unter dieser Rubrik wird nun das Commodatum, Depositum, Pignus abgehandelt. Allein die Rückgabe der Sache ist bei diesen Verträgen durchaus nicht das Einzige; es kommt dabei noch manches andere Juristische zur Sprache, was aus dem Zweck und Inhalt des Vertrages, nicht aber aus jener Rubrik, fließt. Ueberhaupt muß man es in dieser reichhaltigen Lehre vermeiden, zu allgemeine Kategorieen bilden zu wollen; man kommt damit ohne Zwang nicht durch.

kommt. Ersteres ist der Fall bei einem Schenkungs-, bei einem Zahlungsversprechen, bei einer Bürgschaft. Für das Zweite ist zu unterscheiden. Es giebt Verträge, wo kraft der geschlossenen Uebereinkunft beide Theile gleichmäßig Etwas zu leisten haben; so beim Kauf-, Mieth-, Gesellschafts-, Spiel- und Versicherungsvertrag. Solche Verträge sind daher zweiseitige im vollständigen Sinn, und die Römer bezeichnen dieses dadurch, daß sie beiden Theilen aus dem Vertrag eine actio directa geben. Hingegen giebt es andere Fälle, wo der Vertrag seiner Natur nach erst durch die geschehene Leistung des Einen seinen Anfang nimmt; so beim Mutuum, Commodatum, Depositum, Pignus. Hier hat also der Eine schon geleistet; der ganze Schwerpunkt der Obligation ruht nur noch auf dem Andern, und der Erste kann nur accidentell obligirt werden, zum Beispiel durch die auf die Sache gemachten Verwendungen. Die Römer bezeichnen dieses sehr richtig dadurch, daß sie gegen den Andern die actio commodati, depositi, pigneratitia directa, gegen den Ersten die actio contraria geben [1]). Eine actio mutui contraria gab es aber gar nicht, weil beim Mutuum ein Gegenanspruch gar nicht denkbar ist.

169. Ein drittes Moment ist der subjective Beweggrund, welcher die Contrahenten zur Eingehung des Vertrages bestimmt. Regelmäßig ist dieser von beiden Seiten ein Vermögensinteresse, so daß Jeder für das, was er hingiebt oder verspricht, etwas zu gewinnen denkt, oder schon gewonnen hat. Der Beweggrund kann aber auch in der Gefälligkeit und Zuneigung des Einen liegen, und diese kann eine doppelte Abstufung haben. Entweder macht man um das, was man dem Andern giebt, sich selbst absichtlich ärmer; dann ist das Geschäft eine Schenkung. Oder man denkt dem Andern zu nützen, ohne aber sich selbst ärmer

1) Es ist ein augenscheinlicher Fehler, wenn Arndts und Bluhme (§. 167. Note 2) die angeführten Verträge unter die einseitigen Obligationen stellen. Wie paßt dazu die actio contraria, die doch eine Klage aus dem Vertrage ist, der also nach beiden Seiten hin Obligationen erzeugt, wenigstens erzeugen kann? Dieser Fehler ist eben die Folge des andern, daß sie in jenen Verträgen nichts weiter als die Verbindlichkeit zur Rückgabe der Sache ins Auge fassen.

machen zu wollen; dieses ist der Fall beim Mandat, Mutuum, Commodatum, Depositum, bei der Bürgschaft. Hierauf beruht die Unterscheidung von onerösen Verträgen und Liberalitäten. Die juristische Wirkung davon zeigt sich aber nur in Einzelnheiten; zum Beispiel daß die Schenkung und die Bürgschaft, um Uebereilung zu verhindern, an strengere Formen gebunden sind; oder daß bei Verträgen aus Gefälligkeit der Verpflichtete milder behandelt wird. Dieser Gesichtspunkt ist daher, um bei der Classification an die Spitze gestellt zu werden, nicht geeignet.

170. Ein vierter Gesichtspunkt ist die Frage nach der Thatsache, wodurch der Vertrag und die durch ihn gesetzte Obligation ihre Entstehung erhalten. Hier ist zu unterscheiden. Bei gewissen Verträgen kann eine Klage auf die daraus hervorgehenden Verbindlichkeiten von dem Augenblicke an gedacht werden, wo die beiderseitige Einwilligung erklärt ist; so beim Kauf, Tausch, bei der Miethe, Societät, Mandat. Bei anderen Verträgen ist der Vertrag nicht eher fertig, als wenn die Sache, worauf er sich bezieht, dem Andern übergeben ist. So existiren das Mutuum, Commodatum, Depositum, Pignus der Natur der Sache nach nicht eher, als bis der Andere das Geld oder die Sache in Händen hat; vorher existirt nur die Verabredung leihen, deponiren, als Pfand hingeben zu wollen. Ferner ist bei den Verträgen, wobei sich nur der eine Theil mit dem Versprechen einer Zahlung oder Leistung belastet, nach der Natur der Sache nothwendig die Zusage des Einen, die Annahme des Andern. Das römische Recht hatte dafür eine positive Form vorgeschrieben, die stipulatio, welche in der Frage des Einen und in der wörtlich entsprechenden Antwort des Andern bestand, so daß ohne diese Wortform die Verbindlichkeit nicht klagbar war, also juristisch nicht existirte. Jetzt gilt diese Strenge der Form nicht mehr. Denkbar ist endlich, daß die Entstehung einer Verbindlichkeit wesentlich an eine Scriptur geknüpft sei, so daß sie erst durch diese ihre juristische Existenz erhält. Dieses ist aber immer etwas Künstliches, Positives. Die Römer hatten dieses in ihrem Litteralcontract. Jetzt ist der Wechselvertrag von dieser Art. Dieser Fall ist jedoch wesentlich von dem zu unter-

scheiden, wo die Scriptur nicht das ist, was die Obligation erzeugt, sondern nur zum Beweis einer bereits begründeten Obligation dienen soll. Eine Schuldverschreibung über ein empfangenes Darlehn ist daher kein Litteralcontract, denn die Obligation existirt schon ex re. Die Römer haben nicht nur diese vier Entstehungsgründe der Obligationen genau unterschieden, sondern sie haben auch in ihrem System diese Eintheilung an die Spitze gestellt, und danach die einzelnen Verträge abgehandelt [1]. Allein dieses verdient keine Nachahmung, weil jene Eintheilung nicht tief genug ins Innere der Sache eindringt. Die Entstehung eines Vertrages ist nur ein vereinzeltes äußeres Moment; die wichtigere Frage ist die nach den Rechten und Verbindlichkeiten, die der entstandene Vertrag zur Folge hat.

γ) Verträge zur Entäußerung von Sachen.

171. Die Verträge, welche die Entäußerung von Sachen bezwecken, zerfallen in zwei Hauptklassen, je nachdem die Entäußerung um eine Gegenleistung oder unentgeltlich geschieht. Im ersten Falle besteht die Gegenleistung regelmäßig entweder in Geld oder in einer andern Sache. Danach heißt der Vertrag ein Kauf oder ein Tausch. Der Kauf ist seiner Natur nach vollendet, sobald beide Theile über den Preis und die Sache einig sind. Ein Gleiches ist bei dem Tausche anzunehmen. Die Römer hatten jedoch inconsequenterweise die Ansicht, daß beim Tausche die Obligation erst durch die von einer Seite geschehene Leistung ihren Anfang nehme [1]. Die neuen Gesetzbücher haben sich aber zur richtigen Ansicht gewendet [2]. Regelmäßig hat Jeder das Recht seine Sache zu verkaufen an wen er will. Aus besonderen Gründen kann aber ein Dritter ein Vorkaufsrecht (ius protimiseos) haben. Ja im deutschen Recht giebt es

---

1) Gaius III. 89—162., tit. J. III. 13—26.

1) Fr. 1. §. 2. D. de permut. (19. 4). Inconsequent war dieses deshalb, weil man andererseits das gleiche Alter und die Analogie mit dem Kaufe vollkommen anerkannte, Gaius III. 141., fr. 1. D. de contrah. emt. (18. 1).

2) Preuß. Landr. I. 11. §. 363. 364., Französ. Gesetzbuch Art. 1703.

mehrere auf künstlichen Motiven beruhende Fälle, wo ein Dritter das Recht hat sogar nach geschlossenem Verkaufe vom Erwerber gegen volle Schadloshaltung die Herausgabe der Sache zu verlangen. Dieses heißt ein Retract-, Näher- oder Abtriebsrecht. Dieses enthält eine eigenthümliche Mischung von dinglichem und persönlichem Recht. Es ist dinglich, in so fern auf dem Grundstücke die Möglichkeit ruht, retrahirt zu werden. Es ist persönlich, in so fern der Retrahent nicht behaupten kann, schon Eigenthümer zu sein, sondern nur daß der Erwerber verpflichtet sei, ihn gegen Ersatz zum Eigenthümer zu machen [3]).

172. Wird durch den Vertrag eine unentgeltliche Entäußerung verabredet, so liegt darin ein Schenkungsversprechen. Dieses ist seinem Inhalte nach der einseitigste Act; doch ist zur Vollendung desselben immer von Seiten des Beschenkten die Erklärung der Annahme erforderlich. Das römische Recht verlangte aber zu dessen Klagbarkeit die Form der Stipulation, seit Justinian, wenigstens bei großen Schenkungen, die gerichtliche Eintragung. In gleicher Weise schreibt das heutige Recht gerichtliche Abschließung [1]) oder Errichtung in einer Notariaturkunde vor [2]). Dieses hat den guten praktischen Grund, sich der überlegten Absicht des Schenkers zu versichern und Beeinträchtigungen dritter Personen zu verhüten. Bei der Vollziehung der Schenkung kommen die gewöhnlichen Grundsätze der Eigenthumsübertragung zur Anwendung.

δ) Verträge über die Benutzung von Sachen.

173. Die Verträge, welche die Benutzung von Sachen zum Gegenstande haben, nehmen eine verschiedene Natur an, je nach-

---

3) Näher begründet ist dieses in meinem Deutschen Privatrecht §. 388. Es ist eine irrige Auffassung, wenn Bluhme Encyclopädie II. §. 314. sagt: Das Näherrecht berechtige zur Anfechtung der bereits geschehenen Veräußerung. Der Retrahent läßt diese vielmehr an sich vollkommen bestehen; seine Klage geht nur dahin, daß der Käufer die daraus erworbenen Rechte auf ihn übertrage.

1) Preuß. Landr. I. 11. §. 1063—1069.

2) Französ. Gesetzbuch Art. 931. 932.

dem die Benutzung um eine Gegenleistung oder unentgeltlich überlassen wird. In beiden Fällen macht es weiter einen wesentlichen Unterschied, ob die Sache eine individuell bestimmte oder Geld ist. Wird eine bestimmte Sache gegen eine Vergeltung zur Benutzung überlassen, so heißt dieses im römischen Recht locatio conductio. Nach dem deutschen Sprachgebrauch heißt es Miethe oder Pacht, je nachdem die Benutzung im Gebrauche oder in der Fruchterzeugung besteht. Eine besondere Anwendung bildet nach dem deutschen Herkommen der Viehverstellungsvertrag (cheptel), wo Vieh einem Andern zum Gebrauch und Fruchtgenuß gegen einen gewissen Theil des Ertrages übergeben wird. Das Eigenthümliche besteht hier darin, daß das Vieh einer guten Wartung bedarf, und daß, wenn es zu Grunde geht, die Frage, ob dieses durch Zufall oder durch Schuld des Pächters geschehen sei, schwer auszumachen ist. Der Verpächter schneidet diese Schwierigkeit ab, wenn er sich bedingt, daß nach Ablauf der Pachtzeit schlechthin die gleiche Stückzahl oder für denselben Geldwerth Vieh zurückgegeben werden soll, also der Pächter den Zufall zu tragen hat. Dieses heißt der Eisernviehvertrag contractus socidae, cheptel de fer). Es giebt aber zu jenem Zwecke auch andere Rechtsformen [1]).

174. Ist die zum Gebrauch überlassene Sache eine Geldsumme, so heißt das Geschäft ein Darlehn. Hier tritt aber das Eigenthümliche ein, daß der unmittelbare Gebrauch des Geldes keinen Werth hat, sondern nur mittelbar dadurch, daß man es ausgiebt, um sich andere Sachen dafür anzuschaffen. Nach dem Interesse, welches der Anleiher an dieser Anschaffung hat, und nach der nützlichen Verwendung, die der Darleiher selbst mit seinem Gelde machen könnte, richtet sich das Maß der Gegenleistung. Gewöhnlich besteht diese in einem jährlichen Zins, und alsdann heißt das Geschäft ein Zinsgeschäft oder ein zinsbares Darlehn. Dabei ist jedoch zweierlei zu erwägen. Erstens macht der Empfänger häufig eine Anleihe nicht, um mit dem Gelde zu speculiren und zu gewinnen, sondern aus Noth. Zweitens

---

1) Davon handelt mein Deutsches Privatrecht §. 314—319.

zieht der Darleiher aus seinem Gelde einen Vortheil durch die bloße Hingabe ohne eine weitere Kraftanstrengung, sondern diese liegt blos dem Empfänger ob, der mit dem Gelde gewinnen will. Beide Gründe vereinigen sich dahin, daß durch die Gesetze insgemein ein bestimmter Zinsfuß, der nicht überschritten werden darf, vorgeschrieben wird [1]). Besonders aus Rücksicht auf den ersten Grund war im Mittelalter, den Vorschriften der Kirche gemäß, das directe Zinsgeschäft als Wucher ganz verboten. Doch war der Renten- oder Gültenkauf zugelassen, wo Einer ein Kapital einem Andern gleichsam als Kaufsumme hingiebt, wofür dieser, so lange er das Geld behalten will, bestimmte jährliche Renten leistet [2]).

175. Wird eine Sache zum Gebrauche unentgeltlich gegeben, und ist dieselbe eine individuell bestimmte Sache, so ist der Vertrag ein Leihvertrag, Commodatum. Dabei ist der Empfänger, weil er eine reine Gefälligkeit empfängt, zum größten Fleiße beim Gebrauche und bei der Aufbewahrung verbunden. Ist aber die Sache eine solche, wobei es nur auf die Quantität und Qualität ankommt, wie Geld, Getreide, so heißt das Geschäft ein Darlehn, Mutuum. Solche Sachen haben ihrer Natur nach das Eigenthümliche, daß sie nicht gebraucht werden können, ohne verausgabt oder consumirt zu werden. Sie gehen daher in das Eigenthum des Empfängers über, und dieser hat nur die gleiche Quantität zurückzugeben.

ε) Verträge über die Aufbewahrung von Sachen.

176. Die Verträge über die Aufbewahrung von Sachen haben das Unterscheidende, daß dabei das Interesse nicht wie beim Commodatum auf Seiten des Empfängers, sondern auf Seiten des Gebers ist. Die einfachste Anwendung davon ist das

---

1) Die Lehrbücher behandeln die Zinsgesetze als etwas positiv Gegebenes; auf die rationellen Gründe gehen sie nicht ein. Auch in der Rechtsphilosophie ist davon nicht die Rede.

2) Ueber die Gründe und Eigenthümlichkeit dieser Rechtsform sehe man mein Deutsches Privatrecht §. 266—269.

Depositum, die unentgeltliche Uebernahme einer Sache zur Aufbewahrung. Dabei ist der Empfänger, weil er keinen Vortheil, sondern nur Mühe von seiner Gefälligkeit hat, nur für grobe Versehen verantwortlich. Eine Abart davon ist der Sequester, wo eine streitige Sache bis zur Entscheidung von den Partheien einem Dritten zur Aufbewahrung anvertraut wird. Wird hier für die Mühe Etwas bezahlt, so tritt auch die Verpflichtung zu einer größeren Sorgfalt ein, und es kann dann das Geschäft in eine Dienstmiethe übergehen. Mit dem Depositum verwandt ist die Verbindlichkeit der Gastwirthe und Schiffer für die Sachen der Reisenden, die sie aufgenommen haben (receptum). Nur haften sie viel strenger, weil sie vom Reisenden Zahlung erhalten, und weil sie sich ihm durch die Natur ihres Gewerbes zur größten Pünktlichkeit verpflichten.

ζ) Verträge, die ein Zahlungsgelöbniß enthalten.

177. Die meisten bürgerlichen Geschäfte laufen von der einen oder der andern Seite auf eine Geldzahlung hinaus. Sehr häufig wird aber nicht gleich gezahlt, sondern nur die Zahlung versprochen. Ein solches Zahlungsversprechen bildet dann einen Vertrag für sich, der bei den Römern, um klagbar zu sein, in die Form der Stipulation eingekleidet sein mußte. Das Eigenthümliche desselben besteht in Folgendem. Formell juristisch tritt derselbe zunächst als ein einseitig belastender hervor. Allein materiell gründet sich doch das Zahlungsversprechen auf eine in irgend einer Weise vorher empfangene Leistung. Es kann also formell aus der Stipulation auf Zahlung geklagt werden. Allein der Schuldner kann dagegen das materielle Recht durch eine Einrede geltend machen, zum Beispiel wenn er aus Irrthum ohne eine vorher empfangene Leistung versprochen hat.

178. Solche Zahlungsversprechen werden, weil sie auf längere Zeit hin wirken, insgemein schriftlich ausgestellt. Strenge genommen ist auch hier der Schuldner durch die Scriptur, wenn auch darin der Grund des Zahlungsversprechens nicht angegeben ist (cautio quae indiscrete loquitur), formell zunächst als verbunden anzusehen, weil man nicht annehmen kann, daß er dieselbe

ohne Grund ausgestellt habe. Behauptet er dieses dennoch, so muß er es als eine Einrede beweisen. Allein da mit Verschreibungen leicht Mißbrauch getrieben wird, so macht das positive Recht häufig besondere Beschränkungen. Nach dem römischen soll der Grund des Versprechens in der Urkunde ausdrücklich angegeben sein. Ist dieses der Fall, so kann sich der Schuldner nur durch den evidentesten Beweis der Nichtschuld befreien. Fehlt es, was man eine cautio indiscreta nennt, so muß der Gläubiger den Beweis der Schuld führen [1]). Das französische Recht verlangt die Angabe des Grundes nicht, schreibt aber der Sicherheit wegen Anderes vor [2]). Gründet sich das schriftliche Zahlungsversprechen auf ein empfangenes Darlehn, so hat das römische Recht die eigenthümliche Vorschrift, daß selbst bei gehöriger Angabe des Grundes das Document während der ersten zwei Jahre keine Beweiskraft hat, so daß der Gläubiger die Zahlung auf andere Art beweisen muß; nach zwei Jahren aber unumstößlich beweist, so daß der Schuldner nicht einmal zum Beweise der Nichtzahlung zugelassen ist [3]). Jetzt aber ist diese Eigenthümlichkeit insgemein aufgehoben. Das preußische Recht verlangt nur das Bekenntniß der empfangenen Valuta; dann aber beweist das Document für den Gläubiger gleich, ohne jedoch nach noch so langer Zeit den klaren Gegenbeweis des Schuldners auszuschließen [4]).

179. Auf diesen Grundsätzen beruht auch das Wechselgeschäft. Ein Wechsel ist eine Urkunde, wodurch der Aussteller (der Trassant) einem Andern (dem Trassaten) aufträgt, die in der Urkunde genannte Summe zu einer bestimmten Zeit an die darin genannte Person (den Wechselnehmer) auszuzahlen. Hieran knüpft sich die positive Wirkung, daß wenn der Trassat nicht zahlt, der

---

1) C. 13. C. de non numer. pecun. (4. 30). Danach interpolirt ist fr. 25. §. 4. D. de probat. (22. 3).

2) Französ. Gesetzbuch Art. 1326.

3) C. 14. pr. C. de non numer. pecun. (4. 30), tit. J. de literar. oblig. (3. 21).

4) Preuß. Landrecht I. 11. §. 729—733.

Trassant mit einer strengen Klage auf Zahlung und Ersatz belangt werden kann. Es enthält also der Wechsel in der Hauptsache das Versprechen einer durch einen Andern zu realisirenden Zahlung. Man kann von selbst voraussetzen, daß man ein solches Versprechen nicht ohne einen vorhergegangenen Grund ausstellen werde; die Erwähnung der empfangenen Valuta ist daher an sich nicht als wesentlich anzusehen, wiewohl sie positiv häufig vorgeschrieben ist [1]). Der Trassat ist durch den Wechsel dem Wechselinhaber an sich zur Zahlung nicht verbunden; er wird es erst dann, wenn er den Wechsel acceptirt, und es kommt dann zum ersten Zahlungsversprechen ein zweites hinzu, woran das positive Recht ebenfalls die Wechselstrenge knüpft. Verpflichtet sich Jemand durch einen Wechsel die darin genannte Summe unmittelbar selbst zu zahlen, so ist dieses ein eigener Wechsel.

180. Der Ursprung des Wechselgeschäftes fällt in das Mittelalter [1]). Der Handel wurde vorzüglich auf Messen betrieben, und die Kaufleute reisten von einem Meßorte zum andern, um hier Verkäufe dort Einkäufe zu machen. Die Verschiedenheit der Münzsorten war jedoch so groß, daß das an dem einen Meßorte eingenommene Geld an dem andern nicht brauchbar war. Hier halfen nun die Campsoren aus, die an den verschiedenen Orten ihre Häuser und Geschäftsfreunde hatten. Der Kaufmann gab dem Campsor an dem einen Orte eine Summe und erhielt von demselben einen Wechselbrief an dessen Haus an dem andern Orte, um hier dieselbe Summe mit einem kleinen Abzug für die Mühe in den hier cursirenden Münzsorten zurück zu erhalten. Bei erweitertem Handel und Verkehr wurde dann diese wechselmäßige Form dazu benutzt, um überhaupt Jemanden eine Zahlung durch einen Dritten oder durch sich selbst zu einem bestimmten Termin fest zuzusichern. Da aber im kaufmännischen Leben es von der größten Wichtigkeit ist, auf eine versprochene Zahlung mit Sicherheit rechnen zu können, so wurde für die

---

1) Die deutsche Wechselordnung ist aber zur richtigen Ansicht zurückgekehrt.

1) Nähere Nachweisung giebt mein Deutsches Privatrecht §. 328. 329.

Wechsel das an den Messen geltende strenge processualische Verfahren mit Personalexecution festgehalten. Die Wechsel wurden nun als bequemes Zahlungsmittel für den Handelsverkehr so wichtig, daß das Wechselrecht auf den Grund der bestehenden Gewohnheiten seit dem sechzehnten Jahrhundert auch durch die Gesetzgebung ausgebildet wurde. Für Deutschland ist eine allgemeine Wechselordnung 1848 zu Stande gekommen, und auch in der Mehrzahl der einzelnen Bundesstaaten eingeführt worden.

181. Ein Wechsel ist für den Inhaber durch die sich daran knüpfende Strenge und Sicherheit fast so gut wie Geld. Augenscheinlich wird aber der Nutzen eines Wechsels sehr erhöht, wenn der Inhaber ihn auch bei Dritten wie Geld brauchen kann. Zu diesem Zwecke ist seit dem siebzehnten Jahrhundert der Gebrauch aufgekommen, daß der Inhaber den Wechsel durch eine Bemerkung auf der Rückseite auf einen Andern, dem er eine Zahlung leisten will, übertragen kann. Dieses heißt ein Indossament. Der Indossatar erwirbt dadurch das Recht, welches der Indossant aus dem ihm durch den Wechsel gemachten Zahlungsversprechen hat. In dem Indossament liegt aber noch etwas mehr, nämlich die Versicherung des Indossanten, daß der Indossatar auf den Wechsel wirklich Zahlung erhalten werde, also ein neues Zahlungsversprechen, und an dieses ist ebenfalls die Wechselstrenge geknüpft. Durch die Indossamente wird also die Sicherheit eines Wechsels noch erhöht. Auf diese Weise haben die Wechsel die Natur eines kaufmännischen Papiergeldes angenommen, und sind für die Circulation überaus wichtig geworden. Ihre juristische Theorie ist rein aus ihrer inneren Natur zu entwickeln, und das römische Recht bietet dafür nur entfernte Analogien dar.

η) Verträge über persönliche Leistungen.

182. Die große Verschiedenheit der Anlagen, Fertigkeiten und Kenntnisse hat die Folge, daß die Menschen unter einander Einer die Dienste des Andern in der mannichfaltigsten Weise brauchen und in Anspruch nehmen. Davon sind drei Fälle zu unterscheiden. Erstens, wo Einer seine Thätigkeit und Kräfte einem Andern vorherrschend aus Gefälligkeit und für dessen In-

teresse hingiebt. Zweitens, wo der Eine seine Thätigkeit und Kräfte dem Andern für Geld hergiebt. Drittens, wo Jeder von Beiden Etwas leistet, wodurch er für sich einen Gewinn bezweckt.

183. Wenn Einer für das Interesse eines Andern blos aus Gefälligkeit handelt, so geschieht dieses entweder aus eigenem Antrieb oder kraft eines erhaltenen Auftrags. Jenes ist eine negotiorum gestio, dieses ein Mandat. Der Mandatar ist, obgleich er unentgeltlich seine Mühe hingiebt, doch zum größten Fleiße verpflichtet, weil in dem Auftrage ein besonderes Vertrauen liegt, dem er, wenn er ihn annimmt, aus besten Kräften entsprechen muß. Er kann aber wegen aller gehabten Auslagen mit der actio mandati contraria Ersatz fordern. Besondere Anwendungen des Mandates kommen im kaufmännischen Leben vor; nämlich das Zahlungsmandat, um an einen Dritten eine Summe auszuzahlen; das Eincassirungsmandat, um bei einem Dritten eine Zahlung zu erheben; die kaufmännische Assignation, worin ein Zahlungs- und ein Eincassirungsmandat zusammentreffen; die Ausstellung eines Creditbriefes als Auftrag dem Inhaber des Briefes zu creditiren [1]).

184. Die Fälle der zweiten Art, wo Einer seine Kräfte einem Andern für Geld hergiebt, stimmen mit dem Mandate darin überein, daß man zum Nutzen eines Andern handelt; allein der Unterschied ist der, daß man dieses wegen seines eigenen Interesse thut. Dadurch ist der Geist des Verhältnisses ein ganz anderer [1]). Uebrigens muß aber in der praktischen Behandlung die niedere und höhere Art der Dienste berücksichtigt werden, und danach sind drei Arten zu unterscheiden. Die Erste ist, wo die Dienste in Verrichtungen geringer und gemeiner Art bestehen, die einen gewöhnlichen Preis haben. Hier heißt der Vertrag Geding von Arbeiten, locatio conductio operarum, und der Preis wird hier Lohn (merces) genannt. Anwendungen sind das Verhältniß des Herrn zu den Tagelöhnern, des Meisters zu sei-

---

1) Genauer handelt davon mein Deutsches Privatrecht §. 273.

1) Die Verkennung dieses Unterschiedes hat die unten zu erwähnenden Irrthümer veranlaßt.

nen Gesellen, des Fabrikherrn zu den Fabrikarbeitern, des Bergwerkbesitzers zu den Bergleuten, des Schiffers zum Schiffsvolk. Der Maßstab für die Behandlung des Arbeiters und für die an ihn zu machende Anforderung ist hier durch die Natur der Dienste gegeben. Die zweite Art ist, wo die Dienste zwar auch um des Lohnes willen geleistet und danach geschätzt werden, wo sie jedoch höherer Art sind und eine gewisse Intelligenz erfordern, weshalb auch der Lohn höher ist und einen etwas vornehmeren Namen führt. Dahin gehören die Fälle, wo der Dienst auf der Anstellung zu einer bleibenden Geschäftsführung beruht, wie beim Factor oder Disponenten einer Handlung, bei den verschiedenen Arten der Handlungsdiener, bei dem von dem Ausrüster eines Schiffes (Rheder) angestellten Schiffer, beim Schichtmeister in einem Bergwerk, beim Wirthschaftsdirector auf einem Landgute, in welchen Fällen der Lohn Gehalt, Salair genannt wird. Ferner gehören dahin das kaufmännische Commissionsgeschäft, wo der Lohn Provision, das Speditionsgeschäft, wo er Spesen heißt, die Frachtverdingung zu Lande und zur See, wo der Lohn Fracht genannt wird. Endlich ist auch der Dienst der Mäkler dahin zu zählen, wo der Lohn Courtage, Senserie, Mäklerlohn heißt [2]). Die dritte Art von Diensten sind diejenigen, die zwar nicht unentgeltlich verrichtet, welche jedoch wegen der Bildung und Kenntnisse, die sie voraussetzen, zugleich als eine ehrenvolle Beschäftigung angesehen werden und ihrer höheren geistigen Natur wegen über die gemeine Werthschätzung hinausgehen, so bei den Lehrern, Künstlern, Aerzten, Advocaten. Hier wird daher die Gegenleistung Honorar genannt.

185. Die dritte Art von Verträgen über persönliche Leistungen, nämlich diejenigen, wobei Jeder eine persönliche Thätigkeit zu leisten hat, können so beschaffen sein, daß die beiderseitigen Leistungen sich gar nicht berühren, sondern nur ausge-

---

2) Es ist ein großer Fehler, daß man diese Fälle insgemein unter den Begriff von Mandat stellt; so Gerber Deutsches Privatrecht §. 199., Bluhme Encyclopädie II. §. 353. 546. Dadurch wird die Eigenthümlichkeit beider Verhältnisse verwischt.

tauscht werden [1]). Oder die Leistungen vereinigen sich zu demselben Zwecke, jedoch so, daß Jeder dabei ein verschiedenartiges Interesse verfolgt. Oder sie vereinigen sich zu demselben Zwecke und so, daß Jeder ein gleichartiges Interesse verfolgt [2]). Zu der zweiten Kategorie gehört der Bücherverlagsvertrag. Hier übernimmt der Schriftsteller die Anfertigung des Manuscripts, der Verleger die Kosten des Druckes und die Mühe der Verbreitung; allein Jener bezweckt dabei die Bereicherung der Wissenschaft und die litterärische Ehre, Dieser beabsichtigt einen merkantilischen Gewinn [3]). Zu der dritten Kategorie gehören die Gesellschaftsverträge. Doch haben diese auch das Eigenthümliche, daß sie nicht eine Verpflichtung blos zu persönlichen Leistungen, sondern auch zu Beiträgen in Geld oder anderen Sachen begründen. Sie sind daher gemischter Art.

9) Verträge zur Vereinigung von Sachen und persönlichen Leistungen zu einem gemeinschaftlichen Interesse.

186. Die Erfahrungen des bürgerlichen Verkehrs zeigen, daß man sein Interesse fördern kann, wenn man seine Kräfte mit denen von Anderen zu demselben Zwecke vereinigt. Daraus entsteht das Gesellschaftsverhältniß mit seinen mannichfaltigen Formen. Das Unterscheidende von anderen Verträgen besteht darin, daß diese auf die Hingabe oder den Austausch von Sachen oder Leistungen gerichtet sind, so daß mit vollendeter Hingabe oder Austausch das Verhältniß beendigt ist. Hingegen das Gesellschaftsverhältniß beruht nicht auf einem Austausch, sondern auf einer dauernden Vereinigung und Verwendung der beiderseitigen Leistungen zu demselben Zwecke. Die Personen

---

1) Zum Beispiel der Eine verspricht dem Andern einen Botengang, Dieser Jenem eine Gartenarbeit.

2) Diese Unterscheidungen werden in den Rechtssystemen nirgends hervorgehoben.

3) Dieses Geschäft ist durchaus eigenthümlicher Natur, und darf nicht unter andere Geschäftsformen gebracht werden. Dieses zeigt mein Deutsches Privatrecht §. 320.

stehen daher zusammen in einem bleibenden Verhältnisse und kommen einander viel näher, wie bei jedem anderen Vertrage [1]. Dieses ist auch für die juristische Beurtheilung wichtig. Darauf beruht die besondere Pflicht zu Treu und Glauben, die Rücksicht auf die Individualität der Theilnehmer [2], die Freiheit des Austrittes. In Beziehung auf Dritte wirkt das Gesellschaftsverhältniß, der Natur der Obligationen gemäß, an sich nichts; der Dritte hält sich an den Gesellschafter, der mit ihm contrahirte, für das Ganze, und dieser hat gegen die Anderen für deren Antheil seinen Regreß zu nehmen. Wenn sie jedoch einen gemeinschaftlichen Factor für die Geschäftsführung bestellen, so handelt in dem, was dieser thut, jeder einzelne Gesellschafter; der Dritte kann daher gegen Jeden aufs Ganze klagen, so als ob dieser in Person contrahirt hätte.

187. Die Eigenthümlichkeiten des Handels haben mancherlei eigenthümliche Formen von Gesellschaften hervorgebracht. Die Eine ist die offene oder Collectiv-Gesellschaft. Diese hat drei Kennzeichen. Erstens die Verpflichtung jedes Theilnehmers für die Verbindlichkeiten der Gesellschaft mit seinem ganzen Vermögen einzustehen; zweitens eine Firma, welche die Gesellschaft als solche repräsentirt; drittens das Recht eines jeden Gesellschafters, die Firma zu unterzeichnen, also dadurch nicht blos die Gesellschaft als solche, sondern auch sich, und auch Jeden der Anderen dem Dritten aufs Ganze zu obligiren, so als ob er in Person gehandelt hätte. Durch diese Form ist also für die möglichste Leichtigkeit der Geschäftsführung, aber auch für die möglichste Sicherheit der dritten Contrahenten gesorgt. Eine andere Form ist die stille oder Commanditen-Gesellschaft. Hier giebt der Eine ein Capital her und haftet nur mit diesem; der Andere führt die Geschäfte und haftet mit Allem, was er hat. Eine dritte Form ist die Gelegenheits- oder vorübergehende Gesellschaft.

---

1) Dieses Eigenthümliche wird in den Lehrbüchern nicht hervorgehoben.

2) §. 5. J. de societ. (3. 25). Qui societatem contrahit, certam personam sibi elegit. — Fr. 14. D. pro socio (17. 2). Quid, si ita iniuriosus et damnosus socius sit, ut non expediat eum pati?

Diese beruht jedoch auf den Grundsätzen der gewöhnlichen Gesellschaft; das Eigenthümliche besteht nur in dem Factischen, daß sie auf Handelsgeschäfte gerichtet ist.

188. Eine eigenthümliche Form, die zu den mannichfaltigsten Zwecken vorkommen kann, ist die Actiengesellschaft. Die Absicht dabei ist, das zu einer großen Unternehmung nöthige Capital durch viele kleine Beiträge ohne eine weitere Verantwortlichkeit der Theilnehmer zusammen zu bringen. Das Eigenthümliche besteht demnach darin, daß eine Gesellschaft zu einem bestimmten Zwecke besteht und thätig ist, jeder Theilnehmer aber nur nach dem Verhältniß der Actien, die er übernommen hat, mitwirkt und am Gewinn participirt. Die Geschäftsverwaltung besorgt eine Direction, welche die Actionaire wählen und beauftragen. Diese hat auch das Recht die Gesellschaft gegen Dritte zu verpflichten; nicht aber über den Betrag des Gesellschaftscapitales hinaus; es ist Sache des Dritten, der weiß, daß er mit einer Actiengesellschaft zu thun hat, sich über den Stand ihrer Vermögenskräfte zu unterrichten. Eine Art von Actiengesellschaft bildet auch eine Bergwerkgesellschaft. Das Eigenthümliche ist nur, daß die Actien Kuren heißen, und daß ein Kur keine feste Summe ist, sondern in der Verpflichtung zu den zum Betriebe etwa nöthigen vierteljährigen Beiträgen besteht. Eben so verhält es sich bei Salinen, wo die Antheile Salzkoten oder Pfannen genannt werden. Ganz ähnlicher Art ist die Mitrhederei, wenn mehrere Rheder gemeinschaftlich ein Schiff zum Seetransport ausrüsten. Es werden dann Theile, Schiffsparte gebildet, und von den Theilnehmern wie Actien übernommen.

189. Noch eine besondere Art von Gesellschaft sind die Vereine zu wissenschaftlichen oder geselligen Zwecken. Das Eigenthümliche derselben besteht in zwei Punkten. Erstens ist dabei das Vermögen nicht der Zweck, sondern nur das Mittel; der Zweck besteht in dem geistigen Genuß. Zweitens will ein solcher Verein ein dauernder und daher von den einzelnen Mitgliedern unabhängig sein. Es folgt also aus der Natur eines solchen Vertrages, daß die einzelnen Mitglieder durch ihre Beiträge nur ein Recht auf den geistigen Genuß, nicht auch

einen Antheil am Vermögen erwerben, den sie bei ihrem Austritt herausverlangen können. In so fern ist das Verhältniß dem einer Corporation gleich, wenn der Verein auch nicht Corporationsrechte erlangt hat [1]).

ι) Gewagte Geschäfte.

190. Das menschliche Dasein ist mannichfaltig mit Zufälligkeiten, mit Hoffnungen und Befürchtungen verwebt, und diese können auch als Gegenstand der Verträge in das juristische Gebiet gezogen werden. So entstehen die gewagten Geschäfte. Dieses sind solche, wobei Einer von Beiden gewiß gewinnt, der Andere gewiß verliert, wobei aber, wer der Gewinnende oder Verlierende sei, von einem für Beide gleich ungewissen Ereigniß abhängig gemacht ist. Davon sind drei wesentlich verschiedene Anwendungen zu unterscheiden [1]). Die Eine ist, wo Beide oder der Eine nicht nur in rein gewinnsüchtiger Absicht auf einen Zufall speculiren, sondern wo auch der Gewinn lediglich von dem Zufall, ohne weitere Kraftanstrengung, abhängt. Dieses nennt man ein Glücksspiel. Diese haben gegen sich, daß sie die Leidenschaft reizen und durch Müßiggang und trügerische Hoffnungen ins Verderben stürzen. Daher sind sie in den positiven Rechten als unerlaubt angesehen, und zwar im römischen und preußischen Rechte so, daß selbst der freiwillig gezahlte Verlust zurückgefordert werden kann, was aber das französische Recht nicht gestattet. Von jenem Fall ist jedoch der Fall zu unterscheiden, wo ein Spiel nur zum geselligen Vergnügen geschieht, oder wo es mit einer geistigen Anstrengung verbunden ist. Doch ist auch dann das Spielen auf Borg als unpassend zu betrachten, und daher wenigstens die Einklagung des Verlustes nicht zuzulassen. Ein reines Glücksspiel ist auch das Ausspielgeschäft, wo

---

1) So läßt sich über dieses Verhältniß eine ganz bündige Theorie aufstellen. Man sehe auch mein Deutsches Privatrecht §. 313.

1) Ueber dieses feine und interessante Gebiet der Verträge, wobei es mancherlei Irrthümer zu berichtigen giebt, vergleiche man mein Deutsches Privatrecht §. 368—384.

Einer durch einen Einsatz die Hoffnung, die Sache zu gewinnen, erlangt. Doch ist dasselbe weniger gefährlich, weil es mit einem Acte abgemacht ist. Die Theorie desselben ist auf den Begriff des Kaufes einer Hoffnung zu bauen. Nur eine Abart desselben ist das Lotteriegeschäft, wo Summen ausgespielt werden, die nach einem gewissen Plane aus den Einsätzen selbst gebildet sind. Dem Spiel steht die Wette ganz gleich, wenn über den Eintritt einer ungewissen Thatsache gewettet wird. Etwas verschieden ist sie, wenn die Wette die Wahrheit einer schon existirenden, aber unter Beiden bestrittenen Thatsache betrifft. Doch sind auch bei einer solchen Wette analoge Gründe vorhanden, sie in jedem Falle als nicht klagbar, und, wo sie übermäßig oder auf Borg eingegangen ist, selbst als unerlaubt zu behandeln.

191. Die zweite Anwendung der gewagten Geschäfte ist bei kaufmännischen Speculationen, welche wesentlich auf ein ungewisses Ereigniß gebaut sind. Dieses ist besonders der Fall, wenn über Gegenstände, die einen schwankenden Curs haben, Getreide, Oel, Staatspapiere, ein Lieferungsvertrag geschlossen wird, kraft dessen der Verkäufer die Sache zu einer bestimmten Zeit, aber zu einem schon beim Abschluß des Vertrages festgesetzten Preise zu liefern übernimmt. Ein solches Geschäft ist aber doch nicht für ein unerlaubtes zu halten, weil dabei die kaufmännische Thätigkeit das Vorherrschende ist. Anders ist es bei dem sogenannten Differenzgeschäfte, wo es nicht auf die wirkliche Lieferung abgesehen ist, sondern wo Beide sich am Lieferungstage nur über die Differenz berechnen, die der Eine dem Andern zu vergüten hat. Hierin liegt der Sache nach ein reines Glücksspiel, wobei um die Differenzsumme gewettet wird.

192. Eine dritte Anwendung der gewagten Geschäfte sind die, welche nicht auf einen Glücksfall und Gewinn, sondern auf die Sicherung gegen einen Unfall und Verlust gerichtet sind. Solche sind nicht nur nicht zu tadeln, sondern selbst löblich, und von dem Recht zu begünstigen. Dahin gehört der Verpfründungsvertrag, wo Einer gegen die Hingabe eines Vermögens die Versicherung der lebenslänglichen Verpflegung erhält. Damit ver-

wandt ist der Leibrentenvertrag, wo Einem gegen eine bestimmte Leistung oder unentgeltlich eine jährliche Rente zugesichert wird. Das Recht auf eine solche Rente kann von Einem auch für einen Dritten erworben werden, zum Beispiel für seine Wittwe. Dieses Geschäft liegt dem Institut der Wittwencassen zum Grunde. Ferner gehört hieher der Versicherungs- oder Assecuranzvertrag. Dadurch erhält der Eine gegen eine bestimmte Prämie von dem Andern den Ersatz des Schadens zugesichert, der für ihn durch einen gewissen Zufall entstehen würde. Die älteste und wichtigste Anwendung davon ist die Seeassecuranz gegen die Gefahren, wovon ein Schiff oder die Waaren durch eine Seereise bedroht werden. Damit verwandt ist der Bodmereivertrag. Hier leiht Einer einem Andern auf das Schiff oder die Waaren eine Summe mit der Clausel, daß im Falle des Unterganges oder der Beschädigung die Forderung erlöschen oder auf den noch vorhandenen Werth jener Gegenstände reducirt werden solle. Es steckt also in einem solchen Geschäft einestheils ein zinsbares Darlehn, anderntheils die Uebernahme der Seegefahr. Die Prämie steckt in den verabredeten höheren Zinsen.

x) Verträge zur Sicherung einer schon vorhandenen Verbindlichkeit.

193. Der Schwerpunkt einer jeden Verbindlichkeit liegt in deren richtigen Erfüllung. Diese wird bei klagbaren Forderungen im Allgemeinen durch die Aussicht auf die richterliche Hülfe verbürgt. Die Umständlichkeiten, welche deren Anrufung mit sich führt, und die Gefahr der eintretenden Zahlungsunfähigkeit des Schuldners bewirken aber, daß der Gläubiger häufig sich seiner Forderung noch auf eine besondere Weise zu versichern sucht. Schon in den alten Rechten ist gewöhnlich dieser Punkt, seiner praktischen Wichtigkeit wegen, scharf ausgebildet. Es giebt dazu drei Formen. Die Eine ist, daß eine Sache zur Sicherheit in das Eigenthum des Gläubigers bis zur Rückzahlung der Schuld übertragen wird. Dieses kam im älteren römischen Recht unter dem Namen der Fiducia vor, hat sich aber nicht erhalten [1].

---

1) Davon handelt meine Römische Rechtsgeschichte §. 587.

Im Mittelalter findet es sich als Verkauf auf Wiederkauf, und kommt so noch in neueren Statutarrechten vor [2]). Eine zweite Form ist die Bestellung eines Unterpfandes. Ist dieses eine Hypothek, so geschieht die Bestellung durch ein Pactum, welches für den Gläubiger nur Rechte keine Verbindlichkeiten erzeugt. Ist es ein Faustpfand, so entsteht durch die Hingabe ein Vertragsverhältniß, kraft dessen der Gläubiger in Beziehung auf die Sache auch gewisse Verbindlichkeiten hat. Eine dritte Form ist die Bestellung von Bürgen. Gegen diese muß des Zweckes wegen eine strengere Behandlung zulässig sein. Eben deshalb, und weil der Bürge eine unentgeltliche Gefälligkeit erweist, wodurch er sich großen Nachtheil zufügen kann, ist es angemessen, um übereilte Bürgschaften zu verhüten, dazu eine bestimmte Form vorzuschreiben [3]).

λ) Systematische Uebersicht der Verträge.

194. Nach der gegebenen Entwicklung ist also das Gebiet der Verträge des heutigen Rechts auf folgende Art zu classificiren.

I. Verträge, welche sich auf Sachen beziehen.
  A) Verträge zur Entäußerung von Sachen.
    1) Gegen eine Vergeltung
      a) in Geld. Kauf.
      b) Um eine andere Sache. Tausch.
    2) Unentgeltlich. Schenkungsversprechen.
  B) Verträge über die Benutzung von Sachen.
    1) Gegen eine Vergeltung
      a) zur Benutzung einer individuell bestimmten Sache. Miethe, Pacht, Viehverstellungsvertrag, Eisernviehvertrag.
      b) Zur Benutzung einer Geldsumme. Zinsgeschäft. Rentenkauf.

2) Zeugnisse geben meine Deutsche Rechtsgeschichte §. 533., Deutsches Privatrecht §. 138.

3) Das Preuß. Landrecht I. 14. §. 202. 203. verlangt eine schriftliche oder gerichtlich protocollirte Erklärung.

2) Zur unentgeltlichen Benutzung

a) einer individuell bestimmten Sache. Commodatum.

b) Einer nach der Quantität bestimmten Sache. Mutuum, Darlehn.

C) Verträge über die Aufbewahrung von Sachen. Depositum. Sequester. Receptum der Gastwirthe und Schiffer.

D) Verträge, die ein Zahlungsgelöbniß enthalten.

1) Mündliche.

2) Schriftliche.

3) Insbesondere das Wechselgeschäft.

II. Verträge über persönliche Leistungen.

A) Unentgeltliche. Mandat, Zahlungsmandat, Eincassirungsmandat, kaufmännische Assignation, Ausstellung eines Creditbriefes.

B) Gegen eine Vergeltung

1) in Geld.

a) Geding gemeiner Dienste oder Arbeiten.

b) Ueber Dienste, wozu eine gewisse Intelligenz gehört. Anstellung eines bleibenden Geschäftsführers als Factor, Handlungsdiener, Schiffer, Schichtmeister, Wirthschaftsdirector. Das Commissions- und Speditionsgeschäft. Die Frachtverdingung zu Lande und zur See. Der Dienst des Mäklers.

c) Ueber Dienste, wozu eine besondere Bildung gehört und welche über die gemeine Werthschätzung hinausgehen. Verhältniß der Lehrer, Künstler, Aerzte, Advocaten.

2) Gegen eine andere persönliche Leistung.

a) Reiner Austausch zweier Leistungen.

b) Verbindung zweier Leistungen zu demselben Zwecke, jedoch so, daß Jeder ein verschiedenartiges Interesse verfolgt. Bücherverlagsvertrag.

c) Verbindung zweier Leistungen zu demselben Zwecke und so, daß Jeder ein gleichartiges Interesse verfolgt. Gesellschaftsverträge.

III. Vereinigung von Sachen und persönlichen Leistungen zu einem gemeinschaftlichen Interesse.

A) Die gewöhnliche Gesellschaft.

B) Die Handelsgesellschaften.

1) Die offene oder Collectiv-Gesellschaft.

2) Die stille oder Commanditen-Gesellschaft.

3) Die vorübergehende oder Gelegenheits-Gesellschaft.

C) Die Actiengesellschaften.

1) Die gewöhnliche Actiengesellschaft.

2) Die Bergwerk- und Salinen-Gesellschaft.

3) Die Mitrhederei.

D) Die Vereine zu wissenschaftlichen oder geselligen Zwecken.

IV. Gewagte Geschäfte.

A) Glücksspiele oder aleatorische Verträge.

1) Spiele.

2) Das Ausspielgeschäft.

3) Das Lotteriegeschäft.

4) Wetten.

B) Gewagte kaufmännische Geschäfte. Lieferungsgeschäft. Differenzgeschäft.

C) Zur Sicherung gegen einen Nachtheil.

1) Versicherung des Lebensunterhaltes.

a) Verpfründungsvertrag.

b) Leibrentenvertrag.

2) Versicherung gegen einen casuellen Schaden.

a) Assecuranzvertrag.

b) Bodmereivertrag.

V. Verträge zur Sicherung einer schon vorhandenen Verbindlichkeit.

A) Fiducia. Verkauf auf Wiederkauf.

B) Pfandvertrag.

C) Bürgschaft.

c) Einfluß der Familienverhältnisse auf das Vermögen. α) Vermögensverhältnisse unter Ehegatten.

195. Die Gemeinschaft der Lebensverhältnisse, welche im

Begriffe der Ehe liegt, wirkt auch auf das Vermögen ein. Da jedoch das gemeine Wesen dabei wenig betheiligt ist, so kann dieses nach der Sitte und dem Belieben der Partheien sehr mannichfaltige Formen annehmen. Eine Auffassung kann die sein, daß der Mann als das Haupt des Hauses alle Lasten und Sorgen allein zu tragen habe, daher auch allein Herr und Eigenthümer des Vermögens sein müsse, daß die Frau vollständig in die Einheit und in die Unterordnung unter das Hauswesen eingehe, daher auch ihr Vermögen ganz in dasselbe verschmelze und Eigenthum des Mannes werde, daß sie aber auch bei dessen Tode in das Vermögen wie ein Kind mit den Kindern erbe. So war es im alten römischen Recht, wenn eine Ehe mit Manus eingegangen war, was zwar nicht nothwendig, aber doch wohl das Gewöhnliche war. So Vieles diese Form für sich hat, so steht ihr doch das Bedenken entgegen, daß den Blutsfreunden der Frau dadurch deren Vermögen, wenn sie vor dem Manne stirbt, schlechthin entgeht. Im römischen Recht waren sie, wenigstens bei der Tochter, die aus der väterlichen Gewalt heraus heirathete, dadurch geschützt, daß diese dem Manne nichts als ihre Aussteuer zubringen konnte, und auch später von ihrem Vater oder ihren Seitenverwandten nichts mehr ererbte, weil sie durch die Manus aus ihrer Familie ganz heraustrat [1]).

196. Den Gegensatz dieser Rechtsform bildet die, wenn eine Ehe ohne Manus eingegangen war, was im späteren römischen Recht immer der Fall ist. Es bleibt hier dabei, daß auf dem Manne allein die Sorge für den Unterhalt des Hauses ruht, wofür aber auch alles während der Ehe Ersparte ihm allein gehört. An dem Vermögen der Frau aber erwirbt er durch die Ehe keine Rechte. Es kann zwar bedungen werden, daß die Frau ihm eine Dos mitbringe, deren Einkünfte als Beitrag zu den Lasten der Ehe bestimmt seien, und es gehörte selbst zu den Anstandspflichten dieses zu thun. Aber an dem übrigen Vermögen der Frau, den sogenannten Paraphernen, behielt sie die Verwaltung, wenn sie nicht dieselbe durch besonderen Vertrag dem

1) Die Zeugnisse findet man in meiner Römischen Rechtsgeschichte §. 500.

Manne einräumte [1]). Durch diese Form war also das Interesse der Blutsfreunde auf keine Weise bedroht.

197. Im alten germanischen Rechte war das eheliche Güterrecht nach den ländlichen Zuständen eingerichtet. Die Tochter wurde vom Hofe ausgesteuert in Leinwand, Hausrath, Schaafen und Gänsen und dergleichen. Möglich war es, daß sie auch Grundstücke in die Ehe mitbrachte oder darin erbte. Doch war dieses selten, weil Weiber in der Beerbung von Grundstücken gegen die Männer wesentlich zurückgesetzt waren. Alles Vermögen der Frau kam nach der Natur der ehelichen Gemeinschaft von Rechtswegen zur Benutzung in die Hand des Mannes. In so fern war das Verhältniß dem bei der Ehe mit Manus gleich. Der Unterschied ist jedoch der, daß die Frau daran das Eigenthumsrecht behielt, und dadurch war das Interesse ihrer Blutsfreunde gewahrt, worauf das alte deutsche Recht einen so großen Nachdruck legte [1]). Diese deutsche Rechtsform hat sich noch in Particularrechten erhalten. Sie liegt dem gesetzlichen Gütersystem des preußischen Landrechts zum Grunde. Sie findet sich beziehungsweise auch im französischen Recht, indem nach diesem an den Mobilien die gesetzliche volle Gütergemeinschaft, an den Grundstücken der Frau aber jene Rechtsform Statt findet [2]).

198. Aus dieser Form hat sich nach mancherlei Uebergängen [1]) noch eine andere entwickelt, die volle eheliche Gütergemeinschaft. Diese besteht darin, daß das beiderseitige Vermögen unter der Hand des Mannes nicht blos der Benutzung, sondern auch der Substanz nach gemeinschaftlich wird. Zuerst kam man dazu in den Städten für die Mobilien, weil dieses für die Behandlung das einfachste, und für die Gläubiger das vortheilhafteste

1) Man sehe die Zeugnisse in meiner Römischen Rechtsgeschichte §. 499. 501.

1) Die Zeugnisse giebt meine Deutsche Rechtsgeschichte §. 460. 461.

2) Es ist eine irrige Auffassung, wenn Bluhme Encyclopädie II. §. 422. diese aus dem deutschen Recht herrührende Rechtsform des preußischen und französischen Rechts unter dem Namen „gesetzliche Dos" unter den römischen Gesichtspunkt bringt.

1) Diese sind zusammengestellt in meinem Deutschen Privatrecht §. 205. 206.

ist. Dann, als die Rücksicht auf die Blutsfreunde sich verlor, wurde es auch auf die beiderseitigen Immobilien ausgedehnt. So kommt noch jetzt theils die allgemeine theils die particuläre Gütergemeinschaft vor. Der Grundgedanke bei Ersterer ist ein doppelter. Erstens soll alles eingebrachte und in der Ehe erworbene Vermögen, ohne Rücksicht auf seinen Ursprung, Jedem zur Hälfte gehören, so daß Jeder auch über seine Hälfte testiren kann. Zweitens soll während der Ehe die Verwaltung der Gütergemeinschaft dem Manne allein als dem Haupte des Hauses zustehen, nur so, daß er dabei als ein guter Hausvater vorausgesetzt wird, und daher keine Handlungen vornehmen darf, welche offenbar zum Verderben des Hauswesens gereichen. Bei einer particulären Gütergemeinschaft greifen beziehungsweise dieselben Grundsätze ein.

199. Ein wichtiger Punkt beim ehelichen Güterrecht ist die Rücksicht auf die Erhaltung und Zurückgabe des Vermögens der Frau. Bei der Ehe mit Manus fällt diese von selbst weg, weil das Vermögen der Frau in das Eigenthum des Mannes übergeht, und sie dafür, wenn sie den Mann überlebt, durch einen Erbtheil entschädigt wird. Bei der Ehe ohne Manus ist für die Erhaltung der Dos dadurch gesorgt, daß Dotalgrundstücke nach dem Justinianischen Recht selbst mit Einwilligung der Frau nicht veräußert werden dürfen; die anderen Sachen sichert man durch ein Inventar und Taxation. Im alten germanischen Recht durfte der Mann die Grundstücke der Frau nicht ohne die Einwilligung ihrer Blutsfreunde verkaufen, so daß sich diese bei der Auflösung der Ehe vorfinden mußten. Der Ersatz für ihre eingebrachte Aussteuer lag aber darin, daß sie oder ihre Erbin unter dem Namen der Gerade alle im Hofe vorhandenen Gegenstände jener Art herauszog. Die entsprechende Rechtsform des heutigen Rechts verbietet Grundstücke und Capitalien der Frau ohne ihre Zustimmung zu veräußern; hinsichtlich der anderen Gegenstände kommt es auf das Inventar an. Bei der ehelichen Gütergemeinschaft ist das Vermögen der Frau in der Masse verschmolzen.

200. Ein anderer wichtiger Punkt ist die Behandlung der ehelichen Errungenschaft, indem es nahe liegt, daß der Fleiß

der Hausfrau ihr darin auch zu Gute komme. Bei der Ehe mit Manus steckt dieses indirect in dem ihr zufallenden Erbtheil. Bei der Ehe ohne Manus wird auf sie hierin gar nicht Rücksicht genommen, indem aller Erwerb dem Manne allein verbleibt. Hingegen in den alten germanischen Rechten wurde von dem, was sich bei der Auflösung der Ehe als Errungenschaft erwies, der Wittwe eine bestimmte Quote zugesprochen [1]). Indirect lag dieses auch in der Gerade, welche die Wittwe herauszog, indem dieser gewöhnlich mehr betrug, als das, was sie als Aussteuer eingebracht hatte. Eben so ist in der Gütergemeinschaft der Mobilien stillschweigend auch die der Errungenschaft enthalten. Diese Rechtsform ist auch so sehr in der Billigkeit und in der Natur der Ehe gegründet, daß sich aus jenen Elementen an manchen Orten, wo das eigene Vermögen der Ehegatten getrennt bleibt, doch eine Gütergemeinschaft der Errungenschaften ausgebildet hat [2]).

201. Wichtig ist endlich für das eheliche Güterrecht, wie für den Unterhalt der Wittwe gesorgt ist. Bei der Ehe mit Manus diente dazu der Erbtheil der Frau. Bei der Ehe ohne Manus enthielt das römische Recht ursprünglich dafür keine directe Veranstaltung; die Frau erhielt ihre Dos zurück und es war dem Manne überlassen, wie er weiter im Heirathsvertrag oder durch Testament für sie sorgen wollte. Später bezog sich auf jenen Zweck das etwas räthselhafte Institut der donatio propter nuptias und das von Justinian eingesetzte Recht der armen Wittwe auf einen gewissen Erbtheil. In dem alten deutschen Recht war jener Gesichtspunkt weit schärfer ins Auge gefaßt und in verschiedenen Formen ausgebildet [1]). Davon rührt das Institut des Wittums her, welches in der lebenslänglichen Leibzucht der Wittwe an gewissen Grundstücken oder Capitalien besteht. Auch hat man dieses zuweilen mit der von der Frau mitgebrachten Dos in der Art verbunden, daß diese im Gute

---

1) Man sehe meine Deutsche Rechtsgeschichte §. 462.

2) Davon handelt mein Deutsches Privatrecht §. 222—225.

1) Diese zeigt meine Deutsche Rechtsgeschichte §. 463—465.

des Mannes verbleibt, aber der Wittwe eine lebenslängliche Leibrente zusteht, die den doppelten oder gar vierfachen Zinsen der Dos entspricht. Dieses wird das Leibgeding genannt. Eine Zugabe zum Wittum ist die Morgengabe, die der Frau als ein Ehrengeschenk zugesichert wird, welches sie als Wittwe herausverlangt [2]). Wo sich das System der Gütergemeinschaft ausgebildet hat, liegt die Versorgung der Wittwe in der ihr zufallenden Hälfte. Häufig hat sich aber auch, zuweilen selbst neben dem System der Gütergemeinschaft, unter dem Namen der statutarischen Portion, ein Erbrecht des überlebenden Ehegatten an dem Vermögen des Verstorbenen ausgebildet, welches auf eine Quote oder auf den Nießbrauch an demselben gerichtet ist [3]). Hierin spricht sich der weit innigere Geist des deutschen Eherechts aus, und es ist darin auch die Rücksicht auf die Wittwenversorgung enthalten.

β) Vermögensverhältnisse zwischen Eltern und Kindern.

202. Das Vermögensverhältniß zwischen Eltern und Kindern wird nach unserer heutigen Anschauung am natürlichsten auf folgende Art geordnet. Die Eltern haben die Kinder ihrem Stande gemäß zu erziehen und sie fähig zu machen, sich durch ihre Geschicklichkeit, oder bei Töchtern durch ihre Verheirathung, eine eigene Existenz zu gründen. Dabei ist es angemessen, daß die Söhne bei dem Austritt aus dem elterlichen Hause eine Beihülfe, die Töchter eine Ausstattung erhalten. So lange die Kinder am elterlichen Tische sind, haben sie durch Ordnung und Sparsamkeit den Eltern die Lasten zu erleichtern und durch ihre Arbeit, wenn sie können, das Hauswesen zu unterstützen, ohne daß ihnen dafür ein Anspruch auf Ersatz zusteht. Von klagbaren Forderungen und Schulden kann innerhalb dieses Verhältnisses zwischen Eltern und Kindern nicht die Rede sein, auch dann nicht, wenn Letztere durch Delicte das Hauswesen beschädigen. Wenn aber die Kinder eigenes Vermögen erwerben,

2) Von diesen Instituten handelt mein Deutsches Privatrecht §. 199—204.

3) Diese Formen zeigt mein Deutsches Privatrecht §. 416. 417.

namentlich durch Beerbung eines der Eltern, so liegt es in der Natur des Verhältnisses, daß die Eltern oder der Ueberlebende während der Minderjährigkeit der Kinder dasselbe nicht nur verwalten, sondern auch die Einkünfte davon ziehen und davon keine Rechnung abzulegen brauchen. Bei dem Austritt des Kindes aus dem elterlichen Hause ist ihm aber sein Vermögen herauszugeben. In dieser Weise war auch dieses Verhältniß bei den Germanen durch die Sitte und das Recht, namentlich auch in Verbindung mit den ländlichen Verhältnissen, geordnet [1]).

203. Das römische Recht beruht auf einem ganz anderen Zusammenhang. Die väterliche Gewalt verband den Vater und die Kinder, so lange der Vater lebte, auch hinsichtlich des Vermögens zur engsten Einheit, und diese war auch für die Kinder die Grundlage ihres Erbrechts. Die Töchter schieden durch die Eingehung einer Ehe mit Manus von dieser Einheit aus. Die Söhne aber blieben regelmäßig, wenn nicht eine künstliche Emancipation dazwischen trat, mit dem Vater bis zu dessen Ende in der Gemeinschaft der Arbeit; was sie erwarben, fiel dem Vater zu, kam ihnen aber bei dessen Tode in dessen Nachlaß regelmäßig zu Gute. Diese Rechtsform entsprach den einfachen ländlichen Zuständen und dem Geiste der römischen Familie, die auf die strengste Unterordnung gebaut war. Die Richtung der deutschen Sitten, den Sohn möglichst bald selbstständig und zum Herrn eines eigenen Hauswesens zu machen, ist den Römern fremd; auch waren dazu die äußeren Verhältnisse nicht geeignet. Weder die Magistratur noch der Kriegsdienst boten dazu die Mittel dar, und der Dienst um Geld bei Privaten wurde eines Freigeborenen unwürdig geachtet. Eben so wenig konnte ein Haussohn auf dem gewöhnlichen Wege der Beerbung leicht zu einem eigenen Vermögen kommen, indem die Mutter, die in der Manus verstorben war, kein Vermögen hinterließ. Der Sohn war daher insgemein auf die Ernährung aus dem Vermögen des Vaters angewiesen. Dieser gab dazu, wenn er wohlhabend war, dem erwachsenen Sohne, der dazu geeignet war, häufig

1) Die Zeugnisse giebt meine Deutsche Rechtsgeschichte §. 477. 478.

ein Gut oder sonstiges Vermögen als Peculium zur abgesonderten Bewirthschaftung. Allein die väterliche Gewalt und das Eigenthum des Vaters an jenem Vermögen hörte dadurch nicht auf. Unter jenen Umständen hatte auch der Grundsatz, daß aller Erwerb des Hauskindes Eigenthum des Vaters werde, nichts Unnatürliches.

204. Mit der Veränderung der bürgerlichen Zustände wurde dieses System durchbrochen. Zunächst wurde durch kaiserliche Constitutionen dem Haussohne an dem im Kriegsdienste (castrense peculium), später auch an dem in Staatsämtern erworbenen Vermögen (quasi castrense peculium) das Eigenthum mit freier Schaltung und Waltung beigelegt. Besonders aber zeigte sich ein Uebelstand dann, wenn eine Ehefrau, wie nun gewöhnlich, nicht in der Manus gestanden und von ihren Kindern beerbt wurde, indem dieses Vermögen dem alten Grundsatz gemäß dem Vater zufiel. Daher wurde daran von Constantin dem Vater blos der Nießbrauch und die Verwaltung, dem Kinde aber das Eigenthum zugesprochen. Endlich erhob Justinian dieses für alles nicht aus der Substanz des Vaters herrührendes Vermögen des Hauskindes zur Regel, so daß nun das alte Princip beseitigt war.

205. In dieser Fassung wurde das römische Recht in Deutschland recipirt. Doch paßt dessen System, auch in jener modificirten Gestalt zu den deutschen Zuständen aus einem dreifachen Grunde nicht: einmal, weil es die lebenslängliche Dauer der väterlichen Gewalt voraussetzt; zweitens, weil es dem Vater regelmäßig den lebenslänglichen Nießbrauch am Vermögen des Kindes beilegt; drittens, weil es die Mutter gar nicht berücksichtigt. Die beiden ersten Uebelstände werden freilich indirect durch die Erfindung der Emancipation durch separirte Oeconomie beseitigt [1]). Denn da diese bei erwachsenen Kindern regelmäßig eintritt, und bei einem emancipirten Kinde von Peculium und väterlichem Nießbrauch nicht mehr die Rede ist: so reducirt sich das römische System in der Anwendung insgemein

1) Man sehe darüber oben §. 139.

nur auf minderjährige Kinder, und kommt dadurch dem deutschen System sehr nahe. Doch aber liegt in jener Accommodation an die römischen Begriffe immer etwas Steifes und Gekünsteltes. Die Gesetzgebung sollte uns daher von diesen eingebürgerten Mißgriffen der doctrinellen Auffassung endlich frei machen, und zu dem einfachen System des deutschen Rechts zurückkehren [2]).

206. Der Tod eines der Eltern erzeugte für die Vermögensverhältnisse zwischen den Kindern und dem Ueberlebenden nach dem römischen Recht bei der Ehe mit Manus gar keine eigenthümlichen Wirkungen; bei der Ehe ohne Manus nur, wie oben bemerkt, beim Tode der Mutter, nicht beim Tode des Vaters. Anders ist es im deutschen Recht. Hier bleibt der Ueberlebende mit den Kindern im ungetheilten Vermögen sitzen, entweder bis zu deren Austritt aus dem elterlichen Hause, oder lebenslänglich, unter der Verbindlichkeit sie zu erziehen und auszustatten. Hieraus haben sich im heutigen Recht, besonders in Verbindung mit dem Institut der Gütergemeinschaft, mehrere Rechtsformen entwickelt [1]). Die Eine ist, daß der Ueberlebende an der an die Kinder fallenden Hälfte den Beisitz und Nießbrauch behält. Die Andere ist, daß zwischen dem Ueberlebenden und den Kindern eine fortgesetzte Gütergemeinschaft (communio prorogata) angenommen wird. Eine dritte ist, daß das ganze Vermögen dem Ueberlebenden eigenthümlich zugesprochen wird, in der Voraussetzung, daß er davon die Kinder erziehen und versorgen, und ihnen das Vermögen als Erbschaft hinterlassen werde. Hier stimmt das Verhältniß im Resultat mit dem überein, welches bei der Ehe mit Manus eintrat. Eine vierte der vorigen grade entgegengesetzte Rechtsform ist, daß bei dem Tode des einen Ehegatten das ganze vorhandene Immobilarvermögen dem

---

2) Dieses hat auch das französische Recht gethan. Im preußischen Landrecht ist römisch, daß der Nießbrauch nur dem Vater, nicht der Mutter, zusteht; germanisch, daß er nur bis zur Errichtung einer abgesonderten Wirthschaft dauert.

1) Man findet genaue Nachweisungen darüber in meinem Deutschen Privatrecht §. 233—237.

Eigenthum nach den Kindern zufällt und ihnen verstrickt wird, so daß der Ueberlebende daran nur den Nießbrauch behält. Dieses wird das Verfangenschafts- oder Devolutionsrecht genannt. Das deutsche Recht ist daher in dieser Lehre sehr reichhaltig und erfinderisch.

207. Für die Familienverhältnisse kann es unter Umständen wichtig werden, ein Kind mit einem gewissen Vermögen für seinen künftigen Erbanspruch ganz und gar abzufinden. Bei der Ehe mit Manus geschah dieses von selbst, indem die Frau aus ihrer Familie ganz heraustrat. In allen anderen Fällen war es nur durch eine zu diesem Zwecke vorgenommene Emancipation oder durch eine hinzukommende Enterbung möglich. Im deutschen Recht kommt es seit alter Zeit vor, und zwar sowohl bei Lebzeiten beider Eltern, als nach dem Tode Eines derselben. Dieses wird die Abfindung oder Abschichtung genannt. Im zweiten Falle geschieht es besonders, wenn der Ueberlebende zu einer zweiten Ehe schreiten will, um künftigen Streitigkeiten mit den Kindern erster Ehe vorzubeugen [1]. Zu demselben Zwecke ist aber seit dem dreizehnten Jahrhundert noch eine andere Einrichtung entstanden, nämlich ein Vertrag unter den Ehegatten, daß die zugebrachten Kinder mit den in der zweiten Ehe zu erzeugenden Kindern so vereinigt werden sollen, als ob sie in der zweiten Ehe erzeugt wären. Dieses wird die Einkindschaft (unio prolium) genannt [2].

d) Das Erbrecht. α) Allgemeine Grundbegriffe.

208. Es liegt in der Natur der Familie, daß beim Tode des Hausvaters das Vermögen bei denjenigen fortdauert, die ihm durch das Hauswesen verbunden waren. In so weit ist das Erbrecht in dem Wesen der Familie gegründet, und gleichsam ein Theil derselben [1]. Hieran sich anschließend bilden sich durch

---

1) Die Zeugnisse darüber giebt meine Deutsche Rechtsgeschichte §. 479., Deutsches Privatrecht §. 239. 240.

2) Deutsche Rechtsgeschichte §. 481., Deutsches Privatrecht §. 241—250.

1) Es gehört zu den unhaltbaren Abstractionen der neuern Zeit, an

Sitten und Gesetze Regeln auch für den Fall, wo der Verstorbene keine Glieder des Hauses zurückläßt. So entsteht bei jedem Volke eine bestimmte Ordnung der Beerbung, die eine überaus wichtige, in die mannichfaltigsten Interesse eingreifende Institution ausmacht, und worauf daher die positiven nationalen Ansichten jeder Zeit einen großen Einfluß ausüben.

209. Bei den Römern mag in der ältesten Zeit der Wille des Einzelnen den Rechten der Familie und des Geschlechts durchaus untergeordnet gewesen sein. Doch wurde diese Schranke schon frühe durchbrochen, und durch das Gesetz der zwölf Tafeln gelangte grade der umgekehrte Grundsatz zur unbedingten Geltung. Wie der Hausvater sein Haus und sein Vermögen bestellen wollte, war schlechthin seinem Willen anheimgegeben, und dieser sollte auf das Genaueste erfüllt werden. Wenn er aber keinen letzten Willen hinterlassen hatte, so nahm man an, es sei ihm gleichgültig, was mit seinem Nachlaß geschähe, und es griff nun das Gesetz nach seinem eigenen Ermessen ein. Es wies aber nicht den Blutsfreunden als solchen, sondern zunächst den Kindern in der Gewalt, dann den Agnaten den Nachlaß zu. Das gesetzliche Erbrecht war also eine politische, auf das Interesse des Mannsstammes berechnete Institution [1]). Jene gesetzliche Präsumtion war aber doch nur dann gerechtfertigt, wenn der Erblasser schlechthin ohne jede Willensäußerung verstorben war. Hatte er Einen auf einen Theil zum Erben eingesetzt, und nur über den Rest nicht verfügt, so lag es seiner vermuthlichen Absicht näher, dem Eingesetzten auch diesen Rest zuzuweisen [2]).

---

einen Zustand zu denken, wo es noch kein Erbrecht gegeben habe, und wo Jeder habe zugreifen können. Dieses setzte einen Zustand voraus, wo es noch keine Familien, sondern nur vereinzelte Individuen gab.

1) Gewöhnlich wird die Intestaterbfolge als der stillschweigende Wille des Verstorbenen oder als ein präsumtives Testament aufgefaßt. So selbst von Savigny System I. §. 57. VIII. S. 295. 303. Allein wie verträgt sich damit, daß die Mutter nicht von ihren eigenen Kindern, der Großvater nicht von den Kindern seiner verstorbenen Tochter beerbt wurden, und daß der entfernteste Agnat denselben vorgieng?

2) **Fr. 7. D. de regul. iur. (50. 17). Ius nostrum non patitur eun-**

210. Die Ordnung der altgermanischen Erbfolge wurde hauptsächlich durch das Gefühl bestimmt, den Mannsstamm und durch ihn das Geschlecht, an dessen Ehre und Macht Jedem schon um seiner selbst willen gelegen war, blühend zu erhalten. Dieses gieng so weit, daß selbst Töchter regelmäßig nicht erbten und blos auf die Aussteuer beschränkt waren [1]). In jener Richtung stimmt das alte germanische Recht mit dem alten römischen überein; es unterscheidet sich aber wesentlich dadurch, daß jene Erbordnung unwiderruflich feststand, und daran durch einen letzten Willen nichts geändert werden konnte. Das Interesse des Geschlechts war die Hauptsache, der Einzelne demselben durchaus untergeordnet. Testamente waren daher unbekannt, und, als den Rechten der Blutsfreunde gefährlich, verhaßt [2]).

211. Diese Ansicht wurde jedoch im Laufe der Zeit modificirt. Schon frühe gestattete das Recht in Ermanglung von Leibeserben Haus und Hof durch ein Geschäft unter Lebenden in der gewöhnlichen Form der Auflassung einem Andern zuzuwenden und dadurch seinen Blutsfreunden zu entziehen [1]). Dieses war der erste Schritt zur Freiheit der Verfügung. Eine wesentliche Beschränkung lag allerdings darin, daß dieses ein Geschäft unter Lebenden sein mußte, wodurch man also nicht blos seine Erben, sondern auch schon sich selbst unwiderruflich ärmer machte, weshalb man sich dazu nicht leicht entschloß. Man hielt diesen Gesichtspunkt im Interesse der Blutsfreunde so sehr fest, daß man solche Geschäfte nur bei rüstigem Leibe, wo man sich nicht leicht unwiderruflich binden wird, nicht aber im hohen Alter oder auf dem Krankenbette, gestattete [2]). Allein diese Be-

---

dem — et testato et intestato decessisse, earumque rerum naturaliter inter se pugna est, testatus et intestatus. — Auf jene Weise wird dieser vielbesprochene Rechtssatz, wofür man mancherlei gekünstelte und selbst läppische Gründe angegeben hat, sehr ungezwungen erklärt.

1) Die Einzelnheiten giebt meine Deutsche Rechtsgeschichte §. 542—546.

2) Tacit. Germ. 20. Heredes tamen successoresque sui cuique liberi, et nullum testamentum.

1) Die Zeugnisse giebt meine Deutsche Rechtsgeschichte §. 549—553.

2) Man hat für diesen Rechtssatz, der sich erst im Mittelalter findet,

schränkung behauptete sich nicht. Auch hatte man sich durch jene Geschäfte mehr daran gewöhnt, durch einen Willensact den Blutsfreunden das Vermögen entzogen zu sehen. Man gieng daher noch einen Schritt weiter, indem man ohne die Form der Auflassung blos durch einen schriftlichen Vertrag sein Vermögen einem Andern zusagte, jedoch so, daß das Eigenthum und der Besitz erst nach dem Tode des Schenkers auf ihn übergehen sollte. Dieses war also der Sache nach durchaus eine vertragsmäßige Erbeinsetzung und einem Testamente ganz ähnlich [3]). Der Hauptunterschied war nur noch der, daß jene Verfügung unwiderruflich war.

212. Endlich kamen auch die Testamente in Gebrauch [1]). Solche waren beim Klerus, da derselbe nach römischem Recht lebte, immer bekannt und in Uebung geblieben. Nach dessen Beispiel wurden sie auch von Laien zu Vermächtnissen zu einem frommen Zwecke benutzt. Dieses war zwar dem Landrecht entgegen; allein die Kirche nahm die Testamente in Schutz und übertrug die Sorge für deren Vollstreckung den Bischöfen. Je mehr nun bei der Abnahme des Familiengeistes die Neigung herrschend wurde, über sein Vermögen, besonders auf den Todesfall, mit voller Freiheit und daher bis zum letzten Augenblick widerruflich, verfügen zu können, um desto mehr kamen die Testamente, besonders in den Städten, auch zu anderen als frommen Zwecken, in Aufnahme. Seit dem fünfzehnten Jahrhundert war bei den Praktikern die Herrschaft des römischen Rechts auch in dieser Lehre entschieden. Die Berufung einer Person zum Nachlaß eines Verstorbenen geschieht also jetzt entweder durch dessen Willen, der sich entweder in einem Testamente oder in der deutschrechtlichen Form des Erbvertrags ausgesprochen haben kann, oder

ganz falsche und gekünstelte Erklärungen erfunden. Man sehe darüber mein Deutsches Privatrecht §. 427. Note 2.

3) Gewöhnlich behauptet man, solche Erbverträge seien erst im sechzehnten Jahrhundert aufgekommen. Weit ältere Beispiele giebt aber meine Deutsche Rechtsgeschichte §. 551. Note 14. 15., Deutsches Privatrecht §. 428. Note 2.

1) Die Nachweisungen giebt meine Deutsche Rechtsgeschichte §. 555., Deutsches Privatrecht §. 421.

unmittelbar durch das Gesetz. Letzteres kommt in doppelter Weise vor. Entweder so, daß der gesetzliche Erbe nur dann berufen wird, wenn es an einem durch den Willen des Erblassers Berufenen fehlt. Oder so, daß das Gesetz einen unbedingten Anspruch an dem Nachlaß giebt. In allen diesen Fällen ist das heutige Erbrecht aus dem deutschen und römischen Rechte gemischt.

β) Von der Berufung zu einer Erbschaft. A) Durch ein Testament.

213. In dem Verlangen nach der vollen Testamentsfreiheit und dem Gebrauche der Testamente ist das germanische Rechtsgefühl ganz nach dem römischen Recht umgewandelt. Der Grundgedanke bei dem Testamente ist, daß der letzte Wille eines Verstorbenen möglichst respectirt werden solle. Zu diesem Zwecke muß aber vor Allem feststehen, daß Etwas der letzte Wille gewesen sei. Diese Gewißheit kann aber, da es sich um den Willen eines Verstorbenen handelt, lediglich aus dem Acte selbst hervorgehen, der als der letzte Wille gelten soll. Dieser muß daher eine solche Form an sich tragen, daß darüber kein Zweifel bleibt. Das Förmliche ist daher bei Testamenten bis auf einen gewissen Grad unentbehrlich. Um aber jenem Zwecke zu genügen, muß die Form zwei Bedingungen erfüllen. Erstens muß sie das, was im Augenblick der Errichtung die Absicht und der Wille des Testirers ist, mit voller Bestimmtheit aussprechen. Dazu ist aber bei einer so wichtigen Handlung nur das mündliche oder geschriebene Wort, nicht Zeichen anderer Art, geeignet. Zweitens muß die Form auch das enthalten, wodurch nach seinem Tode der damals als sein Testament ausgesprochene Wille unumstößlich documentirt wird. Das römische Recht verlangt beim mündlichen Testament die Erklärung vor sieben dazu erbetenen Zeugen, oder die vor Gericht, die aber zu Protocoll genommen werden muß. Das preußische Landrecht hat nur die zweite, nicht auch die erste Form beibehalten. Das französische Recht kennt ein mündliches Testament nur in der Art, daß dasselbe einem Notar im Beisein von vier Zeugen dictirt und darüber ein Act aufgenommen wird. Zu einem schriftlichen Testament verlangt das römische Recht die Vorzeigung einer Urkunde durch den Testator als seinen letzten

Willen vor sieben dazu erbetenen Zeugen, und die Unterzeichnung und Besieglung derselben durch diese Zeugen. Das preußische Landrecht erfordert zu einem schriftlichen Testament die Uebergabe der Urkunde an das Gericht, das französische Recht an einen Notar und sechs Zeugen; doch erklärt dieses auch das olographe Testament, welches ganz von der Hand des Testators geschrieben, datirt und unterschrieben ist, für zureichend. Das canonische Recht betrachtet durch die Errichtung vor dem Pfarrer und zwei Zeugen den Beweis als hinreichend gesichert.

214. Hinsichtlich des Inhaltes des Testamentes erklärt das römische Recht die Einsetzung eines Erben als durchaus wesentlich, weil, wenn Einer einen letzten Willen hinterläßt, er auch Einen bezeichnen muß, in welchem und durch welchen derselbe in Erfüllung geht [1]). Doch können dieser Erben auch mehrere sein, und jedenfalls erhalten der- oder diejenigen, die auch nur auf einen Theil als Erben eingesetzt sind, wenn über den Rest nicht verfügt ist, das Ganze [2]). Die Auffassung des deutschen Rechts ist aber darin freier, besonders aus vier Gründen. Erstens als die Testamente bei den Deutschen in Aufnahme kamen, wurden sie nicht dazu benutzt, den Blutsfreunden ihr Erbrecht zu nehmen, sondern regelmäßig nur ihnen Vermächtnisse zu einem frommen Zwecke aufzuerlegen. Zweitens wurde darin zur Vollstreckung dieser Vermächtnisse insgemein ein Testamentsexecutor ernannt, so daß man sich gewöhnte, den Willen des Verstorbenen durch einen Andern als den Erben vollstreckt zu sehen [3]). Drittens ist nach der deutschen Auffassung der vom Gesetz berufene Blutsfreund der eigentliche Erbe; ein Testament verhält sich zu ihm nur wie ein Vermächtniß, woraus folgt, daß das, worüber darin nicht verfügt ist, Jenem verbleibt. Endlich viertens ist jetzt die Ordnung der gesetzlichen Erbfolge nicht mehr so künstlich

---

1) Fr. 1. §. 3. D. de vulg. substit. (28. 6). Sine haeredis institutione nihil in testamento scriptum valet.

2) Man sehe darüber oben §. 209. Note 2.

3) Von den Testamentsexecutoren handelt meine Deutsche Rechtsgeschichte §. 556., Deutsches Privatrecht §. 423.

und nach politischen Zwecken gebildet, sondern der natürlichen Affection des Erblassers nahe gebracht, so daß, wenn er über einen Theil des Nachlasses nicht verfügt hat, man annehmen darf, er habe denselben stillschweigend seinen gesetzlichen Erben gelassen. Aus diesen Gründen ist jetzt in vielen Rechten zugelassen, daß man zum Theil durch Testament, zum Theil nach dem Gesetz beerbt werden kann. Selbst die neuen Gesetzbücher haben sich, wenn auch in verschiedener Weise, dieser Auffassung zugewendet [4]). Davon abgesehen sind aber die Grundsätze des römischen Rechts über den Inhalt der Testamente noch brauchbar. Dieses gilt namentlich von der Theorie der Vulgarsubstitution, das heißt, wo der Erblasser, auf den Fall, daß der Eingesetzte nicht Erbe würde, einen Zweiten, Dritten berufen hat [5]). Künstlicher ist die Pupillarsubstitution, wo der Vater dem Kinde in seiner Gewalt auf den Fall, daß es nach ihm vor erreichter Testamentsmündigkeit stürbe, einen Erben ernennt [6]).

B) Berufung durch einen Erbvertrag.

215. Ein Erbvertrag muß aus denselben Gründen wie ein Testament eine zureichende Form an sich tragen. Jetzt ist dazu wenigstens schriftliche Errichtung nothwendig. Die Wirkung stimmt bis auf einen gewissen Grad mit der der Testamente überein; allein der wesentliche Unterschied ist der, daß der Erblasser sein gegebenes Wort nicht mehr einseitig ändern kann. Er darf selbst durch ein Geschäft unter Lebenden sein Vermögen oder große Theile davon nicht mehr verschenken, weil er dadurch indirect sein gegebenes Wort unwirksam machen würde. Zu Veräußerungen anderer Art durch Verkauf, Tausch, bleibt er berechtigt, weil er sich nur hinsichtlich seines Nachlasses gebunden, also für die gewöhnlichen Verfügungen unter Lebenden

---

4) Das Nähere giebt mein Deutsches Privatrecht §. 422.

5) Dieses ist auch in dem preußischen, österreichischen und französischen Gesetzbuch zugelassen.

6) Das preußische Landrecht hat auch diese beibehalten; die beiden anderen Gesetzbücher nicht.

freie Hand behalten hat. Auch mäßige Schenkungen müssen ihm daher noch erlaubt sein. Uebrigens kommen Erbverträge jetzt seltener vor, weil sie durch die Testamente entbehrlich gemacht sind. Das römische Recht hatte sie aus mehreren Gründen für ganz unwirksam erklärt [1]). Dieses haben das österreichische und das französische Gesetzbuch ohne hinreichenden Grund nachgeahmt, und sie nur in Heirathsverträgen zugelassen. Das preußische Landrecht kennt diese Beschränkung nicht [2]).

C) Berufung durch das Gesetz.

216. Das alte römische gesetzliche Erbrecht nahm, wie schon bemerkt, nur Rücksicht auf den Stamm und das Geschlecht, also auf den Mannsstamm; und selbst im Mannsstamm erbte von weiblichen Agnaten nur die Schwester; die entfernteren nicht, um das Vermögen im Mannsstamm zu erhalten. Zwischen beweglichem und unbeweglichem Vermögen war dabei kein Unterschied, wiewohl der Geist dieser Erbfolge hauptsächlich nur zum Grundvermögen paßt. Als daher im Fortschritte der Zeit die Sitten, Ansichten und Vermögenszustände sich änderten, wurde jene Ordnung modificirt. Die Blutsfreunde erhielten, auch wenn sie nicht Agnaten, sondern nur Cognaten waren, durch das prätorische Edict ein Erbrecht wenigstens nach den Agnaten; einzelne Cognaten sogar vor denselben, wie der emancipirte Sohn, und nach gewissen Senatusconsulten der Kaiserzeit die Kinder gegen die Mutter und umgekehrt. Diese Bevorzugung einzelner naher Cognaten wurde durch kaiserliche Constitutionen so vermehrt, daß das alte Princip der Agnation nur noch in den entfernteren Graden zur Anwendung kam. Zuletzt nach einem fast achthundertjährigen Kampfe mußte es völlig weichen. Justinian stellte in seiner Novelle 118. eine Erbfolgeordnung auf, worin

1) Diese Gründe sind discutirt in meinem Deutschen Privatrecht §. 425. 426. Die Lehrbücher des römischen Rechts gehen darüber allzu leicht hinweg; so Arndts Pandekten §. 470.

2) Mehr über diese feine Lehre giebt mein Deutsches Privatrecht §. 427—433.

blos die Nähe der Verwandtschaft ohne alle Rücksicht auf Agnation zum Maßstabe genommen ist.

217. Die alte germanische Erbfolgeordnung war nach demselben Gesichtspunkte nur noch schärfer ausgebildet [1]), und hat auch im Bürgerstande denselben Entwicklungsgang durchgemacht. Dieses zeigte sich darin, daß in den Stadtrechten die Tochter dem Sohne, die Mutter dem Vater, die Schwester dem Bruder gleichgestellt wurden. Beschleunigt wurde dann diese Entwicklung durch die Reception des römischen Rechts, worin man das, was die Richtung der Zeit verlangte, vorfand [2]). Doch gilt die Novelle 118. wohl nirgends ganz rein. Die Modificationen betreffen besonders die Frage, ob die Ascendenten mit oder vor den Geschwistern erben, und ob die halbbürtigen Geschwister durch die vollbürtigen ganz ausgeschlossen werden. In dem Repräsentationsrecht zu Gunsten der Enkel und Urenkel hat aber das römische Recht allgemein, und in dem zu Gunsten der Geschwisterkinder fast allgemein Aufnahme gefunden.

D) Vom Notherbenrecht und Pflichttheil.

218. Nach dem älteren römischen Rechte konnte der Hausvater über sein Vermögen durch Testament verfügen, wie er wollte, daher sein Kind selbst ganz exhärediren. Nur stillschweigend präteriren durfte er es nicht, weil man die Gewißheit verlangte, daß er jenes wirklich gewollt habe. Man setzte dabei voraus, daß der Vater seine Macht nur aus guten Gründen im Interesse der Familie und des Vermögens gebrauchen würde. Als aber Mißbräuche häufig wurden, bildete sich unter den Kaisern ein neues Recht. Kinder durften das Testament der Eltern, Eltern das eines Kindes, und nach Umständen selbst Geschwister das einen Geschwisters, als lieblos anfechten, wenn sie darin exhäredirt oder übergangen, und ihnen nicht wenigstens ein gewisser Theil des Vermögens zugewendet wäre. Dieses wurde

---

1) Man sehe oben §. 210.

2) Man sehe meine Deutsche Rechtsgeschichte §. 547., Deutsches Privatrecht §. 399.

von Justinian durch die Novelle 115. genauer geordnet, und auch die rechtmäßigen Exhäredations- und Präteritionsgründe bestimmt.

219. Im germanischen Recht konnte von einem Notherbenrecht in jenem Sinne nicht die Rede sein, weil Testamente unbekannt, also der nächste Blutsfreund von Rechtswegen der Erbe war. Die Frage war also nur die, in wie fern den Verwandten durch eine Vergabung von Haus und Hof unter Lebenden das Vermögen entzogen werden konnte. Dieses war aber neben Leibeserben [1], nach dem langobardischen Recht auch neben Eltern [2], nicht gestattet, die also in sofern Notherben waren. Im Mittelalter war dieses Notherbenrecht noch viel weiter ausgedehnt, indem nun überhaupt der nächste Erbe jede ohne seine Zustimmung geschehene Veräußerung von Grundstücken [3], und daher auch eine Vergabung derselben auf den Todesfall [4], anfechten konnte. Hingegen die Vergabung der fahrenden Habe war, nach mancherlei Wechsel, nur durch Kinder, nicht durch andere Erben, eingeschränkt [5]. An dieses Notherbenrecht der Kinder reihte man nun auch bei der Bekanntschaft mit dem römischen Recht dessen Exhäredationsgründe an [6]. Endlich als die Testamente und das römische Recht ganz in Aufnahme gekommen, wurde dessen Notherbenrecht sowohl für Testamente als

1) L. Ripuar. XLVIII.

2) L. Rothar. 168—171. 174., L. Liutpr. VI. 11.

3) Man sehe meine Deutsche Rechtsgeschichte §. 445. 446.

4) Schwabensp. 22. 31. Laßb.

5) Eine Zeitlang war dieselbe auf dem Siechbette schlechthin verboten, Sachsensp. I. 52. §. 2. 4. Dann aber, wenn keine Kinder da waren, erlaubt, Schwabensp. 14. 165. 166. Laßb. Waren Kinder da, so wurde unterschieden. Waren sie noch nicht ausgesteuert, so mußte man ihnen die fahrende Habe lassen; doch konnte man bei gesundem Leibe unter sie mit größerer Freiheit vertheilen, als auf dem Sterbebette, Schwabensp. 162. Waren sie ausgesteuert, so hatten sie keinen Anspruch, und man konnte bei gesundem Leibe vergaben, wie man wollte, Schwabensp. 147 b. 162. 163.; auf dem Todbette aber konnte man ihnen das Vermögen nicht entziehen, Schwabensp. 163. Laßb. (Doch fehlt dieser Artikel in den ältesten Handschriften).

6) Schwabensp. 15. 162. 354. Laßb.

Erbverträge, namentlich in Ansehung der dazu berechtigten Personen, der Festsetzung eines Pflichttheils, und der Exhäredationsgründe recipirt [7]. In anderer Hinsicht sind aber einige feine Unterschiede geblieben [8].

γ) Erwerb der Erbschaft.

220. Hinsichtlich des Erwerbes einer eröffneten Erbschaft kann das Recht von einer doppelten Ansicht ausgehen. Entweder nimmt man an, daß der Nachlaß im Augenblick des Todes des Erblassers von selbst dem berufenen Erben erworben sei. Oder man verlangt von demselben zum Erwerbe eine positive Willensäußerung, in welchem Falle ein künstlicher Mittelzustand eintreten kann, wo der Nachlaß Niemanden gehört, sondern ein ruhender (hereditas iacens) ist. Die Römer nahmen als eine Folge der Einheit des Hauswesens [1]) bei Hauskindern (sui) das Erste, bei allen anderen Erben (extranei) das Zweite an. Das germanische Recht ist unbedingt der ersten Ansicht und zwar so gefolgt, daß der Erblasser im Augenblick des Todes seinem nächsten Blutsfreund gleichsam die Hand reichte, und ihn nicht blos in das Eigenthum, sondern sogar in den Besitz einsetzte (mortuus saisit vivum, der Todte investirt den Lebenden) [2]). Diese Ansicht hat sich in vielen Particularrechten erhalten; im französischen Recht unbedingt [3]); im preußischen und österreichischen Recht wenigstens für den Uebergang des Eigenthums, nicht aber auch des Besitzes [4]). Sie ist zuweilen selbst auf Testamente und

---

7) Dieses zeigt Riederer am Ende des fünfzehnten Jahrhunderts. Die Stelle ist abgedruckt in meiner Deutschen Rechtsgeschichte §. 553. Andere Stellen der Praktiker jener Zeit nennt mein Deutsches Privatrecht §. 415. Note 6.

8) Diese zeigt mein Deutsches Privatrecht §. 415.

1) Man sehe oben §. 203.

2) Die Beweise giebt meine Deutsche Rechtsgeschichte §. 548.

3) Französ. Gesetzbuch Art. 724.

4) Preuß. Landrecht I. 9. §. 367. 368., Oesterr. Gesetzb. §. 537. 809. Man sehe auch mein Deutsches Privatrecht §. 412. Note 7.

Erbverträge ausgedehnt worden [5]. Wo sie gilt, braucht aber darum der Erbe den ihm zugefallenen Nachlaß nicht nothwendig zu behalten; er kann sich desselben entschlagen, und dann ist es so gut, als wäre er nie Erbe gewesen.

221. Wenn aber der berufene Erbe die Erbschaft behalten oder annehmen zu wollen erklärt hat, so liegt darin, daß er das Vermögen, so wie und so weit er es überkommen hat, vertreten werde. Er hat also die darauf ruhenden Schulden zu bezahlen, so weit es reicht, weiter aber nicht. So hat auch das alte germanische Recht diese Frage aufgefaßt [1]. Hingegen das römische Recht verbindet mit dem Begriffe der Beerbung den der Fortsetzung der Vermögensverhältnisse des Verstorbenen [2]; der Erbe haftet daher für dessen Schulden mit seinem eigenen Vermögen, so als ob er sie selbst contrahirt hätte. Justinian hat dieses jedoch wesentlich dadurch gemildert, daß der Erbe mit dem Vorbehalt der Errichtung eines Inventars antreten kann, und dann nur bis zum Betrage des Activbestandes des Nachlasses haftet. Mit dieser Modification konnte die römische Regel füglich recipirt werden. Doch hat sich der deutsche Grundsatz noch hin und wieder, zum Beispiel in Sachsen, erhalten; nur ist ihm die Pflicht der Errichtung eines Inventars an die Seite gesetzt. Sind der Erben mehrere, so enthält das römische Recht über die Art der Theilung, über die Pflicht etwas vom Erblasser schon bei dessen Lebzeiten Erhaltenes zu conferiren, über die Reduction, wenn bei einer testamentarischen Erbeinsetzung die Quoten zusammen mehr als eine Einheit ausmachen, und über Anderes, ein reiches Material, welches nun allgemein zum Muster genommen wird. Schlägt von den berufenen gesetzlichen Erben Einer aus, so accrescirt sein Theil den Miterben. Thut dieses Einer der

---

5) Man sehe mein Deutsches Privatrecht §. 422. Note 6. 7. §. 430. Note 4.

1) Man sehe darüber meine Deutsche Rechtsgeschichte §. 548., Deutsches Privatrecht §. 413.

2) Fr. 24. D. de verb. sign. (50. 16). Nihil est aliud haereditas, quam successio in universum ius, quod defunctus habuit.

testamentarischen Erben, so tritt nach der römischen Grundansicht dasselbe ein, weil neben Testamentserben ein Intestaterbe nicht vorkommen soll [3]). Wo hingegen die deutsche Grundansicht sich erhalten hat [4]), bleibt der ausfallende Theil dem Intestaterben. Die neuen Gesetzbücher sind aus beiden Ansichten gemischt, indem sie nach verschiedenen Voraussetzungen bald der einen bald der andern folgen [5]).

δ) Von den Vermächtnissen.

222. Nach der im römischen Recht anerkannten Freiheit des letzten Willens kann man über seinen Nachlaß auch so verfügen, daß man einem Andern Vermögensstücke zuwendet, ohne ihn zum Erben und dadurch für die Schulden verantwortlich zu machen; nur mußte im älteren Recht ein Anderer als Erbe eingesetzt sein, damit Einer da war, der jenen Willen vollstreckte. Ob jene Zuwendung in befehlenden Worten (legatum), oder in der Form einer an den Erben gerichteten Bitte (fideicommissum) hinterlassen ist, macht nach dem Justinianischen Recht keinen Unterschied mehr. Bei den alten Germanen waren aber letztwillige Verfügungen, und daher auch Vermächtnisse einzelner Sachen unzulässig; die Stelle derselben vertrat die Erfindung, daß man eine Sache durch ein Geschäft unter Lebenden vergabte, sich jedoch die Benutzung bis znm Tode vorbehielt [1]). Mit den Testamenten kamen aber auch Vermächtnisse in Uebung; ja anfangs wurden die Testamente hauptsächlich nur zu Vermächtnissen benutzt. Jetzt herrscht in dieser Lehre das römische Recht fast unbedingt, welches auch darin besonders fein und reichhaltig ausgebildet ist. Etwas Eigenthümliches ist im römischen Recht das Bestreben, den Erben zu sichern, daß ihm nicht zu viel durch Vermächtnisse entzogen werde. Dieses lag selbst im Interesse der Legatarien, weil, wenn der Erbe ausschlug, das ganze Te-

3) Man sehe oben §. 209.

4) Man sehe oben §. 214.

5) Das Genauere giebt mein Deutsches Privatrecht §. 422.

1) Beispiele zeigt meine Deutsche Rechtsgeschichte §. 549. Note 11.

stament unerfüllt blieb. Zu diesem Zwecke wurde ihm durch die Lex Falcidia in jedem Falle eine Quarte vorbehalten, und die übermäßigen Vermächtnisse so weit reducirt. Da aber nach den neuen Gesetzbüchern die Vermächtnisse in jenem Falle bei Kraft bleiben, so haben sie den Abzug der Quarte, als eine unnöthige Beschränkung des Willens des Erblassers aufgehoben.

3) Rechtsverhältnisse besonderer Stände. a) Einleitung.

223. Der Unterschied der Vermögen und Beschäftigungen bringt bei jedem Volke auch einen Unterschied der Personen hervor, woran sich mehr oder weniger juristische Eigenthümlichkeiten knüpfen. In so weit ist der Unterschied der Stände in der Natur der menschlichen Verhältnisse gegründet. Durch nationale Ansichten und Zustände kann aber dieser Unterschied eine künstliche Verstärkung erhalten. Am weitesten geht diese, wenn ein Stand erblich ist. Es ist allerdings ein Zustand der Gesellschaft denkbar, wo die höhere Stellung und Lebensrichtung im Gegensatz zu den niederen gemeinen Beschäftigungen einen so starken Typus ausdrückt, daß der Unterschied der Sitte und Gesinnung gleichsam ins Blut übergeht und unübersteigliche conventionelle Schranken aufrichtet. Allein im Ganzen kämpft das Gefühl und die zunehmende allgemeine Bildung gegen solche künstliche Beschränkungen an, und sie sind nur so lange zu halten, als den durch die Geburt gegebenen Vorzügen das Bewußtsein der dadurch gestellten höheren Anforderungen zur Seite steht. Bei den alten Germanen gab es drei scharf unterschiedene Geburtsstände: die edlen Geschlechter, die Freien und die Unfreien. Diese Eintheilung blieb die Grundlage bis in das zehnte Jahrhundert. Von da an trat eine große Umwandlung ein, woraus allmählig die Unterscheidung in den hohen Reichsadel, den niedern Adel, den Bürgerstand und den Bauernstand hervorgieng.

b) Von dem Adel. α) Persönliche Verhältnisse.

224. Der Adel wird als eine lebenskräftige politische Institution nicht leicht künstlich geschaffen, sondern muß aus den historischen Zuständen eines Volkes von selbst erwachsen. Der

Name eines großen Ahnherrn, woran sich eine würdige Nachkommenschaft anschließt, die durch die historischen Traditionen eines Geschlechts unterhaltene höhere Gesinnung und Lebensrichtung, die Macht des dauernden großen Grundbesitzes mit den sich daran knüpfenden Erinnerungen, Rechten und Pflichten, das mit der höheren gesellschaftlichen Stellung verbundene Uebergewicht der Sitte und politischen Bildung, die in monarchischen Staaten hervortretende besondere Ehre des Dienstes, der zu erblichen Auszeichnungen passende Geist des Volkes und der Verfassung, dieses sind die Bedingungen, wodurch in mannichfaltiger Mischung der Geschlechtsadel entsteht. Diese treten insbesondere in der Geschichte des deutschen Adels hervor.

225. Der hohe Adel bestand zur Zeit des deutschen Reiches aus den Geschlechtern, welche die vollständige und höchste Reichsfreiheit hatten. Da das Reich eine Zusammensetzung von landesherrlichen Territorien geworden war, und der Unterthan eines Territoriums dem Reiche nur mittelbar durch seinen Landesherrn angehörte, so mußten zur vollständigen und höchsten Reichsfreiheit eines Geschlechts drei Eigenschaften zusammentreffen: die Stellung unmittelbar unter dem Kaiser und Reiche, die Landeshoheit über ein reichsunmittelbares Gebiet, und Sitz und Stimme am Reichstag. Die Titel dieses hohen Adels waren Herzog, Fürst, Landgraf, Markgraf, Graf, einige Wenige hießen blos Freiherren. Durch die Auflösung des deutschen Reiches (1806) fielen diese Beziehungen weg, indem nun ein Theil der Reichsstände souverain, ein anderer Theil mediatisirt und Jenen wie Unterthanen unterworfen wurden. Doch ist der Begriff von hohem Adel theilweise darin geblieben, daß diesen Mediatisirten die Ebenbürtigkeit mit den souverainen Häusern und andere hohe Vorrechte durch die deutsche Bundesacte (1815) zugesichert wurden, so daß sie in so weit unter der unmittelbaren Garantie des Bundes stehen.

226. Der Ursprung jenes hohen Reichsadels ist ein doppelter. So weit die Geschichte der germanischen Volksstämme reicht, finden sich bei ihnen einzelne ausgezeichnete und durch großen Grundbesitz mächtige Geschlechter, woraus zum Theil

auch die Könige und Stammfürsten gewählt wurden. Im Mittelalter erhielten diese edlen Herren vom Kaiser für ihre Besitzungen die Rechte des Grafenamtes und andere Regalien, so daß sie von der Gewalt der Grafen frei und unmittelbar unter dem Kaiser waren. Sie wurden davon freie Herren genannt, bis daß sich die Meisten im fünfzehnten Jahrhundert den Grafentitel beilegten. Diesen edlen Urgeschlechtern zur Seite und dieselben überstrahlend erhoben sich diejenigen, in welchen seit dem elften Jahrhundert hohe Reichsämter, Herzogthümer, Grafschaften, erblich geworden waren. Beide Klassen wurden im fünfzehnten Jahrhundert unter dem Ausdruck höchste Freie, illustres nobiles, hoher Adel, zusammengefaßt [1]).

227. Einen niederen Adel als eine Mittelstufe zwischen den edlen Geschlechtern und den Freien gab es ursprünglich nicht; er ist erst aus einer Zersetzung des Standes der Freien hervorgegangen, und zwar in einer doppelten Richtung. Schon unter Karl dem Großen war zwischen den freien Grundeigenthümern und den Freien ohne Grundbesitz ein politischer Unterschied dadurch eingetreten, daß Erstere allein zum Schöffenamte beim Grafengericht und zum feierlichen Zeugnisse fähig waren. Seit dem zehnten Jahrhundert spaltete sich aber auch der Stand der freien Grundeigenthümer in zwei Klassen. Die Geringeren derselben wurden insgemein unter die Vogtei eines geistlichen oder weltlichen Großen gebracht und dadurch zum Theil vom Reiche abgeschnitten. Die Größeren behaupteten aber noch eine Zeitlang ihre Reichsfreiheit, die Schöffenbarkeit bei den Landgerichten, den Dienst im Reichsheer und daher eine besondere Ehre. Sie wurden davon die Schöffenbarfreien genannt. Ferner bildeten seit dem achten Jahrhundert unter den Freien diejenigen eine besondere Kategorie, welche als Vasallen gegen den Genuß eines Beneficiums sich zu bleibendem Kriegsdienst verbunden hatten. Ursprünglich hatte dieser Dienst nur die Bedeutung einer factischen ehrenvollen Beschäftigung. Nachdem aber die Bene-

1) Die Zeugnisse über diesen verwickelten Gegenstand giebt meine Deutsche Rechtsgeschichte §. 410—416. 425. 434.

ficien seit dem elften Jahrhundert erblich geworden waren, erwuchs daraus der Ritterstand als ein erblicher Kriegsadel [1]). Zu diesem gehörten auch die Schöffenbarfreien, da diese insgemein bei der ritterlichen Lebensart blieben. Hieran schloß sich endlich die Ansicht, daß durch die vom Vater auf Sohn und Enkel übergegangene ritterliche Beschäftigung und Sitte gleichsam das Blut selbst veredelt, daß die ritterbürtigen Geschlechter von den anderen Freien in den Städten oder auf dem Lande durch die Abkunft unterschieden, und daß nur sie der Lehnsfähigkeit und anderer höherer Rechte theilhaftig seien. So erwuchs der Stand der Ritterbürtigen als ein höherer Geburtsstand, der zwischen den edlen Geschlechtern und den gemeinen Freien die Mitte hielt. In ganz ähnlicher Weise entwickelte sich in den Geschlechtern der Ministerialen eine Art von erblichem Dienstadel [2]). Diese flossen mit den ritterlichen Geschlechtern in einen Stand zusammen, für den seit dem fünfzehnten Jahrhundert die Bezeichnung niederer Adel aufkam. Von dem hohen Adel war derselbe durch die Reichsunmittelbarkeit und Reichsstandschaft unterschieden. Seine Vorrechte bezogen sich daher auf die Landesverfassung, und zeigten sich in den Rechten der Landstandschaft, in der Steuerfreiheit, in den Vorrechten der Rittergüter. In der neueren Zeit sind dieselben aber sehr modificirt oder ganz aufgehoben worden.

β) Einfluß auf das Vermögen.

228. Der deutsche Adel ist zwar eine schon durch das Blut und die Abstammung mitgetheilte Auszeichnung, also an sich etwas rein Persönliches. Allein er steht oder stand doch mit dem Grundbesitz in der engsten Verbindung, und hat diesem selbst zum Theil seine Entstehung zu danken. Ohne den großen Grundbesitz würden die alten edlen Geschlechter sich nicht behauptet haben; ohne die an den Herzogthümern und Grafschaften hängenden Reichsgüter, und ohne die mit dem Kriegsdienst und den

---

1) Man sehe oben §. 67. 68.

2) Man sehe oben §. 69.

Hofämtern verbundenen Lehen würden jene Reichs-, Kriegs- und Hofämter nicht erblich geworden, und keine Geschlechter des hohen und niederen Adels entstanden sein. Durch diese Verbindung mit dem Grundbesitz ist der deutsche Adel eine geraume Zeit das hervorragende Element der deutschen Reichs- und Landesgeschichte, der Träger der alten Sitte, Gesinnung und historischen Erinnerungen geworden. Dadurch daß die Stammburgen und Rittergüter bei demselben Geschlechte erhalten wurden, giengen Patronatrecht, Gerichtsbarkeit und Anderes an dieselben als dingliche Gerechtsame über. Der adliche Gutsherr hatte so für Kirche, Schule, Armenpflege, Gericht und Polizei eine überaus einflußreiche, aus Rechten und Pflichten gemischte, und durch die ererbten Bande der Gewohnheit befestigte Stellung.

229. Die Einsicht, daß die politische Bedeutung des Adels durch den Grundbesitz wesentlich bedingt sei, führte von selbst auf absichtliche Einrichtungen, um das Grundeigenthum bei dem Geschlecht zu erhalten. Dieses lag schon im Geiste des gemeinen deutschen Rechts; die geforderte Zustimmung des nächsten Erben bei Veräußerungen, die Ungültigkeit der Testamente, der Vorzug der Söhne vor den Töchtern, die Begünstigung des Mannsstammes bei der Beerbung waren auf jenes Ziel gerichtet [1]. Nöthigenfalls half man sich auch durch Erbverzichte der Töchter, wozu diese damals leicht zu bringen waren. Als durch das Eindringen des römischen Rechts diese Ordnung bedroht und erschüttert wurde, hielt man dieselbe beim Adel nicht nur fest, sondern bildete sie durch die Haus- und Landesgesetze selbst noch bestimmter aus. Dadurch wurden Veräußerungen der Stammgüter untersagt, die Erbverzichte der Töchter bei ihrer Verheirathung stehende Bedingung, und selbst insgemein für die Söhne und Erben im Mannsstamm eine besondere Erbfolge nach der Primogenitur oder nach dem Majorate eingeführt, wodurch das Stammgut nur an Einen fällt und dessen Untheilbarkeit erhalten wird. Seit dem sechzehnten Jahrhundert benutzte man auch die römische Rechtsform der Fideicommisse zur Gründung von

1) Man sehe oben §. 210.

Familienfideicommissen, die zur Erhaltung des Glanzes der Familie von Geschlecht zu Geschlecht bewahrt, und ungetheilt in einer festgesetzten Ordnung immer nur an Einen vererbt werden sollen. Für die leer ausgehenden Söhne entstand allerdings eine Verlegenheit, indem sie den Adel erbten, allein ohne die Mittel denselben äußerlich zu behaupten. Hier halfen eine Zeitlang die Domstifte mit ihren reichen Präbenden aus, dann die adlichen Bänke bei den höheren Gerichten und die Offiziersstellen, die allein dem Adel vorbehalten waren. Jetzt, wo die wissenschaftliche Befähigung Alle gleich macht, und die Bevorzugung eines Standes nicht mehr Statt finden darf, wäre es eine Erleichterung für den Adel selbst, wenn nur derjenige, der ein hinreichendes Vermögen erbt, den adlichen Namen fortführte.

230. In den Vermögensverhältnissen des Adels nahm auch das Lehurecht eine wichtige Stelle ein. Die Besitzungen des hohen Adels bestanden außer den Stammgütern in Gütern und Rechten, die ein Reichsstand vom Reiche oder von einem andern Reichsstande zu Lehn trug [1]). Der niedere Adel war im Besitz unzähliger Lehen, die von alten Verleihungen zu Ritter- oder Hofdiensten, oder von aufgetragenen Lehen herrührten [2]). Das Verhältniß hatte in jenen Zeiten, auch abgesehen von seiner Beziehung zum Kriegswesen, dadurch eine große politische Bedeutung, daß es die höheren Klassen der Gesellschaft durch die Bande edler Interessen an einander knüpfte und ihnen eine gemeinsame Richtung gab. Allmählig starb aber der Geist desselben ab. Schon der Umstand, daß die Lehen erblich wurden, hatte die Wirkung, daß der Dienst und das Amt in den Hintergrund traten, und das Privatrechtliche zu vorherrschend wurde. Ferner wurde diese Form der Verleihung in Fällen benutzt, wo sie nicht zum Heerdienst, sondern zu Diensten anderer Art geschah. Der persönliche Kriegsdienst gehörte nun so wenig mehr zum Wesen eines Lehngutes, daß selbst Weiberlehen geschaffen werden konnten, wo dann nur für einen tüchtigen Stellvertreter zu sor-

1) Man sehe darüber meine Deutsche Rechtsgeschichte §. 238—240.

2) Man sehe oben §. 67—69.

gen war. In diesem Geiste wurden immer mehr auch die Bürgerlichen für lehnsfähig erachtet. Selbst bei den eigentlichen ritterlichen Mannlehen kam mit der veränderten Kriegsart seit dem sechzehnten Jahrhundert der persönliche Kriegsdienst ab, und es trat nur die Leistung von Ritterpferden oder Ritterpferdgeldern an die Stelle. Auch für die Bande persönlicher Anhänglichkeit und Abhängigkeit, worauf das Mittelalter so großen Werth gelegt hatte, hatte die moderne Gefühlsweise keinen Sinn mehr. So blieb von dem bedeutsamen Institute fast nur der todte Niederschlag, das Vermögensrechtliche der Lehngüter, übrig. Doch griff dasselbe noch so mannichfaltig in die privatrechtlichen Interessen ein, daß darüber bis ins achtzehnte Jahrhundert in den einzelnen Territorien Lehnsordnungen, Lehnsmandate oder Lehnsconstitutionen erschienen [3]).

231. Was diese vermögensrechtliche Seite des Lehnrechts betrifft, so hatten die Lehen durch ihre große Zahl und durch die dabei nachgegebene Erblichkeit in dem Vermögenssystem der höheren Stände eine eben so wichtige, und fast noch wichtigere Stelle, als das Allodialeigenthum, eingenommen. Es war daher Bedürfniß, darüber eine feste Theorie aufzustellen. Dieses geschah schon seit dem zwölften Jahrhundert durch Entscheidungen der Reichstage, durch Urtheilssprüche der Lehnshöfe und durch wissenschaftliche Abhandlungen. Der Grundbegriff dabei war der eines abgeleiteten Besitzrechts. Allein da dieses die ausgedehnteste Benutzung begriff und erblich war, so näherte es sich thatsächlich dem Eigenthum, und das unter dem Einfluß des römischen Rechts ausgebildete langobardische Lehnrechtsbuch legte dem Vasallen wirklich das Recht bei, das Feudum gleichsam als Eigenthümer zu vindiciren. Dieses führte dann weiter in der Doctrin dazu, das Verhältniß unter den Begriff von getheiltem Eigenthum, dominium directum und utile, Obereigenthum und

---

3) Man findet diese größtentheils gesammelt in Lünig Corpus iuris feudalis Germanici. Francof. 1727. 3 vol. fol. Eine ausführliche Gesetzgebung über das Lehnrecht enthält auch das Preuß. Landrecht I. 18. §. 13—679. Ueber die älteren Quellen sehe man oben §. 95. 96. 103. 107

nutzbarem Eigenthum zu bringen [1]). Der Besitz nach Lehnrecht wurde nun dem Eigenthum nach Landrecht ganz nachgebildet. Wie zum Erwerbe des Eigenthums die gerichtliche Auflassung, so war zum Erwerbe des Lehns die Investitur im Lehnshof, und zur Erlangung des Besitzes die körperliche Einweisung nothwendig [2]). Auch galt hier wie im Landrecht [3]) der Grundsatz, daß auf den Erben das Recht und die Gewere stillschweigend und von selbst übergeht. Selbst das Institut des Wittums wurde mit den Lehngütern in Verbindung gesetzt, da der Vasall häufig kein anderes Vermögen zur Versorgung seiner Wittwe besaß. Die Erbfolge war nach dem Zwecke des Instituts so eingerichtet, daß das Lehn regelmäßig an den Sohn und Enkel, nicht an Töchter kam. Bei mehreren Söhnen wurde nach dem langobardischen Lehnrecht getheilt, was aber dem Geiste des Institutes zuwider ist, weshalb häufig durch Vertrag Untheilbarkeit und Erbfolge nach der Primogenitur festgesetzt wurde. In Ermangelung von Descendenten erben nach dem langobardischen Lehnrecht die Agnaten des Verstorbenen, so weit sie mit diesem vom ersten Erwerber des Lehns abstammen. Nach dem deutschen Lehnrecht erbte das Lehn an die Seitenlinie nicht. Doch gab es ein Mittel dieses zu ersetzen, indem bei mehreren Söhnen diese sich eine Belehnung zur gesammten Hand ertheilen ließen. Diese hatte die Wirkung, daß wenn die Descendenz des Hauptvasallen ausgieng, die der Mitbelehnten an die Reihe kam. Natürlich ist aber das Recht des Vasallen noch immer etwas durch das des Herrn beschränkt. Er darf ohne dessen und der Agnaten Zustimmung das Lehn nicht veräußern; bei jedem Wechsel in der Person des Herrn oder des Vasallen muß, um den Lehnsverband im Gedächtniß zu erhalten, binnen Jahr und Tag um die Er-

---

1) Das Nähere über diese Auffassung giebt mein Deutsches Privatrecht §. 132.

2) Man sehe meine Deutsche Rechtsgeschichte §. 564. 565. Hier ist auch hervorgehoben, daß investitura im Lehnrecht die Uebertragung des Rechts, nicht, wie die vestitura des Landrechts, blos die Einweisung in den Besitz bedeutet (oben §. 148. Note 3).

3) Man sehe oben §. 220.

neuerung der Investitur nachgesucht werden; und eine Felonie oder Verletzung der Lehnspflichten kann nach der Schwere des Falles Geldstrafe oder Verlust des Lehns nach sich ziehen. Die Gerichtsbarkeit in Lehnssachen, die ehemals einen wichtigen Theil dieses Institutes bildete [4]), wurde, wo der Lehnsherr zugleich der Landesherr ist, auf die Landesgerichte übertragen, bei Privatlehn auf die Handlungen der nicht streitigen Gerichtsbarkeit beschränkt.

232. In der neueren Zeit haben besonders zwei Gründe die Aufhebung des Lehnsverhältnisses herbeigeführt. Einmal die Abneigung gegen ererbte persönliche Abhängigkeitsverhältnisse, deren Geist und Ursprung verdunkelt ist. Zweitens die Beschränkungen des Eigenthumsverkehrs, die aus dem Obereigenthum des Herrn, aus den Rechten der Agnaten und aus der Untheilbarkeit der Lehen hervorgehen. Aus diesen Gründen glaubte man sich über die Bedenklichkeiten wegsetzen zu dürfen, welche einer solchen Aufhebung als einem Eingriff in wohlerworbene Privatrechte aus dem rechtlichen Standpunkt entgegenstehen. Den Anfang machten die Decrete der französischen Nationalversammlung vom 4. August 1789 und des Conventes vom 17. Juli 1793. Durch die Auflösuug des deutschen Reiches (1806) hörte der Lehnsverband zwischen dem Kaiser und den Reichsständen von selbst auf. In Folge eines in der Rheinbundsacte (1806) ausgesprochenen Verzichts und durch besondere Staatsverträge wurde auch die Lehnsherrlichkeit über die in einem Staatsgebiete belegenen Lehen (feuda extra curiem) aufgehoben und dem einheimischen Landesherrn beigelegt, so daß es fast nur noch Binnenlehen gab. Dann wurden auch diese in mehreren deutschen Staaten zum Vortheil ihrer Besitzer allodificirt. Einen Hauptstoß erhielt endlich das Lehnwesen durch die Ereignisse des Jahres 1848 und durch die sich daran schließende Gesetzgebung. Doch ist dasselbe dadurch noch keineswegs ganz verwischt [1]).

---

4) Ueber deren dunkeln Ursprung sehe man meine Deutsche Rechtsgeschichte §. 603. 604.

1) In Preußen besteht das Lehnwesen noch fort bei den Thronlehen und

c) Von dem Bürgerstande.

233. Der Bürgerstand verdankt seine Ausscheidung als ein besonderer Stand hauptsächlich zwei Umständen. Der Eine ist, daß seit dem zehnten Jahrhundert die Städte zu ihrer Verwaltung von dem platten Lande geschieden und unter eine eigene Obrigkeit gestellt wurden. Der Zweite ist, daß hier die gemeinschaftliche Betreibung eigenthümlicher Beschäftigungen auch viele eigenthümliche rechtliche Einrichtungen zur Folge hatte. Seinen persönlichen Elementen nach ist derselbe theils aus den alten Freien, theils aus Ministerialen und Unfreien entstanden; viele kleinere Landstädte sind selbst blos aus Unfreien und Freigelassenen erwachsen. Als Stand hat derselbe wenige positive Eigenthümlichkeiten, sondern diese betreffen hauptsächlich die kleineren Kreise, die sich in seinem Innern bilden, namentlich den Handels- und den Gewerbestand. Auf diese beziehen sich auch besondere Einrichtungen, Banken, Messen, Märkte, Zünfte. Ueberhaupt hat der Bürgerstand für seine Interessen sich eigene Rechtsformen geschaffen, so gut wie der Adel und Bauernstand für die seinigen [1]. Durch die Mannichfaltigkeit seiner Thätigkeit und die dadurch angeregte Beweglichkeit des Geistes ist derselbe auch der Hauptsitz der neueren allgemeinen Bildung mit ihren Vorzügen und Schattenseiten geworden. Er hat aber an Gesinnung eingebüßt. Um so wichtiger ist es, in ihm durch eine angemessene städtische und Gewerbeverfassung, und durch religiöse, wissenschaftliche und Kunstinteressen die Richtung auf das Allgemeine zu beleben.

d) Von dem Bauernstande.

234. Der Landbau bildete die allgemeinste Beschäftigung der Germanen und hat einen großen Theil ihrer Sitten und

---

bei den außerhalb des Staates belegenen Lehen, Preuß. Verfassung vom 31. Januar 1850. Art. 40. 41. Bei den anderen Lehen ist aufgehoben das Obereigenthum des Lehnsherrn; nicht aber auch das daraus entspringende Recht auf Abgaben und Leistungen; auch nicht die Rechte der Agnaten, Gesetz vom 2. März 1850. §. 2. Nr. 1. §. 5.

1) Man sehe oben §. 70.

Anschauungen bestimmt. Die edlen Geschlechter auf den Haupthöfen in ihren großen Besitzungen, die Freien auf ihren Hufen von größerem und kleinerem Umfang, die Unfreien auf den ihnen verliehenen Nebenhöfen, gehörten dadurch gewissermaßen einem und demselben Stande an. Durch die Ausscheidung des hohen und niederen Adels und der Städte ist der Begriff von Bauernstand blos für die kleineren freien und unfreien Bauern geblieben.

235. Die Eigenthümlichkeiten des deutschen Bauernrechtes beruhen auf dem Werthe, der auf die Gründung und Erhaltung einer kräftigen bäuerlichen Wirthschaft sowohl im Interesse des Landbaues als des Bauernstandes gelegt wird. Es treten daher darin besonders zwei Momente hervor: Erhaltung des Hofes bei der zum bäuerlichen Wohlstand erforderlichen Größe, und Begünstigung fester dauerhafter Verhältnisse wegen der sich daran schließenden mannichfaltigen Interessen, örtlichen Kenntnisse und praktischen Erfahrungen. Daher sind Veräußerungen und das Schuldenmachen erschwert, und Theilungen bei der Beerbung gehindert. Bei den freieigenen Bauerngütern wurde dieses durch den möglichen Einspruch der Blutsfreunde, durch die Ordnung der Erbfolge, welche die Töchter ausschloß, durch Erbverzichte, durch die Abtheilung mit den Kindern und andere Anordnungen des Hausvaters erreicht. Bei den an Unfreie verliehenen Bauerngütern wirkte die Anordnung des Herrn noch bestimmter in dieser Richtung ein, wodurch namentlich die Vererbung des Hofes nur an Einen der Söhne, gewöhnlich den Jüngsten, um den Besitz länger in derselben Hand zu halten, festgesetzt wurde. Daneben war jedoch für die Aussteuer der Töchter und den Unterhalt der Wittwe sehr umsichtig gesorgt. Diese Einrichtungen wurden auch auf die an Freie verliehenen Bauerngüter übertragen. Seit dem sechzehnten Jahrhundert war auch die Landesgesetzgebung in diesem Geiste thätig, indem sie, besonders aus Rücksicht auf die Besteuerung, die Zersplitterung der Höfe untersagte. Die durch jene Erbfolge ausgeschlossenen Kinder sind vom Anerben aus dem Hofe nach einem billigen Maßstabe abzufinden, und müssen sich anderweitig durchzubringen suchen. Fühlt

sich der alte Bauer dem Hofe nicht mehr gewachsen, so kann er denselben dem Anerben abtreten und sich auf die Leibzucht oder den Altentheil zurückziehen [1]).

236. Die Verleihung von Höfen an Unfreie geschah schon in alten Zeiten gegen ein durch das Herkommen des Hofes fixirtes Maß von Leistungen, wovon der Herr nicht leicht abgieng. Später wurde sogar das Besitzrecht sehr häufig von Vater auf Sohn erblich. Durch die Landesgesetzgebung erhielt das Verhältniß im Interesse des Bauernstandes eine solche Festigkeit, daß der Herr den Bauern nicht willkührlich entsetzen, heimgefallene Höfe nicht an sich behalten, und bei einer neuen Verleihung die Leistungen nicht erhöhen durfte [1]). Daneben bestanden die aus der Leibeigenschaft, auch wenn der Leibeigene kein Gut hatte, entspringenden Bande persönlicher Abhängigkeit, die dem Herrn nicht blos Rechte gaben, sondern auch wesentliche Pflichten auferlegten [2]). Für die Verleihung von Bauerngütern an Personen freier Abkunft bildeten sich nach den Bedürfnissen des Hofes ebenfalls feste vererbliche Rechtsformen, die man in der Wissenschaft auf den Begriff von dinglichem Benutzungsrecht oder getheiltem Eigenthum zurückführte [3]).

237. In der neueren Zeit ist aber ein großer Theil der Eigenthümlichkeiten des Bauernrechts verschwunden. Die Leibeigenschaft als persönliches Band ist seit dem Ende des vorigen Jahrhunderts nach und nach in den deutschen Ländern, meist ohne Entschädigung des Herrn, aufgehoben worden. Die bäuerlichen Naturalabgaben und Dienste hat die Gesetzgebung auf mancherlei Wegen in feste Geldabgaben umzuwandeln und ganz abzulösen gesucht. Das dingliche Nutzungsrecht des Bauern ist

---

1) Die Nachweisungen aus den Quellen giebt meine Deutsche Rechtsgeschichte §. 489—492., Deutsches Privatrecht §. 496—530.

1) Den Ausdruck dieses Zustandes giebt das Preuß. Landrecht II. 7. §. 14. 15. 138. 299. 302.

2) Sehr lehrreich ist darüber das Preuß. Landrecht II. 7. §. 122—136. 150—230.

3) Man sehe oben §. 155.

sogar hin und wieder in volles Eigenthum umgewandelt worden, nur belastet mit den Abgaben, die aus der Verleihung an den Herrn zu entrichten waren. Ob sich in dieser Richtung bei der durch die gemeine Erbfolge bewirkten Zersplitterung der Höfe ein kräftiger Bauernstand wird behaupten können, und ob nicht Modificationen werden gemacht werden müssen, ist eine Frage, welche die Gesetzgebung bereits zu beschäftigen anfängt.

III. Wissenschaftliche Bearbeitung des heutigen Privatrechts. A) Aufgabe derselben.

238. Die Aufgabe der Wissenschaft für das positive Recht ist eine verschiedene, je nachdem ihr ein erst in der Ausbildung begriffenes Recht oder ein bereits ganz ausgebildetes Recht vorliegt. Diese Verschiedenheit stellt sich an den beiden Elementen unseres heutigen Privatrechts, an dem germanischen und römischen Rechte, dar. An dem germanischen Element übt die Wissenschaft ihre volle Thätigkeit in der oben bezeichneten dreifachen Richtung aus; sie lehrt das überlieferte Recht verstehen, sie hilft es ergänzen, und sie hilft selbst neues Recht erzeugen [1]). Sie bedient sich dabei der Rechtsgeschichte, um den Ursprung und Geist des überlieferten Rechts zu erkennen; sie operirt auch rationell, indem sie eben auf diesem Wege das Recht fortbildet [2]). Ganz anders ist die Aufgabe dem römischen Rechte gegenüber. Dieses hat bereits von den römischen Juristen selbst seine ausgebildete Gestalt erhalten. Es handelt sich daher nur darum, den Ideengang und die Methode derselben in den überlieferten Bruchstücken zu verfolgen und uns in dem Grade anzueignen, daß wir daraus das römische Recht als Ganzes gewissermaßen herzustellen im Stande sind. Diese Thätigkeit ist daher vorherrschend eine exegetische [3]). Die Rechtsgeschichte dient hier dazu, das ausgebildete römische Recht aus dem Gange seiner Ausbildung zu erklären. Die rationelle Thätigkeit, in so fern sie durch das

1) Man sehe darüber oben §. 21. 41.

2) Wie dieses geschieht, ist oben §. 21. gezeigt worden.

3) Man sehe oben §. 47.

eigene Denken das Recht fortbildet, steht hier still, indem sie nur darauf beschränkt ist, was und wie die Römer über das Recht gedacht haben, zu verstehen. Dennoch ist diese Aufgabe keineswegs leicht; einmal, weil dieses Verständniß selbst schon eine bedeutende Geistesschärfe voraussetzt; dann, weil dasselbe durch die Vereinigung und richtige Anwendung von mancherlei historischen und philologischen Kenntnissen bedingt ist. Dieses sind die Gesichtspunkte, um welche sich auch die Geschichte der Bearbeitung dieser Wissenschaft bewegt.

B) Zustand der Rechtswissenschaft bis zum zwölften Jahrhundert.

239. Das Recht lag bei den alten Germanen größtentheils in dem Herkommen, und wurde in den vorkommenden Fällen aus dem Rechtsgefühl und durch Weisthümer ergänzt [1]). Von einer wissenschaftlichen Bearbeitung und Mittheilung konnte daher nicht die Rede sein. Kleine Anfänge finden sich nur in den sparsamen Glossen, die zur Worterklärung in Handschriften der Volksrechte vorkommen, und auch diese hatten mehr einen sprachlichen als einen juristischen Zweck. Das Bedürfniß einer juristischen Kunst zeigte sich nur bei der Abfassung von Rechtsgeschäften. Dafür wurde durch Formelsammlungen gesorgt, worin für die gewöhnlich vorkommenden Geschäfte die Muster angegeben waren. Davon sind viele erhalten, worunter die des Mönches Marculf aus dem siebenten Jahrhundert eine der wichtigsten ist [2]). Solche praktischen Hülfsbücher hatten unstreitig schon die römischen Stadtschreiber und Tabellionen, und mit dem Gebrauche des römischen Rechts blieben dieselben bei den Geistlichen bekannt, die nun die Muster nach dem germanischen Recht einrichteten.

240. Anders war es mit dem römischen Recht. Die fortdauernde praktische Wichtigkeit desselben für die römische Bevölkerung und für die Kirche, so wie die Beschaffenheit und

---

1) Man sehe oben §. 77.

2) Ein Verzeichniß dieser Sammlungen giebt meine Deutsche Rechtsgeschichte §. 152.

Reichhaltigkeit der davon erhaltenen Quellen[1]), machten eine wissenschaftliche Beschäftigung mit demselben unentbehrlich. An manchen Dom- und Klosterschulen wurde daher darüber in Verbindung mit der Rhetorik und Dialektik, besonders zum Behuf der gerichtlichen Praxis, Unterricht ertheilt[2]). Die schriftliche Bearbeitung zeigte sich zunächst in den Auszügen[3]) und den Glossen[4]), die man zum westgothischen Breviarium von Alarich II. verfaßte. Es entstanden jedoch auch kleine systematische Werke. Das Eine, Petri excerptiones legum Romanarum, in Südfrankreich im elften Jahrhundert verfaßt, bildet eine in vier Bücher eingetheilte Sammlung juristischer Sätze, die theils dem Stoffe nach theils wörtlich aus den Rechtsbüchern Justinians gezogen sind[5]). Das Andere, der von den Herausgebern so genannte Brachylogus iuris civilis, in der Lombardei wahrscheinlich am Ende des elften Jahrhunderts verfaßt, enthält in vier Büchern ein hauptsächlich aus Justinians Werken gezogenes System des römischen Privatrechts[6]). Auf diese Weise wurde wenigstens eine wissenschaftliche Tradition des Rechts unterhalten, wiewohl es an aller schöpferischen Thätigkeit fehlte.

C) Die Rechtswissenschaft im Mittelalter[1]).

241. Eine neue Epoche begann mit der Rechtsschule zu Bologna[2]). Das Eigenthümliche derselben bestand darin, daß

---

1) Man sehe oben §. 83—87. 92.

2) Zeugnisse aus Frankreich, Italien, England giebt Savigny Röm. Recht im Mittelalter I. §. 134. 135.

3) Man sehe darüber oben §. 92. Note 4.

4) Von diesen Glossen handelt Savigny II. §. 20.

5) Davon handelt Savigny II. §. 48—56. Gedruckt ist es dort im Anhang. Die einzige frühere Ausgabe erschien zu Straßburg 1500.

6) Davon handelt Savigny II. §. 88—92. Die letzte und beste Ausgabe dieses Brachylogus erschien von Böcking 1829.

1) Das klassische Werk darüber ist Savigny Geschichte des Römischen Rechts im Mittelalter. Heidelberg 1834. 7 Th. Hieher gehört der dritte bis sechste Band, der bis zum Ende des fünfzehnten Jahrhunderts reicht. Der siebente Band enthält Nachträge zu allen Bänden.

2) Man sehe darüber oben §. 97—102.

sie die sämmtlichen Werke Justinians zum Gegenstand ihrer Auslegung machte, daß sie dieselben, der Absicht ihres Urhebers entsprechend, als ein einheitliches Ganzes auffaßte, und daß sie darin ein unmittelbar praktisches Recht erblickte und dadurch einen Antrieb mehr hatte, alle einzelnen Stellen mit einander in Einklang zu bringen. Erschwert wurde diese Aufgabe dadurch, daß die Hauptwerke, die Pandekten und der Constitutionencodex, selbst keine großen zusammenhängenden Rechtssysteme sind, sondern nur Sammlungen von Bruchstücken wissenschaftlicher Werke und von Rescripten und Edicten sehr verschiedener Zeiten und Urheber, so daß der geistige Rechtsorganismus, dem sie angehören und woraus sie hervorgegangen, nicht unmittelbar vorliegt, sondern zum Theil erst aus ihnen durch Abstraction gewonnen werden muß. Eben diese Schwierigkeit gab aber diesem Studium einen eigenthümlichen Reiz, und hat auch die Methode der Behandlung bestimmt [3]).

242. Vor Allem ergab sich das Bedürfniß, den Sinn der einzelnen Stellen aus den Sammlungen selbst, vorzüglich durch Vergleichung mit Parallelstellen und durch Auswahl der richtigen Lesarten, genau zu bestimmen. Dieses geschah in den mündlichen Vorträgen in einer freien dem Lehrzweck angemessenen Form; sorgfältiger und kürzer durch Glossen, die ein Lehrer herausgab, um mit dem Texte abgeschrieben und verbreitet zu werden [1]). Die ersten Glossen des Irnerius, mit welchem um 1118 die Schule zu Bologna begann, waren nur dürftige Worterklärungen, welche zwischen die Zeilen eingetragen werden konnten. Später aber gieng er von diesen Interlinearglossen zu reichhaltigeren, die Sache selbst erläuternden Marginalglossen über [2]). Die Glossen seiner Nachfolger wurden noch ausführlicher; es entstanden daraus selbst sogenannte Apparatus, als ein von Stelle zu Stelle fortlaufender Commentar, worin auch auf die Glossen

3) Eine allgemeine Charakteristik dieser wissenschaftlichen Thätigkeit giebt Savigny Band V. Kap. 41.

1) Genaueres über diese Formen giebt Savigny Band III. Kap. 24.

2) Von Irnerius handelt Savigny Band IV. Kap. 27.

anderer Rechtslehrer Rücksicht genommen war. So wurde den Justinianischen Werken eine auf unmittelbares Quellenstudium gestützte, sehr scharfsinnige und genaue Auslegung zu Theil. Da jedoch die Glosse oder der Apparatus eines jeden Lehrers ein Werk für sich ausmachte, was bei deren Anzahl den Gebrauch erschwerte, und auch manche Wiederholungen vorkamen, so unternahm Accursius († um 1260) aus diesen Werken eine einzige Glosse zu compiliren, indem er bei jeder Stelle eine Auswahl der verschiedenen Glossen unter dem abgekürzten Namen ihrer Urheber zusammenschrieb. Mit dieser glossa ordinaria war diese Richtung gleichsam abgeschlossen, und in Beziehung auf die Erklärung der Texte die Resultate einer langen und angestrengten Thätigkeit in einem einzigen großen Werke zusammengestellt [3]).

243. Diese Behandlung bedurfte aber einer zweifachen Ergänzung. Durch die auf die einzelnen Stellen verwendete Sorgfalt wurde der Zusammenhang des Ganzen dem Auge entrückt und die allgemeinen Grundgedanken zu wenig hervorgehoben. Diesem Mangel sollten die summae abhelfen, das heißt kurze Commentarien über die Digesten, den Codex, die Institutionen und das Authenticum, worin nach Ordnung der Titel, ohne aber auf die einzelnen Stellen einzugehen, der Inhalt, Zusammenhang und die leitenden Ideen des Titels dargestellt wurden [1]). Auch diente zu jenem Zwecke die Hervorhebung der brocarda oder allgemeinen Rechtsregeln, und es wurden davon auch besondere Sammlungen mit beigefügten Erläuterungen gemacht [2]). Zu selbstständigen Rechtssystemen brachte es aber die Schule nicht [3]).

---

3) Von Accursius, seinen Vorzügen und Mängeln, handelt Savigny Band V. Kap. 42.

1) Schon im dreizehnten Jahrhundert wurde eine alle jene Theile umfassende Sammlung von Summen, die aber von verschiedenen Rechtslehrern herrührten, angelegt. Darin steht die Summe des Azo über den Codex und die Institutionen voran, und dieses hat häufig verleitet, ihm alle jene Werke zuzuschreiben, Savigny V. §. 12. 13.

2) Ueber die summae und die brocarda sehe man Savigny III. §. 209.

3) Daher sagt Leibnitz in seiner Methodus jurisprudentiae P. II. §. 9.

Eine andere Gefahr jener exegetischen Methode war, daß dieselbe leicht zu weit von der praktischen Anwendung ablenkte. Dieses wurde dadurch vermieden, daß die Glossatoren nicht nur bei ihrer Auslegung den Blick stets auf das Leben gerichtet hielten, sondern daß sie auch mit bewußter Absicht Mittel wählten, um den praktischen Sinn zu üben und zu schärfen. Schon der Umstand, daß sie in den Vorlesungen die einzelnen Stellen regelmäßig an einem dafür erfundenen Casus erläuterten und anschaulich machten, war dazu sehr ersprießlich [4]. Besonders aber förderten sie die praktische Bildung durch die Discussion wirklicher oder erfundener Rechtsfälle (quaestiones), worüber sie Disputationen veranstalteten und auch eigene Bücher verfaßten [5]. Die Lebendigkeit, womit man den Stoff ergriff, führte natürlich auch zu mancherlei Meinungsverschiedenheiten unter den Rechtslehrern (dissensiones dominorum), die mit großer Gründlichkeit discutirt und ihrer Wichtigkeit wegen schon seit der Mitte des zwölften Jahrhunderts gesammelt wurden [6]. Die Schattenseite dieser Schule und der ganzen damaligen Zeitbildung war aber der völlige Mangel an Geschichtskenntnissen und historischem Sinn, und daher der beschränkte Gesichtskreis, die Befangenheit im Buchstaben und die Geschmacklosigkeit, wogegen in jeder Wissenschaft nur die ächte historische Bildung schützt.

244. Die bedeutendsten der in jenen Richtungen thätigen Rechtslehrer waren folgende [1]. Nach Irnerius wirkten gleichzeitig vier Lehrer, die unter der Bezeichnung der vier Doctoren als die Häupter der Schule anerkannt und geehrt waren, Bul-

---

Iurisconsulti medii aevi nunquam ipsi de arte iuris vel per somnium cogitarunt, satis habentes, si leges glossis, iudices consiliis obruerent.

4) Ueber diese Casus und die dadurch entstandenen Casussammlungen einzelner Rechtslehrer sehe man Savigny III. §. 204. 209. V. §. 113—115.

5) Von diesen disputationes und quaestiones handelt Savigny III. §. 100. 204. 210. V. §. 84. 90.

6) Eine Gesammtausgabe dieser Sammlungen ist: Dissensiones dominorum sive controversiae iuris romani interpretum, edidit G. Haenel. Lipsiae 1834.

1) Das Nähere findet man bei Savigny im vierten und fünften Bande.

garus († 1166), Martinus, der vor ihm starb, Jacobus († 1178), Hugo († um 1170). Sie waren als Schriftsteller hauptsächlich durch ihre Glossen thätig. Schüler des Bulgarus waren Rogerius, Albericus und der scharfsinnige Bassianus. Ausgezeichnet durch wissenschaftlichen Geist und durch zahlreiche Schriften war Placentinus († 1192), der von Bologna nach Montpellier zog und die dort berühmt gewordene Rechtsschule gründete. Auch that sich Pillius hervor, der um 1180 von Bologna nach Modena gieng und dort die Rechte lehrte. Ein Schüler des Johannes Bassianus war Azo († um 1230), dessen theilweise auch oft gedruckten Schriften einen so dauernden Ruhm erlangten, daß die Schriften der früheren Glossatoren dadurch zum Theil verdrängt worden sind, so daß er in der Geschichte der Glossatoren einen bedeutenden Abschnitt macht. Neben ihm war ein anderer ausgezeichneter Schüler des Johannes, Hugolinus Presbyteri († nach 1233), als Lehrer und Schriftsteller thätig. Ein Schüler des Azo war Jacobus Balduini († 1235), der zu großem Rufe und Ansehen gelangte. Ein fruchtbarer Schriftsteller war Roffredus von Benevent († nach 1243), der erst in Bologna, dann seit 1215 in Arezzo lehrte, später aber in seine Vaterstadt zog. Auszuzeichnen sind ferner der schon erwähnte Accursius († um 1260), der Compilator der großen Glosse, mit seinen drei Söhnen Franz, Cervottus und Wilhelm. Merkwürdig endlich ist Odofredus († 1265), weniger durch den wissenschaftlichen Gehalt seiner zahlreichen, meistens auch gedruckten Werke, als durch die naiven Erzählungen aus der Zeit- und Sittengeschichte, die er in seinen Vorlesungen vorbrachte, und die mit seinen nachgeschriebenen Heften erhalten worden sind. Uebrigens liegt von den Schriften aller jener Lehrer Vieles noch ungedruckt [2]).

245. Seit der Mitte des dreizehnten Jahrhunderts trat aber in der Behandlung der Rechtswissenschaft eine ungünstige

---

2) Es ist ein großes Verdienst von Savigny, daß er in den Anhängen seines Werkes viele Probestücke hat abdrucken lassen. Dadurch lernt man die Form und den Geist jener Litteratur besser als durch die umständlichste Beschreibung kennen.

Wendung ein [1]). Durch die Thätigkeit und den Ruhm der Glossatoren war die Meinung vom Werthe der Justinianischen Rechtsbücher bis zur Unentbehrlichkeit erhöht worden. Zugleich war die Schwierigkeit, die das Verständniß und die Anwendung dieser Quellen für die Fassungskraft der Zeit hatte, durch ihre sorgfältige Auslegung vermittelt. Das Ansehen der Glossen stieg dadurch so sehr, daß man sich im praktischen Leben zunächst an sie hielt. Nachdem dann Accursius eine Auswahl der Glossen in seiner großen Glosse vereinigt hatte, so bewirkte die Bequemlichkeit, welche diese Zusammenstellung darbot, daß die Glosse nun selbst wie Text behandelt, bei den Gerichten mit gleichem Ansehen allegirt und in Vorlesungen und Schriften selbst Gegenstand der Interpretation wurde [2]). Indem man sich aber so von den Quellen entfernte, büßte man nicht nur den belebenden Einfluß ein, den der unmittelbare Umgang mit den Quellen ausübt, sondern man gewöhnte sich auch, statt der eigenen selbstständigen Prüfung, fremden Autoritäten zu vertrauen und das Gewicht einer Meinung nach der Zahl der dafür anzuführenden Citate abzumessen. Mit dieser zunehmenden Geistlosigkeit wuchs der Einfluß der scholastischen Zeitbildung, und es wurde der herrschende dialektische Formalismus auch auf die Behandlung dieses Stoffes übertragen. So entstanden jene großen von Stelle zu Stelle fortgehenden Commentarien über die gesetzlichen Sammlungen mit ihrer eintönigen Weitschweifigkeit, ihren Divisionen und Distinctionen, der umständlichen Behandlung der Einwürfe und scheinbaren Widersprüche, dem Breittreten von Nebendingen, der Anhäufung endloser Citate, immer aber doch bemerkenswerth durch die Anstrengung und Sorgfalt, womit sie sich den großen Stoff aneigneten, durch den Scharfsinn, den sie daran von ihrem angenommenen Standpunkte aus entwickelten, und durch die Autorität, die sie über die Praxis ihrer Zeit ausübten [3]). In

1) Diesen Uebergang charakterisirt Savigny V. §. 80. 116. VI. §. 1—7. 130—132.

2) Die Zeugnisse giebt Savigny V. §. 100.

3) Sehr bündig sagt darüber Leibniz in seiner Methodus iurispruden-

erster Linie stehen darin die Commentarien von Cinus († 1334), Albericus de Rosciate († 1354), Bartolus († 1359), Baldus († 1400), Jason († 1519). Etwas weniger Gewicht hatten Salicetus († 1412), Fulgosius († 1427), Paulus de Castro († 1441), Tartagnus († 1477), Franciscus Aretinus († 1486), Philippus Decius († nach 1536).

246. Etwas gemildert und ergänzt wurde die Einseitigkeit jener Richtung durch den Einfluß, den die Praxis auf die Rechtswissenschaft ausübte. Die Rechtsgelehrten jener Zeit standen in Aemtern und an Ansehen so hoch, daß sie von allen Seiten und in den mannichfaltigsten Verhältnissen um rechtliche Gutachten angegangen wurden. Durch diese Berührung mit dem Leben wurden sie auf den einfachen Kern ihrer verworrenen Gelehrsamkeit hingeführt, um dieselbe mit den Rechtsbedürfnissen ihrer Zeit in Einklang zu setzen und daraus mit eigener Selbstthätigkeit praktisch fruchtbare Resultate abzuleiten. Diese Consilien waren daher, in ähnlicher Weise wie die Responsen der alten römischen Juristen, für die Fortbildung des Rechts überaus wichtig, und sind noch jetzt für die Dogmengeschichte sehr lehrreich [1]). Große Sammlungen derselben wurden theils von den Urhebern selbst, theils von Anderen veranstaltet. Die berühmtesten Consilien sind die des Oldradus († 1335), Baldus, Tartagnus. In zweiter Linie stehen darin Bartolus, Salicetus, Fulgosius, Paulus de Castro, Franciscus Aretinus, Bartholomäus Socinus († 1507), Jason, Philippus Decius, Marianus Socinus († 1556). Im sechzehnten bis neunzehnten Jahrhundert wurde diese Thätigkeit und Litteratur in Deutschland sowohl durch die Spruchcollegien, wie durch einzelne Juristen fortgesetzt.

---

tiae P. II. §. 62. Super Digesta Codicemque habemus grandes commentarios veterum, Bartoli, Baldi, Iasonis, Decii etc. In quorum stercore multa iacent aurea sagaci ingenio eruenda.

1) Erleichtert wird ihr Gebrauch insgemein durch die guten Register.

D) Die Behandlung des römischen Rechts seit dem sechzehnten Jahrhundert [1]).

247. Ein Hauptfehler in der Behandlung des römischen Rechts bestand darin, daß man aus gänzlichem Mangel an historischer Anschauung sich des weiten Abstandes zwischen demselben und der Gegenwart nicht bewußt war, was nothwendig die Zeiten und Verhältnisse in ein schiefes Licht stellte und der ganzen Auffassung eine falsche Richtung gab. Sollte dieses gebessert werden, so mußte zweierlei geschehen. Erstens mußte das römische Recht als ein rein historischer Stoff, so wie es für die Römer Geltung gehabt hatte, ohne alle Zugabe moderner Anschauung, aufgefaßt und zum Verständniß gebracht werden. Zweitens mußte mit klarer Einsicht in den Geist und die Rechtsbedürfnisse der Gegenwart das, was vom römischen Recht dazu paßte, damit in Verbindung gesetzt, und so demselben eine lebendige Fortbildung gegeben werden. Ersteres konnte entweder von den Juristen geschehen, indem sie mit der Jurisprudenz die römische Alterthumskunde in Verbindung setzten; oder von den Philologen, indem sie das römische Recht und dessen Quellen als ein Stück des römischen Alterthums erkannten und behandelten. Die Juristen waren aber dazu zu sehr in ihrer falschen Methode und praktischen Richtung befangen. Daher gieng die erste Anregung zu einer besseren Richtung von den Philologen aus [2]). Dazu gehören Laurentius Valla († 1457), Angelus Politianus († 1494), welcher namentlich die Florentinische Pandektenhandschrift genau verglich und benutzte, Pomponius Lätus († 1498), der die erste kleine Schrift über die römischen Magistrate, Juristen und Gesetze verfaßte. Die Erfindung der Buchdruckerkunst trug nun auch zur Verbreitung der Schriftsteller des Alterthums und dadurch zur Verbesserung des Geschmackes wesentlich bei. So kam

1) Hülfsmittel dafür sind: Haubold Institutiones iuris Romani litterariae. Tom. I. Lipsiae 1809., Hugo Lehrbuch der Geschichte des Römischen Rechts seit Justinian. Berlin 1830., Warnkönig Vorschule der Institutionen. Freiburg 1839.

2) Diesen Uebergang und die Vorboten der neuen Richtung behandelt Savigny Band VI. Kap. 59. 60.

es, daß selbst einzelne Rechtslehrer sich von der alten Methode frei machten und Führer einer neuen Schule wurden, Ulrich Zasius († 1535) in Deutschland, und vorzüglich Alciat († 1550) in Italien und Frankreich. Von einem französischen Juristen Aymarus Rivallius wurde sogar schon 1515 eine Rechtsgeschichte herausgegeben, worin unter Anderen das Gesetz der zwölf Tafeln restituirt und commentirt ist.

248. Die von Politianus unternommene Arbeit wurde unmittelbar fortgesetzt durch Ludovicus Bologninus († 1508), welcher dessen Collation der Florentinischen Lesarten abschrieb und zugänglicher machte, dann durch einen Deutschen, Gregorius Haloander (Hofmann † 1531), der die Materialien des Bologninus in seiner Ausgabe 1529 benutzte. Die Resultate einer neuen Vergleichung der Florentina gab der gelehrte Antonius Augustinus aus Saragossa († 1586) in seinen emendationes et opiniones 1543 heraus, und durch den von den Torelli 1553 veranstalteten genauen Abdruck der ganzen Handschrift wurde der Text von den Eindrücken der Schule von Bologna völlig emancipirt [1]). Gleichzeitig erhielt das Studium des römischen Rechts eine ganz neue Richtung dadurch, daß die Quellen des Rechts vor und nach Justinian, die in Handschriften erhalten, aber wenig beachtet worden waren, durch den Druck allgemein zugänglich gemacht wurden, so Gajus und Paulus aus der westgothischen lex Romana von Bochard 1525, dann diese ganze Sammlung von Sichard 1528 [2]), die vor der Auffindung des ächten Gajus für die Rechtsgeschichte so wichtige Paraphrase des Theophilus von Viglius von Zuichem 1534, die Fragmente des Ulpian von Dutillet (Tilius) 1549, der vollständigere Codex Theodosianus von Demselben 1550, Stücke der Basiliken von Gentianus Hervetus 1557 und Anderen. Der durch diesen neuen Stoff gestellten historischen Aufgabe kamen die Philologen dadurch zu Hülfe, daß sie das, was sich in den alten Schriftstellern und Denkmälern auf die römische Staatsverfassung, das Ge-

1) Man sehe oben §. 82. Note 1.

2) Man sehe darüber oben §. 84.

richtswesen und die Gesetze bezog, in ihren Werken über die römischen Alterthümer, oder in besonderen Abhandlungen oder in den Noten zu den Klassikern erläuterten; so die Italiener Paulus Manutius († 1574), der für die historische Jurisprudenz so wichtige Sigonius († 1584), der Franzose Nicolaus Gruchius († 1572) und Antonius Augustinus.

249. Die durch diese Vorarbeiten angeregte Richtung entwickelte sich vorzugsweise in Frankreich, wo schon seit dem dreizehnten Jahrhundert Universitäten sich erhoben, unter welchen nun die zu Bourges 1464 gestiftete durch ihre Lehrer besonders berühmt wurde. Die Blüthe der französischen Schule war Jacob Cujacius, geboren zu Toulouse 1522, gestorben zu Bourges 1590. Dieser gab sich ganz der Richtung hin, das römische Recht in seiner klassischen Reinheit und in dem Geiste eines Römers zu verstehen und herzustellen. Er hielt sich daher unmittelbar an die Quellen, an diese aber vollständig bis zu den Basiliken herab, und erläuterte dieselben durch Commentarien über einzelne Titel und Bücher, durch Tractate über die aus den Pandekten zusammengestellten Fragmente einzelner Juristen, durch Noten und Ausgaben einzelner Stücke, und durch kurze aphoristische Observationen. Seine Erläuterungen betreffen sowohl den Text, wozu er die scharfsinnigsten Emendationen machte, als auch die sachlichen Verhältnisse, wo er zeigt, wie ihm das ganze römische Alterthum lebendig vor der Seele stand. Mit ihm waren in gleicher Richtung thätig der scharfsinnige Franz Duaren († 1559), Franz Balduin († 1573), Franz Hotmann († 1590), und Barnabas Brisson († 1591), dieser jedoch nur als Schriftsteller. Schüler des Cujacius, die das Quellenstudium förderten, waren Franz Pithou († 1596), dessen Bruder Peter Pithou († 1621), Dionysius Gothofredus († 1622), und der Deutsche Giphanius († 1604). Sein würdigster Nachfolger war aber Jacob Gothofredus (1587 — 1652), der Sohn des Dionysius, durch die versuchte Restitution alter Quellen und vorzüglich durch den ausgezeichneten Commentar zum Theodosischen Codex. Mit ihm schließt der Glanz der französischen Schule. In ihre Fußstapfen trat einigermaßen die holländische, unterstützt durch die

dort sich erhebende philologische Gelehrsamkeit und ausgezeichnete Bearbeitung der römischen Alterthümer. In dieser Richtung thaten sich hervor Gerhard Noodt († 1725), Anton Schulting († 1734), Cornelius van Bynkershoek († 1743). Hingegen in Deutschland war diese Weise der Behandlung des römischen Rechts noch sehr vereinzelt. Es gehören dahin die Schriften von Oldendorp aus Hamburg († 1567), des schon erwähnten Giphanius († 1604), von Forster († 1608), Rittershusen († 1613), Schubart († 1701).

250. Der verbesserte Geschmack zeigte sich auch in der Art, wie man nun die Justinianischen Sammlungen für den praktischen Gebrauch commentirte. Man gieng von den scholastischen Formen ab und hielt sich wieder unmittelbar an die Quellen, wodurch die Glossatoren allmählig, und zwar zu sehr, in Vergessenheit kamen. Ein Zeichen des freieren wissenschaftlichen Geistes war auch, daß über das römische Recht große Werke in einer selbstgebildeten systematischen Ordnung verfaßt wurden. Auch darin gieng die französische Schule voran, Connanus († 1551) mit seinen durch die Latinität ausgezeichneten Commentarien, Hugo Donellus († 1591), dessen jedenfalls bedeutendes Werk jetzt eine größere Anerkennung erhalten hat, als zu seiner Zeit, Domat († 1695), dessen Zusammenstellung einen großen Erfolg hatte. In Deutschland wählte der scharfsinnige Vultejus († 1654) diese Form. Gewöhnlicher war jedoch, daß man die Titelfolge der Pandekten beibehielt, so Wesenbecius († 1586) und später der Niederländer Johann Voet († 1714), dessen Commentar als einer der besten gilt. In Deutschland wurde diese Art der Behandlung vorzüglich gangbar, theils in kürzeren Lehrbüchern, wie die von G. Beyer († 1714), J. H. Böhmer († 1749), Heineccius († 1741), Hellfeld († 1782), theils in größeren, mit wesentlicher Rücksicht auf die Praxis eingerichteten Werken, wie die von Lauterbach († 1678), Schilter († 1705), Stryk († 1710), J. H. Böhmer († 1749), Leyser († 1752). Diese waren, wenn auch ohne historischen und kritischen Geist, doch durch Gründlichkeit und Scharfsinn innerhalb ihrer Sphäre für die Fortbildung und Uebertragung des römischen Rechts auf

die neueren Verhältnisse von Wichtigkeit. Auf diese Arbeiten gestützt, jedoch in mehr wissenschaftlichem Geist und in besserem Stile erschienen die Systeme von Hofacker († 1794), Malblanc († 1828), Thibaut († 1840), und der große von Glück († 1831) begonnene aber noch nicht vollendete, nach Ordnung der Pandekten angelegte Commentar.

251. Durch die einseitige systematische und praktische Behandlung des Justinianischen Rechts hatte man sich aber allmählig wieder von den Quellen entfernt. Unter dogmatischen Schulbegriffen, steifen Interpretationsregeln und Terminologien war das römische Recht eine leblose Masse geworden, wozu ohngeachtet aller darauf verwandten Mühe doch das innere Verständniß fehlte. Eine Abhülfe konnte nur durch eine erneuerte historische Auffassung gewonnen werden, wie sie bei Cujacius begonnen, aber nicht durchgeführt worden war. Man hatte zwar diese Seite nicht ganz vernachlässigt. Nach mancherlei schwachen Versuchen war von Gravina († 1718), Professor in Rom, ein größeres Werk über die römische Rechtsgeschichte erschienen, welches, wenn auch größtentheils aus den Arbeiten der älteren italienischen und französischen Schule geschöpft, doch den Stoff bequemer zugänglich machte. In gleicher Weise hatte Heineccius († 1741) durch seine weit verbreiteten Lehrbücher und Abhandlungen die Kenntniß der Rechtsgeschichte vielfach gefördert. Auch wurden in Italien, Spanien, in den Niederlanden und in Deutschland gelehrte Untersuchungen über einzelne rechtshistorische Materien verfaßt. Auf den deutschen Universitäten waren selbst seit Thomasius († 1718) eigene Vorträge über die römische Rechtsgeschichte in Gang gekommen. Allein der Mangel war der, daß diese Thätigkeit theils nur auf die äußere Quellengeschichte, theils blos auf Befriedigung eines antiquarischen Interesse, nicht auf eine durchgeführte dogmengeschichtliche Entwicklung des röschen Rechts bis zu dessen Abschluß unter Justinian gerichtet, und für das Justinianische Recht ohne wahrhaft fruchtbare Resultate war. Es blieb daher auch zwischen den Werken und Vorträgen über das römische Recht und denen über das geltende römische Recht eine Kluft, die sich selbst in dem Gegensatze der

Juristen, die der einen und der andern Richtung angehörten, bemerklich machte.

252. Ein wesentlicher Fortschritt geschah durch Hugo (geb. 1764 gest. 1844) in Göttingen, unterstützt von dem Aufschwung, den der wissenschaftliche und historische Geist in Deutschland gegen das Ende des achtzehnten Jahrhunderts überhaupt nahm. Durch die Begründung der richtigen Ansicht von der Entstehung des positiven Rechts [1]) bereitete er für die rechtshistorische Anschauung und Forschung einen ganz neuen Standpunkt. Bei der Durchführung desselben an der Geschichte des römischen Rechts zeigte er zugleich in den Einzelnheiten die größte kritische Genauigkeit. Namentlich war er unablässig bemüht, die Darstellung des römischen Rechts von den falschen Beimischungen, die es unter den Händen der Schule angenommen hatte, zu reinigen und auf den klassischen Begriff und Ausdruck zurückzuführen. Er wirkte auf seine Zeit nach allen Seiten hin anregend und berichtigend durch geistreiche tief einschneidende Bemerkungen. Diese Richtung wurde, jedoch in einer weit vollendeteren Form und Methode, durch Savigny (geb. 1779) fortgesetzt, der in seinen Schriften und Vorlesungen das oben bezeichnete doppelte Ziel [2]) vor Augen hatte: einmal das römische Recht in seiner eigenthümlichen Gestalt und Entwicklung, dann auch dessen Fortbildung und Einwirkung auf unsere eigenen Rechtsverhältnisse zu erforschen. Ersteres that er in seiner Monographie über den Besitz (1803) und in einer Reihe von Abhandlungen über dunkele Punkte des römischen Rechtsalterthums. Auf das Zweite beziehen sich seine zwei großen Werke. Das Eine ist die seit 1815 erschienene Geschichte des römischen Rechts im Mittelalter, worin er den Uebergang und die äußeren Organe der Fortpflanzung desselben durch Unterricht und schriftliche Bearbeitung nachwies. Das Zweite ist das seit 1840 erschienene, noch unvollendete System des heutigen römischen Rechts, worin er, wie schon früher in seiner Monographie für eine einzelne Lehre ge-

1) Man sehe oben §. 31.

2) Man sehe §. 247.

schehen war, das römische Recht, in so weit es ein lebendiger Bestandtheil unseres jetzigen Rechts und unseres juristischen Denkens geworden ist, analysirt und darstellt. Damit hat für die Behandlung des römischen Rechts nach dieser Richtung hin eine neue Epoche begonnen. Ihren höchsten Glanz verdankt aber die rechtshistorische Schule Deutschlands Niebuhr (gest. zu Bonn 1831), dessen durchdringender von dem reichsten lebendigen Wissen unterstützter Forschungsgeist nicht nur über die innere Entwicklung der römischen Zustände ein unerwartetes Licht verbreitete, sondern auch durch die dadurch angeregte Methode auf dem ganzen Gebiete der historischen Wissenschaften im In- und Auslande die fruchtbarsten Wirkungen hervorgebracht hat.

E) Die Bearbeitung des deutschen Rechts.

253. Während das römische Recht in Italien und von dort aus im übrigen Abendlande die geistigen Kräfte in Bewegung setzte und das juristische Denken in einem hohen Grade entwickelte, blieb die wissenschaftliche Cultur des deutschen Rechts bis in das sechzehnte Jahrhundert im Zustande der völligen Kindheit. Die Sammlungen, namentlich der Sachsen- und Schwabenspiegel, waren ohne allen systematischen Geist blos auf die Verzeichnung des Bestehenden und auf Einzelnheiten gerichtet. Es fehlte allerdings dem deutschen Recht nicht am organischen Zusammenhang; allein dieser lag mehr im Gefühl, als im klaren Bewußtsein. Selbst der in den Rechtsspiegeln gesammelte Stoff vermochte nicht, wie man doch hätte erwarten sollen, das Nachdenken über die Grundgedanken und dadurch eine systematische Bearbeitung des deutschen Rechts anzuregen. Man hielt sich, wie die im vierzehnten Jahrhundert zum Sachsenspiegel verfertigte Glosse zeigt [1]), ohne alles innere Verständniß trocken an den Buchstaben. Auch im fünfzehnten Jahrhundert brachte man es für das deutsche Recht nicht weiter, als zu mechanischen praktischen Hülfsbüchern, Repertorien zum Sachsenspiegel und Formularbüchern. Der Laienspiegel des Ulrich Tengler, welcher

1) Man sehe darüber meine Deutsche Rechtsgeschichte §. 299.

einigen systematischen Geist zeigt, thut dieses nur deshalb, weil er sehr Vieles vom römischen Recht mit aufnahm [2]). Dieses beweist, welche große Lücke dieses auszufüllen vorfand. Von da an wurde aber das wissenschaftliche Nachdenken über das deutsche Recht durch zwei Umstände entschiedener angeregt. Der Eine war die seit dem fünfzehnten Jahrhundert unternommene Revision der Stadt- und Landrechte, um den einheimischen Rechtsstoff mit dem nun vorherrschend werdenden römischen Recht in Einklang zu setzen [3]). Der Zweite war, daß die Spruchcollegien und berühmten Praktiker durch die ihnen vorgelegten verwickelten Rechtsfragen veranlaßt wurden, in ihren Consilien und Decisionen neben dem römischen Recht auch den einheimischen Rechtsstoff zu berücksichtigen und zu verarbeiten [4]). Eine zusammenhängende wissenschaftliche Bearbeitung war jedoch nicht eher möglich, als wenn auch zu einem geschichtlichen Rückblick das erforderliche Material vorlag. Es war daher sehr wichtig, daß durch den wissenschaftlichen Geist des sechzehnten Jahrhunderts angeregt die alten germanischen Rechtsquellen, die Volksrechte und Gesetze der fränkischen Könige, edirt wurden; so von Sichard 1530, Dütillet um 1550, Herold 1557, Lindenbrog 1613, von dem willkührlichen unzuverlässigen Goldast († 1635) und von dem sehr verdienstvollen Baluzius 1677. Editionen des Sachsen- und Schwabenspiegels waren, da diese Rechtsbücher sich im Gebrauche behauptet hatten, gleich bei Erfindung der Buchdruckerkunst veranstaltet worden. Durch diese Hülfsmittel wurde es dem regsamen Herrmann Conring († 1681) möglich, in seinen Origines iuris Germanici 1643 den Ursprung und die ununterbrochene Fortdauer des deutschen Rechts gegen die einseitigen Ansichten der Romanisten, welche demselben keinen Platz

---

2) Man sehe meine Deutsche Rechtsgeschichte §. 355.

3) Man sehe oben §. 108.

4) Es wäre eine für die Dogmengeschichte des deutschen Rechts sehr verdienstvolle und verhältnißmäßig leichte Arbeit, aus den Consilien- und Decisionensammlungen des fünfzehnten bis siebzehnten Jahrhunderts, die, welche sich auf das deutsche Recht beziehen, zu excerpiren und systematisch zusammenzustellen. Durch die gewöhnlich beigefügten guten Register wird dieses sehr erleichtert.

gönnen wollten, nachzuweisen, und dadurch die erste einigermaßen zusammenhängende Anschauung dieses Verhältnisses zu begründen. Auf diese Vorarbeiten gestützt entwickelten sich die beiden Seiten der deutschen Rechtswissenschaft in folgender Art weiter.

254. Für die dogmatische Ausbildung des deutschen Rechtsstoffes hatte man an den revidirten Stadt- und Landrechten eine feste Grundlage gewonnen. Die Wirkung davon zeigte sich schon im siebzehnten Jahrhundert in der Bearbeitung Einzelner derselben. Besonders wirkte Mevius († 1670) in dieser Richtung, der in seinem 1642 herausgegebenen Commentar über das reichhaltige Lübische Recht zeigte, wie die deutschen Rechtsmaterien einer eigenthümlichen wissenschaftlichen Behandlung und Entwicklung fähig und bedürftig seien. Sehr wichtig war es auch, daß man nun, in richtiger Erkenntniß des praktischen Bedürfnisses, in den Werken und Vorträgen über das römische Recht bei jeder Lehre das, was davon wirklich brauchbar oder nach dem deutschen Gewohnheits- und Statutarrecht zu modificiren sei, genau hervorhob. So verfaßte G. A. Struv seine Iurisprudentia Romano-Germanica forensis 1670, Schilter die Exercitationes ad Pandectas oder Praxis iuris Romani in foro Germanico 1672, Stryck den Usus modernus Pandectarum 1690. Durch diese Vergleichung wurde man mit dem Geiste und den Eigenthümlichkeiten des deutschen Rechts immer mehr vertraut. Es blieb nur noch ein Schritt zu thun übrig, nämlich daß man die Darstellung des deutschen Rechts von der des römischen Rechts ablöste und zu einer selbstständigen Disciplin machte. Dieses geschah durch Georg Beyer, der 1707 zu Wittenberg besondere Vorlesungen über das deutsche Recht ankündigte, und dadurch zur Ausarbeitung einer delineatio iuris Germanici veranlaßt wurde, die nach seinem Tode 1718 gedruckt erschien, und, wiewohl nur eine rohe Zusammenstellung des Materials, doch die Bahn zu dessen Verarbeitung eröffnete. Polack gab 1733 ein System des alten germanischen Rechts aus den Volksrechten, dann Heineccius 1736 ein hauptsächlich nach der Ordnung der Institutionen angelegtes Lehrbuch heraus, worin jede Lehre von ihrem Ursprunge

an bis zur Gegenwart herab durchgeführt sein sollte, und welches in seinem historischen Theile die nachhaltigsten Wirkungen ausgeübt hat. Nach anderen ähnlichen Versuchen wurde aber dieser Stoff seit Pütter 1748 vorzüglich mit Rücksicht auf die Frage nach der Möglichkeit und Methode, ein gemeines deutsches Privatrecht darzustellen, bearbeitet; so von Selchow 1757, der zuerst das römische Institutionensystem verließ, dann von Runde 1791, Goede 1806, Eichhorn 1823, Maurenbrecher 1832. Die Verschiedenheit der Ansichten darüber dauert unter den noch lebenden Schriftstellern fort [1]). Während des achtzehnten Jahrhunderts bis in die neueste Zeit wurde auch die wissenschaftliche Cultur des deutschen Rechts durch Bearbeitungen einzelner Particularrechte sehr gefördert. Ganz besonders wichtig sind aber dafür die Monographien und größeren Werke, die über einzelne Materien erschienen sind, über das Handels- und Wechselrecht, über das eheliche Güterrecht, über die Erbverträge, über das Bauernrecht und Anderes. Auf diesem Wege hat das deutsche Recht vorzüglich seine wissenschaftliche Ausbildung zu erwarten [2]).

255. Für die historische Bearbeitung des deutschen Rechts geschah die wichtigste Anregung durch Heineccius († 1741). Dieser beschrieb die Quellengeschichte des deutschen Rechts als Anhang zu seiner Geschichte des römischen Rechts 1733; von der Geschichte der Rechtsinstitute handelte er in seinem 1736 herausgegebenen schon erwähnten Lehrbuche, worin das Historische überwiegend ist; er unternahm selbst ein eigenes gründliches Werk über die deutschen Rechtsalterthümer, wovon ein Theil 1772 lange nach seinem Tode herauskam. Während des achtzehnten Jahrhunderts erschienen auch mancherlei Abhandlungen über einzelne Gegenstände des alten deutschen Rechts, theils aus einem rein antiquarischen Interesse, theils in Verbindung mit einem praktischen Zwecke; so von Schilter († 1705), Grupen

---

1) Eine gute Darstellung dieses ganzen Gegenstandes giebt Gerber das wissenschaftliche Princip des gemeinen deutschen Privatrechts. Jena 1846.

2) Man vergleiche über die Bedeutung und Aufgabe der Monographien oben §. 23.

(† 1767), Buri († 1767), Senkenberg († 1768), Estor († 1773), Strube († 1775), Fischer († 1797), Dreier († 1802), Kindlinger († 1819), Bodmann († 1820). Es fehlt jedoch diesen Schriftstellern mehr oder weniger an einer klaren zusammenhängenden quellenmäßigen Anschauung, daher an Kritik und Sicherheit der Darstellung, an Geschmack, überhaupt an Schule. Ein durch Genauigkeit und Quellenstudium ausgezeichnetes Werk über die Geschichte des deutschen Rechts wurde von C. G. Biener (geboren 1747 † 1828) in den Jahren 1787 bis 1795 begonnen aber nicht vollendet. Aus diesen und anderen Vorarbeiten, die aber im Fortgange des Werkes und der neuen Auflagen durch gediegene eigene Forschungen vielfach ergänzt und berichtigt wurden, gab Eichhorn von 1808 bis 1823 eine umfassende deutsche Staats- und Rechtsgeschichte heraus, welche durch die Deutschen Rechtsalterthümer von Jacob Grimm 1828 in dem, worin dieser Stoff mit der Sitte, Sprache und dem Gemüthsleben der Deutschen zusammenhängt, wesentlich ergänzt wurde. Von da an hat die Bearbeitung dieses Faches einen ungewöhnlichen Aufschwung genommen. Dieser zeigt sich in umfassenderen Werken, worunter besonders die von Phillips, Zöpfl und Waitz hervorzuheben sind, in der mit einer bisher nie gesehenen Sorgfalt und Schärfe der Kritik veranstalteten Herausgabe der Quellen, in der Bearbeitung der Rechtsgeschichte einzelner Territorien, und in eindringenden Untersuchungen einzelner Punkte, wodurch zum Theil ganz neue Anschauungen gewonnen worden sind. Auch für die deutsche Geschichte ist die Kenntniß des deutschen Rechts ganz unentbehrlich geworden. Die Wirkungen dieses Aufschwunges reichen selbst nach Frankreich und Italien. Daß auf den deutschen Universitäten über die deutsche Rechtsgeschichte in ihrem ganzen Umfang, nicht blos über die Quellengeschichte, auch eigene Vorlesungen gehalten werden, gehört zu den wichtigsten im neunzehnten Jahrhundert gemachten Verbesserungen.

256. Bei einem Zweige des deutschen Rechts nahm die wissenschaftliche Bearbeitung einen eigenthümlichen Gang, bei dem Lehnrecht. Dieser hieng damit zusammen, daß das langobardische Lehnrechtsbuch an der Schule zu Bologna mit in den

Kreis der Vorlesungen aufgenommen [1]), und nun in derselben Weise wie die Justinianischen Werke bearbeitet wurde. Es wurde also hier zuerst die dem römischen Recht abgelernte Methode und Gedankenform auf einen rein germanischen Rechtsstoff übertragen. Glossen erhielt jenes Lehnrechtsbuch von Bulgarus († 1166), Pillius († um 1207), dann von Jacobus Columbi um 1240 einen ausführlicheren Apparatus, welchen Accursius († 1260) mit wenigen Aenderungen und Zusätzen in seine glossa ordinaria aufnahm. Summen verfaßten dazu vor Accursius der erwähnte Pillius, Johannes Bassianus (um 1190), Jacobus de Ardizone (um 1230); nach Accursius der berühmte Heinrich Cardinal von Ostia († 1254), Odofredus († 1265), Rolandinus de Romanciis († 1284), Johannes Fasolus († 1286), Jacobus de Arena († um 1296), Jacobus de Ravanis († 1296), Martinus Syllimani († 1305). Im vierzehnten und fünfzehnten Jahrhundert erschienen darüber nach der damaligen Weise große Commentarien, von Andreas de Isernia († 1316), Jacobus de Belvisio († 1335), Rainerius de Forlivia († 1358), Baldus († 1400), Alvarottus († 1453), Jason († 1519), Matthäus de Afflictis († 1528). Auch wurde die Abfassung systematischer Werke über das langobardische Lehnrecht versucht, von Petrus de Bellapertica († 1308), Antonius Mincuccius (geb. 1380 gest. 1468) [2]). Diese sorgfältige Bearbeitung entspricht der praktischen Wichtigkeit, die das Lehnrecht damals hatte; sie trug aber auch alle Fehler an sich, die oben bei der damaligen Bearbeitung des römischen Rechts bezeichnet worden sind. Zu einer Verbesserung trug Cujacius dadurch bei, daß er 1566 die langobardischen Quellen kritisch bearbeitet herausgab. Auch zeigte sich bei seinen Zeitgenossen die Regung zu einer etwas freieren und geschmackvolleren Behandlung; so bei Duarenus († 1559), Hotman († 1590).

257. In Deutschland hatte in den Lehnrechtsbüchern und

---

1) Man sehe oben §. 103.

2) Man findet die genaueren Nachweisungen leicht bei Savigny mit Hülfe des Registers.

den dazu verfaßten Glossen [1]) eine wissenschaftliche Bearbeitung des einheimischen Lehnrechts begonnen, als dieselbe durch die Reception des langobardischen Lehnrechtsbuches [2]) unterbrochen wurde. Mit diesem drang auch die darauf bezügliche weitschichtige Litteratur ein, und regte zu ähnlichen Werken an. Seit der zweiten Hälfte des sechzehnten Jahrhunderts wurden diese zwar in der Form und Methode etwas besser; doch blieben sie ohne historischen Geist blos auf das Positive und Praktische gerichtet. Die Schriftsteller dieser Zeit sind Sonsbeck († 1561), Schenk von Tautenberg († 1580), Schrader († 1589), Rosenthal († 1625), Vultejus († 1634), G. A. Struv († 1692), von Eyben († 1699). Man hatte dabei nach der überlieferten Weise nur das langobardische Lehnrechtsbuch als das gemeine Recht vor Augen; das einheimische Lehnrecht wurde wenig oder gar nicht berücksichtigt. Dieses änderte sich durch Schilter, der durch seinen 1698 erschienenen Commentar zum alemannischen Lehnrecht die Eigenthümlichkeit des deutschen Lehnrechts zur Anerkennung brachte, so daß dasselbe seitdem immer mit dem Langobardischen verbunden wurde. Von ihm wurde auch 1695 das erste Lehrbuch in dieser Art verfaßt. Von dieser Zeit an wurde während des achtzehnten Jahrhunderts dieser Stoff seiner praktischen Wichtigkeit wegen theils in größeren Werken, theils in Lehrbüchern und einzelnen Abhandlungen mit großem Eifer bearbeitet [3]). Allmählig wurde auch der Geschichte des Lehnrechts eine größere Aufmerksamkeit zugewendet, von C. G. Biener 1795 im dritten Bande seines oben genannten Werkes, von Eichhorn in seiner Deutschen Rechtsgeschichte und seinem Deutschen Privatrechte, von Röder 1815, Peters 1831, Strantz 1845. Besonders hat Homeyer 1844 über das deutsche Lehnrecht des Mittelalters eine ausgezeichnete Arbeit geliefert. Die Geschichte

1) Man sehe §. 95. 253.

2) Man sehe §. 107. Note 5.

3) Diese Litteratur findet man unter Anderen bei Eichhorn Deutsches Privatrecht §. 43. Von den Handbüchern ist das von Weber 1807, von den Lehrbüchern sind die von G. L. Böhmer 1765 und Pätz 1807 hervorzuheben.

des langobardischen Lehnrechtsbuches ist durch die sorgfältigen Forschungen von Diek 1828 und Laspeyres 1830 aufgeklärt worden, und die deutschen Lehnrechtsbücher haben von Homeyer 1842 und 1844 meisterhafte neue Ausgaben erhalten. Ein nach dem jetzigen Standpunkt der Wissenschaft gearbeitetes System des Lehnrechts ist aber Bedürfniß. In der Form der Behandlung haben Eichhorn 1823 und nach ihm Andere dadurch eine Aenderung gemacht, daß sie in den Vorlesungen und Lehrbüchern des deutschen Privatrechts das Lehnrecht mit in das System aufgenommen haben. Dieses hat jedoch wichtige Gründe gegen sich[4].

Drittes Kapitel.

Das Staatsrecht.

I. Geist des deutschen Staatslebens.

258. Das öffentliche Leben der Germanen in der ältesten Zeit bewegte sich hauptsächlich um zwei Punkte: um die Rechtspflege und um die Handhabung der gemeinen Sicherheit. Die darauf bezüglichen Anstalten waren unter der Mitwirkung des Volkes mit einer eigenthümlichen Kraft und Klugheit ausgebildet. Für das Gemüth, dessen kein Gemeinwesen entbehren kann, wurde diese Verfassung durch die Religion ergänzt, welche durch die Priester auf die Leitung der öffentlichen Angelegenheiten einwirkte, und durch ihre Heiligthümer, Opfer und Zusammenkünfte die Vaterlandsliebe und die gemeinsamen Bande verstärkte. Das Christenthum gab aber diesem Einfluß eine noch viel größere Schwungkraft. Durch dasselbe erhielt das Königthum eine neue Weihe und Bedeutung, und das Gemeinwesen einen weit reicheren Inhalt. Mit der Kirche innigst verbunden nahm die bür-

---

4) Dieser Ansicht ist auch Falck Encyclopädie §. 119.

gerliche Ordnung alle auf den Menschen und die Menschheit bezüglichen Interessen in sich auf. Auf dieser Grundlage entwickelten sich in ungehinderter Freiheit und Kraft die mannichfaltigen Lebensformen und Einrichtungen, deren Gesammtheit den Staat des Mittelalters ausmacht. Die Pflege der Wissenschaften, der Künste, der höheren Beziehungen des menschlichen Daseins, der Armuth und Nächstenliebe, die Ausbildung und Uebung der ritterlichen Gesinnung, die Interessen des Handels und der Gewerbe, Alles fand in entsprechenden Associationen und Corporationen seinen Ausdruck und Stützpunkt. Die dadurch gebildete Uebung und Einsicht machte das viele Regieren von oben entbehrlich. Gegen die Isolirung und Zersplitterung der Interessen und Kräfte schützte die Religion, die Allen die Richtung auf etwas Gemeinsames gab; sie ersetzte auch einigermaßen das, was den Deutschen an einheitlichem Nationalgefühl abgieng, und milderte die Gegensätze, welche die Stammesverschiedenheit unter ihnen hervorbrachte.

259. Der Wechsel der Zeiten brachte neue Zustände. Die Ausbildung der fürstlichen Alleinherrschaft, die Einführung der stehenden Heere, das dadurch gebotene System der Besteuerung hat den Geist der öffentlichen Verhältnisse umgewandelt. Durch die Alles an sich ziehende neue Regierungskunst und durch die Abnahme der eigenen Kraft ist die Fähigkeit wie die Lust der Selbstregierung erkaltet. Mit dem Verfall des Gemeingeistes und der zunehmenden Weichlichkeit ist die Richtung auf Erwerb, auf Behaglichkeit der bürgerlichen Existenz und auf Lebensgenuß vorherrschend geworden. Daneben ist allerdings in einzelnen Richtungen ein höherer Sinn sichtbar; so im Geiste des Militairs, in den Anstrengungen für die Wissenschaft, in der Hingebung an religiöse Zwecke. Das zu keiner Zeit sehr stark gewesene einheitliche Nationalgefühl ist durch den religiösen Zwiespalt, die Auflösung des Reiches, die Eifersucht der Fürsten und Volksstämme noch mehr geschwächt worden, und erwacht nur bei gemeinsamen Calamitäten und drohenden Gefahren. Die als Surrogat der untergegangenen alten Ordnungen aus den Schriftstellern des Alterthums und aus philosophischen Abstractionen

abgeleitete Idee des Staates wirkt nur auf den Verstand der Gebildeten, nicht, worauf es doch vor Allem ankommt, auf die Gemüther der Masse, und verwandelt sich in der praktischen Auslegung eben so leicht in eine bequeme Rechtfertigung der Alles an sich ziehenden Verwaltungskunst, als in einen gemilderten Ausdruck für die Theorie der Volkssouverainetät. Was im deutschen Volke noch wirklich lebt, ist sein Rechts- und Freiheitsgefühl, was daher auch in der Verfassung vorzüglich berücksichtigt werden muß, die Anhänglichkeit an das Land und den Volksstamm, und vor Allem das Bedürfniß der Religion, die daher noch, und vielleicht sie allein, eine wahrhaft populäre geistige Kraft bildet. Der Geist des deutschen Staatslebens bietet daher nichts Eigenthümliches dar. Er resumirt sich in dem Verlangen einer gerechten und für das materielle und geistige Wohl der Untergebenen sorgsamen Verwaltung, unter welcher Jeder das ihm beschiedene bürgerliche Dasein in Freiheit und gesicherter Ruhe abspinnen kann. Auf die Förderung dieses Zweckes durch eine gute Gesetzgebung und gerechte Besteuerung ist auch hauptsächlich die Mitwirkung der Volksvertretung gerichtet.

II. Geschichte der deutschen Reichsverfassung. A) Deutschland als Theil des fränkischen Reiches.

260. Die heutige Gestalt Deutschlands ist durch den Umstand bestimmt worden, daß das deutsche Reich durch die im Mittelalter eingetretene allmählige Umwandlung der großen Reichsbeamten in Landesherren aus einem einheitlichen Reiche in ein hauptsächlich durch den Lehnsverband zusammengehaltenes Aggregat von Gliedern unter der sehr beschränkten Hoheit des Kaisers verwandelt, zuletzt in unseren Tagen ganz aufgelöst und durch eine Conföderation souveräner deutscher Fürsten und Städte ersetzt worden ist. Die Geschichte der Entstehung und Ausbildung der Landeshoheit bildet daher für den Zustand der Gegenwart die Hauptsache; das Uebrige ist nur von vorübergehender und untergeordneter Bedeutung [1]).

---

1) Hinsichtlich der Beweisstellen zu der folgenden Darstellung genüge es ein- für allemal auf meine Deutsche Rechtsgeschichte zu verweisen.

261. Das Land, welches nach den Alten Germanien, seit dem elften Jahrhundert auch Deutschland genannt wird, war im fünften Jahrhundert von den Franken, Alemannen, Bayern, Thüringern, Sachsen und Friesen bewohnt, die in dem Zeitraum von Chlodewich bis Karl den Großen dem in Gallien gegründeten Reiche der Franken unterworfen wurden. Die Verfassung dieses Reiches beruhte auf einem erblichen, mit großer Kraft und Machtvollkommenheit ausgerüsteten Königthum, welches jedoch in der Ausübung durch das Herkommen, durch die Rücksicht auf die Großen des Reiches und durch den Einfluß der Kirche beschränkt war. Für die Reichsgeschäfte waren am Hofe besonders der Referendarius oder Kapellanus und der Pfalzgraf. Auch gab es für den glänzenden Hofhalt hohe Hausbeamten, den Kämmerer, Seneschall, Oberstallmeister und Andere. Für die örtliche Verwaltung war das Reich in Gaue eingetheilt, jeder unter einem Comes oder Grafen; über den Grafen standen, besonders für das Kriegswesen, Herzöge; an den Gränzen waren Markgrafen mit einer den Verhältnissen angemessenen verstärkten Amtsgewalt. Es übten aber auch die Bischöfe und Aebte auf die örtlichen Angelegenheiten mittelbar und unmittelbar einen tief gehenden Einfluß aus, und wurden häufig mit Reichsgeschäften betraut. Wichtige Gesetze und Reichssachen wurden vom Könige auf den Reichstagen berathen, wo die Bischöfe und Aebte, und die hohen Reichs-, Hof- und Provinzialbeamten zusammenkamen. Dem Volke war ein Antheil an der Verwaltung theils bei der Rechtspflege theils auf Landtagen gelassen. Der Fehler dieser Verfassung bestand jedoch darin, daß sie den Reichsbeamten zu viel Macht in die Hand gab. Die Amtsbezirke der Grafen und Herzoge waren sehr groß; die mannichfaltigsten Attribute der Verwaltung waren in einer Person vereinigt; die Controle war dadurch erschwert; man wählte häufig wegen der Ortskenntniß und des persönlichen Einflusses den begütertesten Mann des Bezirkes, dessen Macht dann noch durch die am Amte hängenden großen Reichsgüter oder Beneficien verstärkt wurde. Dadurch traten diese Beamten, umringt von ihren Vasallen und Ministerialen, gegen ihre Untergebenen wie kleine Herren und

Machthaber auf, und es bedurfte der kräftigen Hand und Beaufsichtigung eines Karl des Großen, um das Verhältniß in dem richtigen Gleichgewicht zu erhalten. Diese Zustände des fränkischen Reiches spiegeln sich in den Capitularien der fränkischen Könige ab, welche eine sehr reichhaltige Quelle des damaligen öffentlichen Rechts bilden [1]. Für die Schicksale des deutschen Reiches wurde es von Wichtigkeit, daß mit dem fränkischen Reiche durch Karl den Großen 774 die langobardische Krone, und 800 die abendländische römische Kaiserwürde verbunden wurde.

B) Das deutsche Reich im Mittelalter.

262. In Folge der unter den Söhnen Ludwig des Frommen zu Verdun 843 errichteten Theilung wurde der östliche Theil des fränkischen Reiches mit den dazu gehörenden Volksstämmen für einige Zeit, und nach dem Tode Karl des Dicken 888 für immer, von dem Westfränkischen getrennt und ein selbstständiges Reich, welches das östliche Reich, das Königreich Germanien und seit dem elften Jahrhundert das Reich der Deutschen genannt wurde. Mit diesem Reiche wurde durch Otto I. 961 die langobardische Krone, und 962 die römische Kaiserkrone für immer verbunden, was die deutschen Könige vielfach in auswärtige Händel verwickelte und von der Aufmerksamkeit auf die inneren Angelegenheiten abzog. Ein anderer der königlichen Gewalt nachtheiliger Umstand war, daß Deutschland von den Fürsten 1077 für ein Wahlreich erklärt wurde.

263. Mit den Reichsämtern gieng eine Aenderung vor, welche dem Reiche eine neue Gestalt gab. Die bischöflichen Stifte und die Abteien erhielten vom Kaiser nicht blos über ihre Besitzungen, sondern auch über andere größere und kleinere Gebiete ein für allemal das Grafenamt mit den darin enthaltenen Rechten der hohen Gerichtsbarkeit und Landesverwaltung. Die alten Gauen oder Grafenbezirke wurden dadurch zum Theil zerrissen

---

1) Ueber deren Ausgaben sehe man oben §. 83. Note 1. §. 87. Note 10.

und gesprengt. Wo dieses nicht geschah, wurden die Comitate oder Stücke davon bei weltlichen Familien erblich. Die Schwäche der königlichen Gewalt, die Schwierigkeiten eines Wechsels, die engeren Bande, die sich dadurch mit den Untergebenen knüpften, führten darauf von selbst hin. Dem Kaiser blieb nur das Recht, daß er den geistlichen oder weltlichen Nachfolger mit dem Grafenbann belehnte, was in den gewöhnlichen Formen der Belehnung unter Gelobung der Lehnstreue geschah, in welche sich nun das Amtsverhältniß umwandelte. Das Reich stellte nun einen Inbegriff von Bisthümern, Abteien, Stammschlössern und Burgen dar, an denen die Jurisdictionen und andere vom Kaiser verliehene Gerechtsame hiengen. Die Reichsämter confundirten sich mit den Familienrechten und wurden wie solche bei der Erbtheilung behandelt. Dieses brachte in das Verhältniß einen ganz andern Geist. Seit dem Ende des zwölften Jahrhunderts wurden in ähnlicher Weise auch die großen Herzogthümer gesprengt, und die hohen Gerechtsame des herzoglichen Amtes den bisher darunter gesessenen Bisthümern, verschiedenen Abteien, und mächtigen Grafengeschlechtern beigelegt. Dadurch war die Umwandlung des Reichsgebietes in Reichslehen vollendet.

264. Ein anderer sehr einflußreicher Umstand war die Veränderung des Kriegswesens. Nach der Anordnung Karl des Großen war jeder freie Mann der Reihe nach heerbannpflichtig. Die Grafen betrieben die Aushebung; die Herzoge hatten die Oberaufsicht und Anführung. Neben dem Heerbann oder mit ihm verbunden standen die Heerhaufen der Vasallen unter ihren Senioren [1]). Der Heerbann aber verfiel. Die ärmeren Freien auf dem Lande kauften sich gegen die Uebernahme von Diensten und Abgaben an einen mächtigen geistlichen oder weltlichen Schutzherrn davon los, indem dieser ihre Vertretung durch seine Lehns- und Dienstmannen übernahm. Das Reichsheer war daher nun vorherrschend auf den Lehnsnexus gegründet, und der Kaiser dadurch von der Willfährigkeit der Reichsvasallen abhängig. Um diese zu erkaufen wurden Reichsgüter, Zölle, Münz-

1) Man sehe oben §. 67.

rechte und andere Regalien den Fürsten zu Lehen gegeben, dadurch deren Herrschaft immer mehr verstärkt und das Reich ärmer gemacht.

265. Gleichzeitig mit diesen Verhältnissen und durch sie veranlaßt trat auch in dem Zustande der Personen eine folgenreiche Veränderung ein. Nach der alten Verfassung war jeder freie Mann reichsunmittelbar; der Graf, unter dem er stand, war ein kaiserlicher Beamter, nicht sein Herr. Daran wurde auch durch die Erblichkeit und Lehnbarkeit der Grafschaften im Princip nichts geändert; sie verwandelten das Amt nicht in eine Herrschaft. Anders aber wurde es bei den zahlreichen Freien, die sich gegen die Noth der Zeit unter einen mächtigen Schutzherrn flüchteten. Eine solche Vogtei mit den darin enthaltenen Rechten und Pflichten des Schutzes, der Vertretung, der Leitung, der Auferlegung von Abgaben und Diensten, und verbunden mit der den großen Grundherren vom Kaiser insgemein verliehenen Gerichtsbarkeit über ihre Untergebenen, begründete eine wahre Herrschaft und Unterthänigkeit. Die Schutzpflichtigen (advocaticii, Pfleghaften) wurden dadurch vom Reiche abgeschnitten und mittelbar gemacht, und das Reich war nur noch auf die Schöffenbarfreien und Ritterbürtigen gebaut [1]). Aber auch diese behaupteten sich auf die Länge bei ihrer Reichsunmittelbarkeit nicht. Der Lehnsnexus, worin die Ritterschaft zu ihren Fürsten stand, ihr Erscheinen bei den Hof- und Landtagen, ihr Gerichtsstand im fürstlichen Hofgericht, die Ausbildung der Landesverwaltung und landesherrlichen Gesetzgebung, alles dieses bewirkte, daß sie doch nach und nach in das Verhältniß von Landsassen und Unterthanen gebracht wurde. So wurde die Landeshoheit vollendet. Ein Rest des alten Zustandes blieb nur in der Reichsritterschaft sichtbar.

266. Eine eigenthümliche Stelle nahmen bei dieser Umgestaltung des Reiches die Städte ein. Die Bischöfe erhielten zwar auch die Grafengewalt und das Regiment über ihre Stadt. Allein da den Einwohnern nach alter Weise die Bewachung und Vertheidigung der Stadt überlassen blieb, so behaupteten die-

1) Ueber diese sehe man oben §. 227.

selben ihre Stelle im Heerbann und dadurch eine unmittelbare Beziehung zum Kaiser und Reiche. Die dadurch gegebene Freiheit bildeten diese Städte unter günstigen Verhältnissen weiter aus, wurden vom Kaiser im dreizehnten Jahrhundert zu den Reichstagen berufen, und so als unmittelbare Glieder des Reiches angesehen. In gleiche Stellung kamen viele andere Städte, die auf Reichsboden entstanden waren, oder worüber der Kaiser die Grafengewalt nicht an einen Fürsten verliehen, sondern unter dem Namen der Reichsvogtei in seiner Hand behalten hatte. Hingegen die Städte, die auf dem Grund und Boden eines Fürsten erbaut worden, und auch manche Andere, die ihre Reichsunmittelbarkeit nicht zu behaupten vermochten, kamen unter die Landeshoheit. Gegen das Ende des deutschen Reiches gab es 51 Reichsstädte.

267. Die Quellen des öffentlichen Rechtes dieser Zeit lagen hauptsächlich in dem Herkommen und in den Weisthümern des Reichshofes. Von Reichsgesetzen sind besonders wichtig die Gesetze von 1220 und 1232 über die Rechte der geistlichen und weltlichen Fürsten, worin der Uebergang zur Landeshoheit wahrzunehmen ist, der Landfrieden von 1235, die goldene Bulle von 1356 über die Kaiserwahl und die Rechte der Kurfürsten, welche bis zur Auflösung des Reiches Grundgesetz blieb [1]).

C) Das deutsche Reich in seiner Auflösung.

268. Das Mißverhältniß zwischen dem sinkenden Ansehen des Kaisers und der steigenden Macht der Reichsstände führte dazu, daß der Kaiser dasjenige, was er von den Fürsten kraft ihrer Unterordnung nicht erlangen konnte, auf dem Wege der vertragsmäßigen Einigung zu erlangen suchte. Dadurch nahm die Reichsverfassung unvermerkt ein neues Princip in sich auf. Seinen Ausdruck erhielt dieses unter Maximilian I. 1495 durch die vertragsmäßige Errichtung eines allgemeinen ewigen Land-

1) Diese Weisthümer und Gesetze bis 1313 finden sich jetzt am besten in den Monumenta Germaniae. Legum Tom. II. Für die Späteren muß man auf die älteren Sammlungen zurückgehen. Die Beste derselben ist die, welche hauptsächlich mit Beihülfe von Schmauß und Senckenberg, von Koch verlegt zu Frankfurt 1747 in 4 Th. Fol. erschien.

friedens und die Einsetzung des Reichskammergerichts, welches ein von dem Kaiser und den Reichsständen gemeinschaftlich zu besetzendes Gericht sein sollte. In gleichem Geiste wurde Karl V. 1519 nur gegen Beschwörung einer ganz im Interesse der Fürsten entworfenen Wahlcapitulation zum Kaiser gewählt, was von da an immer im Gebrauche blieb. Daneben wurden aber doch zur Handhabung des Landfriedens und zur Execution der Erkenntnisse des Reichskammergerichts zweckmäßige Einrichtungen getroffen. Dazu gehörte namentlich 1512 die Eintheilung des Reiches in zehn Kreise, deren Jeder seinen Kreishauptmann und seinen Kreistag hatte. Dadurch wurden die zu einem Kreise gehörenden Reichsstände in eine engere Verbindung gebracht, was für die Ausführung der Reichsschlüsse und die Aufrechthaltung der Ordnung sehr wichtig war.

269. Der Aufschwung, den auf diese Weise das Reich hätte nehmen können, wurde jedoch bald durch die großen aus den Glaubensstreitigkeiten entstandenen Verwicklungen gehemmt. Durch den Zwiespalt zwischen den katholischen und evangelischen Reichsständen wurde die Einheit des Reiches und das Ansehen des Kaisers in seinen letzten Fundamenten untergraben, und die Politik des Auslandes unterließ nicht, diese Zustände zu unterhalten und zu ihrem Vortheile auszubeuten. Zugleich aber erhielten die der neuen Lehre zugewandten Reichsstände einen wichtigen Zuwachs von Gewalt durch die Fürsorge für das Kirchen- und Schulwesen, welche ihnen nun zufiel und mancherlei tief greifende Anordnungen nöthig machte. Alles Dieses kam in dem Westphälischen Frieden zum Abschluß, welcher den Reichsständen, und zwar nach der klugen Berechnung des Auslandes, selbst den kleinsten derselben, so große Rechte einräumte, daß der Reichsverband und die Unterordnung unter das Reich fast nur ein Schatten war. Mit allen diesen Sachen hatte die Reichsgesetzgebung vollauf zu thun; doch wurden auch über das Reichspolizeiwesen, die gerichtliche Procedur und dergleichen nützliche Gesetze erlassen [1]).

---

1) Die Reichsgesetze bis 1736 stehen in der oben (§. 267. Note 1) ge-

270. Während des Verfalls der Reichsverfassung bildete sich aber die Verfassung und Verwaltung der Territorien zu festen Formen aus. Diese waren ursprünglich sehr einfach. Die landesherrlichen Einkünfte verwaltete der Kämmerer, und an ihn wurde der Ertrag der Zölle, der Münzen, der Steuern, so weit solche vorkamen, abgeliefert. Unter ihm standen auch die Amtleute der Kammergüter, welche, auf den landesherrlichen Haupthöfen oder Burgen sitzend, von den ihnen untergebenen Bauern die Abgaben zu erheben und in der festgesetzten Weise zu verwenden hatten. Die Rechtssachen, die an den Landesherrn kamen, wurden an den Hofrichter gewiesen, oder vom Landesherrn persönlich, wie auch andere Verwaltungssachen, mit vertrauten Personen seiner Umgebung, oder auf den Hof- oder Landtagen abgemacht. Für das Schreibereiwesen diente ein Protonotar oder Cancellar, der immer ein Geistlicher war. Seit dem fünfzehnten Jahrhundert wurde aber die Verwaltung allmählig mehr ausgebildet. Die Zwischenbehörden wurden vermehrt, die Geschäftszweige mehr getheilt, und statt der Einzelnbeamten stehende Collegien eingesetzt. So entstand die Hof- oder Domänenkammer, das Hofgericht, die fürstliche Kanzlei, und für die höchsten Geschäfte ein geheimer Rath. Die Landespolizei, die Rechtspflege, die Gesetzgebung wurden vervollkommnet, aber auch die Steuern vervielfältigt. Das Bedürfniß, diese bewilligt zu erhalten, rief die landständische Verfassung hervor, worin die Prälaten, die Ritterschaft, die Städte, hin und wieder auch der Bauernstand, dieser nach Aemtern, durch Abgeordnete vertreten waren. Diese Landstände haben lange Zeit für die Gesetzgebung, die Besteuerung, die Freiheit der Personen und des Eigenthums einen sehr heilsamen beschränkenden Einfluß ausgeübt, sind aber seit dem achtzehnten Jahrhundert, wie so vieles Andere von der alten Freiheit, obwohl vom Kaiser begünstigt und gern be-

---

nannten Sammlung von Koch. Die von 1663 bis 1776 stehen in der Sammlung von Pachner von Eggenstorf, Regensburg 1740—1777. 4 Th. fol. Eine systematisch geordnete Sammlung, die bis 1794 geht, erschien von Gerstlacher, Karlsruhe 1786—1794. 11 Th. 8.

schützt, der im Geiste der fürstlichen Allgewalt ausgebildeten modernen Verwaltungskunst unterlegen.

D) Der Untergang des deutschen Reiches und seine Folgen.

271. Durch innere Zwietracht und durch das Streben der Fürsten nach völliger Unabhängigkeit geschwächt mußte das Reich dem ersten Sturme erliegen. Es trat die Zeit ein, wo die Gerechtigkeit, die seine Stütze gewesen, nichts mehr galt, und wo die mächtigeren Reichsstände sich auf Unkosten der schwächeren vergrößerten. Nachdem durch den Frieden von Lüneville 1801 das ganze deutsche linke Rheinufer an Frankreich abgetreten worden, wurden durch den unter Rußlands und Frankreichs überwiegenden Einfluß gefaßten Reichsdeputationshauptschluß von 1803 alle geistlichen Besitzungen, bis auf drei, säcularisirt und 41 Reichsstädte ihrer Reichsfreiheit beraubt, und nicht blos unter die weltlichen Reichsstände, die auf dem linken Rheinufer etwas verloren hatten, sondern auch noch an mehrere Andere, vertheilt. Von dem französischen Kaiser gedrängt schlossen dann sechzehn deutsche Fürsten am 12. Juli 1806 eine Acte ab, wodurch sie sich vom Reiche absonderten, unter einander die rheinische Conföderation errichteten, den Kaiser der Franzosen als den Protector derselben ausriefen [1]), und sich mit den Gebieten der ihnen zunächst belegenen kleineren Reichsstände vergrößerten. Hierauf legte Franz II. am 6. August die römisch-deutsche Kaiserkrone nieder, indem er den Titel als Kaiser von Oesterreich annahm.

272. Nach dem Sturze des französischen Kaisers wurde auf dem am 1. November 1814 eröffneten Wiener Congreß die Herstellung eines deutschen Reiches zwar besprochen, allein bald als unausführbar erkannt. Man brachte es, und auch dieses nur mit Mühe, nicht weiter, als zur Errichtung eines deutschen Bundes, worüber die Acte am 8. Juni 1815 in 20 Artikeln abgefaßt wurde. Eine wesentliche Ergänzung erhielt dieselbe durch

---

1) In der darauf am 1. August erfolgten förmlichen Lossagungsurkunde vom Reiche, wird Napoleon als der Monarch gerühmt, „dessen Absichten sich stets mit dem wahren Interesse Deutschlands übereinstimmend gezeigt haben.“

die Schlußacte, welche auf einem Ministerialcongreß zu Wien am 15. Mai 1820 in 65 Artikeln zu Stande kam. Dieses sind die Grundgesetze des deutschen Bundes, an welche sich nach Bedürfniß die weiteren Bundesbeschlüsse angereiht haben [1].

273. Der auf diese Weise geschaffene Zustand genügte aber dem bei Vielen noch regen Verlangen nach einer kräftigeren nationalen Einheit nicht. Durch die Rückwirkung der französischen Revolution vom 24. Februar 1848 auf den öffentlichen Geist in Deutschland sahen sich die deutschen Regierungen genöthigt, die Wahlen zu einer deutschen Nationalversammlung einzurichten, welche mit den Regierungen eine neue Verfassung Deutschlands vereinbaren sollte. Diese trat wirklich am 18. Mai in Frankfurt zusammen und entwickelte bald ein solches Ansehen, daß die Bundesversammlung am 12. Juli die Ausübung ihrer Befugnisse im Namen der deutschen Regierungen auf den von der Nationalversammlung gewählten provisorischen Reichsverweser übertrug und ihre Thätigkeit für beendigt erklärte. Aber dieser große Aufschwung endigte in nichts. Die Nationalversammlung gieng an ihren Mißgriffen und Uebertreibungen zu Grunde und hörte am 18. Juni 1849 auf. Die von Preußen ohne Oesterreich während 1849 und 1850, und die von Oesterreich mit Preußen und den anderen Fürsten zu Dresden seit dem 23. December zur Neugestaltung Deutschlands gemachten Versuche waren ohne Erfolg. Mittlerweile hatte Oesterreich, da nichts Anderes zu Stande kam, als Präsidium eine außerordentliche Bundes-Plenarversammlung nach Frankfurt auf den 10. Mai 1850 berufen und eröffnet. Dieser trat nach einigem Zögern auch Preußen mit den zu ihm haltenden Fürsten im Mai 1851 bei, so daß der Bundestag vollständig hergestellt war. So stand man nach drei sehr bewegten Jahren wieder auf dem alten Punkt [1]. Nach diesen Erfahrungen scheint die Bundesverfassung

---

1) Sammlungen dieser Gesetze giebt es mehrere; unter Anderen von Emminghaus 1844, Meyer 1845, und am Besten von Zachariä 1855.

1) Eine gute Darstellung aller dieser verwickelten Verhältnisse findet man in Zöpfl deutsches Staatsrecht I. §. 181—200.

dasjenige darzustellen, was für die deutsche Einheit nach den gegebenen Verhältnissen zur Zeit erreichbar ist. Je weniger dieses befriedigen mag, um desto mehr muß die Sorgfalt wohlmeinender und einsichtsvoller Staatsmänner auf den Ausbau der Landesverfassungen und auf eine gute Landesverwaltung gerichtet sein.

III. Grundzüge des heutigen deutschen Staatsrechts. A) Das Bundesstaatsrecht.

274. Das Verfassungsrecht des deutschen Bundes beruht auf dem Gedanken einer beständigen, den Rücktritt Einzelner nicht zulassenden Conföderation souverainer Staaten zur Erhaltung ihrer Unabhängigkeit und inneren und äußeren Sicherheit. Den Widerspruch, daß eine solche Verbindung, wenn sie eine Bedeutung haben soll, immer eine gewisse Unterordnung des Einzelnen, also eine Verminderung der Souverainetät mit sich führt, sucht man dadurch zu decken, daß diese Beschränkung sich doch zuletzt auf den freien und eigenen Willen gründe, und auch selbst blos auf den Zweck des Bundes beschränkt sei, was aber immer eine biegsame Vorstellung bleibt. Die Bundesgewalt ruht, jenem Begriffe gemäß, in der Gesammtheit der Bundesglieder, welche auf dem permanenten Bundestage zu Frankfurt durch ihre Gesandten, und zwar mittelst der denselben zu ertheilenden Instructionen, handeln und stimmen. Der Bund besteht jetzt aus 31 statt ursprünglich 34 Fürsten, und 4 freien Städten, die so allein von den Reichsstädten übrig geblieben sind. Die aus den Machtverhältnissen entspringende Ungleichheit ist in der Vertheilung der Stimmen bei der Abstimmung, jedoch keineswegs in dem der Wirklichkeit entsprechenden Maßstabe, berücksichtigt [1]. Die Art derselben ist verschieden, je nachdem als Plenum oder als engerer Rath gestimmt wird. Im Plenum zählt man jetzt 66 statt ursprünglich 69 Stimmen, so daß jedes Glied wenigstens eine Stimme, und die größeren Mächte nach Verhältniß 2, 3, 4 Stimmen haben. Hier sind in der Regel zu einem Be-

1) Gut zeigt dieses Zöpfl Staatsrecht I. §. 176.

schlusse zwei Drittheile der Votanten, in einigen Fällen, zum Beispiel zur Abänderung der bestehenden oder Annahme neuer Grundgesetze, Aufnahme neuer Mitglieder und Religionssachen ist selbst Einhelligkeit der Stimmen nothwendig. Im engeren Rathe sind 17 Stimmen, 11 Einzelnstimmen, die 11 größeren Staaten zustehen, und 6 Curiatstimmen, so daß von den kleineren Staaten Mehrere zusammen eine Stimme bilden. Hier entscheidet die Majorität der Votanten. Diese Art der Verhandlung ist die Regel. Zur Vorberathung und Berichterstattung über die zu berathenden Gegenstände ernennt die Versammlung aus ihrer Mitte besondere Ausschüsse, welche Bundestagscommissionen heißen. Verschieden davon sind die Bundescommissionen, welche zwar durch den Beschluß der Versammlung, aber aus anderen Personen als den Bundestagsgesandten, niedergesetzt sind. Darunter ist die Militaircentralcommission die wichtigste.

275. Auf die vertragsmäßige Unterordnung jedes Bundesgliedes unter den gemeinschaftlichen Zweck und auf die von jedem Einzelnen zugesicherte Mitwirkung zu Allem, was jenen Zweck erfordert, gründet sich die dem Bunde zustehende Gewalt, die nur dadurch wirklich eine ist, daß sie auch die rechtliche Möglichkeit des Zwanges gegen die einzelnen Mitglieder zur Erfüllung ihrer Bundespflichten in sich schließt. Diese Gewalt bezieht sich zunächst auf das Ganze, und begreift Alles, was zur Einheit, Unabhängigkeit, Sicherheit, Macht und Ehre des Bundes erforderlich ist. Sie bezieht sich aber auch auf die einzelnen Staaten, soweit die Thätigkeit des Bundes zur Erhaltung, Sicherung oder Herstellung der Ruhe, zur Unterdrückung und Beseitigung der den öffentlichen Zuständen verderblichen Einflüsse und Ausschreitungen nothwendig ist. Diese polizeiliche Wirksamkeit des Bundestages, die jedenfalls eine große Umsicht erfordert, hat sich namentlich in Anordnungen über die Presse und das Vereinswesen, und in neuester Zeit in der Wegräumung mancher Schöpfungen der Frankfurter Nationalversammlung geäußert [1]).

---

1) Man sehe darüber Zöpfl Staatsrecht I. §. 150.

276. Aus diesen Grundbegriffen ergeben sich die einzelnen Attribute der dem Bunde zustehenden Gewalt. Er besitzt eine gesetzgebende Gewalt für alle Anordnungen, die der Zweck des Bundes erheischt, und die vom Bundestag verfassungsmäßig zu Stande gebrachten Beschlüsse sind für jedes Bundesglied unmittelbar verbindlich. Für die Unterthanen der einzelnen Bundesstaaten sind sie es nach der Natur der Bundesgewalt aber nicht, sondern werden es erst durch die landesherrliche Publication; aus der Stellung der Landesherren zum Bunde folgt jedoch, daß diese nicht zurückgehalten werden darf, und daß sie auch nicht von der Zustimmung der Landstände abhängig sein kann. Ferner hat der Bund ein Recht der Beaufsichtigung über die einzelnen Staaten hinsichtlich der Verhältnisse und Zustände, die den Bundeszwecken hinderlich oder förderlich sein können. Er hat eine vollziehende Gewalt, um seine Beschlüsse und Entscheidungen nöthigenfalls mit Zwang zur Ausführung zu bringen, was freilich nach dem Geiste und der Zusammensetzung des Bundes nach Umständen ein sehr kritischer Punkt ist [1]. Der Zwang geschieht, nach Maßgabe der genau und vorsichtig abgefaßten Executionsordnung vom 3. August 1820, auf den Antrag der am Bundestag aus fünf seiner Mitglieder bestehenden Executionscommission und den ihm entsprechenden Beschluß der Bundesversammlung, durch Militairexecution, welche die dazu aufgeforderten Regierungen als Bundespflicht übernehmen müssen. Ferner hat der Bund eine Finanzgewalt, kraft welcher er von den einzelnen Mitgliedern die zu den Bundeszwecken erforderlichen Geldbeiträge verlangen kann. Diese werden bei eintretendem Bedürfnisse, auf Grund der nach der Seelenzahl angelegten Matrikel, das Simplum zu 30000 Gulden gerechnet, umgelegt. Er hat auch die zu seiner Behauptung unentbehrliche Militairgewalt, mit bestimmten Bundesfestungen und einem in zehn Corps vertheilten Bundesheere, welches aus den Contingenten der Bundesstaaten, nach dem Maßstab von einem Procent der Bevölkerung, zusammengesetzt ist. Endlich bildet er nach Außen hin eine

1) Gut äußert sich darüber Zöpfl Staatsrecht I. §. 153.

anerkannte politische Macht mit allen dazu gehörenden völkerrechtlichen Attributen, dem Recht zu Krieg und Frieden, zu Bündnissen, Vermittlungen, Gesandtschaften und dergleichen. Nach dem Zweck des Bundes kann jedoch der Krieg kein Angriffs-, sondern nur ein Vertheidigungskrieg sein. Dabei können aber Schwierigkeiten dadurch entstehen, daß zwei Bundesstaaten zugleich europäische Großmächte sind, und nicht mit ihrem ganzen Gebiete dem Bunde angehören [2]). Dieses hat theoretische Unterscheidungen nöthig gemacht, die aber noch nicht die praktische Probe bestanden haben. Jener Umstand ist auch die Ursache, daß der Bund sich bis jetzt als solcher des Gesandtschaftsrechts nicht bedient hat, weil die Durchführung einer selbstständigen Politik neben jener der beiden Großmächte die größte Schwierigkeit haben würde [3]).

277. Von besonderer Bedeutung ist die richterliche Gewalt des Bundes. Für die Streitigkeiten der Bundesglieder unter einander ergiebt sich dieselbe unmittelbar aus dem Begriff und Zweck des Bundes, welcher Gewalt und Selbsthülfe als Friedensstörung schlechthin ausschließt. Die Bundesglieder haben sich also durch den Bundesvertrag für solche Fälle der Entscheidung auf dem Rechtsweg unbedingt unterworfen. Demnach könnte auch ein stehender Bundesgerichtshof eingesetzt werden, und dieses würde mit dem Princip der Souverainetät der einzelnen Glieder nicht im Widerspruch sein, indem dieses Gericht, als auf Vertrag beruhend, doch immer nur die Natur eines ein für allemal erwählten Schiedsgerichts hätte. Dennoch hat man bis jetzt gegen diese Einrichtung Bedenken getragen, und andere Wege vorgezogen. Es soll nämlich zunächst von der Bundesversammlung durch einen Ausschuß eine Vermittlung versucht, und wenn dieses vergeblich ist, die Entscheidung durch ein Austrägalgericht bewirkt werden. Nach der Austrägalordnung vom 16. Juni 1817 soll die Bundesversammlung selbst dieses sein,

---

2) Die in dieser Hinsicht 1848 versuchten Veränderungen sind 1851 wieder rückgängig gemacht worden, Zöpfl Staatsrecht I. §. 200.

3) Man sehe darüber auch Zöpfl I. §. 178.

gleichsam als iudicium parium; allein mit der wirklichen Untersuchung und Urtheilssprechung wird von ihr der durch Uebereinkunft der streitenden Theile zu wählende oberste Gerichtshof eines der Bundesstaaten beauftragt, der dann ganz selbstständig und von der Bundesversammlung unabhängig zu verfahren hat. Die Vollstreckung des Erkenntnisses wird auf Anrufung der Partheien von der Bundesversammlung veranlaßt.

278. Ueber die Unterthanen der einzelnen Bundesstaaten erstreckt sich die richterliche Gewalt des Bundes nicht, weil der angenommene Begriff von Souverainetät dieses ausschließt. Doch hat man dem deutschen Rechtsgefühl und der Erinnerung an die Reichsgerichte in den Grundgesetzen des Bundes durch zwei Bestimmungen Rechnung getragen: einmal daß in allen Bundesstaaten für die Rechtspflege drei Instanzen sein sollen, zweitens daß im Fall einer verweigerten oder gehemmten Justiz die Bundesversammlung auf Anrufung der Parthei Hülfe zu bewirken habe. Auch haben sich die Bundesglieder durch den Beschluß vom 30. October 1834 gegen einander verpflichtet, über die Streitigkeiten, die zwischen der Landesregierung und ihren Ständen über die Auslegung der Verfassung oder über die Gränzen verfassungsmäßiger Rechte entstehen, zur Vorbeugung von Störungen des öffentlichen Friedens, die Entscheidung durch ein Bundesschiedsgericht zu veranlassen, welches aus 34 Mitgliedern, wovon jede der 17 Stimmen des engeren Rathes zwei ernennt, bestehen soll. Es fehlt jedoch für solche und ähnliche Fälle noch an einer stehenden Einrichtung, welche die alten Reichsgerichte ersetzte, und die Einsetzung einer solchen würde, weit entfernt den wahren Begriff der Souverainetät zu beeinträchtigen [1]), durch die Befriedigung des Rechtsgefühls vielmehr zur Stärkung der bestehenden Ordnung wesentlich beitragen [2]).

---

1) Selbst in dem eigenen Lande findet der Regent an der Unabhängigkeit der Rechtspflege eine Macht und Schranke, worüber er nicht hinaus kann.

2) In diesem Geiste äußert sich auch Zöpfl Staatsrecht I. §. 153. 156.

B) Das Territorialstaatsrecht. 1) Der Landesherr.

279. Das Staatsrecht der einzelnen Bundesstaaten ist in seinen Namen und Formen so verschieden, daß hier nur der Geist desselben im Allgemeinen bezeichnet werden kann. Von den freien Städten abgesehen, beruht dasselbe auf dem Grundbegriff, daß die gesammte Staatsgewalt in dem Staatsoberhaupt vereinigt sein und bleiben müsse. Es ist selbst als Grundgesetz des Bundes ausgesprochen, daß die Souverainetät selbst nicht mit den Landständen getheilt, sondern daß der Souverain nur in der Ausübung bestimmter Rechte an die Mitwirkung der Stände gebunden werden könne [1]). Die historische Grundlage dieser Souverainetät bildet die Landeshoheit, die ursprünglich nur eine Zusammensetzung aus bestimmten Gerechtsamen, und daher eine beschränkte Gewalt war, allmählig aber, durch die Bestimmungen des Westphälischen Friedens, durch die Doctrinen der Staatsmänner und Juristen, durch die Nachahmung des französischen Staatswesens, und durch Macht und Uebung zu dem compacten abgerundeten Begriff der Souverainetät erweitert worden ist. Das Princip der Erblichkeit ist aus der alten Reichsverfassung herübergenommen worden, und mit ihm die auf den Grundsätzen des deutschen Lehnrechts beruhende Erbfolgeordnung, mit den darauf bezüglichen Haus- und Erbverträgen, Erbverbrüderungen und dergleichen.

2) Die Beamten.

280. Mit der Landeshoheit ist aus der alten Verfassung der Gedanke ererbt, daß die Souverainetät, wenn auch ein eigenes, doch nach der Seite des Gewissens als ein von Gott zum Nutz und Frommen der Unterthanen verliehenes, und daher im Sinne einer christlichen Obrigkeit zu gebrauchendes Recht anzusehen sei. Hieraus entspringt die durch die Thatsache und den Geist dieses Verhältnisses ununterbrochen anerkannte und bezeugte Pflicht einer gerechten und wohlwollenden Verwaltung, die nur durch ein in diesem Sinne geordnetes Beamtensystem möglich ist.

---

1) Wiener Schlußacte Art. 57.

Dieses bildet daher den wichtigsten und unentbehrlichsten Theil der Verfassung. Schon in der alten Zeit waren die Beamten, zwar als die Diener des Fürsten, doch aber in dem Sinne als Räthe und Gehülfen desselben für die Obliegenheiten seines Amtes, angesehen, und durch eine ehrenvolle und selbstständige Stellung ausgezeichnet. Dieses wird jetzt noch bestimmter durch die Bezeichnung von Staatsdienst oder Staatsamt ausgedrückt, deren Sinn ist, daß der Beamte zwar vom Fürsten, aber nicht zu dessen persönlichen Dienst, sondern zu einem in der staatlichen Gemeinschaft begründeten dauernden öffentlichen Zwecke angestellt sei [1]). Je mehr bei der zunehmenden politischen Bildung das Oeffentliche in den Vordergrund getreten und die Verwaltung verwickelter geworden ist, um so mehr ist die Bedeutung des Beamtenorganismus gestiegen. Demgemäß hat sich durch das Herkommen und durch Gesetze ein System befestigt, dessen Geist dahin geht, das Interesse der Verwaltung durch die Tüchtigkeit und das eigene Interesse des Beamtenstandes möglichst zu sichern und zu erhöhen. Für die durch die Künstlichkeit unserer Zustände unentbehrlich gewordene theoretische Ausbildung ist durch die öffentlichen Lehranstalten, durch die darüber beizubringenden Zeugnisse und abzuhaltenden Prüfungen, so wie durch das successive Aufrücken gesorgt, und dadurch sind auch die ehemals statt gefundenen Standesvorrechte geschwunden. Durch diese Anforderungen, die das Amt macht, ist die Bekleidung eines solchen zu einem dauernden Lebensberuf geworden, welcher einen Wechsel

---

1) Hienach ist die vielbesprochene Frage, über die Natur des Staatsdienstes, zu beantworten. Unklar ist, wenn Manche sagen, die Staatsdiener seien die Diener der moralischen Person des Staats, in welcher Regent und Unterthanen zu einer Einheit verschmelzen. Denn wenn man hier die Unterthanen mit dem Regenten zum Subject der höchsten Gewalt macht, so nimmt man eine partielle Volkssouverainetät an, was wenigstens der deutschen Verfassung zuwider ist. Ist aber in jener Einheit der Fürst allein das Subject der Gewalt, so hat der Beamte seine Gewalt lediglich vom Fürsten, und ist in so fern dessen Diener zu nennen. Das wesentlich Unterscheidende ist jedoch, daß dieser vom Fürsten aufgetragene Dienst in seiner öffentlichen Eigenschaft als Fürst und für das Oeffentliche aufgetragen ist, und in so fern ist der Ausdruck, Staatsdiener, gerechtfertigt.

oder die Verbindung mit einem anderen Nahrungszweig nicht leicht zuläßt. Die freudige und ungetheilte Hingebung an diesen Beruf, welche die Kraft und Seele der Verwaltung ausmacht, ist aber nur möglich, wenn derselbe zugleich die Sicherheit einer angemessenen Existenz gewährt. Es muß daher mit dem Amte ein entsprechendes Gehalt verbunden, und es muß Amt und Gehalt gegen eine willkührliche Entziehung gesetzlich geschützt sein. In einem solchen Gesetze, welches mit Recht als ein Stück der Verfassung angesehen werden kann, muß die privatrechtliche Seite dieses Verhältnisses mit den eigenthümlichen Rücksichten, die der öffentliche Dienst verlangt, in das richtige Gleichgewicht gebracht sein, was aber nicht in allen deutschen Staaten gleichförmig ist. Durch jene mit dem Amte verbundenen Vortheile entsteht allerdings leicht der Uebelstand, daß die Aemter weniger aus Hingebung an das Oeffentliche, als zur Versorgung, nachgesucht werden. Diesem Nachtheil und der damit verbundenen mechanischen Behandlung des Staatsdienstes muß entgegengewirkt werden durch Wachhaltung des Gefühls der Beamtenehre, durch die dem wahren Verdienste gewährten Auszeichnungen, die aber nicht in bloße Gunstbezeugungen ausarten dürfen, und durch das Hinwirken auf allgemeine Bildung, wozu schon in der Schulbildung die Grundlage gelegt sein muß.

281. Die Behandlung der Geschäfte muß so eingerichtet sein, daß sie möglichst gründlich und rasch erledigt werden. Dazu ist die Vertheilung derselben in verschiedene Zweige und die Abstufung der Behörden eingeführt, wobei aber die Erfahrung fortschreitende Verbesserungen an die Hand giebt. Die Rechtspflege, die früher mit der Verwaltung verbunden war, ist nun insgemein davon getrennt, was seine Vortheile, aber in der untersten Stufe auch seine Nachtheile hat. Für die Vielseitigkeit und Unpartheilichkeit der Erwägung ist durch die bei vielen Behörden eingeführte collegialische Verfassung gesorgt, wobei jedoch das Uebergewicht des Referenten zu vermeiden ist. Sehr wichtig ist das früher zu sehr vernachlässigte Institut der Controle, die theils durch Berichterstattung, theils durch Visitationen an Ort und Stelle geschieht. Die Gewohnheit des Regierens, die dadurch

erlangte praktische Fertigkeit, die Kenntniß der wirklichen Bedürfnisse und Zustände geben dem Beamtenthum eine Ueberlegenheit und einen eigenthümlichen Geist, der mit ächter Freisinnigkeit verbunden eine für das Oeffentliche überaus nützliche Macht bilden, aber auch leicht in Einseitigkeit ausarten kann.

3) Die Gemeinden.

282. Zu den historisch überlieferten Elementen der deutschen Landesverfassung gehören die Stadt- und Landgemeinden. Ihre politische Bedeutung besteht darin, daß sie vor Allem die für die Verwaltung unentbehrliche statistische Unterlage bilden, dann aber darin, daß sie durch die ihnen eingeräumte corporative Thätigkeit den öffentlichen Sinn beleben und befriedigen, die Berücksichtigung der örtlichen Interessen sichern, und das Regieren erleichtern. Ihre Schicksale waren jedoch verschieden. In den meisten Ländern ist seit dem achtzehnten Jahrhundert die Selbstständigkeit der Gemeinden, welche besonders bei den Stadtgemeinden groß war, dem Vielregieren von oben unterlegen, und sie sind häufig in bloße Werkzeuge der Regierung für die Conscription, Besteuerung und Polizei verwandelt worden. In der neueren Zeit hat man ihnen jedoch wieder eine größere Bedeutung zu verleihen gesucht, und diese Richtung hat durch die Ereignisse von 1848 einen noch stärkeren Aufschwung erhalten. Die seitdem darüber unternommenen Verhandlungen und Versuche sind aber insgemein noch nicht zu einem festen Abschluß gediehen. Die Gesichtspunkte, worauf es dabei ankommt, sind die Unterscheidung zwischen den Staats- und Gemeindeangelegenheiten, die Art der Ernennung des Bürgermeisters, ob durch die Gemeinde oder die Staatsregierung, die Errichtung eines Gemeindeausschusses, die Bedingungen des Wahlrechtes und der Wählbarkeit, die Aufnahme neuer Mitglieder, der Grad der Beaufsichtigung durch die Staatsregierung.

4) Die Landstände.

283. Der Geist der alten Landesverfassungen hat in den Grundgesetzen des deutschen Bundes durch die wichtige Vorschrift

eine Berücksichtigung erhalten, daß in allen Bundesstaaten eine landständische Verfassung statt finden solle [1]). Demgemäß sind seitdem allmählig in den einzelnen Staaten die landständischen Verfassungen, wo sie erloschen waren, hergestellt, oder, wo sie sich erhalten hatten, befestigt und zum Theil neu umgebildet worden [2]). Es besteht aber darin eine große Verschiedenheit. Die alten Landstände beruhten auf der Unterscheidung bestimmter Stände, der Prälaten, Ritterschaft, der Abgeordneten der Städte, hin und wieder auch des Bauernstandes, deren Jeder auf dem Landtage zunächst sich und sein Interesse zu vertreten hatte, durch deren thätiges und einsichtsvolles Zusammenwirken unter einander und mit dem Landesherrn aber das gemeine Wohl in dem der Einzelnen gut bestellt war [3]). Dem entgegen steht das neuere den Franzosen nachgeahmte Repräsentativsystem, welches von einer politischen Eintheilung des Volkes nach Ständen nichts weiß, sondern wo die nach rein geographischen und numerischen Verhältnissen gewählten Abgeordneten für alle öffentlichen Interessen berathend oder entscheidend mitwirken sollen. Beide Gesichtspunkte sind auch häufig verbunden worden, so daß in der Zusammensetzung der ersten Kammer der erste, in jener der zweiten Kammer der zweite Gesichtspunkt vorherrscht. Die Bewegungen des Jahres 1848 haben einseitig in der zweiten Richtung gewirkt, und dieses hat durch einen Rückschlag auf die Erste zurückgeführt. Eine Organisation der Landesvertretung, gebaut auf die richtige Verbindung der noch lebenskräftigen historischen, und der neuen die jetzige Gesellschaft constituirenden geistigen und materiellen Elemente ist eine sehr wichtige, aber sehr schwierige Schöpfung. Erst dann, wenn diese erreicht ist, werden die Verfassungsurkunden eine Wahrheit sein.

---

1) Deutsche Bundesacte Art. 13., Wiener Schlußacte Art. 57.

2) Man findet diese Verfassungsurkunden in der Sammlung von Pölitz 1832; am Besten bis auf die neueste Zeit geordnet in der Sammlung von Zachariä 1855.

3) Eine Sammlung dieser Verfassungen ist: Lünig Collectio nova, worin der mittelbaren oder landsäßigen Ritterschaft in Deutschland — Prärogative und Gerechtsame enthalten sind. Frankfurt 1730. Fol.

5) Die Verfassung der vier freien Städte.

284. Auf einer ganz anderen Grundlage beruht die Verfassung der vier freien Städte. Diese schließt sich an diejenige an, welche denselben zur Zeit des Reichs als freien Reichsstädten zustand. Der Unterschied ist jedoch der, daß die Gewalt der Reichsstädte eine vom Kaiser und Reich abgeleitete und denselben untergeordnete war, während sie jetzt eine eigene und äußerlich unbeschränkte geworden ist. Die höchste Gewalt ruht also in diesen Städten bei der Bürgerschaft. Die Ausübung derselben oder die Verwaltung nach Innen wie nach Außen hat der Rath oder Senat, der durch Cooptation oder durch Wahl der Bürgerschaft ergänzt wird. An der Spitze des Rathes stehen die auf Lebenszeit, in Frankfurt auf ein Jahr, gewählten Bürgermeister. Die anderen Staatsbeamten werden vom Senate ernannt und sind ihm verantwortlich. Die Bürgerschaft wird neben dem Senate durch mehrere stehende Ausschüsse oder bürgerliche Behörden vertreten, und in den verfassungsmäßig bestimmten Fällen handelt sie selbst durch die Bürgerversammlung.

IV. Wissenschaftliche Bearbeitung des deutschen Staatsrechts [1]).

285. Durch die Leitung des Reichs, die sich hauptsächlich in den Händen der höheren Geistlichkeit befand, und durch die historische Anschauung und Lehren, die derselben das alte Testament gewährte, bildeten sich bei ihr die Grundzüge des christlichen Staatsrechts zu einem wohlgegliederten Systeme aus, welches auch theils in Schriften [2]), theils in Erklärungen der Concilien [3]) niedergelegt wurde. Selbst über Einzelnes, über

1) Ueber die Litteratur des deutschen Staatsrechts hat Pütter 1776 bis 1783 ein eigenes gelehrtes Werk in drei Bänden herausgegeben, die Klüber 1791 mit einem Bande vermehrt hat.

2) So namentlich von dem Erzbischof Hinkmar von Rheims (§. 66. Note 3), und in mehreren Abhandlungen des Erzbischofs Agobard von Lyon († um 840).

3) Bemerkenswerth ist das sechste Concilium von Paris von 829, das über die Grundzüge der Reichsverfassung eine weitläufige Exposition ausgehen ließ. Pütter nimmt von diesen Arbeiten keine Notiz.

die hohen Reichsämter und die Reichstage, wurde ein lehrreicher Aufsatz verfaßt[4]). Auch im Mittelalter fehlte es an einer wissenschaftlich zusammenhängenden Auffassung des christlichen Staatsrechts nicht[5]). Allein die praktischen staatsrechtlichen Fragen wurden von den Glossatoren, wenn sie zuweilen darauf kamen, in ihrer steifen buchstäblichen Weise ohne allen historischen Geist mit Citaten aus dem römischen und canonischen Recht abgemacht. In diesem beschränkten Gesichtskreis bewegen sich auch die Streitschriften über das Verhältniß der päpstlichen und kaiserlichen Gewalt, welche im vierzehnten Jahrhundert erschienen, nur so, daß jeder Theil von jenen Quellen die ihm möglichst günstige Auslegung machte; so Marsilius de Menandrino († zu Wien 1328), Wilhelm von Occam († 1347), Leopold von Bebenburg († 1363), Ubert von Lampugnano um 1380. Diese Fehler mit den daraus folgenden historischen Mißgriffen giengen auch in das größere Werk über, welches Peter aus Andlau um 1460 über die Reichsverfassung schrieb, nur so, daß er an der Goldenen Bulle von 1356 doch einige historische Unterlage hatte; und jene Fehler sind auch noch lange nach ihm in den Consilien und Abhandlungen über einzelne staatsrechtliche Fragen herrschend geblieben. Eine Wendung zum Besseren kam durch das Reichskammergericht, dessen Stellung und Wirksamkeit seine Mitglieder zu schriftstellerischen Arbeiten über viele dort vorgekommene Fragen anregte, wie die der Gebrüder Koch um 1550, Mynsinger († 1588), Gaill († 1587); und hieran schlossen sich nun Monographien über allgemeinere staatsrechtliche Materien an, so von Knichen 1600 über die Territorialhoheit, von Paurmeister 1608 und von Stephani 1610 über die Jurisdiction.

286. Eine wissenschaftliche Bearbeitung des deutschen Staats-

4) Dieses geschah unter Karl dem Großen von Adalhard, Abt von Corvei, und diesen Tractat hat Hinkmar in seine Schrift de ordine palatii aufgenommen. Man findet diese in meinem Corpus iuris Germanici III. 761.

5) Dieses zeigt das dem h. Thomas von Aquin zugeschriebene Werk seines Schülers Aegidius de regimine principum um 1272 verfaßt. Dasselbe enthält allerdings mehr eine allgemeine Theorie der Staatsverfassung und Verwaltung. Allein es spiegeln sich darin die wirklichen Zustände ab.

rechts konnte jedoch, da dasselbe größtentheils auf dem Herkommen beruhte, nur an der Hand der Geschichte geschehen, und dazu mußten erst deren Quellen zugänglich gemacht sein. Dieses geschah dadurch, daß schon während des sechzehnten Jahrhunderts die alten Annalisten und Chronisten des Mittelalters, und von Goldast († 1635) seit 1607 die alten Reichsgesetze herausgegeben wurden. Nun wurde dieser Stoff allmählig zu einer besondern Wissenschaft gestaltet. Für die Zusammenstellung des Materials sorgte Dominicus Arumäus († 1637), welcher auch zuerst über das Staatsrecht zu Jena Vorlesungen hielt, durch eine Sammlung von Abhandlungen, die er unter dem Namen Discursus academici de iure publico 1616 bis 1623 in fünf Quartbänden herausgab. Gleichzeitig erschienen kürzere Werke, welche als die ersten Systeme oder Compendien über das deutsche Staatsrecht angesehen werden können, von Otto 1616, Kubach 1617 und Anderen. Auch die von den Zeitverhältnissen hervorgerufenen Staatsschriften trugen zur Ausbildung dieser Wissenschaft bei. Aus diesen und anderen Materialien entstand 1620 bis 1645 das große Werk des Limnäus († 1663), worin das geltende deutsche Staatsrecht nach seinem ganzen Umfang dargestellt sein sollte. Die bessere Kenntniß der Geschichte zeigte sich aber am deutlichsten in dem von Lehmann 1612 herausgegebenen reichhaltigen Werke über die Chronik von Speyer, dem Conring († 1681) die richtigeren Einsichten in die deutsche Geschichte und das deutsche Staatsrecht verdankte, die er seit 1635 in eine Menge von Abhandlungen niederlegte, und damit eine neue Bahn brach. Der Geist der Forschung wurde nun auch durch die, obgleich einseitigen, gegen den Kaiser und die Reichsverfassung gerichteten Streitschriften gefördert, die Chemnitz 1640 unter dem Namen Hippolythus a Lapide, Samuel Pufendorf 1667 unter dem Namen Mozambano, und der vermittlende Leibnitz 1677 unter dem Namen Cäsarinus Fürstenerius ausgehen ließen. Besser gearbeitete Lehrbücher erschienen nun von Schweder 1681, Vitriarius 1683, und dem durch seine freilich unhaltbaren historischen Hypothesen berühmt gewordenen Cocceji 1695. Der Westphälische Friedensschluß erhielt einen ausgezeichneten Commentar von Henniges 1706. Für das quellenmäßige historische Studium entstand aber ein überaus wichtiges und fruchtbares Hülfsmittel durch Pfeffinger, der in den Jahren 1691 bis 1730 eine nach dem Lehrbuche des Vitriarius geordnete Excerptensammlung aus allen dahin einschlagenden Quellen und Schriftstellern in vier Quartbänden herausgab, wozu 1741 ein sehr brauchbares Repertorium von Riccius gekommen ist. Aus dieser mit der größten Belesenheit angelegten Sammlung wird bis in die neueste Zeit geschöpft, wiewohl man, wie schon Pütter wahrnahm, nicht immer so wahrhaftig ist, dieselbe dabei zu nennen. Wichtige historische Arbeiten lieferten nun Datt in seinem Werke de pace publica 1698, Ludewig († 1743), der dem Cocceji anhieng, Gundling († 1729), der denselben widerlegte, dann besonders B. G. Struv († 1738) und Mascow († 1761). Der wichtigste Schriftsteller wurde aber J. J. Moser (1701—1785), der, durch seine reichen Erfahrungen unterstützt, das ganze geltende Staatsrecht in seinen bändereichen Werken umfaßte, die als Materialiensammlung immer unentbehrlich bleiben werden [1]. Durch historische und andere hieher gehörenden Arbeiten zeichneten sich aus Senckenberg († 1768), Cramer († 1772), D. G. Strube († 1775), Olenschläger († 1776), Günderode († 1786). Vorzüglich günstig und nachhaltig wirkte aber durch seine Vorlesungen und Schriften Stephan Pütter in Göttingen (1725—1807), welcher ausgebreitete Gelehrsamkeit mit einer geschmackvolleren Behandlung verband. Nach ihm sind für dieses Fach vorzüglich Häberlin († 1808) und Klüber (1762—1837) zu nennen.

287. Nach der Auflösung des deutschen Reichs entstand ein neuer Stoff an dem Staatsrecht des Rheinbundes, der aber von so kurzer Dauer war, daß nur wenige Werke darüber erschienen, namentlich von Zachariä, Klüber, Winkopp. An die Stelle trat das Staatsrecht des deutschen Bundes, welches auch alsbald an dem in Staatsgeschäften erfahrenen und viel gebrauchten

---

1) Es gehört dahin besonders dessen Deutsches Staatsrecht 50 Th. 1737—1753 mit 2 Th. Zusätze und 1 Register 1754.; dann dessen Neues Staatsrecht 21 Th. und 1 Th. Register 1766—1775, und 3 Th. Zusätze 1781—1783.

Klüber 1817 einen Bearbeiter erhielt, dem Andere, namentlich Maurenbrecher († 1843), Zöpfl, Zachariä, Weiß gefolgt sind. Wiewohl das Staatsrecht seiner positiven historischen Natur wegen sich zur Ausbildung durch die Doctrin nicht in dem Grade wie das Privatrecht eignet, so finden sich doch dazu in jenen Werken die Anfänge, die sich mit der Gesetzgebung und Praxis des Bundes weiter entwickeln können. Daneben hat auch das heutige Staatsrecht der einzelnen deutschen Staaten mehrfache Bearbeiter gefunden [1]). Doch ist dieser Stoff zu einer principiellen Behandlung noch zu jung, und noch zu sehr unter dem Eindruck der 1848 eingetretenen Gährung.

288. Wiewohl das Reichsstaatsrecht seine praktische Bedeutung verloren hatte, so wurde doch das historische Interesse daran nicht vermindert, sondern nahm vielmehr durch den neu belebten nationalen und historischen Sinn einen eigenthümlichen Schwung. Angeregt durch des Justus Möser († 1794) scharfsinnige und geistreiche Combinationen wurde die früher zu sehr vernachlässigte Verfassung der ältesten Zeiten bis Karl den Großen sorgfältig erforscht, so von Eichhorn, Savigny, Phillips, und in der neuesten Zeit besonders von Waitz. Auch die Franzosen haben darüber schätzbare Arbeiten geliefert. Hieran schlossen sich tief gehende Specialuntersuchungen über die mannichfaltigsten Fragen. Auch die Historiker bemächtigen sich dieses Stoffes, indem sie in den auf einzelne Zeiträume oder auf einzelne Territorien gerichteten Geschichtswerken den öffentlichen Zuständen eine besondere Aufmerksamkeit widmen. In der That wird erst durch das Oertliche das Allgemeine recht anschaulich gemacht. Es gehört jedoch zu den schwierigsten Aufgaben, in der Darstellung Beides in der richtigen Weise mit einander zu verbinden. In der Form der Behandlung ist seit Eichhorn die Aenderung geschehen, daß man die Geschichte der Verfassung mit der des Privatrechts und dem übrigen Theile des deutschen Rechts zu einem einzigen Werke oder Vortrage verbindet. Um so mehr

---

1) Man findet die näheren Angaben leicht bei Zöpfl oder Zachariä.

ist aber Grund vorhanden, davon die Reichsgeschichte zu trennen, was Eichhorn und Zöpfl noch nicht gethan haben.

Viertes Kapitel.

Das Proceßrecht.

I. Geschichte der Procedur. A) Allgemeine Grundzüge.

289. Das erste Bedürfniß der bürgerlichen Gesellschaft ist nicht blos Gesetze zu haben, sondern auch ein bestimmt geordnetes Verfahren, um entstehende Streitigkeiten diesen Gesetzen gemäß zu entscheiden. Der Grundgedanke dieses Verfahrens ist, daß dadurch jedem Theile die Möglichkeit gegeben sein muß, Alles, was zur Begründung seines Rechtes gehört, geltend zu machen, daß aber dabei Jeder an eine bestimmte Ordnung und Reihefolge gebunden sein muß, um den Proceß möglichst rasch, bündig und erschöpfend zu Ende zu führen. Die Festsetzung dieser Ordnung ist nicht leicht, sondern setzt mannichfaltige Erfahrungen, Scharfsinn und Nachdenken voraus. Ein wissenschaftlich durchgebildetes System des Processes ist daher nur bei einem vorgeschrittenen Rechtszustand möglich. Dennoch sind auch schon in der Kindheit des Rechts gewisse künstliche Proceßformen unentbehrlich; ja dieses ist gewöhnlich der erste Gegenstand, woran sich die juristische Reflexion entwickelt. Diese Proceßformen sind jedoch in den Anfängen des Rechts mit einer gewissen Unbehülflichkeit blos nach den nächstliegenden Erfahrungen eingerichtet; sie bewegen sich in buchstäblichen Formeln, um die Partheien zu nöthigen, den Inhalt ihrer Rede genau zu überlegen und bündig zu fassen; sie sind selbst häufig mit symbolischen Feierlichkeiten verbunden, um die Rechtsbegriffe zu versinnlichen, das Nachdenken zu schärfen oder auch die Würde der Rechtspflege zu erhöhen. Allmählig entledigt sich die Procedur dieser Fesseln, indem die durch die wissenschaftliche Abstraction gewonnenen Regeln sie

entbehrlich machen und zugleich eine größere Beweglichkeit gestatten. Dieser Entwicklungsgang läßt sich auch in den uns zunächst angehenden Rechten nachweisen.

B) Der römische Proceß.

290. Bei den Römern waren zu den zwölf Tafeln von den Rechtskundigen bestimmte mit mancherlei Symbolen verbrämte Klagformen (legis actiones) verfaßt, worin die Klagen, mit buchstäblicher Beobachtung der Gesetzesworte, vor Gericht gestellt und weiter verhandelt werden mußten[1]). Im fünften oder sechsten Jahrhundert der Stadt wurden diese Actionen abgeschafft und die Procedur durch Formeln eingeführt. Das Wesentliche derselben bestand darin, daß der Prätor unter der Mitwirkung und nach den Anträgen der Partheien über den Gegenstand des Streites eine Formel concipirte, und dieselben damit an einen Geschworenen (iudex) verwies, der das ihm in der Formel Bezeichnete untersuchen, und nach dem Befund condemniren oder absolviren sollte[2]). Das Bedürfniß einer solchen Formel war zunächst durch die Theilung der richterlichen Thätigkeit zwischen dem Prätor und dem Geschworenen veranlaßt, indem diese die unbedingte und unwiderrufliche Feststellung dessen, was der Geschworene zu thun hätte, nöthig machte. Aber es wurde dadurch auch die Einsicht geweckt, daß nach der Natur der Sache jede Form der Procedur eines solchen Abschnittes und überhaupt einer strengen Ordnung und Bestimmtheit bedarf. Auf dem Wege der Gesetzgebung haben besonders das Edict und zwei leges Iuliae

1) Gaius IV. 11. (Legis actiones) ipsarum legum verbis accommodatae erant et inde immutabiles perinde atque leges observabantur: unde cum de vitibus succisis ita egisset, ut in actione Vites nominaret, responsum est eum rem perdidisse, quia debuisset Arbores nominare eo quod lex XII tabularum, ex qua de Vitibus succisis actio competit, generaliter de Arboribus succisis loqueretur.

2) Ein Beispiel einer solchen Formel ist bei Gaius IV. 47. Iudex esto. quod Aulus Agerius aput Numerium Negidium mensam argenteam deposuit, qua de re agitur, quidquid ob eam rem Numerium Negidium Aulo Agerio dare facere oportet ex fide bona, eius iudex Numerium Negidium Aulo Agerio condemnato, nisi restituat, si non paret, absolvito.

zur Feststellung dieser Ordnung beigetragen. Von da an wurde im Fortgang der wissenschaftlichen Entwicklung die Theorie der einzelnen Theile der Procedur, der gerichtlichen Vorladung und ihrer Wirkungen, der Formeln und ihrer Beziehung zu den verschiedenen Arten der Klagen, der Beweisführung und Beweismittel, der Urtheile und ihrer Rechtskraft, der Appellationen und anderer Rechtsmittel, von den Juristen in den Commentarien zum Edicte und zu den leges Iuliae, in Monographien und Responsen ausgebildet, und so eine Proceßwissenschaft geschaffen. Im vierten Jahrhundert der Kaiserzeit kam zwar der Gebrauch der Geschworenen und daher auch der Formeln ab, und das Gericht that nun Alles selbst. Allein die davon unabhängigen in der Natur der Sache beruhenden Unterscheidungen und processualischen Begriffe dauerten fort, und wurden nöthigenfalls durch kaiserliche Constitutionen ausgebildet. Auf den Auszügen aus den Schriften der Juristen und den Constitutionen beruht das Proceßrecht in den Justinianischen Sammlungen. Zu einem systematischen, das ganze Proceßrecht umfassenden Werke und zu einem eigenen Proceßgesetzbuche haben es die Römer nicht gebracht. Was das Aeußere des Verfahrens betrifft, so war dasselbe nun aus Schrift und Mündlichkeit gemischt. Die Klage wurde schriftlich in einem Klaglibell angestellt. Die weiteren Verhandlungen darüber geschahen mündlich, jedoch so, daß Alles kurz protocollirt und den Partheien nöthigenfalls Abschriften mitgetheilt wurden.

C) Der canonische Proceß.

291. In der Kirche entstand das Bedürfniß gewisser processualischer Regeln schon frühe dadurch, daß mancherlei Streitfragen theils wegen der geistlichen Natur des Gegenstandes, theils durch die freiwillige Uebereinkunft beider Theile, dem Bischofe zur Entscheidung vorgelegt wurden. Anfangs war das Verfahren sehr einfach, und hatte mehr die Form einer gütlichen Verhandlung. Nachdem aber von den christlichen Kaisern die bischöfliche Gerichtsbarkeit der Unterstützung des weltlichen Armes versichert und den Geistlichen schlechthin der Gerichtsstand vor

der Kirche als Privilegium ertheilt worden war, so nahmen die bischöflichen Gerichte ganz den Charakter wirklicher Gerichte an. Natürlich wurde nun auch die bei den weltlichen Gerichten geltende Procedur nachgeahmt. Diese blieb, wenn auch sehr vereinfacht, mit dem römischen Recht bei den geistlichen Gerichten auch in den germanischen Reichen in Uebung, und es wurde die Kenntniß derselben bei der Geistlichkeit durch das westgothische Breviarium und die Justinianischen Sammlungen, auch durch Petri exceptiones und den Brachylogus [1]), fortgepflanzt. Bei dem neuen Aufschwung der Rechtswissenschaft wurde bei der Schule zu Bologna die Theorie des Processes besonders von den Canonisten mit Benutzung des römischen Rechts cultivirt, und diese Wissenschaft von den Päpsten, an welche auch über rein processualische Fragen Appellationen gerichtet wurden, in den darauf erlassenen Decretalen zur Anwendung gebracht. Diese Decretalen wurden mit anderen von Bernhard von Pavia um 1190 in einer in fünf Bücher eingetheilten Sammlung, und zwar im zweiten Buche zusammengestellt, welches unter den zum Theil aus dem römischen Recht gezogenen Titelrubriken die Procedur umfaßte. Da nun die nachfolgenden Decretalensammlungen diese Ordnung beibehielten, so waren die Mittel zur Kenntniß und wissenschaftlichen Bearbeitung der Procedur bequem zusammengestellt. Aus diesen Materialien in Verbindung mit dem römischen Recht wurden nun auch eigene Schriften über den ordo iudiciarius verfaßt [2]), und so der canonische Proceß in ein festes System ge-

---

1) Man sehe über diese Werke oben §. 240. Bei Petrus handelt davon ein Theil des vierten Buches. Im Brachylogus enthält das vierte Buch einen klaren wohlgeordneten Abriß des ganzen Processes von der Klage an bis zur Appellation.

2) Es lag in der Natur der Sache, daß sich in dieser Thätigkeit die Legisten und die Canonisten zuerst begegneten; doch wurde die Thätigkeit der Letzteren überwiegend. Die ältesten Schriften dieser Art sind der sogenannte Ulpianus de edendo, dessen Alter jedoch nicht ganz gewiß ist, ferner die Summa de iudiciis des Legisten Bulgarus († 1166), wenn sie von ihm und nicht von seinem Sohne ist, Savigny IV. §. 39., und das kleine Werk eines unbekannten Canonisten, aus der zweiten Hälfte des zwölften Jahrhunderts, welches den Civil- und Criminalproceß umfaßt, edirt von Kunstmann in der (Münchener)

bracht. Besonders klar und für den praktischen Gebrauch wurde derselbe unter Benutzung der Vorgänger dargestellt in dem Speculum iuris des Wilhelm Durantis [3]). Dieses Werk handelt in vier Büchern von den Personen, die beim Processe thätig sind, dann von den Handlungen des Civilprocesses, dann sehr kurz von den Handlungen des Criminalprocesses, endlich von der Einrichtung der Klagen und Klagschriften für die einzelnen Rechtsverhältnisse. Das Aeußere des Verfahrens war so, daß zwar die Mündlichkeit nicht schlechthin ausgeschlossen war; jedoch mußte Alles, was beim Gericht geschah, von einem Gehülfen zu Papier gebracht und in Abschriften den Partheien mitgetheilt werden [4]).

Kritischen Ueberschau II. 16—29. Dann folgte der ordo iudiciarius des Canonisten Richardus Anglus, welcher bald nach der Sammlung des Bernhard von Pavia verfaßt ist, weil er darauf Bezug nimmt. Dieser ist erst 1845 von Tailliar in einer Handschrift zu Douai aufgefunden, und 1853 von Witte edirt worden, Magistri Ricardi Anglici Ordo iudiciarius ex cod. Duac. nunc primum ed. C. Witte. Halis 1853. 4. Ohngefähr gleichzeitig waren die Werke de ordine iudiciario der Legisten Pillius und Otto von Pavia, Savigny IV. §. 101. 113. Dann folgten in der ersten Hälfte des dreizehnten Jahrhunderts die Werke gleichen Namens der Canonisten Tancred, Gratia von Arezzo, Damasus, Savigny V. §. 43. 59. 60., auch wohl Eins des Petrus Hispanus, Sarti I. 1, p. 290., und des Bonaguida Summa introductoria super officio advocatorum in foro ecclesiae um 1250, Savigny V. §. 154. Edirt sind Bulgarus, Damasus, Bonaguida, dann Pillius, Tancred, Gratia in den beiden folgenden Werken: Anecdota quae processum civilem spectant edidit A. Wunderlich. Bulgarus, Damasus, Bonaguida. Göttingae 1841., Pilii, Tancredi, Gratiae libri de iudiciorum ordine edidit Fr. Bergmann. Gottingae 1842. 4.

3) Man sehe darüber oben §. 60. Note 3.

4) C. 11. X. de probat. (2. 19). Statuimus ut tam in ordinario iudicio, quam extraordinario, iudex semper adhibeat aut publicam, si potest habere, personam, aut duos viros idoneos, qui fideliter universa iudicii acta conscribant. videlicet citationes, dilationes, recusationes, exceptiones, petitiones, responsiones, interrogationes, confessiones, testium depositiones, instrumentorum productiones, interloquutiones, appellationes, renuntiationes, conclusiones et caetera, quae occurrerint, competenti ordine conscribenda, loca designando, tempora et personas. Et omnia sic conscripta partibus tribuantur, ita, quod originalia penes scriptores remaneant. — Clem. 2. de verbor. signif. (5. 11). In ipso litis exordio petitio facienda, sive scriptis, sive verbo, actis tamen continuo (ut, super quibus positiones et articuli formari debeant, possit haberi plenior certitudo, et, ut fiat definitio clarior) inserenda.

D) Das germanische gerichtliche Verfahren.

292. Nach dem Glauben des germanischen Heidenthums stand die Rechtspflege unter der unmittelbaren Aufsicht und Einwirkung der Gottheit [1]). Daher waren in die Procedur abergläubische Formeln verwebt, welche die Natur von Beschwörungen und Verwünschungen gehabt haben müssen [2]). Diese wurden zwar abgeschafft; doch blieb der Gebrauch anderer, nach der Natur des Gegenstandes abgemessener Formeln [3]). Uebrigens war das Verfahren kunstlos, und darauf gerichtet, den Schöffen in mündlicher Rede möglichst rasch die Begründung oder die Widerlegung der aufgestellten Klage zu liefern. So bewegte es sich in Rede und Gegenrede, bis Keiner mehr etwas vorzubringen hatte [4]). Natürlich war der Proceßgang nach der Eigen-

---

1) Man sehe die Nachweisungen in meiner Deutschen Rechtsgeschichte §. 609—611.

2) Den Beweis giebt folgende merkwürdige Stelle aus dem achten Jahrhundert: Decreta Tassilonis de popularibus legibus c. 6. De eo, quod Baioarii stapsaken dicunt, in verbis, quibus ex vetusta consuetudine paganorum idololatriam reperimus, ut deinceps non aliter nisi sic dicat, qui petit debitum: Haec mihi iniuste abstulisti, quae reddere debes, et cum tot solidis componere.

3) Diese werden selbst zum Theil in den alten leges erwähnt, L. Rip. XXXI. 1., Alam. LVI. 2., Baiuv. XI. 5. 6. §. 1.

4) Am Anschaulichsten wird dieses durch folgenden im verdorbenen Latein ausgefertigten Gerichtsschein von 862 (Vaissette histoire de Languedoc I. preuves n. 88). In iudicio Imberto misso Ananfredo comite seu Adaulfo — in mallo publico in Narbona civitate — veniens homo nomine Richimirus qui est mandatarius de Richimiro abbate et de congregatione sancti Iohannis — dicens: Facite me iustitia de isto Duvigildo — sive et terra sive et vinea, — quod debet esse de iam dicto Richimiro abbate et de eius congregatione, — quod Petrus et uxor sua tradiderunt, nomine Warnetrudes, per ipsam scripturam qui in isto iudicium conditionis est inserta, et habuit ipsa casa Dei et eius congregatio — legitimam vestituram, seu et amplius iste Duvigildus hoc invasit de illorum potestate malum ordinem iniuste infra istos duos annos, et exblatavit hoc iniuste. Nos missi iudices, interrogavimus Duvigildo, quid respondes ad haec de hac causa. Duvigildus in suo responso dixit: ipsas causas — sive et terra, sive et vinea ego retineo: sed non malum ordinem nec iniuste, quia ego exinde scripturam emtionis habeo, et auctorem nomine Petrone, qui ipsas res in

thümlichkeit des Gegenstandes und nach der Natur der zu brau-

---

legalios autorisare debet. Tunc nos missi et iudices ordinavimus Hictore misso nostro, ut ad Duvigildo fidiuxorem tollere faciat, ut se praesentare faciat una cum sua scriptura, et suos auctores nomine Petrone vel uxori suae, in villa Pagano, in placido ante iudices in dies quindecim, et ad Richimiri similiter de sua praesentia. — Venientes ad placidum constitutum in dies quindecim — Duvigildus cum sua scriptura et suum auctorem nomine Petrone, et Richimirus mandatarius de sua praesentia una cum sua scriptura — praesentavit Duvigildus suam scripturam et suum auctorem nomine Petrone. — Et cum nos iudices ipsam scripturam de Duvigildo ante nos legere ordinaremus, sic in eam scriptum invenimus: quomodo Peter eam fecit et uxor sua Aldana de supradictas res, et firmaverunt, et testes firmare rogaverunt. Post haec interrogavimus Petrone, si velis autoricare ipsas res ad iam dicto Duvigildo. Peter dixit: ipsam scripturam ego feci ad iam dicto Duvigildo, et firmavi et testes firmare rogavi; sed ego eam legibus autoricare non possum, non hodie, non nulloque tempore, quia ego et uxor mea Wasnetrudes antea tradidimus ipsas res per scripturam donationis ad iam dictam domum Dei. — Richimirus presens stetit quod dixit: Ecce iudicium vel relatum ubi ipsa scriptura est infra, quomodo iste Peter et uxor sua Wasnetrudes tradiderunt ad iam dictum monasterium — ipsas res superius scriptas, et habuerunt hoc per hos triginta annos seu amplius per legitimam vestituram, usque quo iste Duvigildus eas prendidit de illorum potestatem. Et cum nos iudices ordinaremus ipsum iudicium relatum ante nos relegere, sic invenimus eum verum et legibus factum. — Post haec interrogavimus Petrone; quid vis dicere contra istum iudicium etc. — Petrus dixit: in omnibus verus est et legibus factus, sicut ibidem insertum habet. — At vero nos iudices cum vidissemus quod Peter sic professus fuit ante nos, et sic ipsam scripturam collaudavit; sic ordinavimus eum, ut suam recognitionem exinde scriptis fecisset, sicut et fecit, ubi dicit: Recognosco me ego homo, nomine Peter etc. — Cum nos iudices vidissemus, quod Peter sic collaudavit ipsam scripturam, quod fecit et tradidit ad ipsam domum Dei, sic interrogavimus Duvigildo, si potebat habere ullam scripturam aut aliam rem unde ipsas res partibus suis indicare debeat. Duvigildus dixit: non possum nec hodie, nec ulloque tempore nisi illa scriptura quam non est legibus facta. Et tunc nos iudices ordinavimus Duvigildo, ut eam excidere fecisset sicut et fecit, et suam recognitionem exinde scriptis fecisset sicut et fecit, ubi dicit: Recognosco me etc. — Et tunc nos iudices cum vidissemus tales recognitiones de Petrone et de Duvigildo factas et firmatas — decrevimus iudicium per Gothorum legem, et ordinavimus Randrico misso nostro, ut super ipsas res venire faciat, et de furtibus Petrone eficat, et partibus Richimiro mandatario Richimiro abbate iure revestire faciat.

chenden Beweismittel etwas verschieden. Aus der Wahrnehmung dieser Verschiedenheiten entstanden Formeln zu einzelnen Gesetzesstellen, worin der Gang und die Behandlung der aus dem Gesetze anzustellenden Klage vorgezeichnet waren [5]. Darin zeigten sich die ersten allerdings unvollkommenen Anfänge einer germanischen Proceßwissenschaft. Eine für das Recht des Sachsenspiegels eingerichtete, aber nach einem eigenen System geordnete Sammlung solcher Proceßformeln war der Richtsteig aus dem vierzehnten Jahrhundert. Man sieht daraus, daß ein Proceß noch in einer fortlaufenden Rede und Gegenrede bestand; nur mischte sich wegen des Mangels einer festen Beweistheorie überall das Gericht mit ein, um auf den Antrag der Partheien über den Vorzug des Beweises des Einen oder des Andern zu erkennen [6]. Für einige processualische Handlungen waren auch gewisse Formeln und Gebräuche so buchstäblich vorgeschrieben, daß die geringste Abweichung Nachtheil brachte. Dieses wurde jedoch allmählig in den Stadtrechten abgeschafft [7], worin sich überhaupt

5) Dieses zeigen die Formeln zu den Langobardischen Edicten. Ein Beispiel giebt die Formula ad L. Rotharis 230. Petre te appellat Martinus, quod terra, quae in tali loco possides, et tenes, sua propria est. Non debet nec vult tibi respondere, quia te praesente possedit per V annos. Vere possedisti, sed malo ordine. Non possedi malo ordine, quia tu mihi vendidisti. Non vendidi, sed locavi, et praestiti. Ostende igitur libellum, ubi rogatus fuisti praestare. Nequeo. Iurabo igitur secundum qualitatem pecuniae.

6) Ein Beispiel giebt die auf den Sachsensp. III. 4. §. 1. bezügliche Formel im Richtsteig 13. Ludovici. Büt men dy tho der antwerde umme gekofte have, unde spríckt sy de sulve an de sy dy vorkofte, so sprecke dein vorsprake alsus: Here her richter, wil gy N. wort hören. So segge. He spríckt desse have sy syne unde he hebbe sy gegen N. sulven gekofft. Sprickt yenne denne: Here her richter, ick bin des unschuldig dat ich sy vorkofte und bitte eines ordels, eft ick des icht negger tho untgande sy, wen he my des overgan möge? So vrage, na deme dat du yt recht unde redelke eme affgekoft hebbest, wedder du denne icht neger tho behaldene bist dynes kopes unde dynes gekofften gudes, wen he des meth syme eede dy tho entfurende sy. So vintme, du syst des neger. So vrage, wo du yt tho rechte behalden schalt. So vintme dy sulff drüdde vulkommener lüde an ereme rechte.

7) Von dieser eigenthümlichen Strenge ist in vielen Stadtprivilegien und

das Bedürfniß und der Fortschritt zu einer freieren nach rationellen Grundsätzen eingerichteten Procedur kund gab [8]).

E) Die Ausbildung der neueren Procedur.

293. Das germanische mündliche Verfahren setzte ein einfaches Recht und einfache Rechtsverhältnisse voraus. Es wurde unzureichend, als mit der Verwicklung der bürgerlichen Zustände und durch die Reception des römischen Rechts die Einrichtung der Klagen, die Antworten und Einreden des Beklagten eine besondere Kunst erforderten, und die Sachwalter in ihren Ausführungen zu weitläufigen Citaten aus den fremden Rechten und deren Commentarien ihre Zuflucht nahmen. Mit den gelehrten Beisitzern, die nun bei den Gerichten die Stellen der Schöffen einnahmen, wurde daher auch die bei den geistlichen Gerichten in Uebung stehende canonisch-römische Procedur nachgeahmt. Zuerst geschah dieses in den Städten Italiens, welches überhaupt in der Entwicklung voranschritt, unterstützt von den dortigen Praktikern, welche das Proceßrecht in dieser Richtung mit Berücksichtigung der Stadtrechte in ihren Schriften genau ausbildeten, wie Bartolus († 1357), Baldus († 1400), Petrus de Ferrariis (um 1400). Eben so gieng es in Deutschland, wo bald aus jenen Schriftstellern, besonders aus Durantis, ebenfalls praktische Anleitungen zur Procedur verfaßt wurden; so von Herrmann von Bare (1410), Johann von Auerbach (um 1470), Ulrich Tengler in seinem Laienspiegel (1509), Sebastian Brant in seinem richterlichen Klagspiegel (1516), Justin Gobler (1536), Henning Göden (1538), Chilian König (1541) und Anderen.

Stadtrechten bei Gelegenheit ihrer Abschaffung die Rede, und sie wird mit calumnia verborum, iuricapium, Vare, bezeichnet. Es ist aber sehr zu bedauern, daß nicht genauer angegeben wird, worin sie bestand. Unstreitig gehört dahin ein Gebrauch, der in Aachen beim Reinigungseide bestand und von Friedrich I. aufgehoben wurde. Diploma Frider. I. a. 1166 (Lacomblet I. n. 412). Quaedam abusio pro longa consuetudine in populo aquensi locum iusticiae obtinuit. ut qui de calumpnia vel aliqua re impetebatur, non poterat expurgationis suae satisdationem offerre, nisi per festucam quam inclinatus de terra levasset. quam si subito non invenisset, in penam compositionis decidit.

8) Man sehe oben §. 70.

294. Vorzüglich trug aber zur Umbildung der Procedur die Einsetzung des Kammergerichts (1495) und die dafür erlassene Kammergerichtsordnung bei, welche schlechthin Alles schriftlich vorzubringen gestattete [1]), und ein mit ausdrücklicher Berufung auf die Glosse, auf Bartolus, Baldus und andere Praktiker ausgearbeitetes Proceßverfahren vorschrieb [2]). Auf dieser Grundlage entstand die Kammergerichtsordnung von 1555, worin das Alte mit den vielen dazu gekommenen Zusätzen und Verbesserungen zu einem zusammenhängenden ausführlichen Werke verarbeitet war. In gleichem Geiste waren die Gerichtsordnungen abgefaßt, die in den einzelnen Territorien schon seit der zweiten Hälfte des fünfzehnten Jahrhunderts erlassen wurden. Einen neuen Abschnitt machte aber der jüngste Reichsabschied von 1654, welcher für das Kammergericht, mit Benutzung der fortgeschrittenen Einsichten und der sehr gut gearbeiteten Churfürstlich-Sächsischen Proceßordnung von 1662, ein wesentlich verbessertes Verfahren vorschrieb. Dieses wirkte auch auf die Landesgesetzgebung, weil nach ausdrücklicher Vorschrift die Norm des Kammergerichtsprocesses möglichst auch bei den Landesgerichten observirt werden sollte [3]). Auf diesen Quellen und deren Fortbildung durch die Doctrin und Praxis beruht nun der gemeine deutsche bürgerliche Proceß [4]). Im Fortschritte der Zeit ist jedoch die Procedur hauptsächlich auf dem Wege der Particular-Gesetzgebung ausgebildet worden. Dahin gehören namentlich die neuen Proceßordnungen in Sachsen 1724, Bayern 1753, Oesterreich 1781, Preußen 1793, welche Letztere auf einem ganz abweichenden Princip beruhte. Ein neues eigenthümliches Element kam hinzu in dem Code de procédure civile von 1806. Die dadurch und durch die Fortschritte der Wissenschaft angeregten Discussionen haben in der neuesten Zeit in vielen deutschen Ländern mehr oder weniger tief

1) Dieses erklärte die Kammergerichtsordnung von 1495 §. 14.

2) Dieses geschah in der zu Regensburg 1507 oder 1508 erlassenen Kammergerichtsordnung.

3) Jüngster Reichsabschied von 1654 §. 137.

4) Eine Sammlung jener Quellen ist: Bergmann Corpus juris judiciarii civilis germanici academicum. Hannover 1819.

gehende Reformen dieses Zweiges durch neue Proceßgesetze zur Folge gehabt; so namentlich in Preußen seit 1846, Oesterreich seit 1849, Hannover 1850. In mehreren Ländern wird noch darüber verhandelt.

II. Grundzüge des heutigen Proceßrechts. A) Die Gerichtsverfassung.

295. Die Rechtspflege ist für das bürgerliche Wohl ein so wichtiger Gegenstand, daß überall das Bestreben sichtbar ist, sie in die Hand solcher Personen zu bringen, die dazu vorzüglich geeignet sind. Die Formen, wodurch man dieses zu erreichen sucht, sind aber nach der Eigenthümlichkeit jeder Zeit verschieden. In Rom, wo das Recht schon früh unter der pflegenden Hand der Priester zu einer Wissenschaft erwuchs, theilte man die Functionen. Die Entscheidung der Rechtsfrage gieng den Magistrat an, bei welchem man eine juristische Bildung voraussetzen konnte, oder der nöthigenfalls dazu Männer vom Fache zu Rathe zog. Hingegen die Entscheidung des Factischen, als welche überhaupt keine technischen Kenntnisse sondern nur gesundes Urtheil erfordert, übertrug er vermittelst der dazu concipirten Formel an einen oder mehrere Geschworene, die aus den gebildeten Klassen des Volkes gewählt waren [1]. Durch diesen Antheil an der Rechtspflege fand auch der öffentliche Geist eine würdige Nahrung und Befriedigung. Bei dem Verfall desselben unter den Kaisern hörte aber diese Theilung auf und der Magistrat that Alles selbst. Zu seiner Unterstützung waren ihm aber nun ein oder mehrere besoldete Assessoren beigegeben, denen er einzelne zeitraubende Geschäfte, zum Beispiel die Abhörung von Zeugen, übertrug, oder die er um ihr Gutachten befragte.

296. Die Rechtspflege der Kirche erforderte Richter, welche nicht blos des geschriebenen canonischen Rechts kundig, sondern auch mit dem Geiste und der Uebung der Kirche vertraut waren. Ursprünglich befaßte sich damit der Bischof selbst; später übertrug er es dem Archidiacon, und im Mittelalter einem bischöflichen Official, welcher rechtskundige Geistliche zuzog. Da-

1) Man sehe oben §. 290.

mit stand auch eine andere Einrichtung in Verbindung, die häufig vorkommenden Appellationen bis zum Papste hinauf. Dazu wirkten mehrere Gründe zusammen: die genaue Abstufung der Hierarchie, das Bestreben Jedem möglichst zu seinem Rechte zu verhelfen, das große Ansehen des päpstlichen Stuhles, endlich besonders das Uebergewicht der wissenschaftlichen Bildung bei den Geschäftsmännern in Rom, welches eine Zeitlang sehr fühlbar war, da die Schule zu Bologna ihre Wirkungen nur allmählig über die entfernteren Länder verbreitete.

297. Bei den Germanen, wo das Recht ganz kunstlos in den Sitten und in der mündlichen Ueberlieferung lebte, erforderte das Richteramt eine besondere Bildung nicht. Das Urtheil wurde im öffentlichen Gericht von den dazu aufgeforderten freien Männern gefunden und vom umstehenden Volke als dem Herkommen gemäß bezeugt. Nach der Anordnung Karl des Großen geschah die Urtheilfindung hauptsächlich durch Schöffen, die aus den zu jedem Gerichtsstuhl gehörenden freien Grundeigenthümern bleibend gewählt wurden, bei welchen sowohl eine höhere Ehre als auch mehr Bildung, Einsicht und Erfahrung war. Bei der späteren Zersetzung der Stände [1]) wurde beim Schöffenamt die Rücksicht auf die Ebenbürtigkeit wesentlich, theils nach den herrschend gewordenen Begriffen von Standesehre, theils weil überhaupt das Recht mit dem Stande so verwachsen war, daß man nur dem Standesgenossen die Kenntniß und das sichere Gefühl desselben zutraute. Alles dieses änderte sich, als die fremden Rechte in Deutschland Eingang fanden. Die Berufung auf dieselben und deren Commentatoren trat nun an die Stelle des guten alten Herkommens [2]). Bei den Schöffen mußte daher auf gelehrte Kenntnisse gesehen werden, und allmählig wandelten sich die Schöffengerichte in stehende Gerichte mit wissenschaftlich gebildeten Räthen um. In dieser Weise wurde namentlich das Kammergericht (1495) organisirt [3]), und dieses auch bei den

1) Man sehe oben §. 227. 265.

2) Man sehe oben §. 107.

3) Man sehe §. 107. Note 3.

Territorialgerichten nachgeahmt. Die Rücksicht auf Ebenbürtigkeit wurde durch gelehrte Bildung verdunkelt und ersetzt. Durch diese Umwandlung kam man der Verfassung der geistlichen Gerichte nahe, und nahm von ihnen die genaue Abstufung der Instanzen und das damit zusammenhängende Appellationswesen an. Aus dem französischen Recht hat man in der neuesten Zeit häufig das zweckmäßige Institut der Staatsanwaltschaft aufgenommen, das heißt einer dem Gerichtshofe beigeordneten stehenden Behörde, die als der Wächter des Gesetzes auch in Civilprocessen in den geeigneten Fällen thätig sein kann und soll.

B) Das gerichtliche Verfahren. 1) Leitende Ideen.

298. Die Verfolgung eines verletzten Privatrechts durch gerichtliche Klage ist selbst ein Privatrecht. Daraus ergiebt sich zweierlei. Erstens kann der Berechtigte zur Anstellung einer Klage, so wenig wie zur Benutzung eines andern Privatrechts, genöthigt werden. Zweitens haben die Partheien selbst für das, was zur Begründung ihrer Klage oder Vertheidigung erforderlich ist, zu sorgen, und der Richter hat sich nur an das zu halten, was sie ihm in den Acten vorlegen. Dieser Grundsatz heißt die Verhandlungsmaxime. Er ist jedoch mit mehreren Einschränkungen zu verstehen. Vor Allem ist es einleuchtend, daß die rechtliche Beurtheilung wesentlich und allein Sache des Richters ist, daß er also darin an die Ausführungen der Partheien nicht gebunden ist, sondern dieselben nach seiner besseren Kenntniß ergänzen muß [1]). Dann aber muß dem Richteramt, weil dasselbe doch das wahre Recht verwirklichen soll, auch auf die Proceßleitung, namentlich so weit es zur Aufklärung von Dunkelheiten nöthig ist, ein gewisser Einfluß zustehen. Es geht jedoch zu weit, wenn man dem Richter die ganze Proceßleitung, gleichsam als dem Vormund beider Partheien, in die Hand legt. Dieser Ge-

---

1) C. un. C. ut quae desunt advocatis (2. 11). Non dubitandum est, iudicem, si quid a litigatoribus, vel ab his, qui negotiis adsistunt, minus fuerit dictum, id supplere et proferre, quod sciat legibus et iuri publico convenire.

sichtspunkt, den man nicht ganz glücklich die Untersuchungsmaxime nennt, herrscht in der preußischen Gerichtsordnung von 1781, ist aber 1833 gemildert worden. Das andere Extrem zeigt sich in der französischen Procedur, wo die Proceßleitung und Vorbereitung des Spruches fast ganz in die Hand der Anwälte gelegt ist.

299. Was den Gebrauch der Scriptur bei den gerichtlichen Verhandlungen betrifft, so ist wegen der Künstlichkeit unseres heutigen Rechts bei der Abfassung der Klagen, Antworten, Anträge und Sentenzen eine so große Ueberlegung nothwendig, daß man dazu in den meisten Fällen eines niedergeschriebenen Materials, entweder durch schriftliche Eingaben der Partheien an das Gericht oder durch schriftliche Mittheilungen derselben unter einander, nicht entbehren kann. Die Frage kann daher nur die dem Urtheil vorhergehende, das gesammte Material umfassende Schlußverhandlung und rechtliche Ausführung der Partheien betreffen. Soll diese schriftlich sein, so daß das Gericht Alles blos aus den Acten zu schöpfen hat, in welchem Falle die Bestellung eines Referenten unentbehrlich ist; oder soll jene Schlußverhandlung mündlich sein, so daß das Gericht unmittelbar aus dem Munde der Partheien deren Anträge und Ausführungen vernimmt? Offenbar verdient Letzteres den Vorzug, und dafür entscheiden sich auch nach dem Vorgange des französischen Rechts die neuesten Proceßreformen in Preußen und Hannover. Für die Oeffentlichkeit der gerichtlichen Verhandlungen, das heißt für die Zulassung des Publikums bei denselben, spricht aber entschieden die Bedeutung der Rechtspflege als eines für jeden Einzelnen überaus wichtigen Institutes [1]), und der vortheilhafte Einfluß, den die Oeffentlichkeit auf die Haltung des Richters und auf die gerichtliche Beredsamkeit ausübt. Im alten deutschen Recht hieng sie auch mit der Art der Urtheilsfindung und mit der Hegung der

1) Die Rechtspflege hat darin mit dem Gottesdienste Aehnlichkeit, der auch nicht bei verschlossenen Thüren gehalten werden soll. Der Einwand, daß die Rechtsverfolgung eine bloße Privatsache sei, faßt nur die eine Seite des Verhältnisses ins Auge.

Gerichte unter freiem Himmel zusammen. Sie hat erst aufgehört, als seit dem Eindringen der fremden Rechte durch die Berufung auf unverständliche Texte und Autoren und durch die Einführung der schriftlichen Procedur die Theilnahme des Publikums sich verlor, und die Gerichte in geschlossene Räume verlegt wurden.

2) Das erste Verfahren.

300. Zur Entscheidung eines Rechtsstreites kommt es vor Allem darauf an, dasjenige, was die Partheien hinsichtlich des Rechts und der Thatsachen einander einräumen, und das, worin sie sich bestreiten, genau festzustellen. Dieses bildet jetzt den Gegenstand eines eigenen Abschnittes, welcher das erste Verfahren genannt wird. Zu jenem Zwecke ist zweierlei erforderlich: es muß Jedem gleiches Gehör gestattet, und es muß Jedem die Möglichkeit, sich erschöpfend auszusprechen, gegeben sein. Auf die Klage folgt daher die Antwort des Beklagten. Diese muß, da durch sie die Grundlage und Richtung des Processes wesentlich bestimmt wird, eine klare unumwundene Erklärung über die in der Klage aufgestellten Behauptungen enthalten [1]), was jetzt die Litiscontestation oder Kriegsbefestigung genannt wird. Sie kann aber auch Einreden enthalten, entweder peremtorische, welche gegen das materielle Klagrecht selbst gerichtet sind, wie die Einrede der Compensation, oder dilatorische, welche nur die Zulässigkeit der angestellten Klage als solche bestreiten, wie die Einrede der Incompetenz des Gerichtshofes. Hierauf folgt die Replik, dann die Duplik, womit regelmäßig diese Verhandlung geschlossen ist. Im Mittelalter war angenommen, daß der Kläger entweder gleich bei der Anstellung der Klage oder nach der Litis-

1) Reichsabschied von 1654. §. 37. Soll der Citirte und Beklagte — in diesem Termin auf die Klagen — kurz, nervose und deutlich, auch unterschiedlich und klar, ob und worinn das Factum anderst als vom Kläger vorbracht, und wie es sich eigentlich verhalte, specifice und auf jeden Punkten, mit all seinen Umständen anzeigen, wie auch was er dabey dilatorie oder peremtorie einzuwenden haben möchte, alles auf einmahl, bei Straff der Präclusion einbringen.

contestation die seiner Klage zum Grunde liegenden Behauptungen, und eben so der Beklagte seine Antwort, in einer Reihe von Positionen und Artikeln vortrug, worüber der Gegner auf seinen Eid sich zu erklären hatte [2]. Dieses wurde auch beim Kammergericht eingeführt [3]. Da aber in diesen Artikeln von den Advocaten Wesentliches und Unwesentliches ohne feste Gesichtspunkte neben einander gestellt und dadurch große Weitläufigkeit veranlaßt wurde, so hob man später das articulirte Verfahren auf [4].

301. Ein, aus dem römischen und canonischen Recht entlehnter, anderer Grundsatz des alten Processes war, daß vor Allem die dilatorischen Einreden vorgebracht und darüber verhandelt wurde, und daß erst, wenn dieselben unbegründet befunden waren, die Litiscontestation geschah [1]. Um abzukürzen wurde aber später sehr zweckmäßig verordnet, daß der Beklagte gleich neben seinen Einreden eventuell die Litiscontestation vorzunehmen und auf die Behauptungen der Klage zu antworten schuldig sei [2]. In demselben Geiste wurde, in Nachahmung des canonischen

---

2) Clem. 2. de verbor. signif. (5. 11). Et quia positiones ad faciliorem expeditionem litium propter partium confessiones, et articulos ob clariorem probationem usus longaevus in causis admisit: nos, usum huiusmodi observari volentes, statuimus, ut iudex — ad dandum simul utrosque terminum dare possit.

3) Solches zeigen die Artikel des Kammergerichts zu Augsburg von 1500. Tit. XIII. XIV., Kammergerichtsordnung von 1508. Tit. I. §. 4—7., von 1555. Th. III. Tit. XII. §. 8. Tit. XIII. §. 3. 5. Tit. XIV. §. 1. 2. Tit. XV. §. 1—5., Reichsabschied zu Speier von 1570. §. 89. 90.

4) Reichsabschied von 1654. §. 34. Solle der bißher in mehr Weg mißbrauchte Modus zu articuliren und ad articulos zu respondiren, samt allen denen bißhero nach sich gezogenen Terminen und Anhängen, dabey und darüber auch beflissentlich vorgangenen unnöthigen Disputationen und Uffzüglichkeiten — hinfüro gäntzlich caßirt und aufgehoben, und hingegen — ein jeder Kläger vor Gericht — seine Klag oder Libell nicht Articuls, sondern allein Summarischer Weiß, darinnen das Factum kurtz und nervose, jedoch deutlich und distincte — ausgeführt seyn.

1) Dieses zeigen die Artikel des Kammergerichts von 1500. Tit. XV., Kammergerichtsordnung von 1508. Tit. V., von 1555. Th. III. Tit. XIII. §. 1.

2) Reichsabschied von 1570. §. 89. 90., von 1654. §. 37 (§. 300. Note 1). 38.

Rechts, vorgeschrieben, daß die Einreden alle auf einmal, wenn sich der Beklagte derselben auch nur eventuell zu bedienen hätte, vorgebracht werden sollten [3]). Dieser Grundsatz, welcher die Eventualmaxime genannt wird, ist dann durch die Praxis generalisirt und auch auf den Kläger ausgedehnt worden. Jeder Theil muß danach Alles, was ihm zu der Sache nützen soll, zu gleicher Zeit geltend machen, selbst wenn es einander ausschließt oder widerspricht, damit über Alles gleichzeitig verhandelt und mit einem Urtheil Alles abgemacht werde.

3) Das Beweisverfahren.

302. Durch die beschriebenen Mittheilungen der Partheien muß sich herausstellen, was sie einander einräumen und was sie bestreiten. Betrifft Letzteres blos die Rechtsfrage, so kann der Richter gleich das Urtheil sprechen. Betrifft es Thatsachen, so kommt es zum Beweise. Da von dessen Formulirung in dem Fortgang des Processes Alles abhängt, so hat sich durch die Doctrin und Praxis der Grundsatz gebildet, daß am Schlusse des ersten Verfahrens das Gericht ein Interlocut erläßt, worin der Beweissatz, das heißt das, was zu beweisen ist, ferner derjenige, welchem die Beweislast obliegt, endlich die Beweisfrist festgesetzt ist. Dadurch wird also gleichsam eine neue Grundlage geschaffen, worauf es bei der weiteren Verhandlung allein ankommt. Im altrömischen Proceß war etwas Analoges in der Conception der Formel für den Judex [1]). In dem artikulirten Verfahren ergab sich das zu Beweisende aus den verneinten Artikeln, und das Verfahren gieng sofort ohne ein Beweisinterlocut zur Beweisführung über [2]).

303. Der Zweck der Beweisführung ist, dem Richter die

---

3) Artikel des Kammergerichts von 1500. Tit. XIV. §. 1., Kammergerichtsordnung von 1508. Tit. IV. §. 1. Tit. V. §. 5., von 1555. Th. III. Tit. XV. §. 9. Tit. XXIV. §. 2., Reichsabschied von 1654. §. 37 (§. 300. Note 1). 38.

1) Man sehe oben §. 290.

2) Dieses zeigt die Kammergerichtsordnung von 1555. Th. III. Tit. XVI — XXIII.

Ueberzeugung von der Wahrheit oder Unwahrheit der bestrittenen Thatsache zu verschaffen. Was durch ein Geständniß vor Gericht eingeräumt ist, ist nicht mehr Gegenstand der Beweisführung. In so fern ist es unrichtig, das Geständniß ein Beweismittel zu nennen. Es kann als solches nur dann in Betracht kommen, wenn es ein außergerichtliches, oder wenn das gerichtliche Geständniß unter Modificationen abgelegt ist, die eine nähere Erörterung nöthig machen. Eben so wenig bedarf es einer Beweisführung über das, was notorisch, oder was dem Gericht unmittelbar aus seiner amtlichen Erfahrung bekannt ist. Wo dieses nicht der Fall ist, kann die nöthige Ueberzeugung dem Richter regelmäßig nur auf doppelte Weise verschafft werden: entweder durch seine unmittelbare sinnliche Wahrnehmung, durch den Augenschein; oder durch glaubwürdige mündliche oder schriftliche Aussagen Anderer, also durch Zeugen oder Urkunden, wo aber deren Glaubwürdigkeit den Gegenstand einer besondern Verhandlung bilden kann. Es liegt jedoch in der Natur der Sache, daß die richterliche Ueberzeugung auch durch logische Schlußfolgerung aus einer erwiesenen Thatsache auf eine nicht erwiesene entstehen kann; und es giebt selbst Fälle, wo diese Schlußfolgerung durch das Gesetz zu einer juristischen Präsumtion erhoben ist. Endlich ist es denkbar, daß der Richter dasjenige, was ihm an der vollen Ueberzeugung fehlt, aus dem Vertrauen auf die Wahrhaftigkeit zu dem einen oder dem andern Theile zu ergänzen sucht, indem er ihm einen Ergänzungs- oder einen Entbindungseid auferlegt. Wesentlich verschieden davon ist, wenn der, welchem die Beweisführung obliegt, statt derselben dem Gegner über die streitige Behauptung den Eid deferirt. Dieses ist strenge genommen kein Beweismittel, weil es nicht für die Ueberzeugung des Richters geschieht; sondern es ist eine Art von Vergleich, ein Anerbieten, die Entscheidung von dem Gewissen des Andern abhängig machen zu wollen. Dieses hat für denselben die Folge, daß er entweder den Eid annehmen, oder ihn zurückgeben, oder selbst den Beweis des Gegentheils übernehmen muß. Am Schlusse des Beweisverfahrens kann es nothwendig werden, die Resultate des Ganzen im Zusammenhang zu beleuchten. Darauf bezieht sich das Deductionsverfahren, welches mit der Impugnationsschrift der Parthei, wogegen der Beweis geführt wurde, beginnt, und mit der Salvationsschrift des Beweisführers schließt.

4) Das Urtheil und die Execution.

304. Sind die Ausführungen der Partheien erschöpft, so erfolgt die Definitivsentenz oder das Endurtheil. Durch dasselbe soll der Streit unabänderlich und für immer beendigt werden. Es sind zwar noch dagegen Rechtsmittel möglich, und es wird erst, wenn diese versäumt oder erschöpft sind, rechtskräftig. Dann aber wird dadurch unter den Partheien ein formelles unabänderliches Recht geschaffen, selbst wenn der Richter gegen das materielle Recht gefehlt haben sollte (res iudicata facit ius inter partes). Daß dem Urtheil die Entscheidungsgründe beigefügt seien, ist dem Geiste der Rechtspflege angemessen, und in vielen Landesgesetzen ausdrücklich geboten [1]). Die Wirkung des Urtheils besteht darin, daß, wenn es condemnatorisch ist, der Verurtheilte zahlen muß, widrigenfalls gegen ihn auf den Grund des Urtheils die Execution nachgesucht werden kann. Diese geschieht auf den Antrag des Gläubigers durch das Gericht erster Instanz, nach dem französischen Recht aber regelmäßig unmittelbar durch den vom Gläubiger dazu requirirten Gerichtsvollzieher. Das Mittel der Execution ist zunächst die Beschlagnahme und der Verkauf von Vermögensstücken, um aus dem Ertrag den Gläubiger zu befriedigen. Denkbar ist auch eine Execution durch persönliche Haft. Einen praktischen Nutzen hat diese aber nur dann, wenn

---

1) Bei den alten Schöffengerichten lagen die Entscheidungsgründe insgemein klar am Tage. Nach der später angenommenen canonisch-römischen Procedur sollte, wie Tengler ausdrücklich sagt, das Urtheil ohne die Beweggründe verkündet werden. Beim Kammergericht wurden die Urtheile in einem Buche verzeichnet, und bei getheilten Meinungen oder in wichtigen Fällen auch die Beweggründe, diese jedoch nur für den Gebrauch des Kammergerichts, Kammergerichtsordnung von 1500. Tit. XX., Reichsabschied von 1566. §. 94. Namentlich sollte bei Appellationen der iudex a quo seine rationes decidendi mit einschicken, Kammergerichtsordnung von 1555. Th. III. Tit. LIII. §. 4. 9., Reichsabschied von 1654. §. 60. 61.

man dadurch von einem widerspenstigen Schuldner oder durch die Beihülfe seiner Freunde Zahlung zu erpressen hoffen kann. Hingegen eine Einsperrung blos zur Befriedigung der Rache oder um den Schuldner für den Gläubiger arbeiten zu lassen [2]), ist für diesen, da er jedenfalls die Alimente zu bestreiten hat, eben so kostspielig als unfruchtbar, und selbst gegen die Humanität. Die neueren Gesetze haben daher dieses Zwangsmittel nur mit genauen Beschränkungen zugelassen.

305. Ein eigenthümliches Verfahren tritt ein, wenn ein Schuldner mehrere Gläubiger hat, und in Folge des Andranges der Gläubiger oder durch die freiwillige Erklärung des Schuldners sich die Zahlungsunfähigkeit desselben herausstellt. Es entsteht dann die Nothwendigkeit, eine alle Forderungen gleichzeitig umfassende Procedur einzuleiten, worin Jede nach ihrem Werthe berücksichtigt und nach Verhältniß der Mittel befriedigt wird. Diese heißt das Concursverfahren, der Gantproceß, processus cridae. Dieses begreift seiner Natur nach fünf Haupttheile. Erstens ist von Seiten des Gerichts das vorhandene Vermögen vor Allem gegen Veräußerung und Veruntreuung durch den Schuldner sicher zu stellen. Zweitens sind die Gläubiger von dem ausgebrochenen Concurse durch öffentliche Ankündigung in Kenntniß zu setzen und zur Geltendmachung ihrer Rechte aufzufordern. Drittens haben die Gläubiger einen Curator der Masse zu ernennen, welcher ihr Interesse an derselben wahrzunehmen und deren Verkauf zu betreiben hat. Viertens sind die angemeldeten Forderungen zu prüfen und die Rangordnung ihrer Befriedigung festzustellen. Fünftens ist nach vollendetem Verkaufe das erlöste Geld unter die Gläubiger nach Maßgabe der festgestellten Classification zu distribuiren. Dabei giebt es mehrere Abstufungen. Gewisse Forderungen sind ihrer eigenthümlichen Natur wegen so bevorzugt, daß sie vor allen Anderen befriedigt werden müssen; so der Gesindelohn des laufenden Jahres. Ferner gehen die Hypotheken

---

2) Dieses war der Zweck bei der römischen und deutschen Schuldknechtschaft. Davon handelt meine Römische Rechtsgeschichte II. §. 718., Deutsche Rechtsgeschichte §. 529. 640.

ihrer dinglichen Natur wegen den einfachen Forderungen vor. Sie selbst aber rangiren unter einander nach dem Alter, wenn sie nicht ausnahmsweise so privilegirt sind, daß sie den einfachen obgleich älteren Hypotheken vorgehen, wie der Fiscus wegen rückständiger Grundsteuern. Die einfachen Forderungen aber concurriren unter einander gleichzeitig, und theilen, was übrig bleibt, nach Verhältniß. Nach den positiven Rechten giebt es aber noch mehrere Zwischenstufen.

5) Die Rechtsmittel.

306. Die Sicherheit der bürgerlichen Zustände erfordert zwar, daß es in der Rechtssprechung einen Punkt gebe, wo das gesprochene Urtheil unabänderlich, also formell als unfehlbar anzusehen ist. Allein neben diesem formellen Bedürfniß ist, im Interesse des materiellen Rechts, doch auch die Möglichkeit des Irrthums bis auf einen gewissen Grad zu berücksichtigen. Dieses geschieht dadurch, daß gegen ein Urtheil, bevor es jene formelle Eigenschaft erlangt, gewisse Rechtsmittel zugelassen sind. Die heutigen Grundsätze über dieselben sind besonders durch drei Umstände bestimmt worden: durch das Vorbild des canonischen Rechts, welches darin auch vieles aus dem römischen Recht aufnahm [1]), durch die mit dem Gebrauch der fremden Rechte aufgekommene Berufung an die academischen Spruchcollegien, und durch die Ordnung des Reichskammergerichts. Man kann von den jetzt gebräuchlichen Rechtsmitteln drei Hauptklassen unterscheiden. Die Erste begreift diejenigen, denen eine Beschwerde gegen eine richterliche Handlung zum Grunde liegt, wogegen die Hülfe eines andern Gerichts angerufen wird. Besteht jene Handlung in einer erlassenen Entscheidung, so ist der Zweck der Beschwerde der, daß dieses Urtheil aufgehoben und ein neues an die Stelle gesetzt werde. Gründet sich diese Beschwerde auf die Behauptung, daß der Richter ein materiell ungerechtes Urtheil gesprochen habe, so heißt sie eine Appellation, und das angerufene Gericht soll dann selbst ein neues Urtheil sprechen. Grün-

---

1) Man sehe oben §. 296.

det sie sich darauf, daß das gesprochene Urtheil ganz abgesehen von seinem Inhalt nicht in der gesetzlichen Weise zu Stande gekommen oder gradezu mit den Gesetzen im Widerspruch sei: so heißt sie eine Richtigkeitsbeschwerde oder ein Cassationsgesuch, und die Wirkung davon ist die, daß wenn sie gegründet befunden, das Urtheil als nicht geschehen behandelt und die Sache an das vorige Gericht zu einem neuen Spruche zurück verwiesen wird. Betrifft die Beschwerde nicht eine erlassene Entscheidung, sondern ein ungesetzliches richterliches Verhalten anderer Art, so heißt sie eine einfache Beschwerde (simplex querela), wie wegen verzögerter oder verweigerter Justiz, und ist dann auf die geeignete Weise Abhülfe zu treffen. Hat sie einen durch Arglist oder grobes Versehen des Richters zugefügten Schaden und dessen Ersatz zum Gegenstande, so wird sie die Syndicatsklage genannt.

307. Eine zweite Klasse von Rechtsmitteln beruht auf dem Gedanken, daß das Gericht selbst, durch dessen Urtheil man sich beschwert glaubt, um nochmalige Erwägung der Sache angerufen werden könne. Hier hat also das Rechtsmittel vorherrschend den Character eines Gesuches um Revision, und wird Supplication, Revision, Restitution, Läuterung genannt. In den Gesetzen wird sie bald nur subsidiär in Fällen, wo eine Appellation unzulässig ist, bald mit dieser electiv concurrirend gestattet. Die neue Verhandlung geschieht durch Wechsel der Referenten oder noch besser durch die Actenversendung an ein Spruchcollegium. Eine dritte Klasse von Rechtsmitteln begreift die Fälle, wo eine Parthei nicht gegen eine Handlung des Richters, sondern gegen ein eigenes Versehen oder einen zufälligen Umstand, wodurch sie zu Schaden kam, Hülfe nachsucht. Hier heißt das Rechtsmittel ein Gesuch um Restitution. Die Zulassung derselben ist aber natürlich durch das positive Recht an bestimmte Bedingungen gebunden. Für das Verfahren ist besonders der Unterschied wichtig, ob durch das Rechtsmittel die Sache an ein anderes Gericht devolvirt oder bei demselben Gericht bleibt. Daß ein eingelegtes Rechtsmittel regelmäßig Suspensivkraft habe, das heißt daß dadurch die Execution des angefochtenen Urtheils vorläufig gehemmt werde, liegt in der Natur der Sache.

6) Besondere Proceduren.

308. Zur gründlichen und erschöpfenden Erledigung eines Rechtsstreites ist als Regel das Festhalten an den angegebenen Grundmaximen unerläßlich. Doch giebt es Fälle, wo Ausnahmen zu machen sind, entweder weil höhere Gründe eine rasche Entscheidung nothwendig, oder weil augenscheinliche Beweismittel die umständliche Procedur entbehrlich machen. Aus diesen Gründen haben sich besonders drei eigenthümliche Processe gebildet: der Mandat-, Arrest- und Executivproceß. Das Eigenthümliche des Mandatprocesses besteht darin, daß der Richter wegen der Dringlichkeit des Falles berechtigt ist, gleich, ohne den Beklagten gehört zu haben, einen Befehl zu erlassen. Wird dadurch dem Beklagten unbedingt und ohne Widerrede etwas befohlen (mandatum sine clausula), so ist es der unbedingte Mandatproceß. Wird ihm eine kurze Frist zur Vorbringung von Einreden gestattet (mandatum cum clausula), so ist es der bedingte Mandatproceß. Der Unterschied bestimmt sich nach den Gründen der Dringlichkeit und nach dem Grade der Bescheinigung, die der Kläger für seinen Antrag beibringt. Der Arrestproceß bezieht sich auf den Fall, wo zureichende Verdachtgründe gegen einen Schuldner es rechtfertigen, auf den Antrag des Gläubigers sofort den persönlichen Arrest des Schuldners oder die Beschlagnahme seines Vermögens zu verfügen, wo also gewissermaßen mit der Execution der Anfang gemacht und erst hinterher über das Sachliche verhandelt wird. Endlich der Executivproceß geht auf den Fall, wo der Kläger zur Begründung seiner Klage eine so klare Urkunde vorlegt, daß es nur darauf ankommt, ob der Beklagte dieselbe als ächt anerkennt oder nicht, und daß im ersten Falle gegen die durch die Anerkennung begründete Liquidität der Forderung nur noch liquide Einreden zulässig sind, jedoch unbeschadet des Rechts, illiquide Einreden nachträglich im ordentlichen Proceßgange zu verfolgen. Eine besondere Art des Executivprocesses ist der Wechselproceß. Außer diesen drei Proceduren, deren jede ihre festen Regeln hat, und die man daher die bestimmten summarischen Processe nennt, giebt es Andere, wo in unbestimmter Weise eine Abkürzung möglich oder nothwendig ist.

Dazu gehören namentlich die Besitzklagen, die in ihrer jetzigen Beschaffenheit aus dem römischen, canonischen und deutschen Recht gemischt sind [1]).

III. Wissenschaftliche Bearbeitung des Proceßrechts.

309. Es liegt in der Natur des Proceßrechts, daß es weit mehr durch die Autorität sachkundiger Männer, also durch die Doctrin und Praxis, als durch positive Gesetzgebung festgestellt und ausgebildet wird. Dieses zeigt sich auch bei den Römern, beim canonisch-römischen Proceß des Mittelalters, bei dem alten deutschen Proceß, und bei der Ausbildung der heutigen Proceßform. In so fern mußte von der wissenschaftlichen Bearbeitung des Proceßrechts schon bei der geschichtlichen Entwicklung desselben geredet werden [1]). Was die Bearbeitung dieses Faches in der neueren Zeit seit dem Reichsabschied von 1654 betrifft, so entstand einige Verwirrung dadurch, daß die Juristen, weil jener Reichsabschied Manches aus dem sächsischen Proceß geschöpft hatte, diesen generalisirten und in den gemeinen deutschen Proceß hineinzogen, so Brunnemann († 1672), Carpzow († 1666), Stryck († 1710). Erst durch Ludovici († 1723), dann durch Estor († 1773) wurden beide Elemente scharf geschieden und auf ihre historischen Grundlagen zurückgeführt.

310. Einen eigenthümlichen Aufschwung erhielt aber diese Disciplin seit dem Ende des achtzehnten Jahrhunderts dadurch, daß man nun die überlieferten processualischen Bestimmungen zugleich rationell nach den Gründen ihrer Nothwendigkeit und Zweckmäßigkeit beleuchtete und zergliederte, wodurch das Proceßrecht eigentlich erst zu dem Range einer Wissenschaft erhoben wurde. Dieses geschah durch Gönner, Grolman, Martin, Almendingen, denen Mittermaier, Linde, Bayer, Schmid gefolgt sind. Auf diesem Wege hat dieses Fach in Deutschland eine rationelle und

1) Ein sehr lehrreiches, auch durch die Methode der Behandlung ausgezeichnetes Werk darüber ist: Bruns das Recht des Besitzes im Mittelalter und in der Gegenwart. Tübingen 1848.

1) Man sehe oben §. 289—294.

systematische Ausbildung erlangt, deren kein anderes Volk sich rühmen kann. Auch die Geschichte der Procedur oder einzelner Theile derselben ist seitdem mit Sorgfalt bearbeitet worden; so von Goldschmidt, Mittermaier, Heffter, Linde, Bethmann-Hollweg, Briegleb, Bruns, Plank, Daniels; doch ist die historische Forschung hier für das Praktische nicht so fruchtbar wie beim Privatrecht. Eine besondere Bearbeitung wurde dem Reichskammergerichtsproceß schon seit dem sechzehnten Jahrhundert zu Theil, von Mynsinger 1563, Gaill 1578, Rosbach 1618, Hiltrop 1629, Matthäus 1639, Vultejus 1654; in der neueren Zeit von Danz 1795, Berg 1797. Werke über den Proceß einzelner Länder giebt es für Sachsen von Pfotenhauer 1796, Biener 1821, Heimbach 1852; für Hannover von Pufendorf 1733, Oesterley 1800; für Mecklenburg von Kamptz 1822; für den preußischen Proceß von Ladenberg 1825, Evelt 1842, Koch 1851; für den rheinisch-französischen Proceß von Schlink 1843.

Fünftes Kapitel.

Das Strafrecht.

I. Allgemeine Grundlage.

311. Bei allen Völkern, so verschieden auch ihre Bildungsstufe ist, findet sich eine Srafgewalt der Obrigkeit; ein Beweis, daß in der menschlichen Natur etwas liegt, welches dieselbe als nothwendig erkennt. Je ernster und tiefsinniger ein Volk ist, um desto bestimmter führt es diese Nothwendigkeit auf eine religiöse Anschauung zurück, auf die Beziehung des Menschen zu Gott und der von Gott ausgehenden sittlichen Weltordnung, von welcher der Mensch durch ein Vergehen sich trennt, und mit welcher er durch die Strafe als Sühne der Schuld wieder ausgesöhnt werden soll. In diesem Zusammenhang erscheint also das Strafrecht als Ausfluß eines höheren Gesetzes und Willens, wodurch jene blutige Gewalt in die Hand der menschlichen Obrigkeit zur Genugthuung der göttlichen Gerechtigkeit gelegt ist. Bei keinem Volke ist jedoch das Strafrecht lediglich auf diese religiöse Grundlage gebaut. Denn gleichwie die Entwicklung der bürgerlichen Gesellschaft das Bedürfniß vieler rein künstlichen und conventionellen Einrichtungen mit sich führt, so zeigt sich auch die Nothwendigkeit, diese durch Strafbestimmungen sicher zu stellen. Dieses ist die Seite des Strafrechts, die von den gegebenen historischen Zuständen eines jeden Volkes abhängt und worin sich der Geist desselben vorzüglich abspiegelt, so daß Handlungen, die bei dem einen Volke oder zu einer Zeit als Vergehen behandelt werden, bei einem andern Volke oder zu einer andern Zeit es nicht sind. Der Grund und die Rechtfertigung dieses Theiles des Strafrechts liegt in dessen Beziehung zu den gesellschaftlichen Bedürfnissen und Interessen, und der sittliche Verpflichtungsgrund für die Einzelnen liegt in der allgemeinen Verpflichtung der Unterthanen, den Gesetzen ihres Landes zu gehorchen.

II. Geschichte des Strafrechts. A) Bei den Römern.

312. Bei den Römern stand in der patricischen Zeit das Strafrecht, wie die ganze Verfassung, mit der Religion und dem Sacralrecht in der engsten Verbindung. Die Todesstrafe galt als Sühne für den Zorn der Götter, und das Vermögen des Schuldigen wurde zu Opfern und Supplicationen verwendet [1]. Durch die Einwirkung des plebejischen bäuerlichen Elementes kam in diese Verhältnisse ein anderer Geist. Dieser zeigt sich in dem Gesetze der zwölf Tafeln, worin, so viel man erkennen kann, die Rücksicht auf Personen und Eigenthum, und eine gewisse Derbheit und Nüchternheit vorherrschend war. Es entstand die Unterscheidung zwischen Privatdelicten, woraus nur für den Verletzten eine Klage vor dem bürgerlichen Richter auf eine Vermögensbuße entsprang, und öffentlichen Vergehen, die vor das peinliche Gericht gehörten. Erstere wurden besonders durch das prätorische Edict genau und umsichtig bestimmt. Mit Letzteren beschäftigte sich die Gesetzgebung, durch die einreißenden Unordnungen gedrängt, gegen das Ende der Republik in der Art, daß über einzelne wichtige Vergehen besondere Gesetze erlassen wurden, worin die unter das Vergehen fallenden Handlungen und das Maß der Strafen genau definirt wurden [2]. Diese Gesetze wurden in den Systemen und Monographien der Juristen commentirt, und blieben die Grundlage des römischen Strafrechts bis in die spätesten Zeiten. Doch wirkten auch die Kaiser wesentlich durch ihre Constitutionen ergänzend, mildernd und schärfend ein, wie der verfeinerte Zustand der Gesellschaft, der gesunkene Geist des Volkes und das Interesse der unbedingten Alleinherrschaft es nöthig machten.

B) Das Strafrecht der Germanen.

313. Bei den Germanen gab es schon in den ältesten Zei-

---

1) Die Beweisstellen giebt meine Römische Rechtsgeschichte II. §. 752.

2) So die lex Cornelia de sicariis, die lex Cornelia de falsis, die lex Pompeia de parricidiis, die lex Iulia maiestatis, die lex Iulia de adulteriis.

ten ein bis zur Grausamkeit gehendes Strafrecht bis auf Leben und Tod, und dasselbe stand auch zum Theil mit religiösen Vorstellungen und Menschenopfern im Zusammenhang [1]. Das Eigenthümliche war jedoch, daß die Anwendung von Leibes- und Lebensstrafen durch das Freiheitsgefühl sehr beschränkt war, so daß die meisten Vergehen, selbst der Todschlag, durch Vermögensbußen an den Verletzten oder dessen Blutsfreunde gesühnt werden konnten, und daß bei solchen Vergehen erst, wenn kein Vermögen da war, Leibes-, Freiheits- oder gar Lebensstrafen zur Anwendung kamen. Eben dieses machte eine genaue und unveränderliche Verzeichnung der Vermögensbußen je nach den verschiedenen Vergehen nothwendig [2]. Eine andere Eigenthümlichkeit war die, daß neben diesem öffentlichen Strafrecht in manchen Fällen, besonders wegen Todschlag, eine unbestimmte Privatrache durch Befehdung, selbst bis zur Vertilgung des Thäters, von den Gesetzen gestattet war. Diese Gegensätze von Grausamkeit und Gelindigkeit, die Buchstäblichkeit der Strafsätze, der Mangel an einem sittlichen Maßstabe der Strafbarkeit, die Bevorzugung der Vermögenden lassen das alte germanische Strafrecht in einem Zustande großer Unvollkommenheit erkennen [3].

C) Einfluß der Kirche.

314. Die Kirche wirkte auf die Umgestaltung dieses Strafrechts besonders auf dreifache Weise ein. Erstens dadurch, daß sie die Strafgewalt der Obrigkeit als den Ausfluß einer höhern Macht, als eine Stellvertretung Gottes zur Aufrechthaltung der sittlichen Weltordnung darstellte [1]. Dieses brachte in die Gesetzgebung einen neuen Geist, der sich auch schon in den Capitularien vielfach kund giebt. Zweitens wurde man durch die Kirche

1) Man sehe die Zeugnisse in meiner Deutschen Rechtsgeschichte §. 659.

2) Diese Verzeichnisse bilden einen Hauptbestandtheil der alten Volksrechte.

3) Darüber darf man sich durch das historische Interesse für diesen Stoff nicht täuschen lassen. Ueberdies gefällt man sich häufig darin, denselben mit reizenden Farben in einer Weise auszumalen, welche die Prüfung nach den Quellen nicht aushält.

1) Man sehe darüber oben §. 66. Note 8.

mit den ernsten Straffatzungen des Mosaischen Rechts bekannt, wodurch namentlich die Behandlung der freiwilligen Tödtung unter einen ganz andern und weit strengeren Gesichtspunkt kam [2]). Drittens wirkte die Kirche durch das Beispiel, welches sie in ihrer eigenen Strafgesetzgebung aufstellte. Diese bezog sich theils auf die Vergehen der Geistlichen, in so fern sich diese dadurch des geistlichen Amtes oder Standes verlustig machen, theils auf die Laien, um diese zu einem religiösen und sittlichen Leben anzuhalten. Zu diesem Zwecke hatte die Kirche schon seit den ältesten Zeiten eine strenge Disciplin entwickelt und gegen Laster und Vergehen scharfe Kirchenbußen verhängt. Daran hielt sie auch in den germanischen Reichen nicht nur fest, sondern bildete dieses auch nach dem Bedürfniß jener rohen Zeiten noch kräftiger aus. Es wurden von dem Bischofe oder seinem Archidiacon in der Diöcese umher jährliche Versammlungen gehalten, wo die dazu bestellten Sendschöffen die inzwischen vorgefallenen Vergehen zur Anzeige bringen mußten [3]). Die Bußen wurden nach Maßgabe der Pönitentialbücher [4]) auferlegt, und bestanden ohne Unterschied des Ranges und Standes oft in mehrjährigen oder gar lebenslänglichen harten Kasteiungen, so daß sie weit mehr wirkten, als die Vermögensbußen der Volksrechte. So diente diese Einrichtung dem unvollkommenen weltlichen Strafrecht zur Ergänzung, und wurde dazu auch von den Königen unterstützt. Man lernte darin ein Strafsystem kennen, welches auf die reumüthige Hingebung des Schuldigen an die verwirkte Strafe berechnet, diesen auf einen sittlichen Standpunkt erhebt, wo die Strafe ihm nicht mehr als ein Uebel, sondern als eine durch das Gesetz der göttlichen Gerechtigkeit gebotene Genugthuung zur Aussöhnung mit Gott und der sittlichen Weltordnung erscheint. Dieses ist der höchste, wahrste und würdigste Standpunkt, wozu

2) Man sehe darüber oben §. 90. Note 4. Der dort erwähnte in die Sammlung des Benedictus Levita aufgenommene Auszug der capitula legis divinae hat unverkennbar auf das spätere Strafrecht eingewirkt.

3) Von dieser Einrichtung handelt mein Kirchenrecht §. 187. 188. 190.

4) Von diesen handelt mein Kirchenrecht §. 93.

sich die Idee der Strafe erheben kann. Der Grundgedanke dieses Strafrechts führte auch auf genaue Unterscheidungen der Grade der Verschuldung hin [5]), woran es in dem rohen weltlichen Strafrecht fast ganz fehlte.

D) Das Strafrecht des Mittelalters.

315. Im Mittelalter nahm das Strafrecht durch die Reichsgesetzgebung einen ganz anderen Charakter an, indem Diese schwere Missethaten mit oft grausamen Todes- und Leibesstrafen bedrohte. Dazu trugen hauptsächlich vier Umstände bei. Vor Allem wirkte das Beispiel des Mosaischen Rechts ein, welches dem Gebrauche der Todesstrafen das Ansehen des göttlichen Gesetzes verlieh, vor welchem man sich in Verehrung beugte. Zweitens machte die Rohheit und Verwilderung der Zeit die Abschreckung durch ein strenges Strafsystem nothwendig. Drittens neigte der Geist des deutschen Rechts überhaupt zu einer rohen Rücksichtlosigkeit gegen geringe Leute, wie Missethäter insgemein sind, was sich schon im alten Recht in der harten Bestrafung der Unfreien zeigt. Viertens liegt in der ungebändigten germanischen Natur unverkennbar ein Element von Grausamkeit, dem man gegen Verbrecher allzu freien Lauf ließ. Wo die Reichsgesetze nicht zureichten, bildete sich das Strafrecht in jener Richtung durch die Praxis der Schöffengerichte aus, immer so, daß man nur die Missethat nach ihrem äußeren Erfolg und die dadurch verwirkte Strafe ins Auge faßte. Dieser Zustand stellt sich in dem Sachsenspiegel dar. Auch in den Stadtrechten sind die straf-

---

5) Regino de synodalibus causis I. 304. Sollerter admonentes doctum quemque sacerdotem Christi, ut in universis, quae hic adnotata repererit, sexum, aetatem, conditionem, statum, personam, intellectum, ipsum quoque cor poenitentis curiose discernat, et secundum haec, ut sibi visum fuerit, singula quaeque diiudicet. — Eben so sagt Alexander III. im c. 6. X. de homicid. (5. 12): Sane, quum vir discretus existas, plenius nosti, quod in excessibus singulorum non solum quantitas et qualitas delicti, sed aetas, scientia, sexus atque conditio delinquentis sunt attendenda, et non solum secundum praedicta, sed secundum locum et tempus, quo delictum committitur, unicuique poenitentia debet indici, quum idem excessus magis sit in uno quam in alio puniendus.

rechtlichen Bestimmungen zwar etwas specieller, allein ihrem Geiste nach nicht gemildert; vielmehr bewirkte die Rücksicht auf den Schutz der Personen und des Eigenthums, daß noch umständlichere und schärfere Strafsätze hinzukamen. Ein Beispiel giebt das Stadtrecht von Augsburg von 1276, welches nur in der genaueren Berücksichtigung der Nothwehr einen Fortschritt zeigt.

E) Ausbildung des neueren Strafrechts.

316. Eine erhebliche Verbesserung des Strafrechts geschah erst durch den Einfluß der fremden Rechte und der darauf gebauten Jurisprudenz. Das römische Recht bot dazu ein in Form und Inhalt sehr ausgebildetes reichhaltiges Material dar, und das canonische Recht wirkte, wenn auch mehr unvermerkt, auf den Geist der Auffassung ein. Das Organ, wodurch dieser Einfluß sich geltend machte, waren zunächst die Glossatoren, welche die Titel in den römischen und canonischen Sammlungen, die sich auf das Strafrecht beziehen, mit gewohnter Genauigkeit und Gründlichkeit erläuterten. Bald aber erschienen in Italien auch eigene Werke über das Criminalrecht, die diesen Stoff aus den Quellen des römischen und kirchlichen Rechts, aus den Glossatoren und auch mit Berücksichtigung der Statutarrechte mit zunehmender Weitschweifigkeit behandelten. Dahin gehören Rolandinus de Romanciis († 1284) de ordine maleficiorum, wohl die erste besondere Schrift über das Strafrecht, die aber nicht mehr existirt [1]), ferner Albertus de Gandino de maleficiis 1229 [2]), Guido de Suzaria (um 1290) de ordine maleficiorum, woraus der tractatus de tormentis oft gedruckt ist [3]), Angelus Aretinus († nach 1451) de maleficiis, Hippolytus de Marsiliis aus Bologna († 1529) Practica criminalis. Diese Werke tragen zwar, selbst noch in erhöhtem Grade, dieselben Gebrechen an sich, wie die damaligen Commentarien über das Civilrecht [4]). Sie behandeln den Stoff mit der buchstäblichsten Trockenheit und Breite;

1) Savigny Röm. Recht im Mittelalter V. §. 166.

2) Savigny V. §. 168.

3) Savigny V. §. 128.

4) Man sehe oben §. 245.

zuerst den Criminalproceß, dann die einzelnen Maleficien, die ohne alle systematische Classification roh neben einander gestellt werden. Dennoch erlangten sie durch das Bedürfniß der Praxis eine fast unbedingte Autorität, so daß sie selbst wieder mit Anmerkungen und Zusätzen versehen wurden; so Albertus de Gandino von Bernardinus de Landriano, der Tractat des Guido de Suzaria von Bologninus, Angelus Aretinus von Bernardinus de Landriano und Anderen. Auch gewährten sie jedenfalls den Vortheil, daß dadurch der Willkühr der Gerichte in der Wahl der Strafen gesteuert, und wenigstens einige rationelle Unterscheidungen angeregt wurden.

317. Der Einfluß dieser Jurisprudenz verbreitete sich nun auch nach Deutschland. Dieser zeigt sich in dem um 1475 verfaßten, von Sebastian Brand 1516 neu edirten richterlichen Klagspiegel, der darin ganz aus dem römischen Recht und aus Albertus de Gandino geschöpft hat. Ein Gleiches zeigt sich in dem Wormser Stadtrecht von 1498 hinsichtlich der Procedur in Strafsachen. Das wichtigste Werk war aber die vom Fürstbischof von Bamberg für sein Stift 1507 erlassene Halsgerichtsordnung, welche unter Benutzung des angeführten Klagspiegels und der italienischen Praktiker in der selbstständigen Behandlung allgemeiner Lehren, wie von der Zurechnung, einen wesentlichen Fortschritt zeigte, den Begriff der Vergehen und der darauf gesetzten Strafen durch die Verbindung des römischen Rechts mit dem einheimischen Gewohnheitsrecht bestimmter fixirte, und durch die klare bündige Abfassung in deutscher Sprache der „Unbegreifflichkeit" der Urteiler, „die der recht nicht gelernet oder geübt haben", wesentlich zu Hülfe kam. Diese Ordnung gelangte daher bald im Reiche zu einem großen Ansehen, wie namentlich der Laienspiegel des Ulrich Tengler von 1509 zeigt, worin das Strafrecht zum Theil wörtlich daraus geschöpft ist.

318. Mittlerweile hatte der klägliche Zustand der peinlichen Rechtspflege auch die Aufmerksamkeit der Reichsgesetzgebung auf diesen Gegenstand hingelenkt [1]), und nach mehreren Entwürfen [2]),

1) Reichsabschied zu Freiburg 1498. §. 34. Item: so teglich wider Für-

wobei die Bamberger Halsgerichtsordnung zum Grunde gelegt war, wurde von Karl V. auf dem Reichstage zu Regensburg 1532 [3]) eine Peinliche Gerichtsordnung zur allgemeinen Nachachtung publicirt [4]). Diese kam nun auch bald kraft ihres reichsgesetzlichen Ansehens bei den Gerichten in Gebrauch [5]), und wurde so mit den fremden Rechten die Grundlage des gemeinen deutschen Strafrechts. Es sollte jedoch durch sie den einzelnen Ländern „an ihren alten wohlhergebrachten rechtmäßigen und billigen Gebräuchen nichts benommen" sein. Es zeigte sich aber nun das Bedürfniß, alle diese Materialien zu einer Einheit zu verarbeiten. Hin und wieder versuchte man dieses auf dem Wege der Gesetzgebung, namentlich in den Sächsischen Constitutionen von 1572 und in der Bayerischen Malefizordnung von 1616. Hauptsächlich aber geschah es durch die Doctrin, wodurch einzelne Schriftsteller, namentlich Benedict Carpzow († 1666), sich zu einem fast gesetzlichen Ansehen erhoben. Der daraus in der Praxis entstehenden Unsicherheit und Willkühr suchte man in mehreren Ländern durch die Abfassung von Strafgesetzbüchern entgegen zu wirken, so im Königreiche Preußen in dem sechsten Buche des Landrechtes 1721, in Bayern 1751, in Oesterreich 1769. Doch waren diese nur aus den gangbaren Quellen und Prakti-

---

sten, Reichßsteet und ander Oberkeyt in Klagsweyse einem Gericht anbracht wirdet, daß Sy Leut unverschuld on Recht und redlich Ursach zum Tode verurteyln und richten lassen haben sollen, — Wirdet not seyn, deshalb ein gemein Reformation und Ordenung in dem Reich fürzunemen, wie man in Criminalibus procediren soll.

2) Darauf beziehen sich die Reichsabschiede zu Worms 1521. §. 17., zu Speier 1529. §. 32., zu Augsburg 1530. §. 97.

3) Reichsabschied zu Regensburg 1532. Tit. IV.

4) Herausgegeben ist dieselbe mit der Bamberger Halsgerichtsordnung und den Projecten von 1521 und 1529 nebst einer vergleichenden Tabelle von Zöpfl, Heidelberg 1832.

5) Irrig ist die Ansicht, daß die Peinliche Halsgerichtsordnung nicht als Gesetz, sondern nur zur Empfehlung publicirt worden, und daher in den einzelnen Ländern einer besondern Reception bedurft habe. Diese findet sich noch in Falck Encyclopädie §. 128. 129. Das Richtige zeigt Wächter über die Reception der Carolina (Archiv des Criminalrechts 1837).

kern geschöpft, und erhoben sich über den herkömmlichen Standpunkt nicht.

319. Die Gebrechen, welche mit dem Fortschritte der Wissenschaft und Sitten auf diesem Gebiete sichtbar geworden waren, regten aber endlich Reformen durch eine neue umfassende Strafgesetzgebung an, wobei sich nun der Einfluß wahrer und falscher philosophischer Zeitideen geltend machte. Dieses zeigte sich in den neuen Strafgesetzbüchern von Oesterreich 1787 und 1803, im Preußischen Landrecht von 1794[1]), in den Strafgesetzbüchern von Bayern 1813, Oldenburg 1814. Besonders wirkte aber die Bekanntschaft und Vergleichung mit den französischen Gesetzbüchern über das Strafverfahren von 1808 und über das Strafrecht von 1810. Die dadurch angeregten Discussionen betrafen zwar hauptsächlich das Verfahren; allein sie wirkten doch auch wesentlich auf die rationelle Behandlung und Verbesserung des materiellen Strafrechts zurück. Dieses zeigt sich in der Reihe der neuen Strafgesetzbücher, die nun rasch hintereinander zu Stande kamen, in Sachsen 1838, angenommen auch in Altenburg 1841, in Würtemberg 1839, Hannover 1840, Großherzogthum Hessen 1841, Braunschweig 1841 und danach in Lippe-Detmold 1843, in Baden 1845 in Geltung seit 1851, in Anhalt und den Thüringischen Staaten 1850, Preußen 1851, Oesterreich 1852.

III. Das heutige Strafrecht. A) Bedingungen der Strafbarkeit.

320. Eine Strafe kann nicht eintreten ohne ein Vergehen, sonst ist sie Willkühr und Unrecht, also selbst ein Vergehen. Ein Vergehen setzt aber dreierlei voraus. Erstens eine Handlung, die nicht eine blos innerliche gewesen, sondern sich in irgend einer Weise äußerlich kund gegeben hat. Denn wenn gleich die sittliche Weltordnung auch das Innere umfaßt, so würde es doch zu den gefährlichsten Folgen führen, wenn die Strafgewalt des Staates ihr Amt auch bis dahin ausdehnen wollte[1]). Zweitens

---

1) Eine gute Beurtheilung des darin enthaltenen Strafrechts giebt Hälschner das Preußische Strafrecht I. 189—230.

1) Fr. 18. D. de poenis (48. 19). Cogitationis poenam nemo patitur.

muß die Handlung durch das positive Recht als eine strafbare bezeichnet sein (nullum delictum sine lege poenali). Drittens muß die rechtswidrige Handlung von dem Urheber nicht blos mechanisch verübt worden sein, sondern ihm auch moralisch zugerechnet werden können. Diese Zurechnung kann verschiedene Grade haben, von dem mit der bestimmtesten Ueberlegung gefaßten Vorsatz an bis zu der blos als Unvorsichtigkeit zu bestrafenden Verschuldung. Auch müssen innerhalb dieser Gränzen noch alle Umstände in Betracht kommen, welche die Freiheit des Willens aufheben oder wesentlich modificiren, wie Blödsinn, jugendliches Alter, Leidenschaften, gewisse Krankheitsformen. Dieses ist der Punkt, wo die Psychologie dieses Gebiet berührt, wobei man sich aber nicht weniger vor der unwissenden Rohheit der älteren Strafrechtspflege als vor der Weichheit und Sentimentalität einer neueren Richtung zu hüten hat.

321. Sehr wichtig ist auch bei der Strafbarkeit einer Handlung die Frage, ob dieselbe ein bereits vollendetes Vergehen bildet oder nicht. Man muß hier rationell augenscheinlich drei Stadien unterscheiden. Das Erste ist, wo das Vergehen nur erst vorbereitet wird. In diesem sind wieder zwei Abstufungen zu machen. Die Eine, wo der Thäter vorherrschend noch als im Zustande der Versuchung und des inneren Kampfes angesehen werden kann [1]). Hier soll daher von einer Bestrafung durch die Gerichte gar nicht die Rede sein. Die Andere ist, wo die Vorbereitung zu einem Punkte gediehen ist, wo sie die ernste Absicht der Ausführung überwiegend anzeigt [2]). Hier ist sie schon als solche als ein strafbares Vergehen anzusehen und gesetzlich zu behandeln: nur darf die volle Strafe des vollendeten Vergehens nicht eintreten, weil die Möglichkeit der freiwilligen Unterlassung doch noch immer da war. Das zweite Stadium ist, wo die Ausführung selbst begonnen hatte, aber durch zufällige Umstände die

1) Zum Beispiel wenn Einer zur Tödtung eines Andern nur erst ein Schießgewehr oder Gift angeschafft hat.

2) Zum Beispiel, wenn Einer einen Mörder fest gedungen, und sich nur die nähere Bestimmung über den Tag der Ausführung vorbehalten hat.

Vollendung gehindert wurde [3]). Dieses ist um so mehr als Vergehen zu bestrafen, und zwar strenger als im vorigen Falle, jedoch nicht mit der vollen Strafe, weil doch noch im letzten Augenblicke eine Aenderung des Entschlusses möglich war. Das dritte Stadium ist, wenn Alles, was zur Vollendung des Vergehens gehörte, von Seiten des Thäters geschehen ist, dieses jedoch durch Zufall den beabsichtigten Erfolg nicht gehabt hat [4]). Hier hat der Thäter die volle Strafe verwirkt, und es kann ihm das Glück, welches den Andern beschützt hat, nicht zu Gute kommen [5]). Die neueren Gesetzbücher sind aber zum Theil abweichend, indem sie unter anderen das wesentlich verschiedene zweite und dritte Stadium auf gleiche Linie stellen [6]). Eine andere Abweichung einiger Gesetzbücher und vieler Rechtslehrer ist die, daß auch im dritten Stadium nicht die volle Strafe zur Anwendung kommen solle. Sucht man dafür einen mehr befriedigenden und tieferen Grund als in einer unbestimmten Gefühlsweise oder in der Rücksicht auf den rohen Zufall, so gewährt diesen nur die christliche Anschauung, daß, weil die Vorsehung die Seele und das Gewissen des Thäters vor den Folgen seiner bösen That bewahrt hat, auch die irdische Gerechtigkeit milder mit ihm verfahren dürfe und müsse.

B) Von den Strafen.

322. Die Strafe hat eine dreifache Bedeutung. Erstens

---

3) Zum Beispiel, wenn man zum Morde oder zur Brandstiftung bereit stand, und nur durch zufällig erscheinende Personen gehindert wurde.

4) Zum Beispiel, wenn der Thäter den mörderischen Schuß gethan, aber nicht getroffen hat.

5) Hadrianus in fr. 14. D. ad l. Cornel. de sicar. (48. 8). In maleficiis voluntas spectatur, non exitus. Das Wort exitus beweist, daß hier nur das dritte Stadium gemeint ist.

6) So namentlich das Franz. Strafgesetzbuch Art. 2., und danach mit einer geringen Modification auch das Preußische §. 31. 32., welche in beiden Stadien den Versuch dem Verbrechen gleich stellen. Besser ist die alte Peinliche Halsgerichtsordnung Art. 178., welche die Abstufung der Strafen dem richterlichen Ermessen überläßt.

bewährt sich durch sie die sittliche Weltordnung, der Wille Gottes, der mißbrauchten menschlichen Freiheit gegenüber, als eine Macht. Zweitens liegt darin ein Act der Genugthuung, den das Gesetz der Gerechtigkeit fordert. Drittens liegt darin auch eine Versöhnung, also ein Act der Liebe [1]). Der sittliche Zweck der Strafe wird am vollständigsten erreicht, wenn die dritte Auffassung in dem Gemüthe des Thäters möglichst lebendig ist. Es muß daher auch von Seiten der Staatsgewalt möglichst dahin gewirkt werden, was aber nur durch die Beihülfe der Religion und der Kirche geschehen kann. Die Strafe muß ihrem Begriffe und Zwecke gemäß in Etwas bestehen, das dem Thäter Schmerz erregt, und die Gerechtigkeit einer Strafe besteht darin, daß der Grad des Schmerzes dem Grade der Verschuldung genau angemessen ist. Die der sittlichen Idee der Strafe am meisten entsprechende Art des Schmerzes ist der Seelenschmerz. Da aber die Staatsgewalt dahin nicht reicht, so muß sie sich an das halten, was einen äußeren Schmerz gewährt. Doch muß sie, so weit es möglich ist, mit Hülfe der Kirche dahin zu wirken suchen, daß zu dem äußern Schmerz die Reue und der innere Schmerz hinzutrete [2]).

323. Als Strafe in dem angegebenen Sinne kann also Alles gebraucht werden, was als Zufügung eines Uebels oder als Entziehung eines Gutes Schmerz oder doch Unlust hervorbringt. Dieses Gebiet ist sehr ausgedehnt, und es mischt sich daher leicht Willkührliches und Zufälliges ein. Es muß aber Aufgabe der Gesetzgebung sein, nur solche Strafmittel zu wählen, die mit der Würde des Strafamtes in Einklang stehen. Diese lassen sich

---

1) Man sehe oben §. 311. 314.

2) Dieses zeigt sich auch in den heutigen Einrichtungen bei der Anwendung der Todesstrafe. Nicht minder wichtig ist es bei der Gefängniß- und Zuchthausstrafe. Es gehört aber dazu eine Uebung, Seelenkenntniß und Hingebung, die sich nach dem Zeugniß der Erfahrung dauernd nur bei geistlichen Orden findet. Das Pönitentiarsystem verfolgt seinem Namen gemäß denselben Zweck; jedoch verbindet es damit den Andern, die Isolirung, Einsamkeit und Langeweile selbst als Mittel der Strafe und Pein zu benutzen, und dadurch auf das Innere zu wirken. Dieses ist aber allein nicht hinreichend.

auf fünf Klassen zurückführen. Erstens die Todesstrafe, wodurch das Gut entzogen wird, woran der Mensch nach einem tief eingepflanzten Naturgefühl am stärksten hängt. Eine Rechtfertigung für den Gebrauch der Todesstrafe gewährt lediglich die religiöse Auffassung der Strafe; als Wiedervergeltung behandelt liegt darin eine Barbarei; als Mittel gebraucht um abzuschrecken oder den Verbrecher unschädlich zu machen, liegt darin von Seiten der Gesellschaft eine Mischung von Rohheit und Feigheit. Die Todesstrafe ist aber schon an sich etwas so Furchtbares, daß die Schärfung durch Peinigung als eine gebildeter Zeiten unwürdige Grausamkeit anzusehen ist. Zweitens die Freiheitsstrafen. Diese bestehen entweder darin, daß sie blos den Zutritt zu einem bestimmten Orte verbieten, wie bei der Orts- und Landesverweisung, wo die Liebe zur Heimath und zum Vaterlande beim Schmerz der Strafe mit in Anschlag gebracht ist; oder darin, daß sie den Sträfling positiv an einen bestimmten Ort bannen, wie die Deportation in eine Colonie, der Festungsarrest, die Galeerenstrafe, das Zuchthaus, das einfache Gefängniß. Da sich hier der Sträfling in der engsten Aufsicht und Abhängigkeit von der Staatsgewalt befindet, so entspringt für diese die Verpflichtung, denselben nicht blos gegen Verwilderung zu schützen, sondern auch positiv und nachhaltig auf dessen Besserung einzuwirken. Drittens die Leibesstrafen. Diese können verschiedene Formen und Zwecke haben. Verstümmelungen, um den Sträfling dauernd zu peinigen und für immer kenntlich zu machen, werden jetzt mit Recht als barbarisch verworfen, und selbst die Brandmarkung ist meistens außer Uebung gesetzt. Körperliche Züchtigungen, die man in mancherlei Graden erfunden hat, passen nur für den rohen Menschen, dem mit dem Freiheits- und Ehrgefühl nicht beizukommen ist, und sind daher als Strafmittel häufig abgeschafft, bleiben jedoch als äußerstes Züchtigungsmittel im Innern der Strafanstalten unentbehrlich. Körperliche Strafen durch Schmälerung der Kost, Entziehung von Licht und Aussicht, und durch Arbeitszwang sind aber in Verbindung mit Gefängnißstrafen in Uebung, und mit Recht, weil diese sonst für Manche keine Strafe, sondern eine Versorgung sein würde. Im alten Recht hatte man verstümmelnde und züchtigende Strafen, weil man Gefängnißstrafen für zu umständlich und kostspielig hielt. Aber auch jetzt kann man aus dem disciplinären Standpunkt fragen, ob bei der in den Strafanstalten häufig herrschenden Unsittlichkeit für die Besserung eines jugendlichen Sträflings nicht besser durch eine körperliche Züchtigung als durch Einsperrung gesorgt sei? Viertens die Ehrenstrafen. Diese können eine doppelte Form haben. Entweder geben sie den Sträfling positiv dem Schimpfe, Spott oder Gelächter Preis, wie die Ausstellung am Schandpfahl, das Hundetragen. Solche werden als das Ehrgefühl abstumpfend nicht mehr für angemessen gehalten. Oder es werden dadurch die bürgerlichen Rechte entzogen, die vorzugsweise die Ehrenhaftigkeit voraussetzen. Dieses kommt noch jetzt in Verbindung mit anderen Strafen vor [1]). Fünftens die Vermögensstrafen in ihren mannichfaltigen Abstufungen. Hier ist jedoch darauf Rücksicht zu nehmen, daß die unschuldige Familie nicht, wie bei der Confiscation, zu sehr mit gestraft werde. Da übrigens die Strafbarkeit auch bei einem und demselben Vergehen eine vielfache Abstufung haben kann, so muß auch für das Strafmaß ein Maximum und ein Minimum festgesetzt sein, innerhalb dessen das richterliche Ermessen wählen kann.

C) Von den Vergehen.

324. Das Strafrecht ist seiner Grundidee nach ein Ausdruck der sittlichen Weltordnung, gleichsam die der irdischen Welt zugekehrte äußerste Seite derselben. Die sittliche Weltordnung zerfällt aber in drei Gebiete: die Rechtsordnung, worin die Beziehung des Menschen zu anderen Menschen das Vorherrschende ist, das Gebiet der Sittlichkeit oder die Beziehung des Menschen zu sich selbst als einem sittlichen Wesen, und die Religion oder die Beziehung des Menschen zu Gott. Alle drei Gebiete werden in näherer oder entfernterer Weise getragen von der Ordnung des Staates als der nothwendigen Erscheinungsform des mensch-

---

1) Man sehe oben S. 121.

lichen Daseins [1]), welche daher ebenfalls als eine von Gott gewollte sittliche Ordnung anzusehen ist. Jede Verletzung eines dieser vier Gebiete, welches aus dem Reiche des bloßen Gedankens hervorgetreten sich in einer dem Richteramt erkennbaren That äußert, kann daher auch unter die Strafgewalt des Staats gezogen werden. Da jedoch die irdische Strafgewalt in keinem Falle die göttliche Gerechtigkeit vollständig ersetzen kann, so kann sie sich bei den Vergehen gegen die Religion und Sittlichkeit, welche lediglich gegen Gott oder die eigene sittliche Würde gerichtet sind, eine Gränze setzen, über welche hinaus sie deren Ahndung Gott und dem eigenen Gewissen überläßt. Wie weit oder wie enge diese Gränze gezogen sei, hängt von dem Geiste einer jeden Zeit ab. Im Mittelalter war sie durch den Einfluß des Mosaischen Rechts zu ausgedehnt; jetzt ist die entgegengesetzte Richtung vorherrschend. Irrig ist es jedoch, wenn manche Criminalisten die Vergehen gegen die Religion und Sittlichkeit als solche von dem weltlichen Strafrecht schlechthin ausschließen, und nur die Vergehen, welche Rechtsverletzungen enthalten, darunter ziehen wollen. Gegen diese Einseitigkeit hat das gesunde Gefühl selbst bei der Redaction der neuesten Strafgesetzbücher geschützt [2]).

325. Nach dem Gesagten lassen sich die Vergehen auf vier Hauptklassen zurückführen. Erstens, Vergehen gegen den Staat. Diese zerfallen in vielerlei Klassen: Vergehen durch Angriff auf die Grundbedingungen der Existenz eines Staates und seiner Verfassung, Hochverrath, Landesverrath, Majestätsbeleidigung; Vergehen gegen den der Staatsgewalt schuldigen Gehorsam, Empörung, Aufruhr, Widerstand, Meuterei; Vergehen gegen die dem Staate schuldige Treue, Desertion, Eintritt oder Beharren im Kriegsdienst einer feindlichen Macht; Vergehen gegen die Staatsgewalt in den von ihr bestellten Behörden, Beleidigung der Beamten und der Kammern, Amtseingriffe, Befreiung von

---

1) Man sehe oben §. 15.

2) Das Preußische Strafgesetzbuch von 1851 hat doch eigene Rubriken für die Vergehen gegen die Religion und Sittlichkeit, und kennt auch noch eine höhere Strafe des Sacrilegiums.

Gefangenen, Abreißen von Placaten oder Siegeln, Vernichtung öffentlicher Actenstücke; Vergehen gegen Hoheits- und Eigenthumsrechte des Staates, Anmaßung von Amtsgewalt, Amtserschleichung, Münzvergehen, Steuerdelicte, Anmaßung von Staatsvermögen; Vergehen der Beamten gegen ihre Amtspflichten; Vergehen gegen die verfassungsmäßige Einrichtung der Landesvertretung und öffentlichen Wahlen, Wahlumtriebe, Verfälschung von Stimmzetteln; Vergehen gegen die öffentliche Ruhe, Ordnung und Sicherheit, Aufläufe, Rottirung, verbotene Verbindungen, Anreizung der Unterthanen zum Hasse, Vagabondirung, Bettelei; Vergehen gegen die von der Staatsgewalt geschützten gemeinen Interessen und Anstalten, Brandstiftung, Verletzung der Dämme, Eisenbahnen, Telegraphen. Zweitens, Vergehen gegen die Religion. Solche können aus einem dreifachen Grunde strafbare Vergehen sein: erstens weil die Religion schon an und für sich eine sittliche unantastbare Ordnung, nicht ein durch blos conventionelle Vorstellungen geschaffenes Verhältniß ist; zweitens weil die Religion auch das Fundament des Staates ist, da kein Staat ohne Religion bestehen kann; drittens weil die Religion für ihre Anhänger einen würdigen Gegenstand der Verehrung bildet, für welche sie den Schutz der Gesetze zu fordern ein Recht haben. Es treffen also hier objectiv sittliche, politische und juristische Gründe zusammen. Es ist einseitig und engherzig, wenn man die Strafbarkeit der Religionsvergehen lediglich unter den dritten Gesichtspunkt stellen will [1]). Drittens, Vergehen gegen die Sittlichkeit. Da ein Staat eine Vereinigung von sittlichen Wesen und selbst ein sittlicher Organismus ist, so theilt sich auch dem Strafrecht mehr oder weniger die Richtung mit, gewisse schon aus der sittlichen Natur des Menschen entspringende Pflichten durch Strafgesetze zu schärfen; die Pflicht der Keuschheit durch Bestrafung grober Fleischesvergehen, Verletzung der Schamhaftigkeit; die Pflicht der Wahrhaftigkeit durch Bestrafung gewisser Arten der Fälschung, des Meineides, wobei

1) Das Preußische Strafgesetzbuch enthält doch noch eine Strafbestimmung gegen Gotteslästerung.

jedoch auch ein religiöses Vergehen concurrirt; die Pflicht der Redlichkeit und Treue durch die schärfere Bestrafung des betrügerischen Bankeruttes, der untreuen Vormünder und dergleichen. Viertens, Vergehen, worin die Verletzung der einem Anderen an und für sich zustehenden Rechte, also der Begriff einer Rechtsverletzung im eigentlichen Sinne, das Vorherrschende ist. Dahin gehören also die Vergehen wider Leben, Leib, Gesundheit, Freiheit, bürgerliche und staatsbürgerliche Rechtsfähigkeit, Ehre und Vermögen. Uebrigens können bei einem Vergehen mehrere dieser Gesichtspunkte concurriren. In neuen Strafgesetzbüchern ist aber aus processualischen Gründen eine andere Eintheilung angenommen, in Verbrechen, Vergehen und Uebertretungen oder Contraventionen. Sie entspricht der Unterscheidung der Strafgerichte in peinliche oder Geschworenengerichte, correctionelle oder Zuchtpolizeigerichte und einfache Polizeigerichte.

IV. Das Strafverfahren. A) Allgemeine Grundgedanken.

326. Die Anwendung einer Strafe setzt nothwendig ein gerichtliches Urtheil, und dieses eine in geordneten Formen geführte Untersuchung und Constatirung der Schuld voraus. Diese Formen können verschieden sein. Entweder kann man davon ausgehen, daß vorgefallene Vergehen von dem Verletzten oder irgend einem andern Betheiligten zu verfolgen seien. In diesem Falle hat der Ankläger auch für die ganze Beweisführung thätig zu sein, und die Procedur ist dann rein accusatorisch. Oder man kann die Verfolgung der Vergehen als eine im Interesse des gemeinen Wesens begründete Pflicht der Obrigkeit ansehen. In diesem Falle ist wieder zweierlei möglich. Entweder hat das Gericht, welches das Urtheil sprechen soll, auch die Untersuchung zu führen, so daß es dazu ein Mitglied committirt und auf dessen Acten gestützt, ohne nothwendig den Verklagten selbst gehört zu haben, das Urtheil spricht. Dieses nennt man das inquisitorische Verfahren. Dieses hat sich im Mittelalter bei den geistlichen Gerichten ausgebildet, und ist aus dem canonischen Recht in den deutschen Criminalproceß übergegangen. Oder es wird eine eigene vom Gericht getrennte Behörde mit der Verfolgung der

Vergehen beauftragt, die im vorkommenden Falle die Anklage zu betreiben hat. Dann wird die Procedur accusatorisch. Dieses kann wieder in zwiefacher Weise geschehen. Entweder hat der Staats- oder Kronanwalt nur subsidiär einzutreten, wenn kein anderer Ankläger da ist; so war es im alten und auch noch im späteren römischen, und im alten deutschen Recht, und so ist es noch jetzt in England. Oder der Staatsanwalt wird ausschließlich mit dem Amte der Anklage bekleidet, so daß Privaten nur durch Anzeigen bei demselben und als Zeugen thätig sein können; so ist es im heutigen französischen Proceß und in den demselben nachgebildeten neuen deutschen Gesetzbüchern. Doch ist hier der Staatsanwalt bei den zur Begründung der Anklage nöthigen Schritten nicht allein thätig, sondern er wirkt mit einem Untersuchungsrichter zusammen, und darin hat das Verfahren einen vorherrschend inquisitorischen Charakter.

327. Was den Gebrauch der Scriptur im Strafproceß betrifft, so ist da, wo die Anklage durch einen Privatmann zu führen ist, ein rein mündliches Verfahren denkbar, worin der Ankläger seine Zeugen und Urkunden vorbringt und Alles durch mündliche Fragen an den Angeklagten erledigt wird. So war es im alten römischen und alten deutschen Proceß. Hingegen wo eine öffentliche Behörde die Untersuchung zu führen hat, ist während derselben der Gebrauch der Scriptur zur Protocollirung der Antworten des Beklagten und der Zeugenaussagen unentbehrlich. Darüber hinaus ist aber ein doppeltes Verhalten möglich. Entweder wird die ganze Untersuchung und Verhandlung bis zur Schlußvertheidigung des Beklagten hin schriftlich gemacht, so daß das Gericht lediglich aus den Acten das Urtheil spricht. Oder es wird die Hauptverhandlung und Vertheidigung persönlich und mündlich vor Gericht geführt. Ersteres ist das Verfahren bei der inquisitorischen Maxime, Letzteres bei der durch den Staatsanwalt durchzuführenden Anklage. Offenbar verdient Letzteres den Vorzug. Daß bei dieser Hauptverhandlung auch die Oeffentlichkeit Statt finde, hat noch mehr Gründe für sich, als im Civilproceß [1]). Ob aber der Spruch besser lediglich durch

1) Man sehe oben §. 299.

wissenschaftlich gebildete Richter oder mit Zuziehung von Geschworenen geschehe, ist eine Frage, worüber sich theoretisch Vieles für und wider sagen läßt, und wobei sehr Vieles auf den Geist und den Bildungszustand eines Volkes, und auf die in dem Institut der Geschworenen lebende Gewissenhaftigkeit ankommt. Die Geschichte Roms zeigt, daß in einer durch politische Partheiung bewegten Zeit die Einrichtung sehr verderblich wirken kann. Andererseits ist nicht zu bestreiten, daß sie als politisches Bildungsmittel auf den bürgerlichen Sinn einen vortheilhaften Einfluß ausübt.

B) Geschichte des Strafverfahrens.

328. Bei den alten Germanen gab es ein mit mancherlei besonderen Formen und Gebräuchen vermischtes Strafverfahren, welches auf den Anklageproceß gebaut war [1]). Eigenthümlich waren besonders die Mittel, die man als Beweis der Unschuld gelten ließ, Reinigungseid mit Eideshelfern, Zweikampf und andere Gottesurtheile [2]). So unvollkommen ja widersinnig dieses war, so erhielt es sich doch durch die Zähigkeit nationaler Gewohnheiten sehr lange, und ist nur allmählig dem Widerspruch der Kirche und der aus dem canonischen und römischen Recht hervorgegangenen rationellen Bildung gewichen. Die Kirche hatte schon frühe für die geistlichen Gerichte aus einem zwiefachen Grunde ein Strafverfahren ausbilden müssen; einmal weil sie zur Reinerhaltung der Sittenzucht gegen Laster und Unsitten mit strengen kirchlichen Strafen einschritt, zweitens weil sie häufig in die Lage kam, Geistliche wegen Verletzung ihrer Amts- oder Standespflichten durch Entziehung des Amtes und dergleichen zu bestrafen. In dieser zweiten Richtung erhielt die Strafgewalt der Kirche noch eine besondere Erweiterung dadurch, daß ihr vom weltlichen Arm selbst die Bestrafung der bürgerlichen Vergehen der Geistlichen überlassen wurde, wodurch ein nach festen processualischen Regeln geordnetes Verfahren um so nothwendiger

1) Davon handelt meine Deutsche Rechtsgeschichte §. 710—724.

2) Man sehe meine Deutsche Rechtsgeschichte §. 614—633.

wurde. Im Ganzen war dieses auf die Voraussetzung der Privataccusation gebaut. Allein daneben machte das Interesse der Kirche an der Erhaltung der Sittenzucht und der Reinheit des geistlichen Standes in Ermanglung eines Anklägers auch ein Einschreiten von Amtswegen nothwendig. So bildeten sich zwei Hauptformen des Verfahrens, die accusatorische und die inquisitorische. Diese faßte Innocenz III. († 1216) mit drei Nebenformen zusammen [3], und erließ darüber so wohldurchdachte Bestimmungen, daß seine Decretalen die Grundlage des canonischen Strafprocesses geblieben sind [4].

329. In dem römischen Recht hatte sich das accusatorische Verfahren aus der alten Zeit bis ins Justinianische Recht als die Regel erhalten, und die Verfolgung von Amtswegen trat nur in einzelnen untergeordneten Fällen ein [1]. Dieses System war mit den Justinianischen Sammlungen zu Bologna bekannt geworden, und wurde daselbst von den Legisten, jedoch ohne rechten Zusammenhang commentirt. Bald aber erlangten die Canonisten mit ihrer gründlichen und erschöpfenden Theorie des canonischen Strafverfahrens das Uebergewicht, und verschafften schon in der zweiten Hälfte des dreizehnten Jahrhunderts dem inquisitorischen Proceß, dem fühlbar gewordenen Zeitbedürfnisse gemäß, auch bei den weltlichen Gerichten Italiens neben der accusatorischen Procedur allgemeine Anwendung [2]. Nach diesen beiden Formen wurde nun auch das Strafverfahren von den theilweise schon erwähnten italienischen Praktikern [3], und zwar gewöhnlich vor dem materiellen Strafrecht, abgehandelt; so von Guido de Suzaria, Albertus de Gandino, Jacobus de Belvisio († 1335) [4],

3) C. 16. X. de accusat. (5. 1), c. 31. X. de simonia (5. 3).

4) Die Nachweisung giebt das ausgezeichnete Werk von Biener Beiträge zur Geschichte des Inquisitions-Processes. Leipzig 1827.

1) Dieses zeigt meine Römische Rechtsgeschichte §. 821. 822.

2) Nähere Nachweisungen giebt Biener S. 78—119.

3) Man sehe oben §. 316.

4) Man sehe über Diesen Savigny VI. §. 19.

Angelus Aretinus. Ihre Schriften erlangten auch hierin ein fast gesetzliches Ansehen.

330. Mittlerweile waren auch in Deutschland Aenderungen eingetreten, welche auf die Ausbildung des inquisitorischen Verfahrens neben dem accusatorischen hinführten. Schon in der fränkischen Zeit war gegen übelberüchtigte gemeinschädliche Leute die Verfolgung von Amtswegen vorgeschrieben. Dasselbe geschah im Mittelalter an manchen Orten für den Fall, wo nach einer vorgefallenen Missethat Einer durch einen begründeten Leumund als der Urheber bezeichnet würde [1]). Das hierin sich aussprechende Bedürfniß fand in dem inquisitorischen Verfahren seine Befriedigung, und seit der zweiten Hälfte des fünfzehnten Jahrhunderts wurde dasselbe aus den Schriften der italienischen Praktiker in Deutschland unbedingt recipirt. Dieses zeigen die Wormser Reformation von 1498, die Bamberger Halsgerichtsordnung von 1507, der Laienspiegel des Ulrich Tengler 1509, die peinliche Halsgerichtsordnung Karls V. 1532. Die Inquisition von Amtswegen sollte zwar auch noch nach diesen Gesetzen nur dann eintreten, wenn es an einem Ankläger fehlte. Allein die Beschwerden, welche mit der Privataccusation verbunden waren, und die steigende Thätigkeit der Landespolizei hatten die Wirkung, daß in der Praxis das inquisitorische Verfahren bei weitem überwiegend und seit dem Ende des siebzehnten Jahrhunderts allein herrschend wurde. Mit demselben stand auch eine wichtige Aenderung des Beweisverfahrens in Verbindung. Als nämlich die amtliche Verfolgung wegen bösen Leumundes aufkam, entstand hinsichtlich des Beweises eine Verlegenheit. Der Reinigungseid paßte nicht, weil er Unbescholtenheit voraussetzte; Zweikampf und Gottesurtheil waren auch bedenklich und kamen außer Gebrauch. Auf bloße, wenn auch noch so begründete Anzeichen ohne Geständniß eine Verurtheilung auszusprechen, getraute man sich auch nicht. Man zog daher aus dem römischen Recht die Tortur zu Hülfe, um bei hinreichenden Anzeichen das Geständniß zu erzwingen [2]).

1) Die Zeugnisse giebt meine Deutsche Rechtsgeschichte §. 717.

2) Man sehe meine Deutsche Rechtsgeschichte §. 715.

Hieran schloß sich das System der beiden Halsgerichtsordnungen an. Nach Diesen soll sowohl im accusatorischen als im inquisitorischen Verfahren die Verurtheilung nur auf den Grund des Geständnisses oder des vollen Beweises geschehen, bei hinreichenden Anzeichen aber auf die Tortur, um das Geständniß zu erwirken, erkannt werden.

331. An die neue Halsgerichtsordnung hätte sich in Deutschland eine wissenschaftliche Bearbeitung des Strafprocesses ergänzend anschließen können. Allein dieses geschah nicht, sondern man hielt sich noch geraume Zeit an die italienischen Praktiker, Hippolytus de Marsiliis († 1529), welcher schon den accusatorischen Proceß ganz vernachläßigt und blos vom inquisitorischen handelt, den ausgezeichneten Julius Clarus († 1575), den weitläufigen Compilator Prosper Farinacius († 1613). Aus ihnen schöpften ohne alle selbstständige Forschung die deutschen Praktiker König 1541, Rauchdorn 1564, Dorneck 1576, Rosbach 1610, der Niederländer Damhouder 1554. Ein Wendepunkt geschah aber durch Carpzov († 1666), welcher mit umsichtiger Benutzung des römischen, canonischen, sächsischen Rechts, auch der bis dahin ganz vernachläßigten Peinlichen Halsgerichtsordnung in Verbindung mit seinen eigenen Erfahrungen in seiner Practica rerum criminalium 1638 hinter dem materiellen Strafrecht ein geordnetes System des Strafprocesses aufstellte. Durch ihn wurde derselbe für die Praxis fixirt, und durch seine Nachfolger Brunnemann († 1672) und Ludovici († 1723) in einzelnen Punkten weiter ausgebildet [1]). Die Doctrin wirkte nun auch auf die Gesetzgebung ein. In dem Landrecht des Herzogthums Preußen 1620 wurde der Strafproceß ganz aus Damhouder entlehnt, der die Peinliche Halsgerichtsordnung noch gar nicht beachtet hatte, und das revidirte Landrecht von 1685 erhielt nur einen Zusatz, der sich an die deutsche gemeinrechtliche Praxis anschließt. Weit besser waren die Josephina von 1707 für Böhmen, Mähren und Schlesien, und die Brandenburgische Criminalordnung von 1717 mit der daraus zum Theil wörtlich entnommenen Strafproceß-

1) Man sehe über dieses Alles Biener S. 160—182.

ordnung des verbesserten preußischen Landrechts von 1721, die größtentheils auf Brunnemanns Schriften gebaut wurden. Doch kam man über den Gebrauch der Folter noch nicht hinaus, wie dieses selbst noch die Peinliche Gerichtsordnung von Maria Theresia 1769 zeigt.

332. Endlich gelangte man auf einen andern Standpunkt. Die Anwendung der Tortur wurde von Friedrich II. 1740 bis auf wenige Ausnahmen, von Maria Theresia 1776 unbedingt abgeschafft, wodurch allerdings im Beweissystem eine Lücke entstand, die durch Anderes ausgefüllt werden mußte. In diesem humaneren Geiste erschienen nun neue Strafproceßordnungen, in Oesterreich 1788 und 1803, in Preußen 1805, in Bayern 1813, und danach in Oldenburg 1814. Besonders wirkten aber die neueren Zeitideen, welche in der Oeffentlichkeit und Mündlichkeit des Strafverfahrens und in der Zuziehung von Geschworenen für die gerechte und würdige Handhabung der öffentlichen Strafgewalt und selbst für die bürgerliche Freiheit eine Gewährleistung erblickten, und dafür auch in dem französischen Strafgesetzbuch von 1808, wie sich dasselbe auf dem deutschen linken Rheinufer bewährt hatte, eine Bestätigung fanden. In diesem Geiste wurde theilweise schon vor, besonders aber nach den Bewegungen des Jahres 1848 das Strafverfahren in den meisten deutschen Ländern theils durch einzelne Gesetze theils durch größere Proceßordnungen umgewandelt, in Würtemberg 1843 und 1849, Baden 1845 und 1851, Bayern 1848, Kurhessen 1848 und 1851, Großherzogthum Hessen 1848 und 1852, Preußen 1849, 1851 und 1852, Braunschweig 1849, Hannover 1849 und 1850, Nassau 1849 aber wieder beschränkt 1853, Anhalt-Dessau 1850 abgeändert 1853, in den Thüringischen Staaten 1850, Anhalt-Bernburg 1850 und 1851, Waldeck 1850, Oesterreich 1853 jedoch ohne Geschworene.

C) Grundzüge des heutigen Strafverfahrens.

333. Jede Strafverfolgung setzt wesentlich ein Vergehen voraus. Die Feststellung dieser Thatsache, was man den objectiven Thatbestand oder das corpus delicti nennt, muß daher im

inquisitorischen Proceß einen wesentlichen Gesichtspunkt für die richterliche Thätigkeit bilden. Deshalb wurde auch für denselben die Lehre vom Thatbestand schon von den Legisten des Mittelalters, dann mit fortschreitender Bestimmtheit von Albertus de Gandino, Angelus Aretinus, Hippolytus de Marsiliis, mit voller Sicherheit aber von Julius Clarus und nach ihm von Farinacius entwickelt, bei welchem auch zuerst der Ausdruck corpus delicti vorkommt, und darin hat Carpzov nichts zu ergänzen gefunden [1]). Was aber weiter das inquisitorische Verfahren betrifft, wie es sich in Deutschland durch die Doctrin und Praxis ausgebildet hat, so beruht dasselbe auf der Unterscheidung in die General- und Specialinquisition. Erstere begreift alle vorläufigen Schritte, um bei einem vorgefallenen oder vermutheten Vergehen die Beweise der That zu sammeln und den derselben Verdächtigen zu ermitteln. Letztere umfaßt die Schritte, wodurch der Verdacht zur Gewißheit erhoben werden soll. Zu derselben geht also das Verfahren erst dann über, wenn durch die Voruntersuchung der Thatbestand wahrscheinlich gemacht ist, und der Verdacht eine gewisse Consistenz erlangt hat. Durch die Eröffnung derselben verwandelt sich also auch der Verdächtige aus einem blos Angeschuldigten oder Inculpaten in einen Inquisiten, der sich nun auch die Sicherungsmaßregeln gefallen lassen muß, welche das öffentliche Interesse der Strafrechtspflege nothwendig mit sich führt, auf die Gefahr hin, daß dieselben auch einen Unschuldigen treffen können. Diese Specialinquisition wird in die summarische und in die articulirte oder feierliche eingetheilt. Die Erste führt jenen Namen nur noch uneigentlich, indem sie doch die vollständige Ermittlung der Wahrheit durch die erschöpfende Benutzung aller zu Gebote stehenden Beweismittel bezweckt. Die Einleitung dazu bildet die Vernehmung des Angeschuldigten als Inquisiten, während derselbe in der Generalinquisition entweder gar nicht oder nur als Zeuge zu vernehmen ist. Diese und andere Verhöre geschehen nur in den gewöhnlichen Formen. Die articulirte Spe-

1) Die Nachweisungen giebt Biener Beiträge S. 92. 94. 111. 114. 117. 173.

cialinquisition hingegen besteht in einem genau abgemessenen Verhöre über die Artikel, welche der Richter vorher aus den Acten entworfen hat. Sie tritt nicht immer, sondern nur dann ein, wenn die bisherige Untersuchung die Annahme eines mit einer schweren Strafe zu sühnenden Verbrechens begründet, und den Verdacht gegen den Inquisiten in dem Grade bestätigt hat, daß er nicht, auch nicht vorläufig, freigesprochen werden konnte.

334. Alle jene Unterscheidungen haben sich auf folgende Art entwickelt. Schon die Decretalen Innocenz des III. unterschieden bei dem inquisitorischen Verfahren die der Inquisition nothwendig vorhergehende Cognition darüber, ob eine hinreichend begründete Diffamation existire. Daß aber der eigentlichen Inquisition, die auf ein bestimmtes Verbrechen gegen eine bestimmte Person geht, etwas Vorläufiges vorhergehen müsse, wodurch deren Anstellung motivirt wird, haben zuerst Innocenz IV. in seinem Apparatus zu den Decretalen, nach ihm Henricus Ostiensis und minder deutlich Durantis, ausgesprochen. Hierauf gründete Albertus de Gandino die Unterscheidung von General- und Specialinquisition, dessen einfache Begriffe jedoch von Bartolus, Baldus und Angelus Aretinus durch mancherlei Distinctionen verkünstelt, von Clarus, Farinacius und Carpzow aber auf ihre Einfachheit zurückgeführt wurden [1]. Beide Theile waren danach scharf geschieden. Die Generalinquisition geschah ihrer Natur nach in einer freieren Form; die Zeugen wurden summarisch ohne Eid vernommen. Die Specialinquisition aber geschah über Artikel; auch das Verhör der Zeugen, die nun abermals und eidlich vernommen wurden. Die Vorlegung der capitula oder articuli, worüber inquirirt werden soll, findet sich schon im canonischen Recht und bei Durantis; Carpzov und Brunnemann haben darauf die Form der Specialinquisition gegründet [2]. Seit Brunnemann wurde aber vor die Specialinquisition ein summarisches Verhör des Angeschuldigten eingeschoben, und dessen Bedeutung

1) Die Nachweisungen giebt Biener Beiträge S. 49. 50. 81. 85. 86. 87. 96. 98—101. 103. 104. 109. 113. 115. 116. 117. 169.

2) Man sehe darüber Biener S. 50. 96. 169. 173. 176. 177.

allmählig dahin erweitert, daß in leichteren Fällen darauf das Urtheil folgen konnte. Dieses wirkte nun auch auf die Zeugen in der Art zurück, daß dieselben schon bei der Generalinquisition eidlich vernommen wurden. Diese summarische Verhandlung wurde nun der Kern und Mittelpunkt der ganzen Untersuchung. Die articulirte Specialinquisition sank zu einer bloßen Form herab, die regelmäßig nur noch den Vortheil einer Recapitulirung und Befestigung der in der summarischen Untersuchung gewonnenen Resultate gewährt. So entstand die beschriebene Form des heutigen gemeinrechtlichen Verfahrens [3]). Hin und wieder hat man dann die articulirte Specialinquisition als bedeutungslos ganz abgeschafft.

335. Dem Angeschuldigten muß in jeder Lage des Processes gegen das ihm Nachtheilige die Vertheidigung gestattet sein, auch gegen die Zeugenaussagen; dieses stellte schon das canonische Recht ausdrücklich fest [1]). Insbesondere muß er das letzte Wort haben, um vor dem Endurtheil in einer Schrift seine Hauptvertheidigung zusammen zu fassen. Das Urtheil lautet auf Verurtheilung oder auf Freisprechung, je nachdem die Untersuchung die Gewißheit der Schuld oder die der Unschuld ergeben hat. Ist weder das Eine noch das Andere der Fall, so muß auch eine Freisprechung erfolgen, jedoch eine solche, die es möglich läßt, den Angeschuldigten im Falle neuer Beweise zur Untersuchung zu ziehen. Dieses nennt man eine Lossprechung von der Instanz. Sie findet sich schon bei den italienischen Praktikern, namentlich bei Clarus [2]), und danach bei Carpzov und Brunnemann. Es giebt aber darüber viele Mißverständnisse und Mißgriffe. Das Richtige ist, daß dadurch der Beklagte in dieselbe Lage wie jeder andere unbescholtene Unterthan zurückversetzt werden soll; nicht in eine günstigere, weil man die Gewißheit seiner Unschuld nicht hat; aber auch nicht in eine ungünstigere, weil man eben so

---

3) Man findet die Nachweisungen über diesen Entwicklungsgang bei Biener S. 177—191.

1) Man sehe Biener Beiträge S. 50. 51.

2) Man sehe Biener Beiträge S. 115.

wenig die Gewißheit seiner Schuld hat, ihn also noch als unschuldig präsumiren muß. Es ist daher, rationell betrachtet, eben so willkührlich, wenn man gar keinen Mittelweg zwischen Verurtheilung und unbedingter Lossprechung gestattet, als wenn man an die Lossprechung von der Instanz Nachtheile der Bescholtenheit oder des Kostenersatzes knüpft. Sind zwar stark begründete Anzeichen der Schuld vorhanden, jedoch kein voller juristischer Beweis, so konnte im alten Recht auf die Folter erkannt werden, um den vollen Beweis durch das Geständniß herzustellen [3]), oder es wurde in leichteren Straffällen auf eine außerordentliche Strafe erkannt, die etwas geringer war, als die gesetzliche [4]). Mit dem Verschwinden der Folter nahm der Gebrauch solcher außerordentlichen Strafen zu, bis daß in der neuesten Zeit diese Aushülfe mit Recht verworfen wird. Denn wenn man die Schuld für noch nicht vollständig bewiesen hält, so ist jede Strafe, auch eine geringere, widersinnig und ungerecht; wenn man aber die Ueberzeugung der Schuld hat, so ist auch die volle Strafe gerechtfertigt. Die richtige Aushülfe ist daher, daß man die Lehre von den Indicien rationell scharf ausbildet, und daß man der auch auf bloße Indicien gegründeten richterlichen Ueberzeugung von der Schuld das Recht, zur vollen Strafe zu verurtheilen, beilegt. Eine eigentliche Appellation hielt Carpzov mit dem Inquisitionsproceß für unverträglich; dafür erfand er das Hülfsmittel der weitern Vertheidigung. Ihm folgte Brunnemann nach, und Ludovici stellte dieses förmlich als ein Rechtsmittel dar, woran sich nun auch Particularrechte anschlossen [5]).

336. Das nach der französischen Form gebildete Verfahren zerfällt in den schwereren Fällen in die Vor- und Hauptuntersuchung. Erstere wird auf Antrag des Staatsanwaltes und in Verbindung mit ihm von dem Instructionsrichter betrieben, welcher nach deren Beendigung an die Rathskammer des Gerichtes

3) Man sehe oben §. 330.

4) Diese poena extraordinaria kommt auch schon bei Clarus vor, Biener Beiträge S. 115.

5) Die Nachweisungen giebt Biener Beiträge S. 174.

zur Beschlußnahme über die Einstellung oder Fortsetzung des Verfahrens berichtet. Durch diese kann also auch eine bloße Lossprechung von der Instanz erfolgen. Eignet sich der Fall zur Verhandlung vor den Geschworenen, so ist ein förmliches Erkenntniß des Anklagesenates des Appellationsgerichtes erforderlich, wodurch der Angeschuldigte in Anklagestand versetzt und vor ein Geschworenengericht verwiesen wird. Etwas Entsprechendes war im alten Proceß, daß die Generalinquisition mit einem Interlocut schloß, wodurch der Angeschuldigte in Inquisitionszustand versetzt wurde[1]; dieses hat sich jedoch bei der späteren Einschiebung der summarischen Specialinquisition verwischt, und ist nicht gemeinrechtlich geblieben. Mit der Versetzung in den Anklagestand beginnt das Hauptverfahren, welches nach den gehörigen Vorbereitungen mit der Verhandlung vor den Geschworenen in contradictorischer Form zwischen dem Staatsanwalt und dem Angeklagten und dessen Vertheidiger endigt. Die Geschworenen sollen lediglich nach ihrer aus der Verhandlung geschöpften inneren Ueberzeugung über Schuldig oder Nichtschuldig, die Richter über das anzuwendende Strafmaß erkennen. Eine Mittelmeinung ist den Geschworenen nicht gestattet, und sie sind durch das Gesetz gezwungen, die Ueberzeugung von der Unschuld auszusprechen, wenn sie dieselbe auch innerlich nicht haben. Der Ausspruch gilt formell als unfehlbar, und es ist dawider keine Appellation gestattet; zuläßig ist nur eine Nichtigkeitsklage darüber, daß er nicht in der gesetzlichen Form zu Stande gekommen, also als nicht geschehen zu betrachten sei.

V. Wissenschaftliche Bearbeitung des Strafrechts[1].

337. Von einer wissenschaftlichen Bearbeitung des Strafrechts war bis in das Mittelalter nicht die Rede. Sie entwickelte

---

1) Man sehe darüber Biener Beiträge S. 170. 182.

1) Ueber die Litteratur des Strafrechts giebt es zwei besondere Werke: G. W. Böhmer Handbuch der Litteratur des Criminalrechts. Göttingen 1816., Kappler Handbuch der Litteratur des Criminalrechts. Stuttgart 1838. Doch leisten sie für die Geschichte dieser Wissenschaft nicht das, was das Werk von Pütter über das Staatsrecht (§. 285. Note 1).

sich erst in der Schule zu Bologna an den Quellen des römischen und canonischen Rechts. Es giengen daraus Werke hervor, die wegen der Dürftigkeit und unzusammenhängenden Gestalt der Quellen selbst wie Quellen gebraucht wurden und dadurch zunächst in Italien, dann in Deutschland die Gestalt des Strafrechts und des Strafverfahrens bestimmt haben [2]). Die Richtung dieser Schriftsteller gieng durchaus auf das Praktische, und es fehlte ihnen daher bei allem Scharfsinn der höhere Standpunkt der Auffassung, den auf diesem Gebiete das historische Verständniß gewährt. Dieses zeigt sich auch noch bei Carpzov. Denn wiewohl er zuerst die peinliche Halsgerichtsordnung und das sächsische Recht mit herbeizog, so reicht doch sein Blick nicht über das positiv Gegebene hinaus, und die Autorität des Mosaischen Rechts nahm er der damaligen protestantischen Anschauung gemäß noch viel unfreier und buchstäblicher, als selbst die italienischen Praktiker gethan hatten [3]). Einen neuen Gesichtspunkt brachte aber das Werk des Niederländers Anton Matthäus de criminibus 1644, welcher das römische Strafrecht unmittelbar aus den Quellen rein wissenschaftlich ohne praktische Nebenzwecke darstellte. Dadurch wurde man sich dieses Gegensatzes deutlicher bewußt, und es wurden dadurch nützliche Discussionen über die Anwendbarkeit des römischen Rechts auf das deutsche Strafrecht angeregt. Die Wirkung davon zeigte sich auch auf den Universitäten. Während man bis dahin hier das Strafrecht nur als Erklärung des 47. und 48. Buches der Pandekten mit einem usus modernus vorgetragen hatte, wurden nun von Thomasius (1655—1728) und seinem Schüler Georg Bayer († 1714) über den Text der Carolina selbstständige Vorlesungen gehalten. Auch erhielt diese von Kreß 1721 einen Commentar, welcher alle vorhergegangenen Arbeiten der Art übertraf. Der Fortschritt zeigte sich auch in den Lehrbüchern. Bis in das achtzehnte Jahrhundert waren diese nur Auszüge aus Damhouder und Carpzov; nun

2) Man sehe oben §. 316. 317. 318. 329. 330. 331.

3) Hierüber und über das Folgende findet man eine gute Zusammenstellung bei Hälschner das Preußische Strafrecht I. 154—172. 245—251.

aber bekamen sie allmählig einen mehr wissenschaftlichen und systematischen Charakter.

338. Vorzüglich wichtig wurde aber der Einfluß einer neuen Wissenschaft, die seit der zweiten Hälfte des siebzehnten Jahrhunderts unter dem Namen, Naturrecht, ausgebildet wurde [1]). So einseitig, ja kurzsichtig und geschmacklos diese auch war, so wirkte sie doch auf die rationelle Prüfung des Positiven hin. Es wurden dadurch Untersuchungen über den Rechtsgrund und Zweck der Strafe und andere allgemeine Discussionen angeregt. Auf diesem Wege kam auch Thomasius dazu, dem übermäßigen Ansehen des Mosaischen Rechts entgegen zu treten. Der Wendepunkt der Ansichten zeigte sich aber besonders in der Behandlung der Hexenprocesse [2]), die im nördlichen wie im südlichen Deutschland in einem unglaublichen Grad im Schwange waren, und wobei vorzüglich die Folter, ja selbst noch in der abergläubischsten Weise Ordalien durch die Wasserprobe und die Hexenwage gebraucht wurden. Zuerst traten dagegen im zweiten Viertheil des siebzehnten Jahrhunderts die Jesuiten Friedrich von Spee und Tanner auf, jedoch nur schüchtern, da auch noch Carpzov das eingewurzelte Vorurtheil unterstützte, bis daß Thomasius dasselbe kräftig bekämpfte. An diese neue Richtung schloß sich der Einfluß der Ideen über die Criminalpolitik an, welche vom Auslande her durch die Schriften von Montesquieu 1748, Beccaria 1764, Mably 1776, Voltaire 1778 und Andere verbreitet wurden [3]). Die dadurch bewirkte Herabsetzung des Positiven und Erhebung des Rationellen führte aber in der Doctrin und Praxis zu einer Weichlichkeit und Willkühr, die sich auch in den Lehrbüchern darin zeigte, daß das positiv überlieferte Strafrecht fast nur als etwas Veraltetes, das Geltende aber nur nach den herrschenden Meinungen und nach eigener Ansicht dargestellt wurde. Beispiele

---

1) Man sehe darüber oben §. 50.

2) Man sehe darüber meine Deutsche Rechtsgeschichte §. 722.

3) Eine Sammlung von Schriften in diesem Geiste war Brissot de Marville Bibliotheque philosophique. Berlin et Paris 1782. 10 vol. 8.

geben die Lehrbücher von Böhmer 1733, Engau 1738, Meister 1755, Koch 1758, Quistorp 1770.

339. Dieser Willkühr trat seit 1799 Feuerbach entgegen, der mit kräftigem Geiste das Strafrecht auf seine positive historische Grundlage zurückgeführt wissen wollte, zugleich aber unter dem Einfluß einer einseitigen und oberflächlichen Philosophie auf neue Abwege führte. Von da an ist dieses Fach in verschiedenen Formen und Richtungen sehr thätig bearbeitet worden. Größere und kleinere Systeme erschienen von Grolmann, Feuerbach, Tittmann, Henke, Martin, Roßhirt, Wächter, Abegg, Bauer, Jarke, Klenze, Marezoll, Heffter, Köstlin. Der etwas einseitigen rationellen Richtung zur Seite erhob sich dann unter dem Einfluß der historischen Schule auch eine geschmackvolle historische Behandlung, theils in größeren Werken, theils in kleineren Abhandlungen, bald als rein geschichtliche Forschung, bald mit einer philosophischen Ansicht in Verbindung. Zu nennen sind hier unter Anderen die Schriften von Henke, Roßhirt, Mittermaier, Jarke, Abegg, Biener, Birnbaum, Köstlin, Zöpfl, Hälschner[1]), Philipp Walther. Ueber das altdeutsche Strafrecht giebt es gute Werke von Tittmann, Woringen, Wilda. Auch das Strafrecht einzelner Territorien hat eine besondere Bearbeitung erhalten, worunter für das preußische Strafrecht die Arbeiten von Abegg und Hälschner hervorzuheben sind.

340. Eine Frage, welche die neuere Strafrechtswissenschaft ganz besonders beschäftigt, ist die nach dem letzten Grunde der Strafgewalt[1]). Wenn auch die Strafe die Reue und Besserung des Verbrechers wesentlich mit ins Auge zu fassen hat[2]), und von selbst auf die Abschreckung von Vergehen hinwirkt: so be=

---

1) Der 1855 erschienene erste Theil von dessen Preußischen Strafrecht kann als Muster einer gründlichen und umsichtigen Behandlung der Geschichte eines Particularrechts angeführt werden.

1) Davon handeln folgende gute Schriften: Abegg die verschiedenen Straf=rechts=Theorien. Neustadt 1835., Hepp Darstellung und Beurtheilung der deutschen Strafrechts=Systeme. Heidelberg 1845. 2 Th. — Der Gegenstand kann natürlich hier nur in den Hauptzügen berührt werden.

2) Man sehe oben §. 322.

ruht doch darin der letzte Grund der Strafe nicht. Eben so wenig genügen die philosophischen Formeln, die man dafür erfunden hat. Einige sagen mit Kant: weil das Vergehen ein dem Verletzten zugefügtes Uebel sei, so sei es dem Grundsatz der Wiedervergeltung entsprechend, also gerecht, daß dem Thäter durch die Strafe ebenfalls ein Uebel zugefügt werde. Allein daß ein Uebel durch ein anderes vergolten werden dürfe und müsse, daß also die Wiedervergeltung gerecht sei, ist eben zu beweisen. Andere sagen: die Strafe sei Vernichtung der Schuld an dem Schuldigen, oder nach Hegel: das Verbrechen als die Negation des Rechts müsse wieder negirt werden, und die Negation dieser Negation sei die Strafe. Allein warum muß die Schuld an dem Schuldigen vernichtet werden, warum muß die Negation wieder negirt werden, warum kann sie nicht unaufgelöst bleiben, und warum erfordert diese Negation grade die Form der Strafe[3])? Mit diesen dialektischen Formeln allein ist daher nichts gewonnen; sie erhalten ihre Bedeutung und Beweiskraft nur durch die Voraussetzung einer hinter ihnen stehenden sittlichen Weltordnung, welche die Strafe zur Bewährung und Genugthuung der göttlichen Gerechtigkeit und zur Versöhnung mit dem Verbrecher will[4]), also durch den christlichen Standpunkt. In so fern aber der Staat das von Gott gewollte Abbild dieser sittlichen Ordnung auf Erden ist[5]), ist auch der Gedanke einer Uebertragung des Strafamtes von Gott an die irdische Obrigkeit gerechtfertigt[6]).

---

3) Wenn es blos auf die Negation ankäme, so würde diese noch wirksamer durch eine öffentliche Erklärung und Mißbilligung geschehen können.

4) Man sehe §. 322.

5) Man sehe §. 1. 15. 16.

6) Diese christliche Anschauung ist vertreten von Trummer das Verhältniß der heutigen Strafgesetzgebung zum Christenthum. Frankfurt 1856.

Dritter Theil.

Das Völkerrecht.

I. Begriff des Völkerrechts.

341. Das Gefühl des allgemein Menschlichen ist der menschlichen Natur so tief eingepflanzt, daß es selbst rohen Völkern nicht ganz fehlt, und sich mit der fortschreitenden Bildung ebenmäßig entwickelt, ja selbst die Quelle und das Kennzeichen der wahren Bildung ist. Dieses Gefühl wirkt in einer doppelten Richtung. Einmal im Innern eines jeden Volkes in dem Bestreben, dessen Recht von der ihm anklebenden nationalen Beschränktheit und Unvollkommenheit zu befreien, und zu dem allgemein Menschlichen zu erheben [1]). Zweitens nach Außen gegen andere Völker, und zwar in einer doppelten Weise. Einestheils im Verhältniß eines Staates zu den Angehörigen eines anderen Staates, indem er diese bei sich im vorkommenden Falle, wiewohl ihnen die Rechtsgenossenschaft fehlt, doch nicht schlechthin rechtlos und willkührlich behandelt. Anderentheils in den Verhältnissen der Staaten und Völker als solcher zu einander, indem diese durch einen geheimen Zug geleitet werden, sich gegenseitig nicht als gleichgiltig oder feindselig, oder blos nach den Rücksichten der Macht oder des Interesse, sondern aus dem Standpunkte der Achtung und des Wohlwollens, also nach moralischen Motiven, zu behandeln, und sich so als Glieder einer höheren Einheit, der Menschheit, anzusehen [2]). Zur vollständigen Verwirklichung die-

---

1) Man sehe oben §. 33. 34.

2) Man sehe oben §. 34.

ser Idee müßte es allerdings einen Völkerstaat oder Völkerbund geben, worin eine gemeinschaftliche Oberbehörde die den Völkern gemeinschaftlichen Rechte und Interessen beschützte, die unter ihnen entstehenden Streitfragen entschied, und von einer hinreichenden Macht unterstützt die Störungen des Weltfriedens augenblicklich zu unterdrücken im Stande wäre. In so fern kann freilich zur Zeit vom Völkerrecht als einem positiven Recht, dem ein Gericht und ein obrigkeitlicher Zwang zur Seite stände, nicht die Rede sein. Doch aber ist es auch nicht eine bloße Völkermoral oder bloßes Gewissensrecht, sondern ein Inbegriff durch Autorität und Sitte feststehender Maximen, denen in so fern auch ein Zwang zur Seite steht, als man sich durch Mißachtung derselben der aus der Völkerverbindung hervorgehenden Vortheile beraubt, bestimmten Nachtheilen aussetzt, den Verletzten zur Selbsthülfe berechtigt, und die öffentliche Meinung gegen sich aufbringt, die auch in dieser Sphäre nicht ungestraft verletzt wird. Es liegt im Interesse der Menschheit, daß dieser positive Charakter durch die Wissenschaft und Praxis immer mehr entwickelt werde.

II. Entwicklungsgang des Völkerrechts.

342. Die Völker des Alterthums erkannten dem äußeren Rechte nach keine anderen Verpflichtungen gegen einander an, als die sie durch ihren eigenen Willen, durch Vertrag, gesetzt hätten. Dieses wurde jedoch für das Gewissen durch die Religion ergänzt, welche sie einen tieferen Zusammenhang ahnden ließ, die Fremden durch die Heiligkeit des Gastrechts und der Freistätten unter ihren Schutz nahm, und ungerechte Kriege mit dem Zorne der Götter bedrohte [1]). Dieses Völkerrecht gieng in der römischen Weltmonarchie unter, welche sich fast alle gebildeten Völker als Unterthanen unterwarf, gegen die Barbaren an den Gränzen aber sich an wenige Rücksichten gebunden hielt. Nach der Auflösung dieses Weltreichs behielten die Reiche, die sich auf dessen Trümmern erhoben, ein gemeinsames Band an der christlichen Religion und Kirche. Aber auch darüber hinaus wurde

1) Beispiele giebt meine Römische Rechtsgeschichte §. 10. 70. 72. 77.

durch die Lehren des Christenthums von der Einheit des Menschengeschlechts, von dessen Sündenfall und Erlösung, von der der Kirche an alle Völker ertheilten Mission, von einer alle Menschen gleichmäßig umfassenden Liebe und Gerechtigkeit, das Gefühl des allgemein Menschlichen entwickelt und die Idee der Menschheit zum klaren Bewußtsein gebracht. Diese hohen Ideen erhielten an dem hergestellten römischen Kaiserthum unter dem Einfluß der Kirche eine Stütze und Ausdruck, indem dasselbe die christlichen Reiche unbeschadet ihrer inneren Selbstständigkeit zu einer Einheit verband und deren Interessen auch nach Außen hin wirksam vertrat [2]).

343. Als das Kaiserthum sich in dieser Stellung nicht behaupten konnte, und die Völker doch einer geordneten Verbindung bedurften, fanden sie diese, da es an anderen Mitteln völlig fehlte, an dem apostolischen Stuhle. Dieser wurde so auch der Mittelpunkt des europäischen Völkerlebens und das Organ des europäischen Völkerrechts. Er war der Vermittler, häufig der Schiedsrichter der unter zwei Reichen entstandenen Streitigkeiten; er lehrte auch im Kriege die Menschlichkeit achten und sich allzu mörderischer Kriegswaffen enthalten; er verbot nachdrücklich die unmenschliche Sitte des Strandrechts gegen Schiffbrüchige; er nahm neu bekehrte oder zur Selbstständigkeit herangereifte Völker durch Erhebung zu Königreichen in den christlichen Staatenbund auf [1]); er eröffnete und unterhielt durch seine Missionarien und Abgesandten Relationen bis zu den Völkern fremder Welttheile [2]); und wachte selbst über die Behandlung eroberter heidnischer Länder durch die Pflicht milder Bekehrung, die er den Siegern auferlegte [3]). So waren durch die Macht des Christenthums und

---

2) Man sehe meine Deutsche Rechtsgeschichte §. 228.

1) Die Nachweisungen giebt mein Kirchenrecht §. 342. 344.

2) Schon im dreizehnten Jahrhundert hatte Innocenz IV. durch Dominicaner und Franciscaner mit mehreren Mongolenfürsten Verbindungen angeknüpft, die auch über ein Jahrhundert lang unterhalten wurden.

3) In diesem Geiste schrieb Innocenz III. 1210 über die Behandlung der Preußen, Epist. XV. 147. 148. Eben so Alexander VI. 1463 bei der Entdeckung des neuen Welttheils, c. un. de insul. novi orb. in VII. (1. 9).

unter der Garantie der Autorität der Kirche die wesentlichen Grundlagen des Völkerrechts praktisch gelegt, und darauf gestützt erhob sich auch die christliche Wissenschaft zu der richtigen großartigen Anschauung dieses Verhältnisses [4]).

344. Durch die Glaubensspaltung des sechzehnten Jahrhunderts wurde diese Grundlage erschüttert, und ein Theil der christlichen Völker zu dem Papste selbst in ein feindseliges Verhältniß gebracht. Von der Einwirkung des verblichenen Kaiserthums hatten sich die europäischen Reiche schon früher stillschweigend emancipirt. Es trat also nun ein neues Princip auf, das der Souverainetät oder völligen Unabhängigkeit der einzelnen Staaten, wodurch aber alsbald, namentlich für die schwächeren, die Frage nach der Garantie derselben, von der höchsten Wichtigkeit wurde. Diese suchte man in dem System des politischen Gleichgewichts, welches man daher zu einem Grundsatz erhob, worüber jeder Staat zu seiner eigenen Erhaltung theils allein theils durch die Verbindung mit anderen zu wachen berechtigt sei. Indem aber dabei Alles auf die schwankende Unterlage der thatsächlichen Macht und des Interesse gestellt wurde, bot dasselbe doch eine wenig genügende Sicherheit dar. Zum Glück für die europäische Menschheit waren die Grundsätze des christlichen Völkerrechts so sehr in

---

4) Dieses zeigt der spanische Jesuite Suarez (1548—1617) de legibus et Deo legislatore II. 19. n. 9. Ratio huius iuris (gentium) est, quia humanum genus, quamvis in varios populos et regna divisum, semper habeat aliquam unitatem, non solum specificam, sed etiam quasi politicam et moralem, quam indicat naturale praeceptum mutui amoris et misericordiae, quod ad omnes extenditur, etiam extraneos et cuiuscunque nationis. Quapropter licet unaquaeque civitas perfecta, respublica aut regnum, sit in se communitas perfecta et suis membris constans: nihilo minus quaelibet illarum est etiam membrum aliquo modo huius universi, prout genus humanum spectat. Nunquam enim illae communitates adeo sunt sibi sufficientes sigillatim, quin indigeant aliquo mutuo iuvamine et societate ac communicatione, interdum ad melius esse maioremque utilitatem, interdum vero et ob moralem necessitatem. Hac ergo ratione indigent aliquo iure, quo dirigantur et recte ordinentur in hoc genere communicationis et societatis. Et quamvis magna ex parte hoc fiat per rationem naturalem, non tamen sufficienter et immediate quoad omnia; ideoque specialia iura potuerunt usu earundem gentium introduci.

die Sitten übergegangen, daß sie auch durch die Verwirrungen des sechzehnten und siebzehnten Jahrhunderts nicht ganz verwischt werden konnten. Einen neuen Ausdruck erhielten sie durch Hugo Grotius, der in seinem Werke de iure belli et pacis 1625 ein in einem humanen christlichen Geiste bis in die Einzelnheiten durchgeführtes System des Kriegs- und Völkerrechts, gestützt auf die allgemeinen Begriffe von Recht und Unrecht, auf die Lehren und Zeugnisse des alten und neuen Testamentes, auf die Autoritäten bewährter Schriftsteller und auf die Erfahrungen der Geschichte, herausgab. Dieses Werk kam dem Gefühl und den Bedürfnissen der Zeit so sehr entgegen, daß es unvermerkt für die Wissenschaft und Praxis zu einer Autorität wurde, welche auf die Beziehungen der europäischen Völker zu einander den wohlthätigsten Einfluß ausübte. Durch die Folgen der ersten französischen Revolution wurde zwar dieses ganze System für eine Zeitlang umgestoßen. Allein seit 1814 suchte man die Grundsätze des Rechts und des Friedens durch Verträge selbst in einem höheren Geiste wie bisher zu befestigen. Die fortgeschrittene allgemeine Bildung, das dadurch gehobene Ansehen der öffentlichen Moral, der wache Sinn der Völker für Recht und Unrecht, die Macht der öffentlichen Meinung, das Gewicht der an den Segnungen des Friedens betheiligten Interessen der Civilisation, des Handels- und Geldverkehrs, der Wissenschaften und Künste, alles Dieses hat die europäischen Völker einander genähert, und unter ihnen unsichtbare Garantien eingeführt, in welche 1856 selbst die Türkei, wahrscheinlich als Uebergang zu ihrer völligen Absorbirung, zur Bethätigung der unwiderstehlichen Macht der christlichen Civilisation, aufgenommen worden ist.

III. Quellen des Völkerrechts.

345. Aus der Entwicklungsgeschichte des Völkerrechts ergiebt sich, daß dasselbe, wie alles positive Recht [1], auf einer dreifachen Quelle beruht: auf dem unter den Nationen anerkannten Gewohnheitsrecht, auf der Autorität der Doctrin oder dem Juri-

---

1) Man sehe oben §. 19—25.

stenrecht, und auf positiver Festsetzung. Diese Letztere kann aber, da es an einer über den Völkern stehenden Macht fehlt, nicht durch Gesetze, sondern nur durch den Willen der einzelnen Völker geschehen, also durch Völkerverträge. Letztere haben allerdings nicht die volle Gewährleistung, wie die Verträge des Privatrechts, weil ihnen kein Gericht mit Zwangsrecht zur Seite steht. Aber sie haben doch den Charakter positiver Rechtsnormen aus denselben Gründen, wie das Völkerrecht überhaupt einen solchen hat [2]), und zwar einen noch bestimmteren, weil hier das Maß der gegenseitigen Rechte und Verbindlichkeiten durch den Buchstaben ausgesprochen und unter die Fundamentalbedingung alles menschlichen Verkehrs, die Heiligkeit des Wortes, gestellt ist. Völkerverträge finden sich schon im Alterthum, und sie wurden, um in Ermanglung eines äußern Richters deren Verbindlichkeit für das Gewissen noch mehr zu schärfen, insgemein mit religiösen Gebräuchen geschlossen, und unter den Schutz der Götter gestellt [3]). Im Mittelalter sind sie selten; sie wurden durch die Lehnsverbindungen ersetzt, welche die Verpflichtung zur Treue und zum gegenseitigen Beistand, aber auf der einen Seite auch eine gewisse Abhängigkeit, in sich schlossen. Man neigte daher besonders zur Lehnsverbindung mit dem römischen Stuhle hin, weil dieses als eine Huldigung gegen den Apostelfürsten, nicht als eine weltliche Erniedrigung galt. Seit dem sechzehnten Jahrhundert haben sich aber die Völkerverträge in den mannichfaltigsten Richtungen gehäuft, und es sind dadurch die völkerrechtlichen Relationen, sowohl im Interesse der Staaten als der einzelnen Angehörigen derselben, ja, wie bei der Abschaffung des Sclavenhandels, selbst im Interesse fremder barbarischer Völker, immer mehr ausgebildet worden.

346. Von diesen Verträgen wurden allmählig Sammlungen angelegt. Die ersten umfassenden Sammlungen waren die von Leibnitz 1695 und 1700, und von Bernard 1700. Dann folgte zu Amsterdam 1726—31 die große Sammlung von Dûmont in

2) Man sehe oben §. 341.

3) Beispiele giebt meine Römische Rechtsgeschichte I. §. 74.

acht Foliobänden mit Urkunden von 800 bis 1730. Daran schlossen sich fünf Supplementbände zu Amsterdam 1739; der Erste von Barbeyrac mit den Völkerverträgen des Alterthums von 1496 vor Christus bis 813 nach Christus; der Zweite und Dritte von Rousset mit Nachträgen von 315 bis 1738; der Vierte und Fünfte von Rousset mit Urkunden über das Cäremonial der europäischen Höfe. Dann erschien zu Leipzig 1781—95 in drei Octavbänden eine selbstständige durch Genauigkeit ausgezeichnete Sammlung von Wenck mit Urkunden von 1735 an. Mittlerweile begann zu Göttingen 1791 bis 1801 die Sammlung von Georg von Martens, die in sieben Octavbänden die Urkunden von 1761 an enthält. Daran schlossen sich von demselben Verfasser acht zu Göttingen 1802 bis 1820 erschienenen Supplementbände mit Verträgen vor 1761 und seit 1802. Dann folgten die Supplementbände von Saalfeld, Karl von Martens, Sartorius und Murhard, die bis auf die neueste Zeit gehen. Die ganze Sammlung von Martens mit allen Nachträgen bis 1854 ist auch zu Paris bei Dürand in 44 Octavbänden zu haben. Eine Auswahl der wichtigeren Verträge seit 1760 liefert die Sammlung, die von Karl von Martens und J. de Cussy zu Leipzig 1846—53 in fünf Octavbänden herausgegeben worden ist. Eine Sammlung der wichtigsten Acten vom Westphälischen Frieden bis auf die neueste Zeit erscheint von Ghillany zu Nördlingen seit 1855. Eine ausgewählte Sammlung zum academischen Handgebrauch ist Bedürfniß; die von Schmauß 1730 in zwei Octavbänden ist veraltet.

IV. Grundzüge des heutigen Völkerrechts. A) Systematische Uebersicht.

347. Das heutige Völkerrecht beruht auf drei Grundgedanken: auf dem Grundsatz der Unabhängigkeit der in den Kreis desselben aufgenommenen souveränen Staaten; auf der Anerkennung einer unter ihnen bestehenden Gemeinschaft; und auf der Unterwerfung unter die im Geiste dieser Gemeinschaft stehend gewordenen anerkannten Rechtsnormen. Es wiederholen sich daher in dieser Völkerverbindung analoge Verhältnisse wie in einer Staatsverbindung. Wie hier die Individuen, so sind dort die Staaten und Völker die Rechtssubjecte. Diese bilden eine stehende

Gemeinschaft; sie sind unter einander im Verkehr; es entstehen unter ihnen besondere Rechte und Verbindlichkeiten; und es kann auch die Nothwendigkeit eintreten, dieselben durch Zwang geltend zu machen. Das System des Völkerrechts zerfällt daher in fünf Lehren: von den Staaten und Völkern als den Rechtssubjecten [1]), von der unter ihnen bestehenden Gemeinschaft und deren Wirkungen, von der Art und den Formen des gegenseitigen Verkehrs, von den unter ihnen möglichen besonderen Rechten und Verbindlichkeiten, und von der Art der Rechtsverfolgung nach Völkerrecht.

B) Die einzelnen Lehren. 1) Von den Rechtssubjecten im Völkerrecht.

348. Wie im Staate der einzelne Mensch, so muß im Völkerrecht ein Volk, um als Rechtssubject zu gelten, vor Allem die Fähigkeit eines freien vernünftigen Willens, also ein selbstständiges organisirtes Dasein haben. Durch die völkerrechtliche Anerkennung als Rechtssubject erlangt es die im Begriffe der Persönlichkeit liegenden Rechte: also das Recht auf Existenz, und das Recht der freien Selbstbestimmung innerhalb des Bereiches seines Willens. Hieraus ergeben sich drei wichtige Folgerungen. Erstens stehen solche Staaten in Beziehung auf die Willensfreiheit dem Rechte nach einander gleich, wenn gleich in der Aeußerung ihrer politischen Thätigkeit die wirklichen Machtverhältnisse factische Ungleichheiten und selbst Rangunterschiede begründen, und auch durch Bundes=, Lehns=, Schutz= und andere Vertragsverhältnisse Einschränkungen der Souveränetätsrechte entstehen können. Zweitens ist die Einmischung in die inneren Angelegenheiten eines andern Staates in der Regel unbefugt. Ausnahmen sind, wenn ein Staatsvertrag zur Einmischung berechtigt oder gar ver=

---

1) Von der Frage nach dem „Subjecte" der völkerrechtlichen Verhältnisse sind die Personen, welche als „Gegenstand" völkerrechtlicher Verhältnisse vorkommen können, wie die Souveräne und deren Angehörigen, die Gesandten, und selbst die einzelnen Unterthanen, wohl zu unterscheiden. Es ist incorrect, wenn Heffter Völkerrecht §. 13 dieses neben einander stellt. Dieses ist derselbe Fehler, der auch im System des Privatrechts vorkommt. Man sehe mein Deutsches Privatrecht §. 21. Note 3.

pflichtet, wenn die Vertheidigung bedrohter eigener Rechte oder die Abwehr schädlicher Einflüsse die Einmischung nöthig macht, im Interesse der öffentlichen Moral, wo solche es fordert, endlich nach dem Recht der Selbsterhaltung um der nachtheiligen Intervention eines Andern zuvorzukommen oder entgegenzutreten. Allerdings führen diese Fragen zugleich auf das schwankende Gebiet der Politik. Drittens hat jedes Volk ein Recht auf die Unverletzbarkeit seines Staatsgebietes als der unerläßlichen Bedingung seines nationalen Daseins. Hieran schließen sich Fragen über den Erwerb, Verlust, die Gränzen des Staatseigenthums, wo im Völkerrecht die analogen Grundsätze des Privatrechts zur Anwendung kommen.

2) Von der völkerrechtlichen Gemeinschaft.

349. Aus dem Begriffe der unter den Staaten als Rechtssubjecten bestehenden völkerrechtlichen Gemeinschaft ergiebt sich Folgendes. Erstens haben, wie die Menschen in den einzelnen Staaten, so die Staaten unter einander ein Recht auf Achtung, das heißt auf Anerkennung ihrer sittlichen Würde, so weit sie sich derselben durch ihre eigenen Handlungen nicht verlustig gemacht haben; also auch ein Recht auf Treu und Glauben als von der sittlichen Würde unzertrennlich. Zweitens haben die Staaten gegenseitig ein Recht auf die äußeren Ehren- und Achtungsbezeugungen, die zu einer jeden gebildeten Gemeinschaft gehören, und um so mehr auf diejenigen, die durch Vertrag und Herkommen festgesetzt sind. Dazu gehören die Rangverhältnisse und Titulaturen, worauf natürlich die Größe der Staaten einen wesentlichen Einfluß ausüben. Drittens müssen sich die Staaten unter einander den zur Unterhaltung der Gemeinschaft unentbehrlichen Verkehr gewähren, natürlich unbeschadet der Beschränkungen, welche zur eigenen Sicherheit und zur Abwendung von Nachtheilen nothwendig sind. Die Einrichtung gemeinschaftlicher Anstalten zur Förderung des Verkehrs, Posten, Eisenbahnen, Telegraphen, Schutz gegen Nachdruck, Freihäfen, Consulaten, erfordern eine besondere Uebereinkunft. Viertens fließt aus dem Begriffe der Gemeinschaft das gleiche gemeinschaftliche Recht der Benut-

zung der Sachen, welche nicht Eigenthum eines besondern Staates, sondern ihrer Natur nach zum gemeinschaftlichen Gebrauche der Menschheit bestimmt sind, namentlich des Meeres, wobei aber Verträge und Herkommen Beschränkungen machen können. Hierauf beruht das Recht der freien Schiffahrt, wobei der Grundgedanke der ist, daß das Schiff gleichsam ein Gebietstheil der Nation bleibt, zu welcher es als Eigenthum des Staates oder eines Privaten gehört. Etwas Eigenthümliches ist bei diesem Verkehr zur See das herkömmliche Cäremonial, indem dieses auch von Privatschiffen zu beobachten ist. Fünftens müssen die gehörig legitimirten Unterthanen des einen Staates in dem Gebiete der anderen Staaten den allgemeinen Rechtsschutz und die rücksichtsvolle Behandlung finden, welche die Natur der Staatengemeinschaft mit sich bringt. Hingegen folgt aus der Gemeinschaft nicht eine solche Beschränkung der Unabhängigkeit des Einzelnstaates, daß er den aufgenommenen Fremden seinem Staate ausliefern müsse, sondern dieses setzt besondere Staatsverträge voraus. Noch weniger kann von der Auslieferung eines eigenen Unterthanen die Rede sein. Sechstens erkennen die Regierungen die unter ihnen bestehende Gemeinschaft durch Bezeugung der Theilnahme an freudigen und traurigen Ereignissen an, wobei Verwandtschaftsverhältnisse noch eine Steigerung bewirken können.

3) Von der Art des völkerrechtlichen Verkehrs.

350. Die unter den Staaten als Rechtssubjecten bestehende Gemeinschaft führt von selbst dazu, daß sie auch als solche mit einander verkehren. Die Mittel dieses Verkehrs sind dieselben, wie im Privatrecht; nur hat hier das Selbstgefühl der Staaten, die Bedeutung der Verhältnisse und das Bedürfniß würdiger Formen zur Ausbildung eines sehr ins Einzelne gehenden festen Cäremoniales geführt. Gemeinschaftliche Punkte dabei sind die Beobachtung der Courtoisie in Titulaturen und Anreden, der nach den Machtverhältnissen und dem Herkommen festgesetzten Rangordnung im Auftreten, Sitzen und Unterzeichnen, und bei schriftlichen Mittheilungen des diplomatischen Stiles. Der Gebrauch der französischen Sprache ist herkömmlich, aber nicht nothwendig.

Als Organe des Verkehrs sind nur zwei denkbar: Verhandlungen der Souveräne selbst, und Verhandlungen durch Stellvertreter. Die der Souveräne selbst können geschehen durch schriftliche Mittheilungen, wobei man die feierlichen Canzleischreiben, die einfacheren Cabinetsschreiben, und die ganz eigenhändigen Schreiben ohne alles Cäremonial unterscheidet. Oder sie geschehen durch persönliche Zusammenkünfte, durch Congresse. Solche werden aus begreiflichen Ursachen nur in außerordentlichen Fällen gebraucht. Die Verhandlungen durch Bevollmächtigte sind auf dreifache Weise denkbar: durch mündliche Mittheilung des Bevollmächtigten bei einer einzelnen fremden Regierung, durch schriftliche Mittheilung desselben bei einer solchen, und durch Zusammenkünfte von Bevollmächtigten oder Ministerialconferenzen. Von den Bevollmächtigten können aber in Beziehung auf ihre Stellung und Attribute vier Arten unterschieden werden: Gesandte mit öffentlich beglaubigtem amtlichen Charakter, Agenten ohne einen solchen Charakter aber doch wie jene zur directen Verhandlung mit der dortigen Staatsregierung bestimmt, Commissarien nur für einzelne Geschäfte und nur zur Verhandlung mit gewissen Behörden des dortigen Landes, endlich Consuln zur Vertretung der Handelsinteressen. Die Gesandten zerfallen dem Range nach weiter in drei Klassen: die päpstlichen legati a latere und Nuntien, und die Botschafter oder Ambassadeurs der weltlichen Mächte; die Internuntien, Gesandten und bevollmächtigten Minister; die Geschäftsträger, welche blos bei dem Minister der Auswärtigen des andern Staates accreditirt sind. Zu den Vorrechten der Gesandten gehört die völkerrechtliche Unverletzbarkeit, weil ohne diese die Anknüpfung, Fortsetzung oder Wiederherstellung eines geordneten Verkehrs nicht möglich wäre. Dann folgt aus ihrem Repräsentativcharakter, daß sie während des Aufenthaltes auf dem fremden Gebiete doch nicht der dortigen Territorialgewalt unterworfen sind, woraus man durch eine Fiction den Begriff der Exterritorialität gebildet hat. Außerdem haben sie durch das Herkommen bestimmte Cäremonialrechte, namentlich bei der Ankunft, Vorstellung und Verabschiedung, wobei die Rangklasse des Gesandten große Unterschiede macht.

4) Von den Völkerverträgen.

351. Neben den Ansprüchen, welche aus der Natur der völkerrechtlichen Gemeinschaft fließen, sind zwischen den Staaten als Rechtssubjecten besondere Rechte und Verbindlichkeiten möglich. Diese entstehen regelmäßig durch Vertrag; sie können aber auch durch widerrechtliche Handlungen entstehen. Ueber die allgemeinen Bedingungen der völkerrechtlichen Verträge, die Form der Abschließung, die Wirkung und Auslegung derselben, gelten, so weit sie in der Natur der Sache liegen, die Grundsätze des gemeinen Rechts. Die sehr mannichfaltigen Gegenstände derselben lassen sich auf zwei Hauptklassen zurückführen: Verträge über eine einzelne sachliche oder obligatorische Leistung, wie über die Regulirung einer Gränze oder die Eingehung einer Schuld; und Verträge, wodurch eine dauernde, unbestimmt wiederkehrende Leistungen erzeugende Verbindung festgesetzt wird. Davon sind weiter drei Klassen zu unterscheiden. Die Erste begreift diejenigen, wodurch blos Friede und Freundschaft, also die Anerkennung eines rechtlichen Verhältnisses sowohl in Beziehung der Staaten zu einander wie in der Behandlung der gegenseitigen Unterthanen, stipulirt wird, woran sich auch Verabredungen über Handel, Schiffahrt, Auslieferung der Verbrecher und dergleichen schließen. Die zweite Klasse umfaßt die Verträge, wodurch eine gewisse Gemeinschaft der politischen Schicksale als Schutz- und Waffenbündniß festgesetzt wird, wobei allerdings mancherlei Abstufungen möglich sind, je nachdem ein Bündniß nur zur Erhaltung des Friedens und zur Abwehr, oder auch zum positiven Angriff, ferner je nachdem es in beiden Fällen bedingt oder unbedingt geschlossen wird. Die dritte Klasse bilden die Verträge, welche die noch engere Vereinigung der contrahirenden Staaten zu einer bleibenden Conföderation zum Gegenstande haben, wodurch also etwas über den einzelnen Staaten stehendes Gemeinsames, ein Bund, geschaffen wird.

5) Von der Rechtsverfolgung nach Völkerrecht.

352. Da es an einem über den einzelnen Staaten stehenden völkerrechtlichen Tribunal fehlt, so bleibt, wenn bei entste-

henden Streitigkeiten eine gütliche Verständigung nicht erzielt wird, nur Selbsthülfe, also zuletzt der Krieg, übrig. Die Ungewißheit des Kriegsglücks und die schweren Leiden, die derselbe jedenfalls mit sich führt, haben der Ansicht einen steigenden Einfluß verschafft, den Krieg möglichst zu beschränken und nur im äußersten Falle für gerechtfertigt zu erklären. Die vorher anzuwendenden Mittel sind daher gütliche Versuche, die man durch ausführliche juristische Deductionen, durch deren Mittheilung an andere Mächte, nöthigenfalls durch directe Veröffentlichung zur Gewinnung der öffentlichen Meinung, unterstützt; die Vermittlung einer dritten Macht; die Entscheidung durch Schiedsrichter. Ist Selbsthülfe nöthig, so greift man zunächst zur Retorsion, wenn man sich über eine Maßregel des andern Staates beschwert, die zwar unfreundlich und rücksichtslos, doch aber dem strengen Rechte nach nicht unbefugt ist. Handelt es sich um eine schon an sich widerrechtliche Maßregel, so erwiedert man diese durch Repressalien, wobei aber doch immer die Rücksichten der Menschlichkeit zu beobachten sind. Zuletzt kommt der Krieg, die Anwendung unbestimmter Gewalt. Aus dem Standpunkt des Rechts ist dieser nur erlaubt, zur Abwehr eines wirklichen oder drohenden Angriffs, oder zur Erzwingung einer verweigerten schuldigen Genugthuung.

353. Durch den Krieg hört zwar jedes Rechtsverhältniß auf, und man ist regelmäßig zu Allem befugt, was zum Ziele führt. Doch hat selbst dann die unter dem Einfluß des Christenthums fortgeschrittene Sitte gewisse Beschränkungen zur allgemeinen Anerkennung gebracht, die der heutigen Kriegsführung einen weit milderen Charakter aufdrücken. Der eigentliche Krieg wird nicht als von Nation gegen Nation, sondern nur als zwischen den beiden Heeren geführt angesehen. Es werden daher in Feindesland die Personen und das Eigenthum der sich friedlich verhaltenden Bürger respectirt und nicht als Gegenstand der Kriegsbeute betrachtet. Auch selbst unter den sich bekriegenden Heeren gelten nicht alle Mittel der Vertilgung für erlaubt, und selbst die Anwendung von Kriegslist hat ihre Gränzen. Eine Ausnahme von jenen Grundsätzen bestand bis in die neueste Zeit im See-

krieg. Erstens wurde auch den Privaten gestattet sich daran zu betheiligen, indem sie sich von der kriegführenden Macht Caper- oder Markebriefe ausstellen ließen, in welchem Falle solche Privatkaper (armateurs) als Theil der Seemacht angesehen wurden. Dieses Unwesen der Kaperei ist aber durch eine Erklärung im neuesten Pariser Friedensvertrag vom 30. März 1856 abgeschafft. Zweitens galt und gilt noch jetzt im Seekrieg das Kriegsrecht auch gegen die Schiffe und Güter der Privaten, welche dann sowohl für die Schiffe des kriegführenden Staates wie der Privatkaper Gegenstand der guten Prise sind. Dieses sind Ueberreste eines alten Systems, dessen völliges Verschwinden im Interesse der Humanität dringend wünschenswerth ist.

354. Zur Betheiligung am Kriege können natürlich dritte Mächte nicht gezwungen werden, sondern sie sind berechtigt neutral zu bleiben und ihre Neutralität selbst mit gewaffneter Hand zu schützen. Jedoch müssen sie auch die strengste Unpartheilichkeit beobachten, und sich jeder Handlung enthalten, wodurch der eine Theil in der Kriegsführung zum Nachtheil des Anderen direct oder indirect begünstigt würde. Unter den neutralen Staaten kann der Verkehr durch den Krieg nicht beeinträchtigt werden. Wohl aber muß der Verkehr der neutralen Staaten mit jedem der kriegführenden Staaten so eingerichtet werden, daß er nicht in die Kriegsmaßregeln störend eingreift und nicht dem Einen zum Zwecke des Kriegs Vorschub leistet. Jeder neutrale Staat muß daher auch zur See die von der einen kriegführenden Macht gegen die Andere ausgesprochene Blocade respectiren, und darf Keinem von Beiden auf neutralen Schiffen Truppen oder anderes Kriegsmaterial, was als sogenannte Kriegscontrebande gilt, zuführen. Was andere gleichgültige Artikel betrifft, so sollte nach dem Gedanken, daß der Krieg nicht gegen das Privateigenthum geführt wird, der Grundsatz gelten, daß feindliches Privatgut auf neutralen Schiffen, und neutrales Privatgut auf feindlichen Schiffen gegen Wegnahme geschützt sei, daß also sowohl die Flagge die Waare als die Waare die Flagge decke. Die eigenthümliche Härte des Seekriegsrechts ließ jedoch diese Grundsätze nicht zur Anerkennung kommen, so daß man denselben in verschiedener Mi-

schung nur durch besondere Verträge unter einzelnen Staaten eine Geltung einräumte [1]). In dem neuesten Pariser Frieden vom 30. März 1856 sind sie aber allgemein proclamirt worden [2]).

355. Hinsichtlich der Wirkungen des Krieges ist das Recht der Eroberung durch das bestehende Völkerrecht anerkannt. Streng sittlich betrachtet, ist es nur gerechtfertigt, so weit es zur Realisirung des verfolgten Anspruches und des Schadenersatzes, oder zur Verhütung neuer Feindseligkeiten nöthig ist. Hier aber mischt sich die Politik mit ihren biegsamen Grundsätzen ein. In der Anwendung des Eroberungsrechtes gegen die wehrlosen Bewohner fremder Welttheile zeigt sich der europäische Eigennutz von der abscheulichsten Seite.

V. Wissenschaftliche Bearbeitung des Völkerrechts [1]).

356. In den ersten germanischen Reichen war das Völkerrecht zu wenig praktisch entwickelt, als daß von einer wissenschaftlichen Bearbeitung desselben hätte die Rede sein können. Auch für die Schule zu Bologna boten die wenigen positiven Bestimmungen, die sich darüber in den Sammlungen des canonischen und römischen Rechts finden, dazu keinen hinreichenden Stoff dar. Selbstständige Untersuchungen darüber wurden erst bei den Moraltheologen angeregt, welche, veranlaßt durch solche dem römischen Stuhle vorgelegten Gewissensfragen, die Frage nach der Rechtmäßigkeit des Krieges aus dem Gesichtspunkt der christlichen Moral einer sorgfältigen Prüfung unterwarfen. Beispiele sind Johannes von Lignano Lehrer zu Bologna [2]) († 1383) de bello,

1) Gut und genau handelt davon Heffter Völkerrecht §. 162—175.

2) Die von Heffter §. 175. im Jahr 1855 ausgesprochene Hoffnung ist dadurch rascher, als er wohl selbst glaubte, erfüllt worden.

1) Ueber die weitschichtige Litteratur des Völkerrechts hat Ompteda 1785 ein sehr gründliches und brauchbares Werk in zwei Theilen herausgegeben. Ein dritter Theil als Fortsetzung erschien von Kamptz 1817. Lehrreich ist auch R. von Mohl die Geschichte und Literatur der Staatswissenschaften. Band I. Erlangen 1855. Andere hieher gehörenden Schriften nennt Heffter Völkerrecht §. 9.

2) Savigny Röm. Recht im Mittelalter III. §. 52. 89. 91.

Heinrich von Gorcum um 1460 de bello iusto, der spanische Dominicanermönch Franciscus Victoria (1480—1546) de Indis et iure belli [3]). Daran schlossen sich in gleicher Richtung die spanischen Jesuiten Franciscus Arias († 1605) de bello et eius iustitia, und der schon oben erwähnte scharfsinnige Suarez († 1617) [4]). So wurde das Völkerrecht, wie das Naturrecht überhaupt, als ein Theil der christlichen Moraltheologie behandelt, was für dessen sittlichen Charakter von entschiedenem Vortheil war. Allmählig wurde es aber davon emancipirt, und unter genauerer Berücksichtigung des Positiven zu einer selbstständigen Wissenschaft gemacht. Den Uebergang bilden Martin Garat, im fünfzehnten Jahrhundert Rechtslehrer zu Pavia, mit seinen Abhandlungen de bello, de confoederatione pace et conventionibus principum, de legatis principum, de repressaliis, Balthasar Ajala († 1584), Staatsmann in den spanischen Niederlanden, de iure et officiis bellicis, Albericus Gentilis (1551—1611) aus Italien, aber wegen Religionswechsel in England zuletzt Professor zu Oxford, mit seinen Abhandlungen de iure maris, de iure belli, de legationibus [5]).

357. So fand Hugo Grotius († 1645) Vieles vorbereitet, als er das Völkerrecht zu einem zusammenhängenden System zu bearbeiten unternahm und 1625 herausgab [1]). Sein Gedanke dabei war allerdings der, ein durch Nachdenken und Erfahrung begründetes System von praktischer Geltung aufzuführen. Sehr nachtheilig wurde aber für diesen Zweck Samuel von Pufendorf († 1694), welcher 1672 aus dem Princip der Geselligkeit unter dem Namen, Naturrecht, ein bis ins Einzelne durchgeführtes System der äußeren Liebespflichten formulirte, in dieses auch das Völkerrecht aufnahm, darüber hinaus aber demselben jede Existenz absprach [2]). Es wurde nun davon in Büchern wie in den Vor-

---

3) Man sehe §. 343. Note 4.

4) Nähere Nachweisungen giebt Ompteda I. §. 49.

5) Man sehe Ompteda I. §. 49.

1) Man sehe oben §. 344.

2) Pufendorf elementa iurisprud. universalis §. 24. Ea, quae de

lesungen nur im Naturrecht gehandelt, wodurch die positive Seite sehr vernachlässigt wurde. In diesem Geiste, nur in seiner dürren mathematischen Lehrart weitläufig ausgeführt, war auch das Völkerrecht von Wolf 1749. Aus einer Umarbeitung desselben zu einer gefälligen für Staatsmänner brauchbaren Form entstand in französischer Sprache das Völkerrecht von Vattel 1758, welches zu großem Ansehen gelangte [3]). Mittlerweile war aber doch auch die positive Bedeutung des Völkerrechts stärker betont worden. Gegen Pufendorf war schon Rachel 1676 aufgetreten; der Franzose Real gab 1754 ein vorherrschend für das Praktische bearbeitetes Völkerrecht heraus; und in den von J. J. Moser († 1786) darüber, besonders 1750 und 1752 edirten Werken war dasselbe rein positiv blos auf die Völkerverträge und Staatspraxis gestützt. Dieser Richtung folgten vorherrschend die Schriftsteller in Deutschland, wodurch seit 1784 diese Wissenschaft einen neuen Aufschwung erhielt, G. F. von Martens, Günther, Saalfeld, Schmalz, Klüber, Schmelzing, Pölitz, K. S. Zachariä. Die rationelle Seite mit dem Positiven in Verbindung hat an Heffter seit 1844 einen durch Geist, Gelehrsamkeit und Geschmack ausgezeichneten Vertreter gefunden, während Oppenheim 1845 das Völkerrecht aus den Formeln der Hegelischen Philosophie zu construiren versucht hat. Die in Frankreich, England, Spanien, Amerika in der neuesten Zeit erschienenen Werke halten sich noch mehr an die positive Seite [4]). Die forrschreitende Bedeutung dieser Wissenschaft, worin sich in der That die Fortschritte des Geistes und der Civilisation abspiegeln, zeigt sich auch in den Werken, die über die Geschichte des Völkerrechts erschienen sind; so von dem Engländer Ward 1795, dem Holländer de Wal 1835,

---

iure naturae deque officiis singulorum tradimus, facile possunt applicari ad civitates et gentes integras, quae in unam quoque personam moralem coaluerunt. Praeter isthoc nullum dari ius gentium arbitramur, quod quidem tali nomine proprie possit designari.

3) Eine neue Ausgabe erschien von Pinheiro-Ferreira zu Paris 1853 in drei Bänden.

4) Diese Litteratur nennt Heffter Völkerrecht §. 9.

dem Amerikaner Wheaton 1841, dem Belgier Laurent 1851, in Deutschland von Müller-Jochmus, Hälschner, Gagern, Kaltenborn, Fallati, Pütter. Unter den neuen Bearbeitungen einzelner Theile sind hervorzuheben die Werke über das Gesandtschaftsrecht von Mirus 1847 und Grenville Murray 1853, über die Rechte der Neutralen von Hautefeuille 1848, über das Consulatwesen von Miltitz 1837, Mensch 1846, Jochmus 1852, Neumann 1854, Oppenheim 1854.

Vierter Theil.

Das Kirchenrecht.

I. Bedeutung des Kirchenrechts.

358. Dem menschlichen Gemüthe ist die Ahndung einer höheren über den irdischen Dingen waltenden Macht, das Gefühl der Abhängigkeit von derselben, die Sehnsucht nach der Vereinigung mit ihr tief eingepflanzt. Wo es Menschen giebt, giebt es daher auch, wenn auch noch so roh und unvollkommen, Religionen, die von jenem Bedürfniß und von der darin ausgeprägten Wahrheit Zeugniß ablegen. Die Erkenntnisse, welche der Mensch bei seinem Ursprung mit der Sprache von Gott empfangen [1]), haben sich mit dem Verfall der Menschheit in dem Polytheismus und dem Götzendienste bis zur Unkenntlichkeit verunstaltet [2]). Aber auch in den Zerrbildern der heidnischen Religionen ist noch die Erinnerung an drei tiefsinnige Wahrheiten sichtbar. Erstens, daß sich der Mensch die volle Erkenntniß der höheren Dinge nicht selbst geben kann, sondern dazu einer göttlichen Mittheilung bedarf [3]). Zweitens, daß der Mensch an Gott nicht durch bloße Verstandesbegriffe, sondern durch Geheimnisse, Mysterien gefesselt sein muß, denen er sich mit gläubigem Gemüthe hingiebt. Drittens, daß die religiösen Wahrheiten und Geheimnisse, als göttlicher Abkunft, nicht auf ein einzelnes Volk oder

---

1) Man sehe darüber oben §. 11.

2) Man sehe die Aeußerung von Schelling (§. 16. Note 1).

3) Alle Religionsstifter berufen sich, wie Numa, auf eine göttliche Inspiration.

einen einzelnen Staat beschränkt, sondern zu einer allgemeineren Verbreitung und Verehrung bestimmt sind [4]).

359. In dem jüdischen Volke war die Tradition des Ursprungs des Menschengeschlechts von einem Stammelternpaare, des Abfalls desselben von Gott seinem Urquell, aber auch die Verheißung des Messias zur Erlösung und Zurückführung desselben zu Gott, erhalten. Auf diese Verheißung ist die ganze Religion der Hebräer gerichtet, deren Charakter daher Vorbereitung und Erwartung ist, aber Erwartung eines nicht blos nationalen, sondern eines für die ganze Menschheit bestimmten Ereignisses. Mit Jesus Christus, durch den die Verheißung erfüllt ward, begann daher in der Geschichte der Menschheit ein neuer Abschnitt. Er erfand nicht eine neue, sondern er erfüllte durch die Thatsachen seiner Geburt, seines Leidens und seines Todes die verheißene Religion der Erlösung; und er bezeichnete diesen Abschnitt durch die Einsetzung seiner Kirche als eines von da an für alle Zeiten bleibenden sichtbaren Körpers, der alle Völker in sich aufnehmen sollte, um diese vermittelst der ihr hinterlassenen Lehre und Sacramente an den Früchten der Erlösung Theil nehmen zu lassen. Das Christenthum und die Kirche ist daher die große welthistorische Thatsache, welche die ganze Geschichte der Menschheit in sich schließt, und wodurch Gott selbst durch seinen Sohn in dieselbe zur geistigen Wiedergeburt des Menschen eingetreten ist und darin fortlebt.

360. Durch diese erhabenen Wahrheiten gieng den Juden und Heiden, die sich denselben hingaben, ein neues Licht und Leben auf. Ganz neue Anschauungen, Empfindungen, Einsichten und Lebensrichtungen wurden dadurch geweckt. Ueber den heidnischen Staaten erhob sich still und unbemerkt die Kirche als eine Gemeinschaft, worin sich Alle ohne Unterschied der Nationen, des Standes, des Reichthumes, der Armuth und Niedrigkeit, um den Altar des neuen Bundes sammelten, um in Uebung der heiligen

4) Der Cultus und das Priesterthum waren zwar eine Staatsinstitution, allein die bei einem Volke berühmt gewordenen Mysterien, Opfer und Orakel wurden auch von anderen Völkern aufgesucht und auf diese übertragen.

Geheimnisse, der Tugend und Entsagung, dem Rufe des Heilandes zu folgen, und sich zur himmlischen Heimath vorzubereiten. Von der Welt verachtet und verfolgt, war diese Gemeinde stark durch die Begeisterung für das ewige Heil, wogegen alles Zeitliche gering schien, durch die Verehrung für ihre Vorsteher, durch die Einheit der Liebe und des Gebetes, die sie Alle umschloß, durch ihre wohl in einander greifende Verfassung, und durch ihre immer zunehmende Zahl[1]. Alles Große, geistig Bedeutende flüchtete zu ihr; der Welt blieb das abgelebte Heidenthum mit seinen glatten Formen, seinem Götzendienste und seinen sinnlichen Gräueln. Nachdem endlich auch die Kaiser sich zum Christenthum bekehrt hatten, trat die Kirche mit dem Staate in Bund, um die verderbte Gesellschaft möglichst zu erhalten, zu reinigen und neu zu beleben, und um nach dem Untergang des weströmischen Reiches das gleiche Werk, wenn auch unter anderen Verhältnissen, an der germanischen Welt fortzusetzen. So ist die Kirche in ununterbrochener Erfüllung ihrer Mission aus einem kleinen Keime in naturgemäßer Entwicklung zu einem großen selbstständigen Organismus empor gewachsen. Der Inbegriff dieser Institutionen bildet das Kirchenrecht.

II. Entwicklung des Kirchenrechts. A) Die Kirche im römischen Reiche.

361. Das Christenthum beruhte nicht auf einer schriftlichen Mittheilung, sondern auf den Lehren, welche die Apostel von Christus mündlich empfangen, auf den Thaten, die sie gesehen hatten. So wurde auch von den Aposteln den von ihnen eingerichteten Gemeinden die neue Glaubens- und Lebensordnung als der treu fest zu haltende Canon oder Typus mündlich mitgetheilt und darauf in Sendschreiben Bezug genommen[1]. Das Ganze war ein fruchtbarer Kern, welcher nach Maßgabe des Bedürfnisses durch die Ermahnungen und Schreiben der Vorsteher, be-

---

1) Dieses ist historisch getreu der Zustand, wie er sich in den Acten der Märtyrer und in den Denkmälern der Katakomben darstellt.

1) I. Thess. I. 5. 6. 7. IV. 1. 2., II. Thess. II. 15., Philipp. IV. 16. 17.

sonders des apostolischen Stuhles zu Rom [2]), und in den Zusammenkünften derselben [3]) entwickelt wurde. Nach Aufhören der Verfolgungen wurden auf solchen Concilien, besonders seit dem ersten allgemeinen von Nicäa (325), vielerlei schriftliche Canonen über die mannichfaltigsten Gegenstände festgesetzt; über die Sittenzucht des Klerus und der Laien, die Wiederaufnahme der Abgefallenen, die Behandlung der Häretiker, über die Katechumenen, die Gott geweihten Jungfrauen, die Ordination der Bischöfe, Priester und übrigen Kleriker, über die Ordnung der Hierarchie, die Verwaltung der Sacramente, Taufe, Opfer, Eucharistie, Ehe und Anderes; immer aber so, daß wenig Neues eingeführt, sondern nur das Alte erhalten und befestigt wurde. In dieser Weise sind während des vierten und fünften Jahrhunderts vier allgemeine und sechs kleinere Concilien thätig gewesen. Die Canonen derselben wurden für den praktischen Gebrauch nach den Concilien zusammen abgeschrieben, auch im Abendlande ins Lateinische übersetzt. So entstanden schon im fünften Jahrhundert im Orient, in Spanien, Italien und Gallien mehr oder weniger vollständige Canonensammlungen [4]). Seit dem Papste Siricius (385) verbreiteten sich die Sendschreiben der Päpste, die bis dahin meistens nur Glaubensfragen und vorübergehende Angelegenheiten betroffen hatten, ausführlich auch über die Regeln der Kirchenzucht, und wurden im fünften Jahrhundert ebenfalls in die Canonensammlungen aufgenommen. Zu diesen kirchlichen

---

2) Einen deutlichen Beweis giebt das Schreiben des Dionysius von Corinth († 178) an den Papst Soter bei Euseb. IV. 23. Hodie sanctum diem Dominicum transegimus, in quo vestram legimus epistolam: quam quidem perpetuo legentes, perinde ac priorem nobis a Clemente scriptam, unde optimis monitis instruamur, habebimus.

3) Tertullian. († 215) de ieiuniis 13. Aguntur praeterea per Graecias illa certis in locis concilia ex universis ecclesiis, per quae et altiora quaeque in commune tractantur, et ipsa repraesentatio totius nominis Christiani magna veneratione celebratur.

4) Es genüge über Dieses und alles Folgende die Verweisung auf mein Lehrbuch des Kirchenrechts. Zwölfte Ausgabe. Bonn 1856. Die genaueren litterärischen Angaben gehören nicht hieher.

Rechtsquellen kamen schon seit Constantin Gesetze der Kaiser, wodurch diese als die Schutzherren der Kirche die Disciplin, so weit es ihnen zustand, ordnen halfen. Diese wurden zum Theil in dem Codex von Theodosius II. (438) und dessen Anhängen gesammelt [5].

B) Die Kirche im oströmischen und in den germanischen Reichen.

362. Durch den Sturz des abendländischen Kaiserthrones wurde in den Einrichtungen der Kirche nichts verändert. Sie verlor allerdings die äußere Stütze, die sie für ihre Einheit und ihren Zusammenhang an dem Kaiser gehabt hatte; sie war aber dafür um so mehr an den Papst angewiesen. Mit diesem in Verbindung bestand sie in den germanischen Reichen in ihrer wohlgegliederten Ordnung und Wirksamkeit fort [1]. Es wurde daher auch für die Verbesserung der Canonensammlungen und deren Vermehrung aus den neu hinzukommenden Stücken Sorge getragen. Eine Doppelsammlung der Art entstand, höchst wahrscheinlich in Rom, von dem Mönche Dionysius um 500, wovon die Eine die Conciliencanonen, die Andere die päpstlichen Decretalen enthält. Diese verbreitete sich auch nach Spanien, in das fränkische Reich und nach England. Eine ähnliche Doppelsammlung entstand im siebenten Jahrhundert in Spanien, die, jedoch ohne sichern Grund, dem Bischofe Isidor von Sevilla († 636) zugeschrieben wurde. Auch diese kam im fränkischen Reich in Umlauf. Eine willkommene Unterstützung erhielt auch die Kirchenzucht in den Verordnungen, welche die Könige mit den Bischöfen auf den Reichstagen festsetzten; so im fränkischen Reiche, in den angelsächsischen Reichen, auch in Spanien, nachdem die Könige seit Reccared (589) den Arianismus verlassen hatten.

363. Während der päpstliche Stuhl im Abendlande für die praktischen Aufgaben thätig war, welche ihm die Bedürfnisse der germanischen Völker auferlegte, blieb er auch noch in der engsten Verbindung mit dem Morgenlande, wo die aus den theolo-

---

5) Man sehe darüber oben §. 81.

1) Man sehe darüber oben §. 88.

gischen Streitfragen unter der persönlichen Betheiligung der Kaiser fortdauernden großen Bewegungen die Berufung auf den Mittelpunkt der Einheit wiederholt nöthig machten [1]. So wurden unter der Mitwirkung des Papstes vom sechsten bis ins neunte Jahrhundert im Orient noch vier allgemeine Concilien gehalten. Auch kam der Papst, nachdem Justinian (554) Rom und Italien den Ostgothen wieder entrissen hatte [2], in die politische Abhängigkeit von den byzantinischen Kaisern, welche vorzüglich durch den Exarchen in Ravenna unterhalten wurde, bis daß das Exarchat (752) aufhörte und von Pippin (755) dem römischen Stuhle übertragen wurde. Diese Verhältnisse des Papstes zum Orient haben aber auf das Kirchenrecht des Abendlandes wenig Einfluß ausgeübt. Beide giengen in der Disciplin ihren eigenen Weg und bildeten sich auch ihre eigenen Canonensammlungen. Mit den Justinianischen Sammlungen und Novellen wurden zwar auch die wichtigen Gesetze dieses Kaisers über Kirchensachen in Italien und beim römischen Stuhle eingeführt, und von dort aus dem Klerus in den germanischen Reichen bekannt [3]. Von den nachfolgenden Kaisern sind aber keine Gesetze mehr im Abendlande zur Geltung gekommen.

364. Einen neuen Aufschwung erhielt das Kirchenrecht durch Karl den Großen, welcher in der Ordnung der Kirche die Grundlage und wichtigste Stütze der Ordnung des Reichs erkannte. Die Kirchenzucht wurde auf den Concilien sorgfältig berathen, durch die Beschlüsse der Reichstage und durch königliche Verordnungen kräftig unterstützt, und durch den engen Anschluß an den römischen Stuhl die Eintracht zwischen Kirche und Staat

1) Iustinianus in c. 7. C. de summa trinit. (1. 1). In omnibus servato statu unitatis sanctissimarum ecclesiarum cum ipso sanctissimo Papa veteris Romae, ad quem similià hisce perscripsimus. Nec enim patimur, ut quicquam eorum, quae ad ecclesiasticum spectant statum, non etiam ad eiusdem referatur beatitudinem, cum ea sit caput omnium sanctissimorum Dei sacerdotum; vel eo maxime, quod, quoties in eis locis haeretici pullularent, et sententià et recto iudicio illius venerabilis sedis coerciti sunt.

2) Man sehe oben §. 86.

3) Man sehe §. 86. 92.

erhalten. Von dort aus erhielt auch der König (774), wie schon erwähnt ist, eine Abschrift der Dionysischen Sammlung [1]), die durch weitere Abschriften im fränkischen Reiche verbreitet wurde. Die weltlichen Verordnungen in Kirchensachen waren in der Sammlung des Abtes Ansegisus (827) enthalten, die dadurch auch vom Klerus gebraucht wurde. Ein gemischtes Rechtsbuch war das des Mainzer Leviten Benedictus (845) [2]). Um dieselbe Zeit, vielleicht von demselben Benedictus, wurde eine neue in ihrer Art merkwürdige Sammlung verfaßt. Diese besteht darin, daß der Verfasser die dem Bischofe Isidor von Sevilla zugeschriebene spanische Sammlung zum Grunde legte, diese aber mit einer großen Zahl selbstverfertigter Decretalen vermehrte, die er unter den Namen der alten Päpste des ersten bis vierten Jahrhunderts einschob. Neuere Schriftsteller haben dieser Verfälschung auch einen materiellen Einfluß auf die Veränderung der Kirchenverfassung beigelegt. Dieses ist aber irrig, weil die falschen Decretalen nach ächten Quellen aus dem vierten bis achten Jahrhundert gedichtet sind, so daß die Disciplin, welche sie enthalten, im neunten Jahrhundert schon ächt und unbezweifelt da stand [3]). Man hat sich zwar in den folgenden Jahrhunderten häufig auf

---

1) Man sehe oben §. 89.

2) Man sehe oben §. 87. 89.

3) Dieses ist aus den Quellen bis ins Einzelne nachgewiesen in meinem Kirchenrecht §. 98. Sehr richtig und geistreich urtheilt darüber der protestantische Geschichtschreiber Luden in seiner Allgem. Geschichte Th. II. B. II. Kap. 10, §. 104. und in seiner Geschichte des deutschen Volkes Buch XII. Kap. 10. Er schreibt hier unter Anderen: „Die Ansicht, als sey durch diesen Betrug Vieles „und Großes verändert worden in den gesellschaftlichen Verhältnissen der Men„schen, unterlieget, wie weit verbreitet sie seyn mag, wenigstens gerechtem Zwei„fel. Ein großer Theil von dem, was die Decretalen wollten, bestand wirklich „im neunten Jahrhundert, zur Zeit ihrer Erscheinung. Sie schufen also in die„sem Theile nichts Neues, sondern sie beschrieben nur das Vorhandene, um es „zu erhalten und zu sichern. Der ganze Betrug der Decretalen bestand nur „darin, daß sie das Bestehende als schon Bestehend in frühere Zeiten verlegten, „oder den Ursprung desselben mit Bestimmtheit angaben, während es sich im „Ablauf der Jahre allmählig und so gestaltet hatte, wie es im neunten Jahr„hundert bestand.“

sie berufen; allein nicht minder auch auf die ächten Quellen; und diese würden allein vollkommen ausgereicht haben, wenn auch die falschen Stücke nicht da gewesen wären [4]).

C) Die Kirche im Mittelalter.

365. Die bei verschiedenen Gelegenheiten hervorgetretene Eifersucht der Patriarchen von Constantinopel gegen den römischen Stuhl führte unter dem Patriarchen Michael Cerularius (1054) zu einer bleibenden Spaltung. Die Einheit und mit ihr die Fortbildung des kirchlichen Lebens und der christlichen Wissenschaft blieb von da an allein bei der Kirche des Abendlandes. Ohngeachtet der Verwirrung der Zeiten wurden hier auch noch in allen Ländern Concilien gehalten, theils zu vorübergehenden Angelegenheiten, theils zur Ausbildung der Disciplin. Seit dem zwölften Jahrhundert wurden aber dafür die Päpste auf allgemeinen Concilien in hervorragender Weise thätig. Die Einwirkung der Fürsten auf das Kirchenrecht hörte dagegen fast ganz auf, oder bezog sich nur auf einzelne Verhältnisse, wie das Wormser Concordat von 1122 über die Wahl und Investitur der Bischöfe. Für den praktischen Gebrauch der Quellen wurde aber dadurch gesorgt, daß aus den alten Sammlungen in verschiedenen Formen neue Sammlungen gebildet, und in diese auch die Canonen der seitdem gehaltenen Concilien eingerückt wurden. Von den sehr zahlreichen Sammlungen dieser Art sind gedruckt die zwischen 906 bis 915 verfaßte Sammlung des Regino Abtes von Prüm, die des Bischofes Burchard von Worms, zwischen 1012 bis 1023 verfaßt, die Pannormia des Bischofes Ivo von Chartres um 1090, und das demselben Ivo zugeschriebene Decretum. Mit Beihülfe dieser Sammlungen verfaßte der Mönch Gratian zu Bologna (1151) eine große Abhandlung, die sich über alle Theile des Kirchenrechts verbreitete, und in welche er die Ge-

4) Einige meinen, die Namen der alten Päpste hätten doch eine stärkere Wirkung hervorgebracht, als die jüngeren Quellen. Allein man verkennt ganz den Charakter jener Zeit, wenn man ihr die Reflexionen eines modernen Compendiums der Kirchengeschichte unterlegt.

setze als Beweisstellen wörtlich aufnahm, den Sinn derselben discutirte und die scheinbaren Widersprüche ausglich. Angeregt durch die Legistenschule zu Bologna wurde nun jene reichhaltige Abhandlung zu Vorlesungen in der Art benutzt, daß man die Sätze des Gratian als Nebensache, die Texte aber als die Hauptsache behandelte und commentirte. So erlangte dieselbe als Sammlung durch die Schule von Bologna ein allgemeines Ansehen [1]).

366. Von der zweiten Hälfte des zwölften Jahrhunderts an erhielt das Kirchenrecht besonders durch zwei Umstände einen neuen mächtigen Aufschwung. Einmal durch das hohe Ansehen und die Thätigkeit der Päpste, welche, gestützt auf großartige Weltanschauung und das Uebergewicht wissenschaftlicher Bildung, ihre Aufmerksamkeit bis auf die kleinsten Theile der kirchlichen Ordnung erstreckten. Dieses geschah theils durch allgemeine Constitutionen, welche sie besonders in Verbindung mit den allgemeinen Concilien erließen, theils durch Decretalen oder Rescripte auf die von allen Seiten an sie ergehenden Anfragen, wobei sie sich vorzüglich der Beihülfe der durch Rechtskenntniß und Erfahrung hervorragenden Mitglieder der Rota bedienten [1]). Zweitens wirkte dazu das Ansehen der Schule von Bologna, welche die neu erscheinenden Gesetze alsbald in den Kreis ihres Unterrichts aufnahm. Zu diesem Zwecke waren aber zuverlässige Sammlungen derselben nothwendig. Solche wurden auch nach mancherlei anderen Versuchen von den Päpsten selbst veranstaltet, und bei der Schule zu Bologna eingeführt; von Gregor IX. 1234, von Bonifacius VIII. 1298, welche die Schule den liber sextus nannte, und von Clemens V. 1313. Alle drei sind in fünf Bücher, und jedes Buch ist in Titel eingetheilt. Dazu kamen am Ende des fünfzehnten Jahrhunderts in gedruckten Ausgaben noch zwei Privatsammlungen, die durch den Gebrauch gesetzliches Ansehen erhielten; die Eine mit zwanzig Extravaganten [2]) von Jo-

1) Man sehe darüber oben §. 105.

1) Man sehe oben §. 106.

2) Der Name, Extravaganten, entstand zuerst im zwölften Jahrhundert

hann XXII. († 1334) in vierzehn Titeln; die Andere mit extravagantes communes als einer Nachlese zu allen vorigen Sammlungen in fünf Büchern. Die Sammlung des Gratian und die fünf Decretalensammlungen wurden nun zusammen das Corpus iuris canonici betitelt.

D) Das fünfzehnte Jahrhundert.

367. Während so das Kirchenrecht durch die Gesetzgebung und Wissenschaft seine höchste Ausbildung erhalten zu haben schien, und eben dieses vielleicht die Lenker der Kirche in eine falsche Sicherheit einwiegte, brach durch einen Zusammenfluß unglücklicher Verhältnisse seit 1378 ein langwieriges Schisma aus, während dessen in alle Theile der Kirchenzucht vielfaches Verderben eindrang. Dawider wurden die reformatorischen Decrete der allgemeinen Concilien von Kostnitz (1414—18), Basel (1431—37) und von Lateran (1512—17) gerichtet, wovon aber das von Basel in den Principien über das richtige Maß hinausgieng, und dagegen die Rückwirkung des Lateranischen Conciliums hervorrief. Diese Streitigkeiten und der veränderte Zeitgeist veranlaßten auch die weltlichen Mächte zu einer größeren Einmischung in das Kirchenwesen ihrer Länder, was auch nach dieser Seite zu mancherlei langwierigen Verwicklungen führte. Diese wurden zwar in Deutschland durch die Wiener Concordate von 1448, in Frankreich durch das Concordat von 1516 beigelegt; allein es blieben davon in der Wissenschaft wie im Leben Elemente des Zwiespaltes zurück, die sich bei vorkommenden Veranlassungen wieder mächtiger entwickelten.

E) Die neuere Zeit. 1) Das katholische Kirchenrecht.

368. Die Glaubensspaltung des sechzehnten Jahrhunderts wirkte auf das katholische Kirchenrecht besonders in dreifacher Weise zurück. Erstens wurde die Kirche dadurch bestimmt, ihre schon auf den Concilien des letzten Jahrhunderts begonnenen re-

---

für die Decretalen, die nach der Sammlung des Gratian erschienen waren und einzeln circulirten.

formatorischen Bestrebungen in der kräftigsten und umfassendsten Weise fortzusetzen, um den fortgeschrittenen Zeitbedürfnissen zu genügen und den Gegnern den Vorwand der Trennung zu benehmen. Dieses geschah auf dem Concilium von Trient (1545—63), welches durch seine über die wichtigsten Gegenstände der Disciplin sich verbreitenden tief durchdachten Decrete die Grundlage des heutigen Kirchenrechts geworden ist, an welche sich in den einzelnen Ländern die Beschlüsse der Provinzialconcilien angeschlossen haben. Zweitens wurde durch die Entstehung einer neuen Glaubenspartei, welcher man auf dem Boden des Staates bürgerliche und politische Existenz gewähren mußte, die seit uralten Zeiten bestandene Einheit zwischen Kirche und Staat zerrissen und eine Auseinandersetzung beider Verhältnisse nöthig, die um so tiefer in Alles einschnitt, als jene Einheit zu den Lebensprincipien der bestehenden Staatenbildung gehört, und den Geist, die Sitten, Anschauungen und Gesetzgebung der gesellschaftlichen Einrichtungen bestimmt hatte. In Deutschland geschah jene Gleichstellung hauptsächlich durch den Reichsabschied von 1555 und den Westphälischen Friedensschluß von 1648. Die Frage nach der bürgerlichen Toleranz oder Gleichberechtigung der verschiedenen Confessionen erlangte nun in der Meinung und dem Gefühle der Zeit eine so steigende Wichtigkeit, daß dieser Grundsatz fast in allen Ländern, wo es Unterthanen verschiedener Bekenntnisse giebt, obsiegte, entweder durch freie Gewährung wohlwollender Fürsten, wie in Oesterreich 1781 und Frankreich 1787, oder in Folge längerer oder kürzerer Bewegungen, wie in England 1829 und in Dänemark 1849. Drittens verstärkte das Beispiel der protestantischen Fürsten und der freiere Geist der Zeit auch in den der Kirche treu gebliebenen Ländern die schon früher bemerklich gewordene Neigung der weltlichen Macht, die Rechte des Papstes in Kirchensachen möglichst zu beschränken, und dieselben an die eigene Hand zu ziehen. Dieses rief Streitigkeiten hervor, die durch mehr oder weniger umfassende Vergleiche oder Concordate beigelegt wurden, so mit Neapel 1741, Sardinien 1741, Spanien 1753. In der neuesten Zeit sind solche Verträge theils zu gleichen Zwecken, theils zur neuen Organisation der durch die zerstörenden Zeitereignisse zerrütteten kirchlichen Verfassung geschlossen worden; so mit Frankreich 1801, Bayern 1817, Neapel 1818, Preußen 1821, Oesterreich 1855. Der richtige Grundgedanke der Concordate, der am vollständigsten in dem mit Oesterreich aufgefaßt und durchgeführt worden, ist, daß die Kirchen= und die Staatsgewalt auf ihren beiderseitigen Gebieten selbstständig und unabhängig sind, daß aber das geistige wie zeitliche Wohl des Volkes die Zusammenwirkung beider Gewalten zur Bildung eines wahrhaft christlichen Gemeinwesens verlangt, und daß sich daher Beide über die Art der Ausführung, über die Gebiete, wo sie sich berühren, und über die Unterstützung, die sie einander gewähren wollen, durch freie Uebereinkunft verständigen.

2) Das protestantische Kirchenrecht.

369. Die Reformatoren des sechzehnten Jahrhunderts traten nicht als Stifter einer neuen Religion auf, sondern behaupteten blos, die Lehre und Kirche Christi in ihrer ursprünglichen Reinheit herstellen zu wollen. Dem fünfzehnhundertjährigen Besitzstand der katholischen Kirche gegenüber konnten sie ihre Lossagung von derselben nur durch die Behauptung rechtfertigen, daß dieselbe von der Lehre Christi durch Menschensatzungen in einem Grade abgewichen sei, wodurch sie den Charakter und die Autorität als die rechte Kirche eingebüßt habe [1]). Die schwierige Frage, mit welchen Hülfsmitteln man denn nach einer so langen Unterbrechung die wahre Kirche herzustellen und als solche zu legitimiren vermöge, beantwortete man durch die Berufung auf die heilige Schrift, als der alleinigen und unmittelbaren Erkenntnißquelle der Lehre Christi, wobei man freilich übersah, daß doch die Erhaltung der heiligen Schriften und die Beweise ihrer Authenticität eben nur auf der Ueberlieferung der Kirche, deren Autorität man verwarf, beruhten. Mit dieser Verwerfung der bisherigen Kirche mußte man sich auch ein neues Kirchenrecht

1) Artic. Smalcald. Part. III. Art. XII. de ecclesia. Nequaquam largimur ipsis, quod sint ecclesia, quia re vera non sunt ecclesia.

schaffen. Allein bei dem Mangel eines einheitlichen Mittelpunktes beschränkte sich Alles, was hinsichtlich der Lehre und Verfassung geschah, auf jedes Land für sich und kam dadurch in die Hand der weltlichen Gewalt. In Deutschland, Dänemark, Norwegen und Schweden wurde so das neue Kirchenrecht durch die von den Landesherren erlassenen Kirchenordnungen und Landesgesetze, in England durch Parlamentsacte und Synodalverordnungen, festgestellt. Etwas Eigenthümliches war, daß man in Deutschland und England zur Aushülfe das Corpus iuris canonici beibehielt. Nur in Frankreich, in den Niederlanden und in Schottland, wo sich das neue Kirchenwesen im Gegensatze und im Kampfe mit der weltlichen Macht entwickelte, behauptete dasselbe auch seine eigene Gesetzgebung auf den Synoden.

III. Grundzüge des Kirchenrechts. A) Der Organismus der Kirche. 1) Subjecte der Kirchenregierung.

370. Die Kirche begann in den Aposteln, denen Christus nach deren gehörigen Vorbereitung die Sendung an alle Völker und die zu deren Vollbringung nöthigen Vollmachten ertheilte. Diese setzten bei den von ihnen gegründeten Gemeinden Priester und Diaconen, dann auch bei den größeren Gemeinden als die eigentlichen Gehülfen und Nachfolger des apostolischen Amtes Bischöfe ein. Zu jedem Amte wurden die Erwählten nach dem Vorgange der Apostel durch Gebet und Handauflegung feierlich eingeweiht oder ordinirt; die Priester und Diaconen von ihrem Bischofe, die Bischöfe von zwei oder drei anderen Bischöfen. Zur Erhaltung der Einheit war aber Petrus als der Fels und Grundstein der Kirche bezeichnet worden, und dieser Vorzug lebte in dem Bischofe von Rom als dessen Nachfolger fort. In diesen Thatsachen spricht sich ein dreifacher Grundgedanke aus. Erstens ist die Gewalt der Kirche in unmittelbarer Folge von den Aposteln her in das Episcopat niedergelegt, und wird von diesem an die niederen Aemter übertragen. Zweitens kann bei einem zur weitesten Verbreitung bestimmten Körper die örtliche Verwaltung nicht von dem Mittelpunkte aus geschehen, sondern diese ruht bei dem bischöflichen Amte, welches dazu mit einer großen

Selbstständigkeit und Kraft, aber auch mit einer großen Verantwortlichkeit, versehen ist. Drittens muß aber doch, um in der weiten Verbreitung die Einheit zu erhalten, der engste Zusammenhang der Bischöfe mit dem Mittelpunkt der Einheit und die Unterwerfung unter denselben Statt finden.

371. Ganz anders ist das Verhältniß im protestantischen Kirchenrecht. Um die Lossagung von der katholischen Kirche zu rechtfertigen, mußte man auch die Rechtmäßigkeit und den apostolischen Ursprung des Episcopates verwerfen. Nun aber entstand die Frage nach der Begründung der eigenen Legitimität und rechtmäßigen Fortpflanzung der Kirchengewalt. Man löste diese zunächst so, daß man die Ordination durch die Bischöfe umgieng, und für den Dienst des göttlichen Wortes Ordinationen durch die unter den Reformatoren befindlichen ordinirten Geistlichen vornehmen ließ, also an die Weihen der alten Kirche anknüpfte, und diese durch weitere Ordinationen fortsetzte. Die Umgehung der Bischöfe rechtfertigte man nachher durch die angebliche ursprüngliche Gleichheit zwischen den Bischöfen und Priestern, und durch einen Nothstand, in welchem die Kirche sich selbst zu helfen berechtigt sei [1]). In England wurde jedoch der apostolische Ursprung des Episcopates und dessen wesentliche Verschiedenheit von den Presbytern strenge festgehalten. Die Nothwendigkeit eines sichtbaren Einheitspunktes wurde aber allgemein verworfen, was alsbald die Zersplitterung in Landeskirchen zur Folge hatte.

---

1) Artic. Smalcald. Part. III. Art. X. De initiatione. Si episcopi suo officio recte fungerentur, — posset illis — permitti, ut nos et nostros Concionatores ordinarent et confirmarent. — Quia vero nec sunt, nec esse volunt veri episcopi, — idoneos ad hoc officium ipsi ordinare debemus et volumus. Et hoc nobis prohibere non possunt, etiam secundum sua iura, quae adfirmant, etiam ab haereticis ordinatos, vere esse ordinatos, et illam ordinationem non debere mutari. — Art. Smalcald. in tractatu de potestate episcoporum. Cum iure divino non sint diversi gradus episcopi et pastoris: manifestum est, ordinationem a pastore, in sua ecclesia factam, iure divino ratam esse. Itaque cum episcopi ordinarii fiunt hostes ecclesiae, aut nolunt impertire ordinationem; ecclesiae retinent ius suum.

2) Gegenstände der Kirchenregierung. a) Die priesterliche Verwaltung.

372. Christus hat durch die Thatsache der Erlösung das ursprüngliche Verhältniß zwischen Gott und dem menschlichen Geschlecht hergestellt. Er hat aber auch in der Kirche noch besondere Handlungen eingesetzt, wodurch jeder einzelne Mensch sich an das Erlösungswerk anschließt und sich zu seiner fortschreitenden Vervollkommnung und Heiligung der Fülle der göttlichen Gnade theilhaftig machen kann. Die Verwaltung dieser Handlungen ruht wie alle Gewalt der Kirche in dem Episcopat, und wird von diesem an die niederen Aemter übertragen. Daraus gehen für diesen Zweig der Kirchengewalt drei Abstufungen hervor: episcopi, presbyteri, ministri. Die Fähigkeit zur Verrichtung dieser Handlungen ist ganz vorzüglich durch die Ordination bedingt, welche selbst eine geheimnißvolle, eine besondere Gnade mittheilende Handlung ist. Daher wird jenes System von Aemtern die hierarchia ordinis genannt. Unter jenen von Christus eingesetzten Handlungen ist aber die heiligste und höchste das Abendmahl, welches das Opfer des neuen Bundes bildet. Auf dieses Opfer bezieht sich der Begriff und Gegensatz der sacerdotes, worin die Bischöfe und Priester gleich sind, und der ministri, die nur Hülfeleistungen dabei verrichten. Als solche ministri fungirten die Diaconen, Subdiaconen, Akoluthen, Exorcisten, Lectoren, Ostiarien. Danach werden in Beziehung auf das Abendmahl sieben Stufen der hierarchia ordinis unterschieden. Im protestantischen Kirchenrecht ist es ebenfalls Grundsatz, daß die heiligen Handlungen nur durch ordinirte Geistliche verrichtet werden können, und in so fern existirt der Begriff von hierarchia ordinis auch hier. Es giebt jedoch in Deutschland nur eine Stufe derselben, während in England der Unterschied von Bischöfen, Priestern und Diaconen genau festgehalten ist. Der Begriff des Abendmahls als Opfers und mit ihm der des Sacerdotiums ist aber verworfen.

b) Die Verwaltung der Lehre.

373. Durch Christus sind auch über das Wesen der Gottheit, über die Bestimmung und Zukunft des Menschen, über dessen

Pflichten gegen Gott, über dessen Verhältniß zu seines Gleichen, über die Natur der Kirche und der ihr hinterlassenen Heilsmittel, die tiefsinnigsten Wahrheiten zur Verkündigung für alle Menschen und Zeiten offenbart worden. Es muß daher auch für deren Aufbewahrung und sichere Erkenntniß gesorgt sein. Alle Confessionen stimmen darin überein, daß sie das reine Evangelium, das heißt die reine Verkündigung Christi und der Apostel, frei von allen Menschensatzungen, wollen. Sie unterscheiden sich nur in dem, was sie als das Ueberlieferungsmittel und die sichere Erkenntnißquelle dieser Verkündigung gelten lassen. Die katholische Kirche hält die Thatsache fest, daß die Lehre von Christus den Aposteln nicht schriftlich, sondern mündlich zur weiteren Ueberlieferung mitgetheilt, und daß der Kirche dafür der Beistand und die Erleuchtung des heiligen Geistes bis ans Ende der Zeiten verheißen worden sei. Sie betrachtet also als das Ueberlieferungsmittel der geoffenbarten Lehre die davon in dem unfehlbaren Lehramte ununterbrochen fortlebende Tradition, und als Erkenntnißquelle derselben die darüber von diesem Lehramt ausgehenden Zeugnisse. Sie verehrt die geschriebenen Evangelien als die ältesten Documente, die aus jener mündlichen Ueberlieferung hervorgegangen sind; nicht aber als die ursprüngliche und älteste Erkenntnißquelle selbst, weil sie jünger sind als die mündliche Ueberlieferung; auch nicht als die alleinige, weil sie die mündliche Ueberlieferung weder erschöpfen wollten noch konnten; auch nicht in dem, was sie enthalten, als die allein zureichende, weil das geschriebene Wort in zweifelhaften Fällen sich nicht selbst auslegen kann, sondern eines Lehramtes zur Seite bedarf. Jener Bestimmung des Lehramtes entspricht auch ein bestimmter äußerer Organismus. Der Mittelpunkt desselben ist der Papst, der über den Glauben wacht und gegen Irrlehren einschreitet. Seine volle Entfaltung stellt sich aber in einem allgemeinen Concilium dar, dessen Entscheidungen in Glaubenssachen kraft der Verheißung Christi als unfehlbar anzusehen sind. Die örtliche Verwaltung des Lehramtes und der Sacramente steht dem Pfarramte zu.

374. Die Protestanten dagegen haben die heilige Schrift

für die vollständige und ausschließliche Erkenntnißquelle der Offenbarung, und keine Auslegung oder Entscheidung des Lehrstandes, außer der mit ihr übereinstimmenden, für verpflichtend erklärt. Da jedoch die heiligen Schriften in einer abgestorbenen Sprache verfaßt, und bei ihrem tiefsinnigen Inhalt einer verschiedenen Uebersetzung und Auslegung fähig sind: so haben sich alsbald über wichtige Fragen sowohl unter den Reformatoren selbst, als gegenüber der katholischen Kirche, Streitigkeiten ergeben, wobei sich jeder Theil auf die heilige Schrift berief, und seine Auslegung als die allein richtige erklärte. Dadurch sah man sich genöthigt, symbolische Schriften anzunehmen oder abzufassen, und diejenigen, welche zur protestantischen Kirche gehören oder darin ein Lehramt ausüben wollen, zu verpflichten, die heiligen Schriften nur im Sinne dieser Symbole zu verstehen. Auf diese Weise ist also doch neben die heilige Schrift ein Lehramt gesetzt worden; nur bleibt die Frage ungelöst, welche Gewährleistung für die Richtigkeit seiner Auslegung dieses denn für sich hat.

c) Die Verwaltung der Disciplin.

375. Auf der Grundlage der Lehre und Sacramente erhebt sich die Kirche als ein sichtbarer einheitlicher Körper, der den Gläubigen die Wahrheiten des Heiles nicht nur mittheilen, sondern sie auch zu einer derselben entsprechenden Lebensordnung anhalten soll. Dazu ist aber eine mannichfaltige Leitung und Führung und eine große Zahl von äußeren Anordnungen nothwendig. Dieser Theil der Kirchengewalt wird die Gewalt der Jurisdiction oder Kirchenregierung genannt. Sie begreift die Gesetzgebung, die geistliche Gerichtsbarkeit, die Oberaufsicht, die geistliche Strafgewalt, die Verwaltung des kirchlichen Vermögens, und was sonst noch Gegenstand der inneren kirchlichen Verwaltung ist. Auch dieser Theil der Kirchengewalt ist, als mit den beiden anderen Zweigen innigst verbunden, von den Aposteln an das Episcopat übergegangen. Er wird so ausgeübt, daß Alles, was sich auf allgemeine Anordnungen, oder auf einen Gegenstand von besonderer Wichtigkeit bezieht, oder was einer

Nachhülfe oder Entscheidung in letzter Instanz bedarf, dem Papste als dem Oberhaupt der Kirche, das gewöhnliche Oertliche aber den Bischöfen zusteht. Zwischen Beiden stehen die Metropoliten oder Erzbischöfe, ehemals auch die Exarchen und Patriarchen, zur genaueren Verbindung und Erhaltung der Einheit. Das System dieser Aemter wird die Hierarchie der Jurisdiction genannt. Es zeigen sich in diesem Theile der Verfassung vier Grundgedanken. Erstens soll in dem betreffenden Verwaltungskreise nur ein Einzelner an der Spitze stehen, nicht ein Collegium, weil, wo das Gefühl der Verantwortlichkeit auf einem Einzigen lastet, auf eine größere Energie und Gewissenhaftigkeit zu rechnen ist. Zweitens soll aber der Einzelne zu seiner Hülfe und Berathung ein Collegium zur Seite haben, der Bischof das Kapitel, der Papst die Cardinäle. Drittens werden zur Belebung und Erleuchtung des Geistes der Verwaltung Zusammenkünfte und Berathungen der Vorsteher der einzelnen Verwaltungskreise für nützlich gehalten; also allgemeine oder öcumenische Concilien sämmtlicher Bischöfe unter dem Papste, Provinzialconcilien der Bischöfe einer Provinz unter dem Metropoliten, Diöcesansynoden der Geistlichen einer Diöcese unter dem Bischofe. Viertens gehört es zum Wesen der kirchlichen Freiheit und Selbstständigkeit, daß die Staatsgewalt als solche keinen Anspruch auf die Regierung der Kirche hat, was jedoch nicht hindert, daß ihr von der Kirche einzelne Gerechtsame durch besondere Titel übertragen werden können, zum Beispiel ein Antheil bei der Besetzung der Bisthümer.

376. Im protestantischen Kirchenrecht hat das Kirchenregiment nach der Verschiedenheit der Länder verschiedene Formen erhalten. In Deutschland nahmen die der neuen Lehre zugeneigten Landesherren alsbald auch die Einrichtung der Kirchenverfassung in die Hand, setzten zur Verwaltung des Kirchenwesens landesherrliche Consistorien ein, und sind von da an im Besitz des Kirchenregiments geblieben. In der neuesten Zeit hat man zwar in Preußen und anderen deutschen Ländern den Kirchengemeinden durch die Einrichtung von Presbyterien und Synoden einiges selbstständige Leben gewährt. Allein die Hauptsache des Kirchenregiments bleibt beim Landesherrn, und dieses wird auch

von Manchen, wenn das Kirchenwesen nicht aus einander fallen soll, für unentbehrlich gehalten. In England und Schweden ist unter Beibehaltung der Formen der bischöflichen Verfassung der König nicht minder das Oberhaupt der Kirche und der Inhaber der Kirchengewalt, und dadurch entbehren jene Formen doch des Lebens, welches nur die Freiheit und Selbstständigkeit der Kirche gewähren kann. Nur in Frankreich, in den Niederlanden und in Schottland hat sich eine freiere Selbstregierung behauptet. Zu diesem Zwecke hat jede Gemeinde ihren Kirchenrath, ihr Consistorium oder Presbyterium; aus den Deputirten dieser Kirchenräthe werden Bezirkssynoden, und aus den Deputirten dieser Synoden Generalsynoden gebildet.

3) Organisation des kirchlichen Beamtenstandes.

377. Die Verfassung der Kirche beruht nicht, wie die des Staates, auf äußerem Zwang, sondern auf der freiwilligen, von der innersten Ueberzeugung ausgehenden Unterwerfung der Gläubigen unter die Autorität der Kirche, als einer Anstalt, welche die unentbehrlichen Wahrheiten des Heils bewahrt und mittheilt. Die Erhaltung und Wirksamkeit einer solchen Verfassung ist aber wesentlich von der Persönlichkeit und Tüchtigkeit der Beamten abhängig; diese müssen durch das eigene Beispiel der Treue und des Gehorsams die Gläubigen an die Kirche fesseln, durch ihre Tugenden den Anderen vorleuchten, durch ihre Wissenschaft und geistige Bildung auch in dieser Richtung das Christenthum verherrlichen helfen. Es gehört daher zu den Grundprincipien der Kirchenverfassung, solche durch Eigenschaften des Geistes und Charakters ausgezeichnete Männer, ohne Rücksicht auf die Zufälligkeiten der Geburt, in die Kirchenämter zu bringen [1]. Zu

1) Gregor. IX. in c. 37. X. de praebend. (3. 5). Procurator Argentini capituli proposuit, — quod idem capitulum — consuetudinem allegans antiquam inviolabiliter observatam, iuxta quam nullum, nisi nobilem et liberum, et ab utroque parente illustrem, honestae conversationis ac eminentis scientiae, in suum consortium hactenus admiserant, ne contra hoc fieret — ad apostolicam sedem appellavit. — Nos igitur attendentes, quod non generis sed virtutum nobilitas vitaeque honestas gratum Deo

diesem Zwecke sind folgende Grundsätze angenommen. Erstens will die Kirche in ihrem Beamtenstand Männer, die nach der mit der vollsten Freiheit und dem größten Ernste angestellten Selbstprüfung ihr den Entschluß kund geben, sich ihrem Dienste als ihrem ausschließlichen Lebensberufe mit völliger Hingebung zu widmen. Hierauf beruht auch die Verpflichtung zum Cölibate, welches an die Annahme des geistlichen Standes geknüpft ist [2]). Zweitens sollen diejenigen, die sich zum geistlichen Stande melden, hinsichtlich ihrer Fähigkeit und Würdigkeit von Solchen geprüft werden, welche bereits im geistlichen Stande sind, weil diese allein darüber ein vollständiges Urtheil haben. Drittens soll die Uebertragung eines bestimmten Kirchenamtes nur von den Kirchenoberen geschehen, weil diese allein auf dem Standpunkte stehen, um alle dabei concurrirenden Erwägungen anstellen zu können. Wenn die Staatsgewalt dabei überwiegend einwirkt, ist die Verweltlichung der Kirche die unvermeidliche Folge. Daher hat die Kirche für dieses Princip als für einen wesentlichen Punkt der kirchlichen Freiheit in dem Investiturstreit gekämpft, der durch den Wormser Vergleich von 1122 beendigt wurde. Damit ist es jedoch vereinbar, daß der Staatsgewalt von der Kirche das Vorschlagsrecht zu den bischöflichen Sitzen überlassen werde, wenn Letzterer nur die Prüfung und definitive Entscheidung verbleibt. In analoger Weise räumt das canonische Recht den Wohlthätern einer Kirche unter gewissen Voraussetzungen das Patronatrecht und mit Diesem das Präsentationsrecht des dabei anzustellenden Geistlichen ein, jedoch so, daß der Bischof die Prüfung und definitive Verleihung hat. Viertens soll der Geistliche des ihm übertragenen Amtes auch als eines bleibenden

---

faciunt et idoneum servitorem, ad cuius regimen non multos secundum carnem nobiles et potentes elegit, sed ignobiles et pauperes, eo, quod non est personarum acceptio apud ipsum, — exceptiones huiusmodi non duximus admittendas.

2) Daß das Cölibat ein uraltes Institut der Kirche, und nicht eine Erfindung von Gregor VII. ist, wird jetzt doch wohl nicht mehr bestritten werden. Die Beweisstellen giebt mein Kirchenrecht §. 212.

Berufes versichert, und daher eine Entziehung desselben nur durch Urtheil und Recht zulässig sein.

378. Das protestantische Kirchenrecht zeigt folgende Abweichungen. Erstens fiel mit dem Opfer und dem Sacerdotium eine Hauptbeziehung des Cölibates weg, und es hat sich dann durch die Zulassung der Ehe der Geistlichen deren Dienst fast nur auf das Predigtamt beschränkt. Zweitens ist dadurch die Mitwirkung der Gemeinden bei der Anstellung der Prediger möglich geworden, und hin und wieder eingeführt. Drittens steht die Verleihung des Amtes den Consistorien, also einer landesherrlichen Behörde, zu. Viertens werden in England und Schweden, wo es noch Bischöfe giebt, diese in der Hauptsache von der Krone ernannt, und es ist dadurch das bischöfliche Amt fast nur zu einer politischen Institution geworden.

4) Von dem kirchlichen Vermögen.

379. Die Kirche bedarf zu ihrem Bestehen und ihrer irdischen Wirksamkeit wesentlich auch materieller Mittel und der geordneten Verwaltung derselben. Dieser Gedanke entwickelte sich zuerst an den Armen der christlichen Gemeinden, die aus milden Gaben unterhalten, und zu deren Pflege hauptsächlich das Amt der Diaconen eingesetzt wurde [1]). Dazu kamen bei der weiteren Organisation des kirchlichen Lebens die Bedürfnisse für den Gottesdienst, der Kirchengebäude und den Unterhalt der Geistlichen. Es wurden nun zu diesem Zwecke regelmäßige Beiträge eingeführt, neben welchen aber auch die Freigebigkeit in außerordentlicher Weise thätig blieb. Durch Schenkungen und Ersparnisse sammelte sich so bei den Kirchen ein mehr oder weniger bedeutendes Vermögen, welches durch die Freigebigkeit der Kaiser, nachdem dieselben christlich geworden waren, noch vermehrt wurde. In demselben Verhältnisse erweiterten sich auch die Formen von dessen Verwaltung.

380. Die Vorschriften des canonischen Rechts über das kirchliche Vermögen beruhen auf vier Grundgedanken. Erstens

---

1) Act. Apost. IV. 34—37. VI. 1—6.

ist das Kirchengut wahres selbstständiges Eigenthum der Kirche, und es steht daher nur ihr, nicht der Staatsgewalt, die Verwaltung und Verwendung desselben zu. Doch können dabei den weltlichen Mitgliedern der Gemeinde, und in einem christlichen Staate der Staatsregierung, gewisse Rechte eingeräumt werden. Zweitens ist das Kirchenvermögen als ein von der Frömmigkeit der Gläubigen der Kirche anvertrauter Schatz bei seiner Bestimmung zu erhalten und auf das Gewissenhafteste zu verwenden. Es bestehen daher über dessen Verwaltung und Veräußerung die genauesten Vorschriften und eine zum Theil bis zum Papste hinaufgehende Oberaufsicht. Drittens bildet das Kirchenvermögen einer Diöcese nicht eine einfache unter einer Centralverwaltung stehende Masse, sondern es ist zur Erleichterung der Verwaltung als feste Dotationen an die einzelnen Aemter und kirchlichen Institute vertheilt, und zwar möglichst in Grundstücken, weil diese gegen Verschleuderung und andere Zufälligkeiten die meiste Sicherheit gewähren. Viertens bleibt aber auf jedem Theil des Kirchengutes der Grundgedanke ruhen, daß es ein erweiterter Armenfond ist, so daß der nach seiner nächsten Bestimmung sich ergebende Ueberschuß zu wohlthätigen und gemeinnützigen Zwecken zu verwenden ist.

381. Eine wichtige Frage betrifft die Art der Amtsbesoldung der Geistlichen. Der Grundgedanke des Kirchenrechts dabei ist, daß mit jedem Amte ein angemessenes festes Einkommen verbunden sein soll, welches den Geistlichen der Nahrungssorgen und der Nothwendigkeit einer anderen Erwerbsthätigkeit enthebt, ihm die Mittel zur Behauptung seiner Standespflichten gewährt, und bei der Verleihung der Aemter die Rücksicht auf angestammtes Vermögen zum großen Vortheil des unbemittelten Talentes entbehrlich macht. Diese Besoldung soll auch wo möglich nicht aus Beiträgen der Gemeinde fließen, weil dieses den Geistlichen allzu leicht in eine falsche Stellung zu derselben bringt; auch nicht aus der Staatscasse, weil dieses den Geistlichen von der Staatsgewalt abhängig macht und politischen Wechselfällen Preis giebt. Die Kirche will daher für jedes Amt eine angemessene Dotation in Grundstücken und fundirten Renten, welche an dem Amte wie

ein festes Recht hängt, und wie dasselbe ohne Urtheil und Recht nicht entzogen werden kann. Diese wird Beneficium, Präbende, Pfründe genannt. Dabei besteht aber nach dem erwähnten Grundsatze die Mahnung, daß der Geistliche das im Amte Ersparte als einen Ueberfluß zu wohlthätigen gemeinnützigen Zwecken verwenden oder hinterlassen soll. In diesem Gedanken, verbunden mit dem Institute des Cölibates [1]), liegt der Antrieb zu den unzähligen Acten der Freigebigkeit, wodurch zu allen Zeiten die Geistlichen den Bedürfnissen der Kirche und der leidenden Menschheit zu Hülfe gekommen sind und noch kommen.

382. Eine wichtige Art des Kirchenvermögens wurden die Zehnten. Sie beruhten auf dem aus dem alten Testamente entnommenen Gedanken, daß Jeder in seinem Gewissen verpflichtet sei, aus Dankbarkeit gegen Gott den zehnten Theil der von ihm gewonnenen Früchte jeder Art zu dessen Verherrlichung und zur Unterstützung der Bedürftigen herzugeben [1]). Im fränkischen Reiche wurde daraus durch die Gebote der Könige eine Zwangspflicht, eine wahre Gottessteuer, die dem gemeinen Wesen um so mehr zum Nutzen kam, als das Freiheitsgefühl Staatssteuern nicht duldete. Die Zehnten flossen aber nicht in einer Centralcasse des

---

1) Dieses hat schon Justinian erkannt in der c. 42. §. 1. C. de episc. (1. 3). Convenit igitur huiusmodi eligi et ordinari sacerdotes, quibus nec liberi sint, nec nepotes: etenim fieri vix potest, ut vacans huius quotidianae vitae curis, quas liberi creant parentibus maximas, omne studium omnemque cogitationem circa divinam liturgiam et res ecslesiasticas consumant. Nam cum quidam, summa in Deum spe, et ut animae eorum salvae fiant, ad sanctissimas adcurrant ecclesias, et eis omnes suas facultates adferant et derelinquant, ut in pauperes et egentes et alios pios usus consumantur: indecens est, episcopos in suum illas auferre lucrum, aut in propriam sobolem et cognatos impendere. Oportet enim episcopum minime impeditum affectibus carnalium liberorum omnium fidelium spiritualem esse patrem.

1) C. 66. c. XVI. q. 1. (Augustin. c. a. 420). Decimae tributa sunt egentium animarum. — Non igitur Dominus Deus praemium postulat sed honorem. — Et quanti pauperes in locis, ubi quis habitat, illo decimas non dante fame mortui fuerint, tantorum homicidiorum reus ante tribunal aeterni iudicis apparebit, quia rem ex Deo pauperibus delegatam suis usibus reservavit.

Bischofes zusammen, sondern wurden von ihm in mannichfaltiger Weise zur Dotirung von Aemtern und Instituten verwendet, oft selbst an mächtige Familien, um dieselben für das Stift als Vasallen zu gewinnen, zu Lehn ertheilt. Dadurch kamen sie in weltliche Hände und wurden ihrer ursprünglichen Idee entfremdet.

383. Das Kirchenvermögen ist auch für den Staat von großer Wichtigkeit. Durch dasselbe werden für den Unterhalt der Kirchengebäude, der Armen und Kranken, der Schulen und anderer gemeinnützigen Unternehmungen Auslagen bestritten, die ohne dasselbe der Staatscasse und den Gemeinden zur Last fallen würden. Außerdem ist der Geistlichkeit durch die Kirchengesetze selbst die Verpflichtung auferlegt, den Staat in Nothfällen aus dem Kirchengut zu unterstützen [1], so daß derselbe daran einen Nothpfennig hat, der sich aus der Frömmigkeit der Gläubigen immer wieder ergänzt. Die neuere Staatskunst hat jedoch diesen Zusammenhang verkannt, und hat sich selbst durch die falsche Richtung der Zeit zu gewaltthätigen das Rechtsprincip tief verletzenden Säcularisationen des Kirchengutes hinreißen lassen. Die darauf gefolgten traurigen Erfahrungen haben aber der richtigen Einsicht wieder den Weg gebahnt.

B) Das kirchliche Leben. 1) Die Sacramente.

384. Der Zweck der Kirche geht durchaus nur auf das Heil der Einzelnen; sie ist nicht um ihrer selbst willen, sie ist nur für Diese da. Ihre Thätigkeit ergreift Diese aber von allen Seiten ihres innern und geistigen Lebens; sie umfaßt und ordnet alle deren Verhältnisse von der Wiege bis zum Grabe. In der Taufe empfängt sie den eben geborenen Menschen, um die durch den Fall des ersten Menschenpaares auf das ganze Geschlecht vererbte Schuld an ihm zu tilgen, und ihn in ihr Heiligthum ein=

1) Dieses zeigen das dritte (1179) und vierte (1215) allgemeine Concilium vom Lateran, in c. 4. 7. X. de immun. eccles. (4. 49). Sie verbieten die Bedrückung des Kirchengutes durch die weltliche Gewalt, weisen aber die Geistlichkeit an, freiwillig ad relevandas communes utilitates vel necessitates, ubi laicorum non suppetunt facultates, subsidia per ecclesias conferenda zu leisten. Davon kommen auch in der Geschichte viele Beispiele vor.

zuführen. Die Firmung entspricht dem Stadium des erwachten Bewußtseins, wo die durch die Taufe mitgetheilte Gnade und auferlegte Verpflichtung erneuert und bekräftigt wird. Die Beicht und Buße bietet dem reuigen und mit sittlicher Strenge auf seine Vervollkommnung hinarbeitenden Menschen die Hülfe eines dazu mit höherem Ansehen bekleideten Rathgebers und die Gewißheit der vollständigen Versöhnung mit Gott. Die letzte Oelung giebt in dem ernstesten Augenblicke, dem Keiner entgeht, wo die Zeit aufhört und die Ewigkeit beginnt, der scheidenden Seele Trost und Zuversicht. Der Mittelpunkt des ganzen gottesdienstlichen Lebens ist aber die Abendmahlsfeier, als die wirkliche geheimnißvolle Vergegenwärtigung Gottes im Sacramente, und auf diese hat alles Andere eine nähere oder entferntere Beziehung. Auch die Ehe ist von der Kirche in diesen Kreis gezogen, um die Familie, diese Grundlage aller menschlichen Sitte und Bildung, in der Wurzel zu heiligen und gegen Ausartung zu schützen [1]). Dieses ist auch der Theil des kirchlichen Lebens, wo das Kirchenrecht am meisten als etwas Selbstständiges hervortritt, während es bei den anderen Sacramenten zum großen Theil mit der Dogmatik und Liturgik zusammenfällt.

2) Das historische Leben in der Kirche.

385. Das Leben in der Kirche nimmt aus mehreren Gründen einen historischen Charakter an. Erstens ist der Grundcharakter des Christenthums selbst ein historischer, weil sich seine Lehren und Wahrheiten an bestimmte Thatsachen heften [1]), wodurch die Uebung der Lehren von selbst mit historischen Erinnerungen zusammenfällt, wie dieses am Tiefsinnigsten und Bedeutungsvollsten in der Abendmahlsfeier hervortritt. Zweitens entspringt aus der Begeisterung, welche das Christenthum weckt und unterhält, von selbst das Bestreben, die in der Geschichte des Christenthums bedeutsamen Ereignisse und Personen als Gegen-

---

1) Davon ist schon oben (§. 129—134) das Nöthige gesagt worden.

1) Man sehe §. 359.

stand der Verehrung und Mittel der Erbauung in Erinnerung zu erhalten. Drittens liegt es in der Aufgabe des Christenthums, mit seinen Wahrheiten und Erinnerungen vollständig in den Geist und die Sitten der Völker überzugehen, und darin wie eine beständige Gegenwart fortzuleben. Als Mittel zur Pflege dieses historischen Sinnes und christlichen Volkslebens dient besonders zweierlei. Einmal die Einsetzung periodischer Festtage, wodurch die Erinnerung an wichtige Wahrheiten, Personen und Ereignisse im Volke festgehalten wird, und wodurch in der That der christliche Kalender zum wichtigsten und populärsten Lehrbuch der Kirchen- und Dogmengeschichte geworden ist[2]). Zweitens der Gebrauch der Bilder, wodurch diese Erinnerungen lebendiger und allgemein faßlicher als durch Bücher angeregt und unterhalten werden. Würde das historische Leben, welches die Kirche anstrebt, einmal bei einem Volke in dem richtigen Maße, ohne Uebertreibung und Geschmacklosigkeit, durch alle Klassen der Gesellschaft verwirklicht sein: so würde sich die Wirkung beurtheilen lassen, die daraus nicht blos für die Sittlichkeit und Volksbildung, sondern auch für die Frische und Kraft des nationalen Lebens hervorgienge.

3) Die besonderen kirchlichen Institute.

386. Indem das Christenthum das ganze Innere des Menschen ergreift und zu einer höheren Lebensrichtung erhebt, belebt und entwickelt es auch Kräfte, die auf dem Boden und unter der Leitung der Kirche sich sammelnd, zu bleibenden Instituten erwachsen, in welchen sich eine besondere Richtung des christlichen Geistes darstellt. Der Geist der Wohlthätigkeit und Barmherzigkeit hat in mancherlei Formen Anstalten zur Linderung und Pflege der Armuth hervorgebracht. Das Streben nach Vollkommenheit durch Abtödtung, Selbstbeherrschung und Hingebung an höhere Lebenszwecke hat in den religiösen Orden, den männlichen wie den weiblichen, Associationen erzeugt, welche durch Begeisterung,

---

2) Diese Bedeutung haben die französischen Revolutionsmänner wohl erkannt, als sie (1793) den christlichen Kalender abschafften.

Ernst und sittliche Kraft auf die Erziehung der Völker, auf die Cultur der Wissenschaften und Künste, und auf die Förderung der gemeinnützigen Interessen einen tiefgehenden Einfluß ausgeübt haben. Selbst den ritterlichen kriegerischen Sinn hat die Kirche in den geistlichen Ritterorden veredelt, und ihm eine mit den Vorschriften des Christenthums vereinbarte Thätigkeit angewiesen [1]). Den Unterricht hat sie überall als Spendung eines geistigen Almosens und als ein Liebeswerk aufgemuntert und gefördert; den Elementarunterricht hat sie in den Pfarrschulen organisirt, die höheren Wissenschaften sind in den bischöflichen und Klosterschulen erhalten und gepflegt worden, und selbst die Universitäten sind auf dem Boden und unter der Pflege der Kirche entstanden und zum Theil mit kirchlichen Mitteln ausgestattet worden. Auch die Kunstbegeisterung hat die Kirche unter ihren Schutz und ihre Aufsicht genommen, und derselben in der Erbauung und Ausschmückung der Kirchen und in dem Kirchengesang die erhabensten Aufgaben zugeführt. Alles Dieses kommt in der kirchlichen Gesetzgebung zur Sprache.

C) Aeußere Verhältnisse der Kirche. 1) Verhältniß der Kirche zur Staatsgewalt.

387. In dem Verhältniß der Kirche zur Staatsgewalt berühren sich zwei Gesichtspunkte. Einerseits ist die Kirche ihrem Begriffe und Wesen nach vom Staate völlig verschieden; denn sie ist nichts Nationales, sondern etwas Allgemeines, und ihr Zweck geht nicht auf das Zeitliche, sondern auf die Erziehung und Vorbereitung für das Ewige. Sie ist daher ihrem Ursprung und Wesen nach von der Staatsgewalt unabhängig. Andererseits tritt aber doch die Kirche unter den Nationen und in den einzelnen Staaten auf; sie wirkt durch die geistige Richtung, die

---

1) Von diesen Ritterorden haben besonders Zwei eine große historische Bedeutung erlangt: der Johanniter- oder später sogenannte Maltheserorden gestiftet 1118, und der Deutsche Herrenorden gestiftet 1190. Beide entstanden an zwei Hospitälern in Jerusalem, indem die dazu gehörenden Brüder zu der Krankenpflege das kriegerische Gelübde zur Vertheidigung gegen die Ungläubigen hinzufügten.

sie ihren Bekennern mittheilt, auch auf die bürgerliche Gesinnung; ja sie trägt in der Pflege der Religion die Grundbedingung der Dauer und Wohlfahrt der Staaten und der Belebung der bürgerlichen Tugenden in sich [1]). Die Kirche und die Staatsgewalt können sich daher nicht ignoriren, sondern sie müssen zu einander in ein geordnetes inniges Verhältniß treten. Dieses ist so zu formuliren, daß die Staatsgewalt im Geiste einer christlichen Obrigkeit die Kirche ehrt, schützt und fördert, umgekehrt die Kirche sich mit Offenheit und Vertrauen unter den Schutz der Staatsgewalt stellt und dieselbe durch ihr moralisches Ansehen unterstützt, und daß beide Gewalten über die Gegenstände und Art, wie sie in einander greifen, sich in Eintracht verständigen [2]). Die aus diesem Verhältniß fließenden Rechte und Pflichten der Staatsgewalt hat man unter dem Namen der Advocatie zusammengefaßt. Im richtigen Ebenmaß ist dasselbe vorzüglich unter Karl dem Großen dargestellt worden. In der That reicht dabei die bloße Theorie nicht hin; sie muß auch von großen Persönlichkeiten getragen werden.

388. Das neuere Staatsrecht hat aber allmählig, aus Reaction gegen das durch das Bedürfniß der Zeiten gewordene hohe Ansehen der Hierarchie, zu einem andern Systeme geführt, welches dahin geht, die Kirche unter die völlige Abhängigkeit von der Staatsgewalt zu bringen. In diesem Geiste hat man die Schutzgewalt des Staates zu einer Bevormundung erweitert, welche sich der Kirche bei allen Theilen ihrer Verwaltung zur Seite stellt und ihre Selbstständigkeit lähmt. Ferner hat man für den Staat, gleichsam als ob ihm aus der Kirche eine stete feindliche Macht drohe, ein neues Hoheitsrecht erfunden, nämlich sich gegen die Uebergriffe der Kirchengewalt zu schützen (ius cavendi), und unter diesem Gesichtspunkt die kirchliche Gesetzgebung und Verwaltung der engsten überall hemmenden Beaufsichtigung (ius

---

1) Selbst Voltaire sagte einmal: Philosophirt so viel ihr wollt; wenn ihr aber auch nur einen Marktflecken zu regieren habt, so muß er Religion haben.

2) Ueber diese Concordate sehe man oben §. 368.

inspectionis) unterworfen. Das Ungereimte und Erniedrigende dieser Stellung für die Kirche, die Reaction des Freiheitsgefühls gegen das Uebermaß des bureaukratischen Vielregierens, die aus der Lähmung des kirchlichen Geistes für das Staatsleben selbst sich ergebenden großen Nachtheile, haben aber zu einem Umschwung der Ansichten geführt, wodurch seit 1831 in Belgien, Preußen, Frankreich, Oesterreich diese Fesseln gesprengt worden sind. Aus den Bewegungen der Neuzeit ist für die, welche solcher Lehren empfänglich sind, wenigstens eine große Wahrheit gewonnen worden, die, daß es gegen den Geist der Zerstörung, der die heutige Gesellschaft untergräbt, nur eine Hülfe giebt, die der Religion, und daß deren Action durch die Freiheit der Kirche bedingt ist [1]).

---

1) Sehr bemerkenswerth sind darüber die Worte eines großen tiefblickenden Staatsmannes, des Protestanten Guizot, De la démocratie en France (Bruxelles 1849) p. 70. Pourtant, ni l'esprit de famille, ni l'esprit politique ne suffiraient à la tâche. Il leur faut le secours d'un autre esprit plus haut et qui pénètre encore plus avant dans les âmes: le secours de l'esprit religieux. C'est le propre de la religion, et de la religion seule, qu'elle a de quoi parler à tous les hommes et se faire entendre de tous, des grands comme des petits, des heureux comme des malheureux, et qu'elle monte ou descend sans effort dans tous les rangs, dans toutes les régions de la société. Et c'est l'un des traits admirables de l'organisation chrétienne que ses ministres sont répandus et présents dans la société tout entière, vivant à côté des chaumières comme des palais, en contact habituel et intime avec les conditions les plus humbles et avec les plus élevées, conseillers et consolateurs de toutes les misères et de toutes les grandeurs. Puissance tutélaire, qui, malgré les abus et les fautes où sa force même et son étendue l'ont entraînée, a, depuis tant de siècles, veillé et agi plus qu'aucune autre pour la dignité morale et les plus chers intérêts de l'humanité. Moins que personne, je voudrais, pour la cause de la religion elle-même, voir renaître les abus qui l'ont altérée ou compromise; mais j'avoue que je ne le crains guère aujourd'hui. Les principes du gouvernement laïque et de la liberté de la pensée humaine ont définitivement triomphé dans la société moderne. Ils ont encore, ils auront toujours des ennemis à repousser, des luttes à soutenir; mais leur victoire est assurée. Ils ont en leur faveur les institutions, les moeurs, les passions dominantes, et ce cours général et souverain des idées et des faits qui, à travers toutes les diversités, tous les obstacles, tous les périls, marche et se précipite partout dans le même sens, à Rome, à Madrid, à Turin, à Berlin, à Vienne, comme à Londres

2) Verhältniß zu anderen Confessionen.

389. Die Kirche betrachtete von ihrem Ursprung an die Offenbarung als einen zum Heil der Gläubigen ihr anvertrauten Schatz, worüber sie mit der äußersten Sorgfalt zu wachen habe. Im Bewußtsein dieser von ihr mit der Evidenz der historischen Ueberlieferung nachweisbaren Wahrheiten bekämpfte sie die Verläugnung derselben mit dem Ausdrucke des Abscheues als eine Untreue und Undankbarkeit gegen Gott und die Wohlthaten der Erlösung. Diesen Standpunkt nahmen die christlichen Kaiser als die Schutzherren der Kirche auch in das Staatsrecht auf, durch welches der rechtgläubigen Kirche allein eine berechtigte Existenz

---

et à Paris. Que les sociétés modernes ne craignent pas la religion et ne lui disputent pas aigrement son influence naturelle; ce serait une terreur puérile et une funeste erreur. Vous êtes en présence d'une multitude immense, ardente. Vous vous plaignez que les moyens vous manquent pour agir sur elle, pour l'éclairer, la diriger, la contenir, la calmer, que vous n'entrez guère en rapport avec elle que par les percepteurs et les gendarmes, qu'elle est livrée sans défense aux mensonges et aux excitations des charlatans et des démagogues, à l'aveuglement et à l'emportement de ses propres passions. Vous avez partout, au milieu de cette multitude, des hommes qui ont précisément pour mission, pour occupation constante, de la diriger dans ses croyances, de la consoler dans ses misères, de lui inculquer le devoir, de lui ouvrir l'espérance; qui exercent sur elle cette action morale que vous ne trouvez plus ailleurs. Et vous n'accepteriez pas de bonne grâce l'influence de ces hommes? vous ne vous empresseriez pas de les seconder dans leur oeuvre, eux qui peuvent vous seconder si puissamment dans la vôtre, précisément là où vous pénétrez si peu, et où vos ennemis, les ennemis de l'ordre social, entrent et sapent incessamment!

J'en conviens: une condition est attachée au bon vouloir et à l'efficacité politique de l'esprit religieux; il veut du respect, du respect vrai, et de la liberté. Je reconnaîtrai même que, dans ses craintes et dans ses désirs, il est quelquefois ombrageux, susceptible, exigeant; qu'il tombe même quelquefois dans le courant des idées fausses, qu'il a mission de combattre. Je ferai, aussi largement qu'on le voudra, la part des injustices à subir, des précautions à prendre, et je dirai après comme auparavant: Ne disputez pas aigrement avec la religion; ne redoutez pas les influences religieuses, les libertés religieuses; laissez les s'exercer et se déployer grandement, puissamment; elles vous apporteront en définitive plus de paix que de lutte, plus de secours que d'embarras.

zuerkannt, und das hartnäckige Festhalten der Häresie auch mit bürgerlichen Strafen belegt wurde. Dieser Grundsatz erhielt in den germanischen Reichen durch die treue gläubige Hingebung an die Kirche, durch die Verehrung des apostolischen Stuhles und durch die Idee des hergestellten Kaiserthumes noch eine besondere Verstärkung, und gieng durch die lange Gewohnheit in die Sitten und den Geist aller öffentlichen Einrichtungen und Lebensverhältnisse über. Hierin änderte auch die Glaubenstrennung des sechzehnten Jahrhunderts im Princip nichts; vielmehr machten die Reformatoren, von der alleinigen Wahrheit ihrer Lehre überzeugt und erfüllt, für dieselbe bei der weltlichen Obrigkeit das ausschließliche Recht auf Existenz und bürgerlichen Schutz durch Züchtigung und Unterdrückung der Ketzereien geltend [1]). Danach wurde auch in den Niederlanden, Dänemark, Schweden, und mit steigender Härte und Grausamkeit besonders in England gehandelt, was freilich zu der den Katholiken vorgeworfenen Intoleranz eine sonderbare Inconsequenz bildete. Nach mancherlei großen Bewegungen und Kämpfen ist jedoch, zuerst in Deutschland [2]), dann auch in den meisten anderen Ländern, wo es Unterthanen verschiedener christlicher Bekenntnisse giebt, der allein mögliche Ausweg gefunden worden. Aus dem religiösen Gesichtspunkt muß jeder Kirche und Confession das Recht zustehen, sich für die allein wahre und die Anderen für irrig zu halten, und daher mit den Waffen der Wahrheit und Wissenschaft für deren Widerlegung und Bekehrung thätig zu sein. Auf dem Boden des Staates aber muß Jeder der gleiche Schutz und die gleiche Freiheit der Religionsübung und ihren Bekennern der gleiche Genuß der bürgerlichen und politischen Rechte zugesichert sein. Wie dieser Grundsatz, mit voller Aufrichtigkeit gehandhabt, für den Staat

---

1) Helvet. Conf. I. (II). cap. 30. Docemus, religionis curam imprimis pertinere ad magistratum sanctum. Teneat ergo ipse in manibus verbum Dei, et ne huic contrarium doceatur, procuret. — Coerceat et haereticos (qui vere Haeretici sunt) incorrigibiles, Dei maiestatem blasphemare et ecclesiam Dei conturbare, adeoque perdere non desinentes. Aehnlich reden die Belg. Conf. Art. 26., Angl. Conf. Art. 37., Scot. Conf. Art. 24.

2) Man sehe darüber §. 368.

und das nationale Leben wohlthätig wirkt, davon bietet Belgien ein bemerkenswerthes Beispiel dar.

IV. Wissenschaftliche Bearbeitung des Kirchenrechts [1]). A) Die ältere Zeit.

390. In den früheren Jahrhunderten wurde das kirchliche Leben so sehr in seiner Gesammtheit aufgefaßt, daß die Ausscheidung des Kirchenrechts als eine besondere wissenschaftliche Disciplin gar nicht zur Sprache kam. Man lernte dasselbe aus der Praxis und aus den Canonen der Concilien kennen, die nicht zahlreich und leicht verständlich waren, so daß die nach der chronologischen Ordnung angelegten Sammlungen für das Bedürfniß zureichten. Die erste Anregung zu einer Wissenschaft zeigte sich, als man diese Sammlungen in eine systematische Form umzuschmelzen für nöthig fand. Dieses geschah im Orient schon im sechsten, im Abendlande seit dem achten Jahrhundert. Entscheidend wirkte aber erst die Sammlung des Gratian (1151), mit welcher, da sie eigentlich eine große, das ganze Kirchenrecht aus den Quellen umfassende Abhandlung war, die Wissenschaft des Kirchenrechts beginnt [2]).

391. An diese Sammlung und die darauf folgenden Decretalensammlungen [1]) schloß sich nun in Bologna neben der Schule der Legisten [2]) und mit dieser wetteifernd die Schule der Canonisten oder Decretisten an [3]). Die Methode und die Formen

---

1) Besondere Hülfsmittel dafür sind: J. A. a Riegger Bibliotheca iuris canonici. Vindob. 1761. 2 vol., Doviat Praenotionum canonicarum libri quinque. Paris. 1687. 4. ed. Schott Mitav. et Lips. 1776. 2 vol., Glück Praecognita uberiora universae iurisprudentiae ecclesiasticae. Halae 1786. Doch reichen diese nach dem jetzigen Stande der Wissenschaft durchaus nicht mehr hin.

2) Man sehe oben §. 365.

1) Man sehe darüber §. 366.

2) Man sehe oben §. 105.

3) Das Hauptwerk darüber, woraus auch Savigny (§. 241, Note 1) hauptsächlich geschöpft hat, ist das des Abtes Maurus Sarti und seines Fortsetzers Fattorini: De claris archigymnasii Bononiensis professoribus a saeculo XI. usque ad saeculum XIV. T. I. P. I. Bononiae 1769. P. II. 1772. fol.

der mündlichen wie schriftlichen Behandlung waren bei Beiden durchaus übereinstimmend. So gab es auch für das canonische Recht Glossen, Apparatus, Summen, brocarda, Casus, Quästionen [4]). Kurze Glossen gaben zum Decretum Gratians seine Schüler und Nachfolger Paucapalea, Omnibonus, Rufinus, Silvester und Andere. Einen Apparatus dazu schrieb Johannes Teutonicus um 1212, der von Bartholomäus Brixiensis um 1236 vermehrt, und in dieser Gestalt in die gedruckten Ausgaben aufgenommen worden ist. Aus den Glossen und Apparatus verschiedener Lehrer zu den Decretalen Gregors IX. verfertigte Bernhard de Botono aus Parma († 1266) den großen Apparatus, der dabei gewissermaßen stehend geworden ist. Zu der Sammlung des Bonifacius VIII. hat die Glosse des Johannes Andreä († 1348) den Vorzug erhalten. Von demselben ist auch die Glosse zu den Clementinen, die von Franz Zabarella verbessert worden ist. Eine kleine Summe über Gratians Decret schrieb Sicardus um 1160, eine große Huguccio von Pisa († 1210), beide noch ungedruckt; über die Decretalen Gregors IX. verfaßte Henricus Cardinal von Ostia († 1254) eine berühmt gewordene große Summe. Distinctionen, den kleineren Summen ungefähr gleichbedeutend, entstanden von Richardus Anglus um 1190 über das Decret, Petrus de Sampsone um 1240 über die Decretalen, Johannes de Deo um 1247 über das ganze canonische Recht. Casus schrieben zu dem Decrete Bennincasa Senensis um 1200, zu den Decretalen Gregors IX. Bernhard von Compostella um 1245, Johannes de Deo, Bernhard von Parma. Brocarda oder regulae canonicae schrieb Damasus um 1215. Gesammelte Quästionen gab es von vielen Lehrern, namentlich von Damasus, Bartholomäus Brixiensis, Johannes de Deo, Azo de Lambertacciis um 1280, Jacobus de Baysio um 1286. Von einzelnen Materien wurde besonders der canonische Proceß genau bearbeitet [5]).

392. Neben der großen Lebendigkeit und Gründlichkeit, womit dieser weitschichtige Stoff behandelt wurde, bestanden aber

---

4) Man sehe darüber §. 242. 243.

5) Man sehe §. 291. Note 2.

in reichem Maße dieselben Mängel, wie in der Behandlung des römischen Rechts. Auch giengen beide Disciplinen in der seit dem vierzehnten Jahrhundert eintretenden Verschlechterung durch zunehmende Geschmacklosigkeit, scholastischen Formalismus und Autoritätenherrschaft denselben Gang [1]). So entstanden die großen Commentarien oder Lecturä mit ihrer geisttödtenden Weitschweifigkeit und ihrer an den kleinsten Einzelnheiten sich abmühenden Gründlichkeit. Solche schrieben über die Decretalen Gregors IX. Baldus de Ubaldis († 1400), Petrus de Ancharano († 1415), Johannes ab Imola († 1436), Nicolaus de Tudeschis († 1443), Alexander Tartagnus († 1477), Andreas Barbatia Siculus († 1482), Franciscus de Accoltis († 1486), Felinus Sandeus († 1503), Philippus Decius († 1536). Zum Theil von denselben wurden auch Commentarien über den Sextus und die Clementinen verfaßt.

B) Die neuere Zeit.

393. Die Fehler der bisherigen Behandlung bestanden darin, daß man in der praktischen Richtung ausschließlich befangen und von aller Geschichtskenntniß entblößt die Quellen theils vernachlässigte theils in ungeschickter Weise nach der engherzigen Anschauung der dominirenden Schulsysteme auslegte. Die Anbahnung einer besseren Richtung durch Zurückführung auf die Quellen und durch Befreiung von den scholastischen barbarischen Formen gieng zum Theil von denselben Männern aus, die in gleichem Sinne für das Studium des römischen Rechts wirksam waren, Alciat († 1550), Cujacius († 1590) und besonders der Erzbischof Antonius Augustinus († 1586). Wichtig war zu diesem Zwecke, daß über das canonische Recht einfache blos auf die Quellen verweisende Systeme nach Art der Justinianischen Institutionen verfaßt wurden, so im Auftrage des Papstes Paul IV. von Lancelotti um 1560 und von Antonio Cucchi um dieselbe Zeit. Gleichzeitig führte der Geist der Kritik, welcher die französische Schule belebte, auf neue mit Zuziehung der ursprünglichen Quellen we-

1) Man vergleiche dazu §. 243. 245.

sentlich verbesserte Ausgaben des corpus iuris canonici, von Demochares (Mouchy) 1547, von Molinäus (Dumoulin) 1554, von Contius (Le Conte) 1569, woran sich die auf Geheiß des Papstes von einer dazu in Rom niedergesetzten Commission (correctores Romani) verbesserte Ausgabe 1582 anschloß. Diese Arbeiten hatten die kritische und historische Wichtigkeit der vor Gratian gangbaren Canonensammlungen fühlbar gemacht. Einige derselben waren schon gedruckt, die verfälschte Isidorische von Merlin 1524, die Dionysische von Wendelstein 1525. Dazu kamen Andere, die in der Sammlung des Justellus und Voellus 1661 theils vereinigt theils zuerst edirt wurden. Eben so wurden die nach Gratian angefertigten Decretalensammlungen, woraus die Sammlung Gregors IX. geschöpft hatte, herausgegeben von Antonius Augustinus 1576 und Cironius 1645. Auch Quellen des griechischen Kirchenrechts wurden aufgefunden und gedruckt, von Tilius (Dutillet 1540), Quintin 1558, Hervet 1561, Agyläus 1561, in der Sammlung des Justellus und in der des Beveridge 1672. So war das Material zu einer Quellengeschichte des canonischen Rechts vorbereitet, und an dieser versuchten sich in Frankreich Florens († 1650), Petrus de Marca († 1661), Quesnell 1675, Doujat († 1688), Coustant 1721, in Deutschland der Protestant Gerhard von Mastricht 1676. Alle wurden übertroffen von der 1757 erschienenen Arbeit der Gebrüder Ballerini, Priester zu Verona, die an Gründlichkeit, Kritik und Methode ein Muster von Forschungen dieser Art geblieben ist.

394. Die vortheilhaften Wirkungen dieser neuen Richtung zeigten sich alsbald in den Werken systematischer, praktischer und historischer Art, die über das canonische Recht oder einzelne Theile desselben erschienen. Als Schriftsteller dieser Art sind zu nennen in Frankreich Franz Duarenus († 1559), Franz Balduin († 1573), Janus a Costa († 1637), Innocenz Cironius († um 1650), Johannes Dartis († 1651), Petrus de Marca († 1661), Johannes Cabassutius 1660, Dadinus Alteserra (Hauteserre † 1682); der katholische Friese Boetius Epo († 1599); die Spanier Didacus Covarruvias († 1577) und Gonzalez Tellez 1673 mit seinem vortrefflichen Commentar über die Decretalen; der Portugiese Bar-

bosa († 1649). Ein Glanzpunkt historischer Behandlung war das große Werk des französischen Oratorianers Thomassin über die Kirchenämter 1678. In den Niederlanden folgte dieser Richtung Zeger Bernhard van Espen († 1728), in Deutschland J. H. Böhmer († 1749), der jedoch seine historischen Anschauungen ganz nach seinem protestantischen Standpunkt einrichtete. Uebrigens war in Deutschland das Kirchenrecht an den katholischen Universitäten meistens in den Händen der Ordensleute, die dasselbe zwar mit großer Gründlichkeit und Scharfsinn, gewöhnlich nach der Ordnung der Decretalen, abhandelten, jedoch gegen den besseren Geschmack der Zeit sich allzu mißtrauisch verschlossen, und darum von ihr überholt wurden. So Engel 1671, Reiffenstuel 1704, Wiestner 1705, Schmalzgrueber 1726, Pichler 1728, Boeckhn 1735. Auch in Italien blieb diese praktische Richtung vorherrschend, womit jedoch der gelehrte Papst Benedict XIV. († 1758) die Geschichte in der fruchtbarsten Weise verband, welchem Weg auch Devoti 1781 zu folgen suchte.

395. Gegen das Ende des achtzehnten Jahrhunderts trat aber in dieser Wissenschaft, ohngeachtet der vielen von katholischen wie protestantischen Schriftstellern darüber verfaßten Lehrbücher, ein sichtbarer Verfall ein. Die Ungunst, womit die Staatsmänner die kirchlichen Institutionen behandelten, die Hindernisse, welche sie der Anwendung des Kirchenrechts durch die Einmischung weltlicher Verordnungen entgegenstellten, die dadurch eintretende Unterbrechung und Herabsetzung des kirchlichen Organismus neben der um so mehr um sich greifenden weltlichen Regierungskunst, ließen das Kirchenrecht als eine veraltete absterbende Wissenschaft erscheinen; die selbst beim Klerus eintretende Verflachung des kirchlichen und historischen Sinnes lähmte sowohl das Verständniß als das Interesse für dasselbe, und fand auch an der trockenen systematischen Behandlung desselben wenig Anregung; und bei der bald erfolgenden Zerrüttung aller kirchlichen Einrichtungen und Säcularisation des Kirchengutes schien vollends fast aller praktische Nutzen dieser Wissenschaft wegzufallen. Um hier aufzuhelfen, mußte dieser Stoff wieder in seiner Großartigkeit mit Glauben und Wärme, frei von den Eindrücken

engherziger Schulsysteme, ergriffen; es mußte der historische Reichthum desselben erschlossen und in lebendiger Behandlnng zugänglicher gemacht; es mußte mit höherem staatsmännischen Geiste die Uebereinstimmung dieses großen Organismus mit seinen für die Staaten und die Menschheit unentbehrlichen Zwecken und mit den Grundfragen der Gesellschaft aufgefaßt werden. Diese Richtung hat in Deutschland seit dem zweiten Viertel dieses Jahrhunderts begonnen, und von hier geht auch in anderen Ländern eine Regeneration dieser Wissenschaft aus.

Sach- und Namen-Register.

(Die Ziffern beziehen sich auf die Paragraphen mit Einschluß der Noten.)

A.

B.

C.

D.

E.

F.

G.

K.

L.

S.

W.

Z.

Bonn, gedruckt bei Carl Georgi.

Kolibri 360 GmbH
Ferdinand-Jühlke-Straße 7
99095 Erfurt, Deutschland
produktsicherheit@kolibri360.de